Y DESPUÉS DE ESTE DESTIERR0

La profecías de Maria Vera sobre Cuba

NOVELA

COLECCIÓN CANIQUÍ

EDICIONES UNIVERSAL, Miami, Florida, 2023

Roberto Méndez Martínez

Y DESPUÉS DE ESTE DESTIERRO

La profecías de Maria Vera sobre Cuba

NOVELA

Copyright © 2023 by Roberto Méndez Martínez

———

Primera edición, 2023

EDICIONES UNIVERSAL
P.O. Box 450353 (Shenandoah Station)
Miami, FL 33245-0353. USA
e-mail: ediciones@ediciones.com
http://www.ediciones.com
Desde 1965

Library of Congress Control Number: 2023947514

ISBN: 978-1-59388-345-4

Composición de textos: María Cristina Salvat

Diseño de la cubierta: Luis García Fresquet

En la cubierta: Detalle de la pintura La Transfiguración (temple y óleo sobre madera, 1516-1520) de Rafael Sanzio , en el Vaticano

Todos los derechos
son reservados. Ninguna parte de
este libro puede ser reproducida o transmitida
en ninguna forma o por ningún medio electrónico o mecánico,
incluyendo fotocopiadoras, grabadoras o sistemas computarizados,
sin el permiso por escrito del autor, excepto en el caso de
breves citas incorporadas en artículos críticos o en
revistas. Para obtener información diríjase a
Ediciones Universal.

A la memoria de María Vera, el RP. Manuel Martínez Pérez y todos los que desde su fe cristiana procuraron el bien de Cuba.

ÍNDICE

A esa hora 13

LA MEDALLA MILAGROSA 19
    1 20
    2 25
    3 30
    4 33
    5 38
    6 40
    7 50
    8 56
    9 59
    10 62
    11 66
    12 69
    13 72

ECCE HOMO 75
    1 76
    2 80
    3 83
    4 86
    5 90
    6 98
    7 101
    8 103
    9 106
    10 109
    11 114
    12 117

LA CURACIÓN DEL ENDEMONIADO 125
    1 126
    2 129

3	131
4	133
5	135
6	137
7	145
8	150
9	153
10	158
11	162
12	165
13	170
14	172
15	176
16	179
17	180
18	184
19	186

LAS GUERRAS DE (NOS) OTROS 191

1	192
2	199
3	206
4	210
5	213
6	218
7	226
8	232
9	236
10	244
11	250
12	254
13	259

INFORME DESDE EL INFIERNO 269

1	270
2	276
3	283

4	285
5	290
6	297
7	302
8	309
9	314
10	316
11	321
12	326
13	336
14	339

EL TERCER ÁNGEL 343

1	344
2	350
3	353
4	356
5	364
6	369
7	381
8	384
9	388
10	396
11	399
12	402
13	405
14	408
15	414

EL AGUJERO DEL SILENCIO 417

1	418
2	423
3	427
4	435
5	437

LA COMUNIÓN DE LOS SANTOS 451

LA CAUSA: HISTORIA Y NOVELA. na aclaración final 465

SOBRE EL AUTOR. 467

Cuando llegaron donde la gente, se acercó a él un hombre que, arrodillándose ante él, le dijo: «Señor, ten piedad de mi hijo, porque es lunático y está mal; pues muchas veces cae en el fuego y muchas en el agua. Se lo he presentado a tus discípulos, pero ellos no han podido curarle».

Mt 17, 14-16

Eia, ergo, advocata nostra, illos tuos misericordes oculos ad nos converte; et Iesum, benedictum fructum ventris tui, nobis post hoc exsilium ostende.

Salve Regina

A esa hora, la Plaza Cívica estaba vacía. O casi. Delante de algunos edificios había milicianos inmóviles, silenciosos. Algunos se descubrían enseguida, destacados por la luz de un foco sobre sus cabezas, otros eran siluetas imprecisas en la sombra. Si el padre Martínez hubiera conocido las pinturas de Chirico, se hubiera sentido dentro de una de ellas. Bajo su axila izquierda, el abultado sobre de manila se humedecía cada vez más e iba deshaciéndose en motas blandas. Tenía miedo.

¡Paredón para los curas! ¡Paredón para los curas!

La sede de los Caballeros Católicos en la calle Ermita hacía rato que había quedado detrás, pero los gritos lo seguían persiguiendo junto con la confusa visión del local convertido en una gran hoguera.

¡Paredón para los curas!

Si se había aventurado a salir de noche era porque le habían dicho que habría una junta extraordinaria del Consejo, así podría entregar, también a esos señores, su expediente de La Causa.

Desde un par de cuadras antes supo que las cosas no andaban bien. Casi todos los vecinos estaban fuera de sus casas. En la calle mal iluminada solo se distinguía una multitud apiñada que gritaba y gesticulaba. Algunos parecían bailar. El local de la sede estaba iluminado por los faros de varios autos y jeeps que formaban una barrera en torno a él. En ese momento sacaban del interior a varias personas. Los jóvenes de uniforme color verde olivo los hacían subir a un ómnibus pintado de verde.

A la vez, desde el interior del local lanzaban carpetas con documentos, revistas, libros y hasta una máquina de escribir que careció con estruendo en medio de la calle. Entonces alguien encendió aquella montaña de papeles. Las llamas se elevaron al momento. La multitud aulló todavía más. Cuando decidió retroceder, pudo escuchar con claridad el grito a sus espaldas: *¡Paredón para los curas!* Dos, tres, quizá cuatro veces. Sintió en la boca un sabor que enseguida se le hizo familiar, el del terror.

Una persona se asió con fuerza de su brazo izquierda y lo sacó del grupo. Cuando vino a darse cuenta caminaba por el estrecho pasillo de una cuartería. Las puertas estaban abiertas, pero las casas estaban vacías y apagadas. Sus habitantes disfrutaban del espectáculo en la calle.

—Tranquilo, padrecito, aquí está a salvo. Siéntese. Voy a hacerle una tila para que se calme.

Era una mujer medio encorvada y llena de arrugas.

Acomodado en una mecedora con las pajillas raídas y remendadas, seguía temblando y sudando. En la calle no se habían apagado los gritos.

Mientras su anfitriona trajinaba, encorvada sobre un infernillo de alcohol donde hervía el agua para la tisana, él escuchaba sus frases deshilvanadas, que él recibía sin atinar a hilar su sentido.

—Yo estudié con las Hijas de la Caridad... Me buscaron colocación cuando me quedé viuda... Nos casó el padre Arencibia... Yo soy revolucionaria... y católica... a mi manera... En las dos hay cosas que me gustan y otras que no...

Por primera vez en la vida, la imagen del san Lázaro, casi de tamaño natural, con sus muletas y perros le pareció tranquilizadora. Él, que execraba aquellos altares con frutas, centavos y hasta pocillos con café, ahora le parecían algo menos hostil que la calle.

Desde su lugar podía descubrir cada rincón de la única pieza. El par de taburetes cerca de la entrada y la mesa donde a duras penas compartían sitio un radio Sentinel, una foto borrosa en su marco y un pequeño búcaro con margaritas japonesas. Más allá una cama de bronce cubierta con un cobertor floreado. En la esquina restante una meseta atestada de cacharros y el infernillo oculto por el cuerpo.

La anciana le alargó un tazón grande, aunque sin platillo. Después recordaría que estaba decorado con un corazón y unos pajaritos dorados, de esos que decían en grandes cursivas «Mamá».

—Tenga cuidado, que está caliente.

Sabía demasiado dulce.

—¿Qué hace usted fuera de la casa a estas horas? Las cosas están complicadas, padrecito. ¿Cuál es su nombre?

—Manuel...

El cocimiento debía ser fuerte porque el sacerdote se iba sintiendo aletargado y el monólogo de la vieja parecía contribuir a comunicarle una extraña sensación de tranquilidad.

—Me han pasado muchas cosas. Mi hijo salió de aquí una noche de 1957 para ir a su trabajo en el puerto y no regresó. Tuve que identificar el cuerpo en la morgue una semana después. Apenas se parecía. Dicen que lo mataron Los Tigres... No me gusta la violencia, ninguna, por eso no iba a dejar que lo ofendieran a usted ni que se lo llevaran detenido.

Desde hacía un rato la calle había quedado en silencio o casi. Los vecinos habían vuelto a sus casas. De la mayoría salían las voces de los aparatos de radio o algunos televisores, todos encadenados en el mismo discurso del Máximo Líder.

—Ya se acabó la cosa...Si quiere, puede salir ahora.

El padre Manuel logró incorporarse, agradeció como pudo el refugio y el brebaje. Mientras se alejaba a toda prisa, se dio cuenta que de que no sabía el nombre de su benefactora, pero vino a su mente la frase que le gustaba repetir a su amigo Amaro: «Hay que creer en los ángeles de la guarda. Los invisibles que Dios nos dio y esos otros, hombres y mujeres, que muchas veces hacen las funciones de aquellos».

Seguía sintiendo la obligación imperiosa de entregar hasta la última copia del expediente de La Causa. En unos sitios no habían querido recibirlas, en otros las habían echado a un lado porque había asuntos más urgentes. Seguiría así, hasta el fin, aunque su destino fuera el de los profetas que anunciaron la destrucción de Jerusalén y los hicieron morir de mala muerte. Esta noche le había tocado contemplar con sus ojos una mínima parte de ese apocalipsis previsto desde hacía décadas. Los astros comenzaban a caer del cielo.

La sofocación y el sudor ácido que comenzaba a cegarlo lo obligaron a detenerse en medio de la Plaza. Enfrente estaba el gigantesco Martí, sedente y meditabundo, escoltado por esa extraña torre, iluminada en la punta. Se le antojó aún más descomunal y distante. No era exactamente el mismo de los días del Congreso Católico, iluminado por antorchas y rodeado de gritos jubilosos y esperanzados. Un Martí grande y ciego, muy distinto al del Parque Central, ante el que sucedían ahora los grandes eventos. Volvió a recordar la frase de María: *Un Martí endiosado.*

Sus profecías se estaban cumpliendo. Tenía delante de sí su rostro, pero no era aquel sereno de sus últimos días, sino otro desfigurado por grandes carcajadas. María Vera se reía de él, más aún, escuchaba claramente que le decía: *Y todo esto ¿para qué? Aquí te tienen preparado tu lugar en el infierno.* María con los ojos fuera de las órbitas. *Cobarde, cobarde, has sido débil para cuidar el tesoro que se te dio y vas a pagarlo por la eternidad.* Se llevó las manos a las sienes y el sobre cayó al suelo con un ruido sordo. Perdóname, Dios mío, no dejes que vuelva a enloquecer. Recogió el paquete. Muchísimos ojos lo vigilaban en aquella enorme extensión desierta iluminada aquí y allá por resplandores hostiles. Otra noche oscura. Apretó el paso y comenzó a musitar las Letanías de los Santos: *Kyrie, eleison, Christe, eleison, Christe, audi nos, Christe, exaudi nos...*

Continuó hasta ganar la ancha acera ante la Terminal de Ómnibus. Decenas de personas entraban y salían tranquilamente del edificio lleno de luces. Se reconocía a los viajeros por los equipajes refinados o toscos y a los noctámbulos por sus trajes de colores pastel, sus corbatas de fantasía y las mujeres perfumadas que llevaban del brazo, rumbo a los bares y clubes de la planta alta. Todo eso se acabará.

El autobús que lo devolvería a casa no llegaba. La espera iba resultando más que angustiosa. Su vieja sotana de color caqui, remendada mil veces y prácticamente invisible hasta hacía unos meses, era ahora el blanco de las miradas de todos. Bastaba esa pieza para juzgarlo. Comenzó a sentir la náusea que precedía a sus accesos de desesperación. En ese momento se detuvo junto a la acera un auto pequeño, de esos que parecían escarabajos y comenzaban a estar de moda. El conductor gritó desde su interior:

—Vamos, Reverendo, que lo dejo en su casa.

Era el Estudiante. Le pareció chocante que llevara aquella camisa de mangas cortas, estampada en colores muy vivos, como las que traían en verano los turistas del Norte. Le trasmitía un aire libertino que desentonaba con las circunstancias, aunque se ajustaba muy bien a su tono cargado de ironía, pero no se sentía con fuerzas para decírselo.

Por él supo que el padre Antonio Entrialgo, consiliario de los Caballeros Católicos, estaba detenido y que había sido una temeridad suya intentar llegar a esa Junta que solo unos pocos ingenuos creyeron que podría celebrarse. Ya no había casi donde ocultarse. Los familiares del cardenal Arteaga lo habían asilado en la Embajada de Argentina. Allí estaba también, a salvo desde hacía días, Don Valentín Arenas, un hombre que iba siempre dos pasos por delante de los sucesos.

El joven parecía haber multiplicado su incómodo sentido del humor:

—Herirán al pastor y se dispersará el rebaño... ¿No es así, padrecito?

Ese muchacho podía ser francamente irritante. No pudo evitar preguntarle si es que él se sentía a salvo en tales circunstancias.

—No se preocupe. Yo sé cuidarme. Será Su Reverencia el que tendrá que ir a la Embajada Española, si es que queda rincón libre en ella, o mejor, a la oficina de García y Díaz en la Lonja y reservar un boleto. Si no tiene dinero me lo dice, puedo prestarle o conseguirle una importante rebaja. Si no hay reservas me avisa, yo tengo cierto trato con Coterillo. El «Guadalupe» va a salir pronto... Aunque claro, usted podría tener la peregrina idea de quedarse y aspirar al martirio, a lo mejor lo complacen, pero sería una lástima...

Felizmente el trayecto ya iba a concluir, pues la náusea del pánico lo invadía otra vez. Aquella cháchara era mucho peor que los gritos de los milicianos. ¿Quién era ese que podía mantener un humor tan impertinente en medio de las tempestades?

Cuando se bajó del auto, mientras hurgaba en el bolsillo en busca de las llaves, el padre Martínez iba rezando a media voz las Letanías de los Santos.

Ab insidiis diaboli, libera nos, Domine...A morte perpetua, libera nos, Domine.

Solo sintió algún alivio cuando cerró tras sí las puertas de la casa.

El calendario junto al refrigerador indicaba que iba a concluir el 16 de abril de 1961, tercer domingo de Pascua, quincuagésimo cuarto aniversario de que María recibiera la primera de las apariciones, pero eso solo iba a recordarlo mucho después.

Después de acostarse, en medio del silencioso hospital, creyó seguir escuchando los gritos pero no tardó en dormirse.

LA MEDALLA MILAGROSA

1

Don Cleofás era, sin lugar a dudas, un sacristán excepcional. Así lo creían sus superiores y muchos de los feligreses asiduos a la capilla del Colegio El Sagrado Corazón. Nadie recordaba que se hubiera retrasado alguna vez a la hora de abrir el templo, aunque no se hubiera disipado la niebla del amanecer sobre el vecino río San Juan. Podía recorrerse cada iglesia de la ciudad, incluida la muy pretenciosa Parroquial Mayor de San Carlos, sin hallar florones y patenas de plata tan relucientes, manteles de altar tan inmaculados, candelabros sin rastros de cera en lo recóndito de sus volutas. Dominaba el calendario litúrgico mejor que muchos canónigos y siempre tenía listos en la sacristía los ornamentos del color requerido para la celebración: el rojo de los mártires, el blanco de los confesores y las vírgenes, los morados paños de Adviento y Cuaresma, o los negros de las solemnes misas de difuntos. Y, por añadidura, parecía tener el don de la ubicuidad, lo mismo estaba en el claustro componiendo una ventana rota, que echaba una mano en la cocina con el pescado, o iba por la calles agitando la campanilla cuando uno de los padres era llamado para administrar el Viático a un agonizante.

La capilla era su verdadero reino, más que la pieza adjunta a la sacristía que le habían concedido como habitáculo desde hacía más de una década, cuando el padre Pastor lo había rescatado de los lodazales de la Marina y de su condición de recadero de prójimas y monigote de los ociosos. Con harta paciencia le había enseñado los rudimentos de lectura y escritura, las respuestas del Catecismo y el modo de ayudar a misa. Le otorgó cama, techo, unos céntimos para su libre disposición y, junto con las aguas bautismales, le había dado un nombre, singular pero cristiano. Podía recorrer en unos instantes todo el espacio del recinto sagrado, a pesar de sus piernas arqueadas como paréntesis y verlo absolutamente todo, sin que lo impidieran sus párpados siempre a media asta.

Tenía su propio manual de urbanidad. Era cortés hasta el exceso con los poderosos y con aquellos que sus superiores tuvieran en gran estima. Reservaba una correcta frialdad para la gente mediana y era cortante como navaja andaluza con las beatas harapientas, los marginales y los pedigüeños. Siempre formal con los sacerdotes de la casa, se permitía sin embargo un dejo de ironía al tratar a su benefactor, desde que este, cesado en su cargo de director del Colegio, se deslizaba visiblemente hacia la desgracia. Cleofás sentía un sordo rencor hacia él que no se había molestado en explicarse.

Que se supiera, no andaba sobrado en amistades. Recibía con mucha frecuencia y entusiasmo a una vieja de manteleta raída, bastón como garrote, escasa en cabellos y sobrada de lengua, llamada Rita. Quizá por estar bajo la advocación de la Patrona de los imposibles, llevaba al servidor cada domingo, tras la misa mayor, no solo unas acemitas azucaradas sino un manojo de historias locales, a cuál más inverosímil y emponzoñada, con cuyo relato y glosas se solazaban ambos, recogidos en la penumbra del último banco. Al flaco sacristán parecían nutrirle más los enredos que las acemitas.

Aquel Domingo de Resurrección, el templo se había vaciado como de costumbre tras el *Ite, missa est*. Primero dejaron libre su espacio los contados hombres que asistían la ceremonia de pie, en la parte trasera, muy cerca de la entrada; después, más lentas, las mujeres que se saludaban e intercambiaban parabienes y promesas de visitas.

Había ido a la sacristía para ayudar al celebrante a desvestirse y dejar en su sitio los ornamentos, pero apenas quedó solo, retornó presuroso a la nave, donde Rita debía esperarle ya en el banco último, con el atado de papel de China de los panes dulces y alguna historia provechosa sobre el desastroso fin de un heredero libertino o la deshonra de una descocada que apreciaba más bailes y teatros que asambleas de damas caritativas, sin olvidar las últimas nuevas de la casa de las Hijas de la Caridad, por donde ya había pasado a esa hora.

Apenas salió de las penumbras de la sacristía, descubrió que no todos los fieles se habían marchado. Allá, ante el altar mayor, estaban las hermanas Vera Sáenz. Era una presencia ingrata por muchos conceptos. En primer término, porque era hora de acemitas y murmuraciones, algo que esperaba con ansias a lo largo de la semana, en segundo lugar porque seguramente se vería obligado a un incómodo encuentro con ellas para hacer que se marcharan puntualmente a la hora de cerrar las puertas, nada menos que en un día de almuerzo de mantel largo, tintos de Rioja y mazapanes de Toledo o panellets. Era una desconsideración quedarse allí, extáticas, cuando ya todos iban rumbo a sus hogares y él, tras el sabroso preludio, viviría una de las escasas ocasiones en el calendario en que era admitido a la mesa de la comunidad.

De las hermanas no tenía demasiadas cosas que decir. Formaban parte de una familia notable de la ciudad. Su abuelo Luis Tomás de Vera y Laffita había sido capitán del puerto hacía ya un siglo. Con su esposa, Doña Rita Morejón, había tenido una vasta descendencia. Ellas eran las hijas mayores de Don Félix Vera, quien, por su parte, se había reproducido como otro patriarca bíblico. Ambas se habían quedado para vestir santos y ser tías de varios médicos, comerciantes y hasta un avispado político local que ya hacía pininos aspirando a posiciones en la República, es decir, cuando se decidieran a irse los intrusos del Norte y esta pudiera reanudarse, para provecho de los avisados.

Elvira, la de más edad, enferma del corazón, un poco obesa pero agraciada y siempre con una sonrisa que Cleofás, por duradera, consideraba falsa, como si pidiera perdón por estar viva todavía contra todo pronóstico. La María Carolina era harina de otro costal, flaca, hosca, de mirada dura, aposentada siempre en ese sillón de pajilla con ruedas que una sirvienta o su propia hermana debían empujar a todas partes, eternamente ataviada con una toca monjil, recordaba el aspecto de las penitentes de antaño. Mística y agria.

Era un encuentro como para estropear el más luminoso Domingo de Resurrección en este año de gracia de 1908. Él, como mensajero del tiempo, estaba obligado a advertirles que ya era hora de que volvieran a refugiarse en su humilde casa de la calle Manzano y dejaran a un servidor cumplir con sus obligaciones y con sus merecidas horas feriadas.

—Feliz Pascua de Resurrección, señoritas…

—Lo mismo para usted, Don Cleofás.

Elvira había respondido sin deshacer su sonrisa. Era sorprendente que una mujer en exceso pálida tuviera siempre tan buen talante. Permanecía retirada, dos pasos detrás de su hermana, en una silla. Más que orar –tenía el devocionario cerrado– parecía ejercitar la santa virtud de la paciencia. María, casi incrustada en la baranda del comulgatorio, no se dio por enterada. El sacristán vio que movía los labios, pero no como quien repite por enésima vez : *Salve Regina, mater misericordiae*...sino exactamente como si conversara algo, en voz no demasiado baja, con la imagen que presidía el altar, Nuestra Señora de la Medalla Milagrosa. Susurraba frases y se detenía como para aguardar la respuesta antes de continuar.

—Les ruego humildemente que me disculpen por interrumpir sus devociones, pero es obligatorio cerrar las puertas a las once y treinta. Faltan apenas diez minutos…

—Comprendo –dijo Elvira– en un instante nos marcharemos, apenas María concluya…

La aludida, al escuchar su nombre, interrumpió su particular coloquio. Como sacudida por una descarga eléctrica se volvió hacia el intruso. Ahora sus labios estaban contraídos en una especie de rictus. Él no olvidaría jamás aquella mirada feroz y un poco estrábica. Sintió escalofríos.

—No quería molestarlas. Solo vine a desearles buen día y advertirles…

No recordaba el timbre particular de la voz de María. Más aún, no creía haber hablado directamente con ella jamás. Lo que escuchó no parecía salir de aquel cuerpo de mujercita tullida sino parecía brotar del fondo de un pozo:

—Quien turba con su cháchara las cosas santas, merece que le suceda como a Zacarías y pediré al Ángel que Dios te deje mudo por un tiempo, para que no peques tanto con la lengua como haces.

Lleno de un temor que no se explicaba, Cleofás decidió alejarse de aquellas mujeres y aguardar buenamente a que se marcharan, sentado junto a Rita. Ya estaba ante ella, pero no pudo saludarla, porque la lengua, seca y estropajosa había olvidado cómo articular sonidos. Su amiga fue a inquirir por lo que pasaba, pero en ese momento un grito prolongado llenó la nave. María se había incorporado sin ayuda alguna de su silla, con tal fuerza que esta cayó hacia atrás y aferrada a la baranda del comulgatorio gritaba:

—¡Milagro, Madre santa, milagro! Escuchaste mis súplicas. ¡Mira, Elvira, esa luz! ¿Es que no la ves?

La hermana parecía haber perdido por primera vez la sonrisa y se aferraba a su brazo para que soltara la baranda y volviera a la silla. Pero María había echado a andar por el pasillo central, con los ojos vueltos al cielo como una sonámbula:

—¡La he visto…con todos los rayos de su gloria. Y me ha hablado!

Así atravesaron las puertas, hacia la luz exterior, que parecía más fuerte a esa hora y se perdieron en la calle Río. También Rita se marchó de inmediato, tenía mucho de que dar testimonio en cada uno de los sitios que pensaba visitar. La María Vera se había vuelto loca, pero no podía negar que caminaba. Cosas del diablo. Cleofás trancó a toda velocidad las puertas. No podía hablar y debió fingir en la mesa un fortísimo dolor de garganta que ni el vino riojano podía calmar. Los panellets no tuvieron sabor para él.

Su mudez duró una semana, hasta el Domingo *in albis.* Su voz volvió, temblorosa, insegura, mientras escuchaba, de rodillas, el evangelio en la misa del alba, precisamente el del incrédulo Tomás: *Quia vidisti me, Thoma, credidisti: beati qui non viderunt et crediderunt.* Ese día no quiso acemitas.

2

Aunque aquel noviembre resultaba más fresco que de costumbre, Su Ilustrísima parecía presa de calores infernales. Caminaba por su improvisado despacho en el colegio y se acercaba continuamente a la ventana abierta sobre la margen del río, en procura de más aire.

—Lo siento, Reverendo Padre, pero no tengo tiempo para los escritos de su dirigida.

—Con su venia, Ilustrísimo, es que no le han explicado bien que ella es una mujer de Dios y que fue favorecida con un milagro el pasado Domingo de Pascua, ante testigos creíbles...

Monseñor Pedro González Estrada, obispo de La Habana, no andaba sobrado esa mañana de paciencia.

—Sé que la fe y la oración hacen milagros. Cada favor que el Señor nos otorga lo es, pero de ahí a creer a cuanta visionaria se me ponga delante es otra cosa. Hay que ver lo que pueden escribir: imágenes de Nuestra Señora que hablan, ángeles que bajan del Cielo para enmudecer a un impertinente, ya quisiera yo disponer de muchos de esos... Recomiende a su dirigida, como los confesores a Santa Teresa, el prudente silencio y la desconfianza de sus visiones. Y en nada se parece esa desasosegada María a la Doctora de Ávila, porque no se le ha concedido ni el don de contar su vida, que para eso hace falta un poco de gramática...

El padre Pedro Pastor Bauzá, miembro de la Congregación de la Misión, estaba escandalizado. El obispo era sin lugar a dudas un hombre respetable. Según los que lo conocían era de probada fe, vida ordenada y sana doctrina, por eso había querido poner en sus manos, apenas llegó a Matanzas en visita pastoral, aquellos cuadernos donde María volcaba sus infinitas gracias a la Virgen Milagrosa, que en aquella mañana pascual le había hablado desde el altar del colegio y había intercedido ante el Resucitado para que ella, como Lázaro, se levantara de su postración y pudiera cuidar a su hermana Elvira, enferma del corazón de tal gravedad que ya los médicos de la ciudad, incluido su propio hermano, el doctor Felillo, la daban por desahuciada y no calculaban más de un año para su partida de este mundo.

La señorita Vera era un alma especial, vivía del modo más austero, sin reclamar las comodidades que le hubieran correspondido por su posición social, era modelo de modestia, de perseverancia en la oración, ejemplo de penitencias, bastaba con recordar que dormía sobre el baúl de su cuarto cuando consideraba al fin de la jornada que no había hecho bien alguno a sus semejantes y si no llevaba cilicios ni se disciplinaba, era porque él mismo se lo había prohibido, por ser un daño a su menguada salud y un obstáculo para ocuparse de su hermana mientras viviera.

Claro que sus escritos no eran los de un gran prosista y estaban llenos de cosas que parecían a los incrédulos harto imaginativas: cielos que se abrían; rayos de luz derramados sobre su cabeza; pisos que cedían para mostrar una angosta y maloliente entrada al infierno; demonios que asomaban por encima del hombro de un sacristán indiscreto; sin olvidar el ángel con cuerpo de luchador y armado de un azote que prometía dispersar a sus enemigos así como siglos atrás había ayudado a expulsar al invasor Heliodoro del Templo de Jerusalén. No de otro modo se expresaban santa Brígida de Suecia, santa Ángela de Foligno y la mismísima Rosa de Lima. Pero no valía la pena discutir tales maravillas con quien no estaba dispuesto a aceptarlas. Hartos asuntos, quizá más temporales que sagrados, parecían atenazar al obispo.

—Excúseme, Ilustrísimo, no fue mi propósito molestarle con esos papeles.

—Lo dispenso porque es asunto harto venial. Guíe bien a esa mujer para que su alma no se pierda con fantasías. Que se dedique a cumplir con las obligaciones de su estado que es el camino más seguro para que alguien de su sexo salve su alma. No debe olvidar lo que reclama san Pablo: que las mujeres en la Iglesia estén vestidas con modestia, cubiertas –es decir, poco visibles– y calladas.

Pastor buscaba el momento para escapar de aquella estancia. Era un hombre tímido y si se había decidido a acercarse al prelado con aquellos papeles, era porque le parecían no solo notables, sino cosa santa y algo de su apoyo hubiera ayudado a acallar las necias habladurías de la gente común y hasta de sus propios hermanos de Congregación.

Monseñor Pedro se acercó de nuevo a la ventana, como si se interesara en las barcazas que navegaban por el San Juan o en el tráfico de mercancías en los almacenes de la otra margen. Respiró profundo. Cuando se volvió hacia su interlocutor, que seguía de pie, quizá un poco más cerca de la puerta, parecía más sosegado. Aunque era evidente que Pastor estaba ansioso por abandonar la habitación, el prelado le indicó dos sillones fraileros ubicados en una esquina. Era imposible negarse.

Una vez acomodado, el obispo respiró profundo. Deponía su tono irritado o lo sustituía por otro, más expositivo, quizá el de las lecciones que en su juventud impartía en el Seminario.

—Discúlpeme que le haya hablado así. Es que temo mucho las consecuencias de que cosas como esas se tomen a la ligera. Una equivocación, un desliz y daremos más argumentos a los agnósticos, a los masones, a los anticlericales que están en todas partes, en el Senado, en las secretarías del gobierno, en el ejército. Hartos problemas tenemos ya con ellos…Usted es un sacerdote valioso, me he informado de la buena labor que ha realizado desde la fundación de este colegio. Sé que es caritativo con los necesitados y que dedica muchas horas al confesionario y a la cura de almas. No tengo derecho a pedirle mucho más, a quien conoce y cumple las obligaciones de su ministerio. Pero puedo hacerle una advertencia, que es también una confidencia.

—Yo soy devoto, como los de su Congregación y como la propia María, de la Virgen Milagrosa que en buena hora nos envió su medalla para advertirnos y consolarnos. Recuerde que la novicia Catalina Labouré recibió aquellas revelaciones en 1830, pero su confesor, el padre Aladel, no hizo público su nombre, ni entonces nunca. Dos años después, aceptó que se acuñaran las primeras medallas, a partir de la descripción de ella y en siete años se habían distribuido miles, mientras tanto, la vidente pasó más de cuarenta años oculta de la opinión pública, sirviendo anónimamente en el hospicio de Enghien. Solo pocos meses antes de su tránsito de este mundo, ella reveló el secreto a la superiora y fue esta quien lo dio a conocer a la comunidad y al público, cuando ya Catalina estaba en su lecho de muerte. Su proceso de beatificación, como usted podrá confirmarme, está abierto en el Vaticano, pero las cosas de la Iglesia van con tiento, así que no sé si llegaremos a venerarla en los altares.

Ahora bien, según los ojos del mundo, el Reverendo Aladel fue muy injusto, mantuvo en la sombra a la vidente, llegó a publicar un libro donde narraba los hechos sin nombrarla. Murió sin dejar aclaradas las cosas. Ella vivió como una más, en las ocupaciones más humildes, era poco menos que nada para su comunidad. Pero los caminos de Dios son ignotos, de haberse mostrado en seguida la agraciada con aquellas visiones, quizá se hubiera convertido en burla de la prensa librepensadora, o en objeto de propaganda de alguna facción política o en atracción de los ávidos de prodigios y eso hubiera estorbado su verdadera vida espiritual. El mundo la conoció tarde, pero seguramente Dios la premió a su debido tiempo.

—Entonces, me aconseja que oculte a María…

—No, sencillamente le indico prudencia. Ni siquiera usted ha podido discernir si ella es otra Catalina. Aconséjele humildad y discreción y se evitarán ambos muchos malos ratos y escándalos para la Iglesia de este pobre país que no necesita más…porque, Padre, aunque usted sea español, ha vivido varios años entre nosotros y no se extrañará de esto que voy a decirle. En esta iglesia, que está intentando renacer, no se necesitan muchos místicos, lo que urge es que abunden los confesores. Mire a su alrededor: templos destruidos por la guerra, con poco clero y, para colmo, enfrentados sacerdotes españoles y criollos, con un gobierno hostil y la masonería en todas partes. Este clima produce hartos visionarios, gente alucinada que cree tener mandatos divinos lo mismo para gobernar la Isla, revelar el destino que esta tiene en el concierto de las naciones, o para fundar una nueva Iglesia. No sé si es porque hemos vivido tantos desastres, pero aquí la gente escucha con más interés las trompetas del Apocalipsis que el Sermón del Monte. Falta disponibilidad y constancia para impartir catequesis, crear fundaciones piadosas, organizar la labor caritativa.

Usted y sus hermanos, por ejemplo, están sosteniendo aquí, contra viento y marea, un colegio que demuestra que catolicismo y cultura no están reñidos, ni que la enseñanza actualizada es cosa de los americanos. Eso importa mucho más que esas supuestas revelaciones privadas. Y, en todo caso, dejemos al Omnipotente que nos muestre sus designios cuando convenga. Guíe bien a esa alma, recomiéndele más tiempo de oración y buenas obras y menos de escrituras. Como devota de la Santísima Virgen sabrá imitar el silencio de esta y su prudencia para no inmiscuirse en los asuntos de su Hijo... o en los del colegio apostólico.

Ya estaba en pie de nuevo Monseñor. Era, ahora sí, una evidente invitación a poner fin al encuentro.

—Vaya, Reverendo Padre, continúe su excelente labor como formador y guía de almas en su congregación. ¡Qué más quisiera yo que aquí brotara otro Lourdes! Pero no parece que vayamos a ver eso en Matanzas. Al menos, no en nuestros días...

El religioso hizo una ligera genuflexión, besó el anillo episcopal y abandonó la habitación con toda la ligereza que permitían las buenas costumbres.

Años después, cuando recordara esta entrevista, no podría olvidar un detalle que parecía irrelevante. Junto a las cuartillas repletas de la caligrafía infantil de María que el obispo había relegado al lado izquierdo del escritorio, había un libro con un marcador de seda púrpura: *Fabiola o la iglesia de las catacumbas* del cardenal Nicholas Wiseman. ¡Una novela! El señor obispo había preferido las aguas estancadas de un aljibe, a las aguas vivas, pero quién era él para juzgar a un miembro de la jerarquía.

3

DE LA *VIDA DE MARÍA*

«Ese Domingo de Resurrección volví a nacer. Llegué al templo lleno de dolores y con la oración de siempre en los labios: que Cristo me aliviara y diera fuerzas para poder cuidar de Elvira en su enfermedad. Seguía triste, a pesar de que debe ser un día de júbilo para los cristianos, como lo indican los ornamentos blancos y las campanas después del Gloria. Pero yo estaba como muerta…y escuché la misa un poco distraída. Seguí en el misal el evangelio y me impresionó la imagen de ese joven de ropaje inmaculado que advierte a las mujeres que el sepulcro está vacío, porque Jesús ha resucitado. El crucificado se alzó. Entonces volví a pedirle que me ayudara a calmar mis dolores, los del cuerpo y los del alma, para servirle mejor. Pero seguía como ajena. No recuerdo cosa alguna del sermón del padre Álvarez, por eso me sentí indigna en el momento de la comunión general y me obligué a permanecer en oración por un buen rato una vez concluida la liturgia.

Cuando se vació el templo y se apagaron los ecos de tantas conversaciones ociosas, volví a implorar al Resucitado. No sentía nada. Era como si me devolvieran la oración, como una pelota que choca contra una pared y vuelve a quien la lanzó. Ya que sentía lejano al Hijo, me dirigí a la Madre, a través de esa imagen que está allí, en el nicho central del altar mayor. Le hablé poco y me quedé en silencio, sencillamente, y entonces, un momento después ella me respondió.

La imagen que no es muy grande ni muy hermosa, se cambió en otra, iluminada, sonriente, que me decía que tenía un encargo para mí. Llena de sorpresa, apenas me atreví a preguntar cuál era. Ella me dijo que no debía temer, que me lo iría explicando poco a poco en otras visitas, por sí misma, o a través de ese ángel de ropaje blanco que estuvo junto al sepulcro, llamado Gabriel, que era el más grande de los emisarios divinos. Yo no sabía qué hacer. Ella me dijo que continuara con mi vida, que me ayudaría a compartir mis cargas, que tendría en seguida un signo de ello. Pero que debía tener paciencia, confiar y ser valiente, porque iba a sufrir muchos dolores en los veinte años que me quedaban de vida. Vería grandes prodigios, pero también cosas oscuras, como del demonio, me cercarían. Entonces extendió sus manos hacia mí y uno de los rayos que de ellas partía vino a encajárseme en el pecho y otro en el vientre y otro en las piernas. Sentí un dolor agudísimo, tanto que por un instante temí desvanecerme y quedé como vacía por dentro, deslumbrada.

En tal momento, vino ese indiscreto sacristán a interrumpirme y la visión se apagó, como cuando extinguen de golpe todas las velas en el templo... Cuando este se apartó, vi, no de esa manera tan viva, sino como en mi interior, el rostro hermosísimo y sonriente del ángel, que me dijo que yo también estaba nueva y que él sujetaría las lenguas de los maledicentes para que no me tocaran.

Elvira, que estaba fatigada y otra vez con la respiración alterada, me pidió regresar a casa. Pero, justo en ese momento, sentí que podía mover las piernas. Sin su ayuda, pude ponerme de pie, como no lograba hacerlo desde hacía trece años, allá por los tiempos en que comenzó la guerra. Elvira se asustó muchísimo y trataba de sentarme de nuevo, lloraba, mientras yo gritaba mis aleluyas. Fue solo un minuto, después comprendí que no podía hacer ese escándalo en público y accedí a volver a la silla.

Al llegar a la casa, le pedí que me buscara un bastón y me sostuve otra vez de pie un momento. Nos abrazamos y entonces lloramos las dos y estuvimos dando gracias ante el cuadro de la Inmaculada que tenemos en la sala hasta la hora de almuerzo.

Todavía tengo dolores en el centro de los huesos y una hincada en el costado izquierdo, pero puedo caminar. Sé que muchos al verme andar sin la silla dicen tonterías, que si yo estoy loca, que si me fingí enferma para hacer que mi familia me diera más dinero, que si me hago la santa para llamar la atención. Gabriel, a quien he visto más de una vez, me ha dicho que sujetará cada lengua a su debido tiempo y que ninguna puede dañarme.

Unas veces por la imagen de la capilla, otras a través del cuadro que tengo en casa, Nuestra Señora ha vuelto a hablarme. Se me ha permitido andar para que cuide a Elvira en los años que le quedan, justo la gracia que yo pedía. A cambio, yo debo ser quien difunda al mundo los designios que tienen para Cuba ella y su Hijo. Me ha dicho que el anverso de la Medalla Milagrosa fue la protección especial que recibieron Francia y otras naciones, después de las visiones de la hermana Catalina, que el reverso es lo que ha de venir para Cuba. «Serás la defensora de mi Causa». Yo me atreví a decirle una de las veces que eso era mucho para una mujer débil como yo y me respondió: «El padre Pastor te guiará».

Supe que Ella solo se me mostraría unas cuantas veces, otras tendría de emisario al Ángel y después sufriría años de silencio del cielo. «Tendrás que soportar los tormentos, como otros santos y profetas. Mostrar fortaleza, porque después de la consolación vendrá la desolación y verás abiertas las puertas del infierno». Y la punzada del costado se me hacía más fuerte después de estas locuciones.

Sin dejar mis devociones, me puse en cuerpo y alma a servir a Elvira, pues en poco o nada me ayuda ni ayudará la familia con ella que está cada vez más delicada. En este mundo ambas estamos solas, o más bien, una para la otra.

Ella es muy diferente a mí, piadosa pero más ligera. No me explico su buen humor constante, esa alegría un poco inconveniente en quien debería prepararse para una buena muerte. No me gustan sus bromas. Yo nunca me río. La risa me parece peligrosa, como cosa de vanidosos y libertinos. Creo que hay imitar aquella santa que dicen que nunca rió y además tampoco dormía, pues pasaba la noche llorando por los pecados del mundo. Se lo dije a Elvira y me replicó

–Dios la perdone que tal santa debe tener muy pocos devotos, quién podría tener de intercesor a alguien de cara tan larga.

Creo que a veces no sabe lo que dice, pero yo me lleno de paciencia. Tiene su mérito eso de saberse moribundo y no reclamar nada de los demás. Ni siquiera su compasión.

Me he enterado de que Don Cleofás estuvo mudo una semana. Lo ha repetido en toda la ciudad la falsa beata esa, la tal Rita. Sostiene que soy una bruja. Eso será ella, que envenena el aire con sus chismes. Pero debo sufrirlo todo. Hasta el final…»

4

El colegio *Sagrado Corazón* se viene abajo. No es que le falten prestigio y buena prensa. Piedad y enseñanza actualizada. Las matrículas no cubren el costo de mantener este caserón roído por la humedad más los sueldos de los empleados. Hay demasiadas deudas y los padres de familia comienzan a mirar para otro lado, economizan con la escuela pública o gastan sus reales con los mismísimos protestantes que aunque sean herejes enseñan un inglés excelente.

El padre Juan Álvarez tiene una de las peores mañana de este año. El banco le ha notificado que no puede otorgarle otro préstamo. No para ese experimento en que se ha metido de fomentar una plantación de higuereta en la zona de Bemba, con un chinchal cercano que produce el champú para el cabello – suavizante, tónico, vigorizante - *Ricinex*. Y lo peor es que ya debe un plazo del anterior y no puede tomar más dinero de los fondos del Colegio, ni muchísimo menos permitir que se extienda el rumor de que también está comprometida una apreciable suma de la Casa Central.

Parece cosa del demonio porque un par de diarios le concedieron propaganda gratuita y varios establecimientos respetables de la Ciudad hicieron unos pedidos para tantear, pero resultó un fracaso. Unos se han quejado de que será medicinal pero apesta, otros niegan que haya dejado de caérseles el cabello y está la loca esa que fue a la Casa de Socorros porque le cayó en los ojos y dice que desde entonces ve las cosas como a través de una nube. Un infierno y le están reclamando lo del arrendamiento de la tierra, más unas facturas de transporte que ha venido a exigir un isleño la mar de grosero.

Desde el otro lado del escritorio, el padre Pastor lo contempla y sonríe beatíficamente.

—¿Me ha llamado usted, padre?

Ese tono de inocencia acaba de estropear la mañana del reverendo Director. Es un castigo convivir en la comunidad con un personaje como él, bueno para confesor de viejas, maestro de aspirantes campesinos y limosnero de desesperados, pero incapaz de perder el sueño por ningún asunto práctico y, para colmo, siempre embarcado en alguna causa perdida, más perdida que la del *Ricinex*.

Cuentan que en su niñez se le apareció la Virgen sobre un árbol, allá en alguna parcela pedregosa cerca de su aldea y le dijo que lo tomaba a su servicio y que ayudaría a obrar grandes milagros. Aunque su padre le dio una tunda por mentiroso y por perder la cabra, otros le creyeron. El párroco lo prohijó y lo encaminó al seminario menor en Barcelona. Fue buen alumno, de los modosos y empollones, de mucho rosario y milagrería, aunque su timidez nunca le favoreció en los contactos con la buena sociedad, ni tenía facilidad de palabra. Según algunos de sus condiscípulos, predicaba los sermones como si acabara de llevarse un susto. Casi no tenía enemigos y tampoco amigos, era un tonto bastante inofensivo si se le daba lo que quería. No era de los que aspiraban a un sitio en la Casa de París, ni siquiera en las sedes provinciales de Barcelona o Madrid. Más aún, se ofrecía como misionero para ir donde estuviera menos instalado.

Al Congo deberían haberle mandado, para que se lo comieran los caníbales y así la Congregación tendría otro mártir, pero alguien decidió que debía ir a Cuba, justo cuando las tropas españolas se retiraban cabizbajas de la Isla y llegaban los primeros predicadores protestantes.

En la comunidad habanera de La Merced lo calaron al instante y lo remitieron a Matanzas. Resultó ser buen profesor de Latín, Catequesis e Historia Sagrada y hasta pudo echar su timidez a un lado y desempeñarse como director siempre que hubiera alguien a su lado para hacer las cuentas y servir de mediador con las fuerzas vivas, porque a la mayoría de las madres se las echaba en el bolsillo con su piedad, modestia y extrema tolerancia con mocosos dignos de azotes, también a los padres porque raramente les reclamaba dinero, ni les reprochaba su impiedad volteriana ni su resistencia a las ceremonias piadosas.

Nadie iba a criticarle sus modos de propagar la devoción a Nuestra Señora de la Medalla Milagrosa, con sus triduos y salves llenos de flores e incienso. En la capilla del colegio se fundó una Asociación de Hijas de María con damas de mucho relieve en aquella ciudad, era de ver las limosnas que, aun en tiempos muy difíciles, cuando no había zafras como las de otro tiempo, depositaban en el cepillo las señoritas Ximeno, la piadosa Campuzano, las primas Lamar y las Oliver…camareras eficientes de imagen y altar, auxiliadoras en toda necesidad, embajadoras perfectas ante alcaldes, gobernadores y jefes de policía, magas a la hora de proveer la mesa comunitaria de frutas de estación y dulces de gran estirpe.

Pero ese grandísimo zoquete de sotana raída que tenía ante él, tan alcance de la mano que, de haber tenido cerca un frasco del desdichado champú se lo hubiera vertido entero en su cabezota campesina y rala, a ver si le brotaban milagrosamente cabellos o se intoxicaba definitivamente, no había entendido los límites que había entre la devoción bien entendida y la credulidad ignara. Dedicaba horas a escuchar y estimular a la señora mal casada que no dormía porque escuchaba los gritos implorantes de las ánimas del purgatorio o a la solterona que, diz que por penitencia, decidió vestir de sayal y vivir de la hacienda ajena porque así se lo mandó santa Flora, cuyo cuerpo incorrupto conservan los Padres allá en La Habana y como el aseo parecía asunto de gente vanidosa decidió no lavar parte alguna de su cuerpo por los siglos de los siglos.

Hasta allí podía haber llegado, pero en mala hora vino a topar con las hermanas Vera y no precisamente para pedir favor alguno a su sobrino, el prometedor político don Manuel Vera, que estaba de plácemes con el nuevo gobierno del liberal José Miguel. Lo que hizo fue alentar en María esos delirios que debían dar risa a toda persona sana si no fuera porque arruinaban reputaciones, multiplicaban calumnias y creaban nocivas atmósferas alrededor de la Congregación. Qué era eso de imágenes que hablaban, de milagros de locomoción en el templo y hasta un arcángel Gabriel, celeste mandadero, encargado de enmudecer al torcido pero útil Cleofás.

Ya no eran hechos aislados, había comenzado a reunirse una extraña tertulia en la casa de la calle Manzano, presidida por María y Pastor, unas cuantas ilusas Hijas de la Caridad y la más heteróclita mezcla de ociosos y alucinados. Allí había de todo, desde una estampa parlante hasta un espejo que había mostrado un rincón del infierno, aunque el espectáculo mayor eran los trances de aquella desdichada en los que el ángel o arcángel o demonio disfrazado le hacía especiales revelaciones. El asunto estaba llegando a mayores, no solo porque tales reuniones olieran a indisciplina y hasta a herejía, sino porque esos cuentos del más allá empezaban a contaminarse con asuntos de este mundo de manera harto problemática.

—Sí, Su Reverencia, porque teniendo a mi cargo el bienestar y la buena marcha de esta casa, lo que trae muchísimas preocupaciones, vuelve a molestarme un asunto sobre el que ya le he requerido en otra ocasión. Sigue usted alentando a esa supuesta visionaria...

—No la llame así, que es mujer de vida santa y favorecida por milagros del Padre y de Nuestra Señora...

—Sabe usted que incurre en falta grave al considerar como milagro divino lo que las autoridades de la Iglesia no han aceptado como tal, o al alentar visiones que confunden a los devotos y nos hacen el objeto de burla de los enemigos de la fe.

—Nada he hecho sino acompañar y guiar en la búsqueda de la salvación de su alma a una mujer que ha sufrido muchísimo, conocida por su piedad y obras de caridad y que indudablemente está recibiendo favores del cielo...

—En primer término no es usted quién para juzgar de donde vienen esos supuestos favores. En segundo, no estoy dispuesto a ser puesto en la picota en esas farsas de apariciones, porque ya toda Matanzas comenta la más reciente, en que supuestamente Nuestra Señora aparece llena de tristeza y anuncia terribles castigos para su «amado hijo Juan» si no deja los negocios «con dineros mal habidos de la casa» y se arrepiente pronto y hasta deja el asunto del champú. ¡La Virgen hablando de economías y hasta de champú! ¡Hay que ver hasta dónde llegan los locos o los mal intencionados!

Lo peor era la terca serenidad, la ofensiva calma de aquel cura tan amigo de lo prodigioso.

—Dispénseme si he faltado en algo, pero no se pueden ignorar las advertencias divinas y el llamado a la conversión...

—¡Advertencias divinas llama usted a esos rumores maliciosos que se difunden al resto de la ciudad y hasta llegan a nuestra Casa central convertidos en calumnias, disfrazadas de visiones celestiales! Buena labor está haciendo usted, con su cara de inocente, para serrucharme el piso. ¿Quién iba a creer que Vuestra Reverencia se valdría de cosas santas y de mentes débiles para tratar de perderme? Pero esto no quedará así, en primer término, como superior de esta comunidad le ordeno que deje de frecuentar esa casa y además la señorita Vera tendrá que procurarse un director más cuerdo, porque no seguirá usted en ese desairado papel. Y fíjese que es mi última advertencia a sus murmuraciones e indisciplinas. O se enmienda de inmediato o escribo al Provincial para que lo destine a otra comunidad bien lejos de aquí y, mientras espera el traslado, le impondré la reclusión y el silencio.

    Pastor movió la cabeza, como si fuera a negar algo, luego se quedó inmóvil, con los ojos entrecerrados. Álvarez volvió a pensar que era un tonto, un tonto infeliz, pero muy peligroso. Ahora él tenía una ocupación adicional, vigilarlo de cerca, neutralizar sus actos, hacerlo invisible para los otros y alejarlo a su debido tiempo. Algo tan fatigoso como la tarea que debía emprender apenas quedara solo: revisar el libro de contabilidad de la casa. Era preciso ajustar algunas cifras, nunca se sabía en qué momento podía aparecer un visitador más curioso de lo debido.

5

FOTO EN EL ARCHIVO DE LAS HERMANAS XIMENO

La celebración ha concluido. Fue de lo más hermoso visto en Matanzas: el altar adornado por centenares de rosas y azucenas, los candelabros de plata sobredorada con cirios de una libra y Nuestra Señora lucía la corona nueva que se encargó a La Habana. Brillaban los óvalos de cedro con el anverso y el reverso de la Medalla a relieve que costeó el Reverendo Padre Pedro Pastor. En el centro del grupo está él mismo, todavía con la casulla blanca que bordaron las monjas en París, porque fue el celebrante. No se sabe por qué parece un poco triste. A su lado, el padre Álvarez, superior de la Casa, con roquete, porque ofició de diácono y el rostro muy serio, tal vez por las muchas ocupaciones que le causa su cargo. A su diestra, las damas principales de las Hijas de María, primero nosotras, de luto, porque mamá había muerto hacía apenas tres meses, más allá Candelaria Heydrich, Beatriz Lamothe, Clara Gómez, la señorita Angélica Byrne que era muy joven por entonces, la piadosa Luisita Campuzano, con vestido blanco y cintas azules, por ser los colores de la Inmaculada – en la foto, claro, no se notan- pero que a su edad, sinceramente, no eran adecuados, parecía una niña de primera comunión; luego las Díaz Sierra con sus hábitos de terciarias carmelitas, acá las Oliver con esas caritas de ángel, válgame Dios y al extremo de la fila, esa pobre mujer que decía llamarse Rita, así sin más, no era de la Asociación, pero insistió en ponerse allí, hay que ser caritativo con los desgraciados, aunque ella, vaya, estaba en todas partes y no sabía cuál era su lugar.

Y a la siniestra de los padres, a la siniestra…pues esa señorita más bien gruesa, que tiene los ojos húmedos, esa es Elvira Vera Sáenz, pobrecita, siempre amable y sonriente, muy tranquila, muy correcta, tan distinta de su hermana María Carolina, que está al lado, con esa mirada de águila, como decía su cuñada Matilde Lima. Una persona harto incómoda, está bien ser devoto, pero eso de hablar a gritos con una imagen y además creer que te responde…o decir que la visita un ángel al que describe – perdón, Señor- como si fuera un buen mozo de los que frecuentan el café del Louvre, todo eso es muy impropio y, además, estar juzgando a los demás y diciendo a tales y cuales -incluidos algunos ministros de Dios- qué fin van a tener y el sitio que les reservan en el infierno, es cosa de gente loca.

Yo sé que la pobreza en que la dejaron sus hermanos y los cuidados a Elvira pueden haberla trastornado, pero esas visiones y sus escritos, que han circulado de mano en mano por la ciudad con no muy buenas intenciones, han sido un problema para el mismísimo padre Pastor que es su confesor y guía, porque él es un santo y no se da cuenta de que esas murmuraciones pueden dañarlo, o lo entiende y por delicadeza no se atreve a alejarla o ponerla en su sitio. Quizá tenga que remediarlo el padre Álvarez que tiene mucho sentido común, mucho *savoir faire*.

Además, a ella no le correspondía ese lugar en la foto, pertenece a la Asociación, pero en nada contribuye, si no es a alargar las reuniones con esos embelecos que cuenta de que ella sabe qué quiere exactamente la Virgen en cada cosa. No dio ni un céntimo para flores y velas y ni se diga para la corona, que al final nosotras, las Ximeno, que venimos aquí desde que nacimos, tuvimos que cubrir casi todo.

Sí, esto fue el 27 de noviembre de 1910, primera Fiesta de la Medalla Milagrosa. ¿Esa figura que casi no se ve en el extremo izquierdo? Es don Cleofás, un pobre hombre que fue sacristán *in illo tempore*, muy servicial con nosotras pero le tenía terror a María, parece que era muy impresionable y cuando la vio en uno de sus arrebatos místicos se asustó de un modo que enmudeció por varios días…Le repito, ese lugar que ella ocupa en la foto no le correspondía, se abrió camino hasta él a bastonazos, como hacía en todo. *¡Oh María, sin pecado concebida! Rogad por nosotros, que recurrimos a Vos.*

6

Para Elvira las primeras horas de la mañana eran las mejores de la jornada. Después de insomnios, taquicardias y ahogos que procuraba ocultar de su hermana, tras las pesadillas que a nadie contaba, venía por fin la hora de la luz. Agradecía sinceramente que le hubiera sido concedido ver el amanecer de nuevo. Por eso, para ella, levantarse muy temprano, no era una obligación penitencial como para María, sino la oportunidad de demostrarse que no estaba tan enferma que no pudiera alejarse del lecho y sonreír a lo que le estuviera destinado vivir en las horas siguientes.

Ella, con sus cincuenta enfermizos años era una mujer conforme y sonriente. *No me explico de qué te ríes* le decía su hermana llena de amargura. ¡Pobre María, siempre tan obsesionada con parecerse a aquella santa que nunca rió! Era servicial y muy piadosa pero se olvidaba con frecuencia de que el prójimo no solo necesita del socorro oportuno y la admonición correspondiente, sino recibir la palabra afectuosa, el gesto alegre que puede ser anuncio de la verdadera vida eterna.

—¿Es que tú no vas a sonreír ni en el cielo, hermana?
—No seas vana, Elvirita, los bienaventurados viven en la contemplación de Dios y allí todo es solemne y no hay tonterías de las que reírse. La risa es cosa del demonio para distraernos con frivolidades de las cosas importantes.
—Tú te reíste del sacristán ese el otro día...
—No me recuerdes esa falta. El desdichado me saca de mis casillas y hago lo que no debo pero Jesús nos ha mandado a amar a nuestros enemigos y esa noche, tras el examen de conciencia, recé como penitencia diez avemarías y hasta me impuse unas disciplinas por mi falta de caridad...
—Ay, María, yo quiero ir al cielo cuando me toque, pero sonriendo, a María y a san José, que se ven tan simpáticos en los belenes y a santa Marta que hacía tantas cosas en su casa para recibir bien al

Maestro y a Dios, bueno a Dios yo quisiera darle las gracias por todo bailándole algo muy bonito, un danzón de Valenzuela, por ejemplo.

Y María se tapaba los oídos, porque no quería escuchar esas palabras casi blasfemas, que iban a ser la condenación de su querida hermana, tan empeñada en bromas y músicas, en vez de prepararse para una buena muerte encerrada en la austeridad y el olvido de todo lo mundano. En cambio seguía sonriendo como si nada.

—Mariíta, yo no sé tanto como tú del catecismo, pero pienso que Dios debe detestar esas caras avinagradas. Si hasta en las bodas de Caná hizo el milagro del vino para que la gente se alegrara.

La otra alzaba los brazos ante el Sagrado Corazón de la sala pidiendo que no escuchara las necedades de aquella que no entendía lo frágil de su existencia y andaba pensando en frases salerosas y en danzones. Seguro pasaría siglos en el purgatorio. No la iban a sacar ni las más contritas misas gregorianas.

De este viaje Elvira lo había disfrutado casi todo: la llegada en tren a la estación de Villanueva, el vocerío en el andén, la confusión de los viajeros todavía atontados por el sueño con los mozos cargados de baúles y bolsas, el recorrido en coche por el Paseo del Prado y luego el camino por la calle San Lázaro hasta la casa de las Hijas de la Caridad, apenas separada del mar por una franja de tierra con muy pocos árboles. Le pareció encantadora la pieza mínima, casi celda, donde apenas cabían dos camas, una cómoda y un grifo en el rincón.

La misa del día, la de san Jorge, le pareció diferente de otras muchas que había escuchado en su vida, quizá por las palabras de aquel predicador joven, capaz de pintar con brillantes colores al guerrero de Capadocia que había combatido con el dragón y salido victorioso, para fortuna de la princesa cautiva Alejandra, quien inmediatamente se convirtió a la verdadera fe.

Después disfrutó el desayuno donde, además de la leche y el pan, pusieron ante ellas un poco de mantequilla y jalea casera de ciruelas. A pesar de las protestas de María, se bebió el café que le ofreció una hermana cocinera. Era fuerte, amargo y sabía a novedad, a aventura.

Desde la portería, el edificio que albergara el lazareto, enorme y vacío, le parecía un contraste perfecto con la visión de los hombres y niños que pescaban en la caleta. A un lado, María ajustaba el precio del viaje con el cochero, un gallego de corta estatura, terco pero cortés, que las ayudó a subir cuando estuvieron listas.

El trayecto hasta el hospital no era demasiado breve. Permitía contemplar las edificaciones nuevas de la calle Belascoaín; las tiendas con los géneros exhibidos en la puerta; los cafés donde la gente desayunaba; las casas pretenciosas con portales y grandes balcones; los transeúntes rumbo a su labores; las carretillas con sus pirámides de frutos coloridos y los vendedores de periódicos. Si María no parecía interesarse en cosa alguna, encerrada en sí misma, ella sintió deseos de saludar la estatua tan pequeña del monarca al cruzar Carlos III con su arbolado todavía cubierto de rocío y hasta las calles más estrechas que recorrieron después para llegar a aquel extraño conjunto de barracas que era el Hospital Las Ánimas donde las esperaba el doctor Guiteras.

Había sido idea de su hermano, el doctor Félix Vera, el siempre cariñoso Felillo, uno de los médicos más notables de Matanzas. Aunque famoso por la precisión de sus diagnósticos, tal vez el afecto le nublaba el entendimiento cuando se trataba de los padecimientos de sus hermanas y si los males de María le parecían todos derivados de enfermedades nerviosas, como estaba de moda decir, lo que requería de un especialista que ella se negaba a consultar, los de Elvira le parecían mucho más serios.

Desde niña aquellas fatigas y respiraciones intermitentes anunciaban un corazón débil y aunque con él había vivido hasta la adultez con buen ánimo y sin limitaciones notables, más allá de piernas inflamadas y ciertas punzadas crónicas en el pecho, aliviadas con cocimientos de tila y valeriana, una reciente epidemia de ese azote tropical y misterioso llamado dengue, la había llevado a las puertas de la muerte. Había sobrevivido a fiebres y pulmones saturados de líquido, a dolores y desvanecimientos, pero le costaba andar y si lo intentaba, cada paso traía consigo una sofocación exagerada, todo en ella se había debilitado, salvo su buen ánimo, que era quizá la clave de que hubiera podido mantenerse viva.

Como el hermano se declaraba incapaz de discernir cuáles de aquellos síntomas eran secuelas del virus y cuáles de los avances de la enfermedad cardiaca, había insistido en consultar a un colega y amigo, el doctor Juan Guiteras, el hombre que más sabía en Cuba de las enfermedades epidémicas, un castigo centenario que caía periódicamente sobre la Isla, según algunos por designio divino, según otros a causa de la trata de esclavos africanos que trajo consigo hartos males.

Guiteras era hombre muy ocupado, no solo tenía una cátedra en la escuela de Medicina y dirigía con celo el viejo hospital de infecciosos sino que recientemente había sido nombrado presidente de la Junta Nacional de Sanidad por el nuevo gobierno. De todos modos, había aceptado generosamente atender a la hermana de un querido camarada de estudios, sin las incómodas esperas del hospital universitario, en el despacho de esta otra institución, pobre pero especializada, que visitaba cada día, poco después de amanecer.

Habían pasado sin mayores dificultades la posta de entrada del recinto tras despedir al cochero, quien debía retornar en dos horas. Allí les indicaron el sendero hacia la Dirección. Esta era un mínimo chalet de madera, mal pintado de añil y cubierto por tejas francesas. Una especie de ordenanza les indicó esperar en un banco junto a una ventana por la que se divisaba buena parte de aquel extraño grupo de barracas unidas por estrechos caminos, cruzados a ratos por médicos con guardapolvos blancos o enfermos conducidos en sillones de ruedas por enfermeras con tocas que les daban un aire monjil.

Se abrió la puerta del fondo y apareció un anciano con amplias patillas blancas y lentes de aro dorado. Su traje negro, la corbata de nudo impecable, le otorgaban una elegancia un poco extraña en aquel sitio. María que se había incorporado con impaciencia no pudo dejar de notar que de un bolsillo del chaleco surgía, no la habitual cadena de reloj sino la cruz y algunas cuentas de un rosario.

—¿Doctor Guiteras?
—No, señorita, soy el doctor Finlay.

Elvira terció con una especie de chillido de sorpresa y algo de alborozo infantil:

—¡El doctor Finlay, el hombre de los mosquitos!

—¡Elvira! – casi gritó la hermana, escandalizada por aquella salida de tono.

—Doctor he leído artículos sobre sus trabajos y además los padres carmelitas de Matanzas me han hablado de usted y lo aprecian mucho. Dicen que usted ha salvado a tantos de la fiebre…

—Los ha salvado Dios, yo solo he trabajado para ayudarlos.

María estaba algo aliviada. Al menos este galeno era cristiano y no uno de esos ateos presuntuosos que solo creían en su ciencia. Pero aquel aire desenvuelto de Elvira le seguía pareciendo harto chocante.

—¿Qué necesitan ustedes? ¿Puedo servirles en algo?

—Esperamos al Doctor Guiteras…

—Perdón, creo que lo retuve un poco en su despacho. Las atenderá pronto. Buenos días.

Elvira le dedicó una amplia sonrisa y hasta un gesto de adiós con el abanico que acabaron de exasperar a la hermana.

—Elvira, si pudieras ser más discreta y menos confianzuda. Qué sabes tú de periódicos, ni de mosquitos…

—Ay, Mariíta, acabamos de conocer a un genio de la ciencia, un hombre que estudió en París, en la Sorbona, que ha salvado a muchísima gente de morir del vómito negro, como le pasó a tu nana Eufemia, ¿te acuerdas? Los frailes del Carmelo lo ayudaron en sus experimentos y me dijeron que había descubierto que la clave de todo era el mosquito, una noche que estaba rezando el rosario…La gente inteligente le tiene mucho aprecio, hasta el Señor Obispo…

Ya iba a recibir la locuaz habladora la correspondiente catilinaria cuando se abrió de nuevo la puerta del despacho y apareció el mismísimo doctor Guiteras.

A Elvira no le pareció tan elegante ni tan gentil como su colega pero percibió que su aparente severidad no excluía la cortesía. Las hizo pasar a su oficina, apenas suficientemente amplia para albergar un pesado escritorio de caoba con su correspondiente taburete de cuero repujado, un estante con libros y en el extremo izquierdo, una cortina ocultaba de la vista de los intrusos una camilla de reconocimiento y una vitrina repleta de frascos de loza o vidrio.

Colgaban de las paredes dos amplias litografías. Una representaba el interior del templo de Esculapio en Epidauro, con la estatua del dios sanador en talla heroica, rodeada por pebeteros humeantes y el altar de los sacrificios, en cuyas columnas estaban enroscadas dos serpientes descomunales, una de ellas, con la cabeza vuelta hacia el espectador, le recordó al dragón que combatiera San Jorge. Salud y enfermedad unidas. El otro cuadro mostraba al médico Hipócrates, viejo y calvo, rechazando los ricos presentes que le ofrecían los enviados de Artajerjes. Entre los dos había una especie de pergamino, sin otra imagen que un texto en grandes letras rojas: *Errare humanum est, sed perseverare diabolicum.*

Ella no andaba muy fuerte en latines, pero no solo comprendió en lo esencial la frase, sino que el condimento diabólico vino a sobresaltarla. La perseverancia del diablo, siempre constante en el error. Otra vez las fauces del dragón intentando apresar la pierna del caballero y la princesa fugitiva entre los árboles, víctima de su propio error herético, herida por los espinos hasta el borde de la muerte. Y el campeón que escapa del demonio reptil pero escucha, al final de su breve existencia, la carcajada del diablo tras la voz de Diocleciano promulgando el edicto que lo llevará al suplicio. No cayó víctima de la epidemia mefítica, ni de la rabiosa mordida, sino perdió honores y cabeza por el decreto de un césar apasionado de la disciplina administrativa.

Tras inquirir por la salud del apreciado don Félix y hasta por detalles recientes de la vida de su sobrina la piadosa señorita Campuzano, a la que hacía mucho no visitaba dadas sus obligaciones, se dispuso a atender a la enferma.

Escuchó con paciencia casi absoluta el relato de Elvira sobre los avatares de su «pobre corazoncito» desde que era una niña, hermosa y rolliza – eso decían- pero que se fatigaba al punto del desmayo cuando se balanceaba con demasiada fuerza en su pequeña mecedora de mimbre colocada en la sala de la casona familiar de la calle Milanés. Las noches de insomnio cuando comenzó a hacerse adulta a causa de las taquicardias que no se controlaban con tisanas ni oraciones. Y, por fin, llegó la gran epidemia de 1906, junto con la guerrita de los liberales en aquel agosto especialmente caluroso y mientras don Tomás renunciaba en Palacio ante el enviado de los americanos, ella sufría con la «fiebre rompehuesos» y se ahogaba con los pulmones encharcados, tenía que ser sostenida por dos personas para recibir el Santo Viático y desde entonces le habían quedado esos dolores en las coyunturas, más fatigas y la respiración peor.

Todo el relato estaba mechado por las piadosas interpolaciones de María, que unas veces intentaba poner freno a la catarata verbal de su hermana y otras ofrecer un enfoque más piadoso y menos literalmente fisiológico de ciertos males y sus alivios.

Guiteras auscultó a la enferma, se interesó tanto por la agitación cardiaca como por la crepitación pulmonar, sopesó la retención de líquido en brazos y piernas, indagó por las venas que marcaban un insolente relieve en sus pantorrillas. Hasta las articulaciones – hombro, codos, rodillas- fueron materia de su examen. Luego, dejó a un lado el estetoscopio, dedicó una mirada fugaz a la inscripción en la pared y volvió a ocupar su silla.

—Siento que hayan hecho tan largo viaje desde Matanzas, para escuchar muy pocas cosas nuevas. Puedo decirles, eso sí, que no creo que el pícaro dengue haya agravado de manera especial su dolencia cardíaca. Ese virus, al que he dedicado buena parte de mi carrera, guarda todavía muchos misterios, pero, por lo que sabemos hoy, afecta por unos días el organismo, viene después una larga etapa de recuperación, que en algunos pacientes dura más de un año, en esa etapa se quejan de dolores en los huesos, dificultades para andar, debilidad, pero no parece que deje permanentemente afectado algún órgano. Claro, la señorita Elvira ha sufrido un prueba dolorosa, padecer a la vez los síntomas de su insuficiencia cardiaca, que es una dolencia congénita, es decir heredada de la familia y por otro lado una de las enfermedades epidémicas más molestas de las que azotan a esta Isla. Digan al doctor Vera que puede seguir tratando a su hermana como ha hecho hasta ahora, sin pensar en males tropicales. Yo recomendaría dieta sana pero sin morirse de hambre, vida tranquila y ordenada, pero no postrada en el lecho ni en la comadrita, unas gotas de tintura de digital, usadas de forma moderada para prevenir las crisis y no le estaría de más un poco de sol y de distracción…

Elvira movía el abanico con un temblor que no se preocupaba en disimular pero asentía con la cabeza. A María el célebre profesional le parecía correcto y respetable, pero todo eso de la dieta, el sol y las distracciones semejaban pretextos para un sinnúmero de mimos y caprichos. Era como incitarla a vivir todavía más en la inconsciencia y en la despreocupación por el fin de sus días y el destino de su alma.

—Gracias, doctor, por sus consejos, pero como cristianas tenemos el deber, o mejor dicho, la obligación de estar preparadas para una buena muerte. Puede decirnos cuánto tiempo puede quedarle a ella…

Aunque Elvira conociera harto el pensamiento de su hermana tal ocurrencia le pareció molesta, tanto como al respetable Guiteras, que miró fijamente a aquella enlutada y ácida devota, antes de respirar hondo y comenzar a hablar.

—Los médicos nos ocupamos de los pacientes mientras vivan y en mi caso, no me gusta hacer pronósticos que son inútiles o solo sirven para impresionar y llenar de aprensiones al enfermo. Yo también soy cristiano, aunque no tan practicante como el doctor Finlay. Sé que la muerte es cosa de Dios y no hay por qué indagar cuándo sea su voluntad enviárnosla, como dice la Escritura: «No sabemos el día ni la hora». Lo nuestro es curar, cuando es posible, aliviar y confortar en caso contrario. El fin lo marca una voluntad superior a nuestras mentes. Es imposible saber si estaremos vivos dentro de un minuto, de una semana, de seis meses o de diez años. Quizá la regla de oro sea vivir con dignidad como si fuéramos a morir mañana, pero disfrutar de lo que se nos concede como si fuéramos a vivir acá eternamente.

María estaba en perfecto desacuerdo con el galeno, pero frunció los finos labios y desvió la mirada hacia otra parte. Ansiaba marcharse de allí.

—Gracias, doctor, ¿cuánto le debemos?

—Jamás cobro a un paciente atendido en este hospital, pero además, aunque me hubieran visitado en mi consultorio, nunca hubiera aceptado un centavo de las hermanas de un gran amigo. Si quieren pagarme con algo, recen por mí hoy a san Jorge, para seguir como él combatiendo al dragón diabólico de la enfermedad...

Elvira se sentía ahora más cómoda y había recuperado su locuacidad.

—Hoy hemos asistido al amanecer a la misa de san Jorge y ahora nos habla de él. Creo que voy a incluirlo en mis devociones de cada día.

—Si les interesa, hoy los catalanes celebran su fiesta de San Jordi, que es el mismo, en los terrenos donde están levantando su ermita. Mis obligaciones me impiden asistir, pero si ustedes tienen tiempo, podrían, antes de regresar, pasar un rato en esa fiesta que es una tradición centenaria.

El cochero las esperaba ya frente a la entrada del hospital. María parecía apresurada por regresar al convento y encerrarse en él hasta el viaje de retorno al día siguiente, pero Elvira insistía en desviarse de tan austera ruta para pasar un rato en aquella verbena que prometía más ruido que devoción. Por más que le argumentó que aquello afectaría sus economías al agregar un viaje no previsto y que con el conductor solo se había ajustado el retorno a su albergue y el trayecto al día siguiente hasta la estación de Villanueva, la enferma insistió y María, para quien las palabras del doctor Guiteras no habían sido exactamente motivo de alivio, concluyó por aceptar y enzarzarse en un cerrado regateo con el auriga para reducir los daños pecuniarios al mínimo.

La inquietud había abandonado hacía rato a Elvira. Nada de lo que había escuchado le resultaba nuevo. Se sabía seriamente enferma pero quería vivir sin temores y sin aprensiones los días que le quedaran en este mundo. Sentía sinceramente que su hermana, aunque la cuidaba con estoicismo, no entendiera su necesidad de asistir a los cumpleaños de sus amigas, no perderse rifas, tómbolas y hasta inauguraciones de monumentos, mientras que si permanecía en casa, aunque no se sustraía a rosarios y otros actos piadosos, gustaba de permanecer en su cuarto junto a un gramófono que había comprado con sus ahorros para escuchar arias de ópera y melodías más o menos dulzonas.

No agradaba a la penitente que sus visitantes se deshicieran en imploraciones ante la imagen de María, mientras del interior salía la voz de Miguel Fleta entonando la jota de *La Dolores,* o que las pláticas edificantes del padre Pastor resultaran acompañadas por el «Aria de la locura» de *Lucia de Lammermoor* con toda la estridencia de los agudos de Amelita Galli-Curci, sin olvidar la última novedad de la tal «Meditación religiosa» de *Thaís,* que además de ser ópera de tema bastante escandaloso, ahora imponía las engañosas dulzuras de ese violín del diablo, desde el amanecer, una, dos, mil veces, en el ascético ambiente de aquella casa.

Mientras a su lado María seguía murmurando jaculatorias, Elvira respiraba hondo al pasar de nuevo por Carlos III, saludó con la mirada las verjas de la Quinta de los Molinos y quiso saber de aquella edificación enfrente que tenía en su fachada un gran cartel ocupado por un alacrán de aspecto no demasiado feroz. Era el Almendares Park.

—Cuando era niña papá me llevó una vez con él al Palmar de Junco, no entendí nada del juego, yo agitaba una banderita y gritaba ¡Matanzas, Matanzas! Pero ganaron los habaneros. Después una charanga estuvo tocando unos danzones preciosos y papá me dio a probar el agua loja. ¿No te acuerdas de los hermanos Amieva?

—No –replicó con sequedad María, a quien el imprevisto paseo y la locuacidad de su hermana habían empeorado el humor.

Se desviaron de la avenida para cruzar un nuevo reparto, de calles rectas con casas de estilo clásico. Ella pensó que si volviera a vivir quisiera hacerlo en una de esas, con su portal de columnas, tan propicio para balancearse en una comadrita por las tardes y contemplar las rosas y adelfas del jardincito, escuchar caer el agua de la fuente o saludar a los paseantes. Pero acá solo había una vida y la de ella no se prolongaría como para cumplir esos sueños. Y la otra, la eterna, nadie sabía cómo era realmente, si en ella podrían obtenerse esas pequeñas cosas que se ansiaban acá.

Pronto quedaron atrás esos barrios y salieron a una calzada o más bien a un camino real flanqueado de malezas, por donde arribaron al fin a la Loma de los Catalanes. El cochero, con el ceño más distendido, las ayudó a descender, les deseó buenos días y se evaporó.

7

DEL DIARIO PERDIDO DE ELVIRA

[...]

Creo que fue uno de los días más singulares de mi vida. Feliz y extraño. Como aquellos de mi niñez cuando cumplía años y papá me felicitaba muy temprano. Me daba un beso con las manos escondidas tras la espalda, porque traía una caja de castañas con chocolate, de las que tenían un paisaje con ninfas en la tapa y una gran moña de cinta azul. Eso era bueno, tanto como pasear con él y que me fuera enseñando desde el puente las barcas que pasaban por el San Juan, o me llevara a la botica de Triolet donde me permitían escoger un caramelo, siempre rojo, de un enorme frasco, aunque estuviera muy profundo y tuviera que hundir todo el brazo, porque los de arriba eran amarillos o verdes. *¡Mira que esta niña es voluntariosa!*

Mamá decía que me mimaba demasiado por mi enfermedad, pero él lo hacía de puro amor, porque siempre nos entendimos muy bien, hasta el final, cuando los ahogos no lo dejaban salir y prefería que yo fuera quien le acomodara las almohadas en la espalda y leyera para él los titulares del *Diario de la Marina*.

Yo fui nada más que unos pocos grados a la escuela, pero él me enseñó a ser curiosa, a interesarme lo mismo en la música que en la historia de las cosas y en lo que pasa en el mundo. Mamá estaba más cerca de María, eran semejantes, cumplían sin reparos con sus obligaciones, eran más perfectas que yo en todo: en rezar, en coser, en cualquier labor de la casa, pero lo hacían como quien asume un castigo. A veces mamá parecía celosa de la manera en que nos entendíamos papá y yo. María heredó eso. Quería salir con nosotros, pero cuando lo hacía, enseguida comenzaba a quejarse de cansancio para obligarnos a regresar y si llegábamos a saludar a Triolet se irritaba porque me acercaban primero a mí el frasco de caramelos, pero cuando se lo ofrecían decía: *No, gracias*, como si su inapetencia la hiciera superior. En la casa su sitio era la saleta. Se sentaba en una pequeña mecedora que teníamos y se balanceaba con fuerza, con los brazos cruzados.

Una vez nos visitó un amigo de papá muy importante. Después supe que era Domingo Méndez Capote. Estaban en la sala y yo me asomé muy sutilita, siempre fui curiosa de lo que hablaban los mayores, pero el visitante me descubrió al momento y me llamó. Yo no me acuerdo mucho de eso, pero dicen que me preguntó qué quería ser cuando fuera mayor y yo, sin pensarlo, le dije que quería tocar la gaita, a lo mejor porque había visto en el parque a los tañedores gallegos en la fiesta de Santiago Apóstol. Él se rió muchísimo. Papá hizo llamar a mi hermana y el invitado le hizo la misma pregunta. Dicen que María lo miró de arriba abajo, como una mujer cuando un hombre le dice una frescura y respondió – siempre con los brazos cruzados, como si la estuvieran juzgando-: *Yo voy a ser una santa*. Entonces él, muy sorprendido, se rió todavía más y ella rompió a llorar.

A mi hermana la había impresionado demasiado esa historia que le hizo mamá de santa Inés, la adolescente que en tiempos de Diocleciano – siempre él- prefirió el martirio antes que casarse con un pagano y supongo que no le contaron la parte en que fue obligada a vivir en un prostíbulo… pero esos y otros relatos le hicieron mucho daño. Muy pronto ella estaba segura de que en la casa solo ella y mamá eran cristianas, que los demás, mis hermanos, papá y yo éramos «liberales» –lo que divertía a papá que repetía que él era «democrático»– y que tenía que rezar por nosotros para que no fuéramos al infierno o estuviéramos en el purgatorio por una eternidad.

Como la vida tiene sus cosas curiosas, papá murió cuando yo tenía quince años y ella doce y mamá le sobrevivió apenas un lustro. Ya mis hermanos se habían casado y tenían sus hogares. Vivimos un tiempo corto con mi tío Felillo que es un pedazo de pan, pero algo no quedó muy claro en cuanto a la liquidación de nuestra herencia. Los varones decidieron asignarnos una pensión entre todos y alquilaron esta casa y la amueblaron para que viviéramos juntas porque los muy graciosos decían que teníamos vocación de solteronas.

María no se cansa de decir a quien la quiera oír que se quedaron con todo el dinero y nos dejaron en la miseria, pero no es así, en realidad a papá en los últimos años no le iba bien con los negocios y mamá vivió hasta su fin de la renta de unas casitas que quedaban y una pequeña cuenta en el banco. Al liquidar todo y dividirlo, quedó apenas una calderilla…lo que sucede es que ellos trabajan y sostienen sus casas con sus sueldos o con sus negocios y María cree que viven medianamente bien porque le escondieron algo a ella y porque no quieren costear sus obras de caridad, pero eso es otro asunto, que ahora no viene al caso. Ellos no son santos, pero, menos a Felillo, a los demás los ha espantado de aquí con sus quejas y reclamaciones.

¡Qué horror! Empecé a escribir una cosa y me he perdido en el camino. Tal vez lo que quería decir es que desde hace muchísimo ambas vivimos juntas y ella se ha ocupado de mí, queja más, queja menos, porque somos tan diferentes que yo he tenido que fabricarme mi mundo: el fonógrafo, los libros, las pocas visitas, eso me da fuerzas para seguir hasta que Dios quiera. Que Él me perdone, no es normal que una hermana no deje de sentir celos hasta de una enferma y no tengo derecho a decir que miente pero creo que esa invalidez de los últimos tiempos la fabricó su cabeza para sentirse mártir y digna de atención. Yo quisiera curarme y hacer una vida normal y alegre, ella, por el contrario, desea estar muy enferma aunque se sanó milagrosamente, pero solo para descubrir otros males. No entiendo a los santos, o por lo menos a algunos…

Verbigracia, san Jorge es otra cosa, es un caballero, un hombre hermoso y hasta galante porque sabe comportarse con la princesa pagana a la altura de las circunstancias. Yo he leído que los dragones no solo traían enfermedades a los lugares cercanos a su guarida, sino que junto con el fuego que arrojaban por la boca lanzaban una especie de electricidad, una mala energía que alcanzaba a la gente. El misal no lo dice, pero según leí en otra parte, cuando el santo hirió de muerte al monstruo con su lanza, a través de ella pasó esa fuerza mala y no lo mató a él porque Dios lo protegía, pero se desplomó muerto su caballo. Pobre animal. A veces el santo es uno y a otro cercano le toca ser mártir.

Precisamente yo le comentaba eso a María cuando llegamos a la Loma de los Catalanes. Que en esas historias hay algo de maravilloso porque no ocurren las cosas como enseñaban en la escuela: acción y reacción, sino que un asunto provoca otro inesperado. Si la causa estaba en el lanzazo al dragón, el efecto no era recíproco, un daño al caballero, sino que lo que pasaba era algo oblicuo, le tocaba al pobre caballo, tan ajeno al asunto, pagar por todos, como pasa muchas veces en la propia vida. Alguien debería escribir sobre eso…Ella no me dejó terminar, me dijo que hablar así de las cosas relacionadas con Dios era atrevimiento y hasta herejía.

Vi venir una descarga negativa como la del dragón, pero en ese momento llegamos y ese sitio hizo algo en ella, porque su rostro cambió apenas pasó la cerca rústica que delimitaba aquellos predios, adornada con follaje y cadenetas de papel brillante. Un viejecito nos obsequió una rosa a cada una.

Acababa de concluir la misa de campaña. La celebraron delante del pórtico de la ermita que parece el de una antigua fortaleza, pero detrás no tiene nada, solo muros desnudos, porque la comenzaron hace muchos años pero no han podido concluirla. Pusieron un altar portátil en la hierba y a los lados dos pedestales, a la derecha estaba la imagen de Nuestra Señora de Montserrat, La Morenita, y a la izquierda una talla en madera de san Jordi –como dicen ellos– vestido con armadura que no parece romano sino de los tiempos de las Cruzadas y montado en un caballo árabe y encabritado. Se veía que la figura era antigua y la habían retocado, el yelmo brillaba como si fuera de plata, pero a la boca del dragón le habían pintado unas llamitas color punzó que estaban bastante ridículas. Yo le puse mi rosa a los pies y le recé un poco, mientras María hacía lo mismo delante de la Virgen.

Entonces vi cerca de allí aquella ronda que hacían las mujeres. Casi todas eran de edad avanzada. Tomadas de la mano bailaban aunque apenas parecían levantar los pies del suelo, pero con mucha elegancia. Alguien a mi lado me dijo que ese baile se llamaba sardana y que sin él no había verdadera fiesta. Me acerqué a mirar y me atrajo tanto que cuando una de las danzantes rompió el círculo y me alargó la mano, yo la así y me incorporé, a diferencia de María, que no me lo impidió pero prefirió alejarse un poco. Seguramente yo hacía los pasos con torpeza, pero nadie se burló. Me fueron ganando una felicidad, una paz interior, que no tenían paralelo y cuando los tocadores de tamboriles y trompetas se detuvieron, mis compañeras de ronda hicieron una reverencia y después nos abrazamos. Era como formar parte de una congregación.

Después nos sentamos en un banco de piedra bajo un arbolito que creo que era un olivo, hasta allí llegaron unas muchachas con trajes típicos de Cataluña y tocados con cintas, para ofrecernos unas porciones de la rosca, un dulce delicioso formado por una masa ligera y suave, como llena de aire, que tiene adentro un merengue espeso que no repugna. El aire, la música, el dulce, todo me parecía perfecto, hasta mi hermana tenía mejor cara. Era como si ambas hubiéramos sanado a la vez con aquella fiesta.

Cerca de mediodía nos incorporamos, salimos del recinto y buscamos un coche. Comencé a sorprenderme cuando ella subió en silencio, no parecía interesada en enzarzarse en una discusión con el auriga para obtener el precio mínimo por el regreso a La Inmaculada. Más aún, parecía que sus ojos no podían desprenderse de aquel sitio, pero no del puesto del florista, ni de las vidrieras de dulces, ni de los danzantes, tal vez miraba aquella fachada que no conducía a parte alguna, o quizá mucho más lejos.

Un instante después se volvió hacia mí. Me asusté porque tenía los ojos vidriados, como alguien muy asustado o a punto de desmayarse.

—Ese lugar, donde se adora al Dios vivo, un día será arrasado para poner una estatua de Martí...

—¿Una estatua de Martí? Pero si hace poquísimo que develaron una en el Parque Central. ¿A quién se le va a ocurrir tal cosa en este sitio tan apartado?

Pero ella no me escuchaba.

—Un Martí gigantesco, endiosado, todo un ídolo. Y delante un hombre que grita desde un pedestal y una plaza llena de gente aplaudiendo y gritando algo que repiten mucho. Es como una tempestad, o un terremoto, con el cielo color de sangre.

Ya no me miraba. Tenía los ojos vueltos hacia arriba. Lloraba. Yo sentía que el corazón se me iba a salir del pecho.

—Sangre, sangre y mucha tristeza. Las lágrimas de los ángeles caerán a tierra. Una prueba muy larga. Hay que orar para que concluya. Después lloverán rosas…

Entonces, sencillamente, se desplomó en su asiento. Yo, desesperada, temía que estuviera muriéndose. Quise pedir al conductor que se detuviera, pero no me salía la voz, así que dejé que continuara cruzando la ciudad que ahora me parecía desconocida, ajena, hasta hostil y la contemplaba a mi lado, sudorosa, desmadejada, con los párpados bajos. Cuando llegamos al convento pagué sin chistar el precio exagerado que me reclamó el cochero y logré gritar a la portera que necesitaba ayuda. Dos hermanas españolas, fornidas como aldeanas, me ayudaron a bajarla del coche.

Yo debí sentarme en un banco del recibidor mientras María pareció volver en sí apenas pasó las puertas. Tenía más dificultades para caminar de lo habitual y ya en el cuarto trató de disimular que se había hecho aguas encima. Ni ese día, ni otro alguno hasta hoy hemos hablado de ese suceso. Sus visiones a veces son como prolongaciones naturales de las cosas que estamos viviendo, pero en otras ocasiones, no parecen tener sentido alguno. ¿Un Martí en la Loma de los Catalanes? ¿Ángeles que lloran? No creo que en mi vida, que se anuncia breve, llegue a experimentar esas escenas apocalípticas. Aunque sea una enorme contradicción, el día más hermoso de mi existencia ha sido también el más extraño.

8

Aquella jornada no había sido, en modo alguno, feliz para el padre Álvarez. Acababa de despedir al Visitador, un anciano flaco, legañoso, impaciente y de escasas palabras. Nada había podido reprochar a la disciplina de la casa, ni al funcionamiento del colegio, sin embargo, a su inquieta mirada no escaparon los agujeros en el libro de cuentas, ni a sus oídos los chismes sobre una visionaria que anunciaba castigos para la Congregación en nombre del cielo y arrastraba por el fango algunos nombres, aunque parecía tener embrujados a ciertos reverendos padres y hermanas a los que era preciso advertir, disciplinar y, si era preciso, alejar de allí.

Sobre lo primero, escribió en el libro comunitario, con toda claridad, que el colegio era bueno pero no rendía los ingresos mínimos para ser sostenible y quedaba bajo observación por un curso más, antes de decidir si era preciso cerrarlo. Sobre lo segundo, dejó una seca nota referida al cuidado que debían tener los Hijos de san Vicente en el trato con los seglares, el discernimiento necesario en la cura de almas y la prevención de cualquier situación escandalosa que pusiera en peligro el buen nombre de toda la congregación, lo que estaban obligados en conciencia a advertir como capellanes a las hijas de santa Luisa, tan sencillas y laboriosas pero propensas, como mujeres al fin, a toda suerte de embelecos…

Nada sobre la aventura de la higuereta, ni relación alguna entre su nombre y los déficits en la economía de la casa central habanera, visitada hacía poco. Pero le habían bastado tres jornadas en Matanzas para que alguna voz maligna lo impusiera de las falsas revelaciones de María y del círculo formado en la casa de la calle Manzano por Pastor y un grupo de adeptos que incluían no solo a unas religiosas crédulas sino al mismísimo secretario del obispo. Eso era más peligroso que las bombas que andaban lanzando los anarquistas en Barcelona y si saltaba por los aires esta comunidad él terminaría sus días en alguna cochambrosa misión *in partibus infidelium*. No había trabajado tanto para acabar así.

El viejo padre Pastor, al que había considerado hasta la víspera como inocente, iluso, milagrero, en fin decrépito o tonto de capirote, era en realidad un hombre peligroso que ponía en boca de su dirigida lo que era necesario difundir para mayor descrédito de sus opositores. Había que silenciarlo pronto o enviarlo muy lejos, de donde no pudiera retornar.

Sentada frente a él, sor Benita de la Cal, tampoco tenía una jornada feliz. Hartos años había servido, primero a los asilados en varios hospicios de España y Cuba, luego como maestra de párvulas y nunca una superiora había tenido querellas mayores con ella, que era limpia, puntual, cumplidora de obligaciones y rezos y nada amiga de murmuraciones. Respetaba a los padres como capellanes que eran y apreciaba sobremanera a su sabio y santo confesor el padre Bauzá. Si había venido a este lugar a hora no adecuada, pues había tenido que dejar su aula de niñas gritonas del colegio La Milagrosa en manos de una novicia obesa y de párpados caídos quien seguramente no sobreviviría una hora ante las discípulas, era porque creía que se trataba de una cuestión urgente, de asistir a alguien con una alferecía, quizás, pero nadie la había advertido de lo que vomitaría este energúmeno.

Estaban frente a frente en el despacho, Álvarez de pie, pálido, sudoroso y aferrado al borde del escritorio. Agotado por el susto y por la incomodidad de reprender a una religiosa de mayor edad que él, muy apreciada por personas de toda calidad, para colmo, sentía que le había hablado con torpeza, casi con exasperación, con lo que le había demostrado a esa aldeana, no muy letrada pero sí bastante recia, que no tenía el control de la situación y, más aún, que se sentía en peligro. Sor Benita, más que sentada, caída en el sillón frailero, con el cuello del hábito torcido, estrujadas las alas de la toca en forma de corneta —que le hacían recordar a las vacas cornigachas vistas en su infancia— se sorbía las lágrimas y los mocos entre restregones de ojos, sin poder hallar un pañuelo en el amplio bolsillo del hábito mientras procuraba hilvanar las palabras en su defensa:

—Padre, eso no es así. El reverendo Pastor es un hombre santo. Mi confesor de muchos años. Si vamos a esa casa es con su permiso y allí no pasa nada malo. Rezamos el rosario, hacemos muchas oraciones por nuestras congregaciones y por el mundo… no hay chismes, ni María es mujer que se complazca en ellos…y tampoco es impostora. La he visto mirar a ese cuadro de Nuestra Señora y hablarnos después de cosas de Dios…No haga caso de esas murmuraciones…Acuérdese de la niña Bernardita, de lo que dijeron de ella cuando tuvo las visiones en Lourdes, hasta la misma superiora de nuestra casa de Nevers creía que era una farsante y hoy gente muy sabia está preparando su proceso de beatificación…Y no hace falta hablarle de Catalina Labouré y el padre Aladel…

—No, hermana, no hace falta hablarme de esas cosas de las que estoy más impuesto que usted por mis estudios. Sencillamente le indico, como a persona que está sujeta a la obediencia de la Congregación, que, en primer término, no tiene usted permitido frecuentar a la señorita María Vera en su casa, mucho menos recibirla en el colegio. Corte todo trato con ella y Dios sabrá a su tiempo separar el trigo de la cizaña. En segundo lugar, el reverendo padre Pedro Pastor y Bauzá no podrá seguir siendo su confesor y director, escoja otro de esta casa, el que guste. Y le advierto, si falta a estas indicaciones o hace de ellas un alboroto en su colegio, me encargaré de que la trasladen muy lejos. Es todo. Vaya con Dios.

Sor Benita, tras un instante de duda, se incorporó y procuró poner en orden su hábito. Ajustó el cuello, pero la toca era asunto mayor, tendría que resignarse a volver así a la casa, con la cara roja y la corneta caída. No sabía cómo tomaría aquello sor Amparo, pero como superiora debía saberlo. Echó a andar con la cabeza baja, pero antes de abrir la puerta no pudo evitar volverse. Por primera vez descubrió que el padre Álvarez podía ser muy peligroso.

El padre Juan, aún aferrado al escritorio, tomó nota de la mirada final de la religiosa que le pareció enigmática, quizá un poco desafiante. Quedó convencido de que no debía esperar por su incierto comportamiento en el futuro, comenzaría a trabajar ya para que tanto ella como Pastor fueran trasladados cuanto antes de aquella ciudad. Le iban en ello la tranquilidad y hasta la vida.

9

«EXAMEN DE CONCIENCIA PARA LA CONFESIÓN GENERAL EN LA CUARESMA DE 1913»

[Texto mutilado e intercalado. quizá por error, en el ejemplar manuscrito de la *Vida* archivado en la Casa Central de la Congregación de la Misión en La Habana].

Primero– Los trances con frecuencia interrumpen mis oraciones o me quedo olvidada de todo en misa. Es como si me desvaneciera para lo que tengo alrededor. Los tengo por cosa de Dios, sobre todo cuando recibo en ellos locuciones de Nuestra Señora o del Ángel. Temo, sin embargo, que otros vengan, aunque de modo inconsciente, de mi deseo de recibir esas gracias.

Me he quejado de la Providencia, bien que en mi interior, sin decirlo a persona, por sentirme agotada en la atención de Elvira, o por falta de recursos que la familia me escatima con injusticia.

Segundo– He reverenciado habitualmente el nombre divino.

Tercero– No he faltado a misa en domingo ni otro día de precepto y atendí a ellas, salvo lo indicado en el Primero. No he trabajado pero quizá he hecho trabajar a las muchachas, si bien he procurado cumplan primero con el precepto en horas del amanecer y luego hagan los quehaceres domésticos imprescindibles y socorran a Elvira cuando lo requiere. Tal vez, en ocasiones, les exigí un poco más de lo debido en sus días de descanso…

Cuarto– Mis padres fallecieron hace años. Quiero sinceramente a Elvira y cuido de ella, aún a costa de mi propia salud, sin embargo, salvo mi hermano Félix, el resto de mis hermanos, cuñadas y sobrinos, están distantes de mí y no me dan el socorro que fuera justo me dispensaran y hasta he sabido que se burlan de mis devociones y obras de caridad, por esta razón he tenido discusiones con ellos, alguna vez les he dicho palabras amargas y tengo que reconocer que no he sabido refrenar mi lengua y alguna vez he murmurado de su conducta con otras personas o los he desairado en público.

Tal vez he faltado también al tratar y exigir a Adelina y Florinda en las tareas de la casa, con frases y maneras descompuestas, aunque pudieran justificarlo mis dolores, la interrupción de alguna devoción o la preocupación por mi hermana. Con frecuencia les he pedido perdón.

Alguna vez me he dejado llevar por la ira…

Quinto– Tengo celo del bien del prójimo y socorro a todos los que puedo sin esperar pago alguno. Pero siento antipatía por algunos de mis familiares y su sola vista, a veces, me pone de mal genio. Lo mismo sucede con algunos hombres de Dios como el padre Álvarez y ciertas religiosas, cuya conducta me ha ofendido. En cuanto al sacristán ese [roto]

[Falta una página]

Octavo– No he mentido, ni calumniado a nadie.

En las revelaciones que he recibido he descubierto faltas y hasta conductas criminales de varias personas que eran secretas hasta ahora y las he dicho a mi confesor. Quizá en un instante de trance ante otras personas en mi casa, han escapado de mi boca palabras y nombres que estas han podido relacionar y de allí han nacido algunos comentarios que han llegado a oídos de otros en la Ciudad, pero esto no se debe a malicia mía…Si he juzgado mal sin el debido fundamento a alguien, quisiera que Él me absolviera, pues cuando lo he hecho ha sido por el bien de la Iglesia y el celo por las buenas costumbres.

Noveno– No he cometido acciones impuras, ni me complazco en tales pensamientos.

(Comentar al confesor) En las ocasiones que he hablado con el Ángel he sentido después desasosiegos, como una especie de dolor placentero que dura minutos, horas o hasta días. No se trata de lo que él haga o diga, sino de algo que deja al marcharse que turba mis sentidos en forma de calores, estremecimientos, dolor en el corazón. Tal vez sea como experimentó la Santa de Ávila con la visita del serafín. Creo que si está por encima de lo natural no se me puede culpar de lo que siento y la miseria de mi carne [roto]

[Falta el resto de la página. El documento concluye con una media cuartilla cosida al final, hay varios garabatos en la página y unas frases inconexas escritas en tinta roja que transcribimos]

En la capilla, a las cinco de la tarde, tras el Rosario…

La visión de Isaías: «Entonces voló hacia mí uno de los serafines con una brasa en la mano…»

¡Olvídeme de mí, si te olvidare! (subrayado)

10

Las hermanas que despidieron a sor Benita de la Cal en el andén de la estación de Matanzas aseguran que subió al tren muy serena, después de abrazar a cada una y pedir a Nuestra Señora de la Medalla Milagrosa que intercediera por todas.

Las hermanas que recibieron a sor Benita en la verja de la nueva Estación Central del Ferrocarril en La Habana comprobaron que lloraba sin consuelo. Sus ojos, harto irritados, demostraban que no acababa de comenzar a hacerlo sino que su llanto tal vez se iniciara en la zona de Aguacate, o quizá más lejos.

Y llorando fue en el coche que siguió la calle del Egido hasta el Campo de Marte, prosiguió haciéndolo durante el recorrido por la Calzada de la Reina y aún cuando se internaron Belascoaín abajo. Todavía lo hacía cuando la hermana portera les franqueó la entrada de la casa.

Se suponía que el baño, el almuerzo en el refectorio y hasta un poco de café que le hicieron beber serían reconfortantes. Pero, tras la hora de descanso que pasó asomada a una ventana de su celda, quizá contemplando el mar, no entró con demasiada presencia de ánimo en el despacho de la Superiora, así lo delataba el pañuelito que seguía estrujando en su diestra temblorosa.

Sor María de la Presentación no estaba para jeremiadas. Harto trabajo le daban esta casa y las otras que dependían de ella. Eso podría explicar lo sumario de su saludo y el modo de fruncir los labios cuando la visitante, apenas instalada en una butaca, inició nuevos sollozos. Aquello podía prolongarse hasta el día del Juicio y nada molestaba tanto a la superiora como las lamentaciones que nada remediaban. De modo que en un severo discurso que hacía horas tenía preparado le repitió las quejas del padre Álvarez por las «cosas desagradables» que ocurrían en la casa de aquella vidente que en mala hora había hechizado a las religiosas. Era preciso cortar aquello por lo sano. Y de inmediato le alargó un billete de la Compañía Trasatlántica. El barco zarpaba en dos días. En la casa de Madrid la impondrían de su nuevo destino. En vez de despedida le lanzó al rostro una brusca invitación a la obediencia y a la discreción, antes de pedirle que cerrara la puerta al salir.

La religiosa vivió las horas que siguieron como si fuera una autómata. Rezó las vísperas con la comunidad; fue al refectorio a la hora de la cena aunque no tuvo conciencia clara ni de haber comido ni de haber intercambiado algo más que monosílabos con sus vecinas en la mesa. Estuvo contemplando el mar otra vez desde la ventana de su pieza, o intentándolo, porque apenas divisaba una gran masa oscura, precedida por las escasas luces de algunas farolas en la calle San Lázaro. La brisa traía a intervalos el sonido de un piano desde el café de la esquina de Belascoaín. Se acostó temprano, pero, por primera vez en más de veinte años, encontró incómoda la cama y durmió muy poco.

Solo al día siguiente, tras la misa comunitaria en la capilla, la claridad vino a su mente. Era 22 de julio, festividad de santa María Magdalena. Cuando las hermanas se levantaron, rumbo al desayuno, ella permaneció en su banco. Quizá el evangelio del día había contribuido a despejar algo en su cabeza. Era aquel que ocurría en casa del fariseo que invitaba a Jesús a comer con él. De momento, de la nada, apareció una mujer con un frasco de perfume y con él ungió la cabeza del Maestro y lavó sus pies, a los que después secó, entre lágrimas, con sus cabellos.

Muchas veces había escuchado el mismo relato, sobre todo se había fijado en la figura de esa que decían que era la propia Magdalena, tan sincera en su arrepentimiento como para honrar a Jesús de una manera más bien escandalosa. La pecadora que desde entonces se transformó en penitente. Pero hoy había escuchado mejor lo que venía después. El fariseo Simón escandalizado y Jesús que la coloca a ella por encima de ese hombre con fama de piadoso. *Se le perdonan sus muchos pecados, porque ha amado mucho.*

Exactamente entonces comprendió que más allá de su estupor había muchísima contrariedad y hasta ira reprimida. Que la atormentaba la imagen de otro fariseo, el padre Álvarez. Bien lo conocía, no creía que fuera peor que otros curas, pero él, al censurarla, al obligarla a apartarse de lo que creía santo, al mostrar que podía vigilarla, seguirla, castigarla, hasta desaparecerla, sin que ella tuviera derecho siquiera a quejarse, se había convertido en la imagen perfecta de un tirano.

Eso venía a despertar en su interior algo que había experimentado a lo largo de su vida, pero en lo que no había querido detenerse: las religiosas como mujeres eran poco o nada, algunas tenían más carácter, otras carecían de él y se dejaban llevar por la corriente, pero todas estaban sujetas a la voluntad de capellanes, confesores, directores espirituales y hasta obispos. Todo lo que importaba lo decidían ellos y había que agradecerles si al menos eran rectos en su proceder y no las conducían hacia el pecado y hasta la locura.

Tenían que servir y callar las que huyeron del mundo, creyendo que así se sustraían a la voluntad de padres tiránicos, hermanos celosos, pretendientes repugnantes y en un futuro cercano hijos varones que reproducirían el mismo esquema. Lo que ella misma había vivido en su hogar campesino: los coscorrones y hasta el palo para la respondona. Las noches sin cenar por haber replicado a alguna arbitrariedad. El trabajo embrutecedor de la casa, donde una madrugada se unía con otra, mientras los hombres andaban en la calle, quizá amañándole un matrimonio que trajera alguna conveniencia para ellos.

De todo eso creyó salir cuando eligió el convento. No le importaba trabajar duro con ancianos llenos de suciedad por fuera y por dentro, ni lavar las sábanas manchadas de sangre de los enfermos, ni soportar alumnas rebeldes y padres vanidosos. Había dado todo por esta nueva familia, creía haber cumplido con lo que pedían san Vicente y santa Luisa. Y de momento, cuando esperaba apenas una vejez tranquila en la casa matancera donde tantos la apreciaban, ese hombre se inmiscuía en su vida, le daba órdenes y terminaba manchando su buen nombre, solo porque a través de ella quería golpear a otros, a los que no podía llegar con tanta facilidad. La había lanzado como un objeto inservible y no le alcanzaría la existencia para enmendar, dondequiera que fuera, los juicios torcidos que sobre ella vertió, pegajosos y malolientes, como alquitrán tibio. Otra vez un hombre podía deshacer una vida.

Ahora se fijaba en la Magdalena bíblica. Había sido pecadora, pero no temió las críticas cuando exhibió su devoción al Redentor. Ni las objeciones de Simón, ni las murmuraciones que debieron acompañarla siempre impidieron que continuara con su vida. Por eso se le apareció el Resucitado, aunque los apóstoles comenzaran por no creerla, porque lo que dice una mujer no es atendible en parte alguna, pero así llegó a los altares. Que aquella, la que dicen que terminó su larga vida como ermitaña en un desierto, intercediera por ella, para no sufrir más por palabras y hechos masculinos, sino concluir su paso por este desierto, haciendo bien, donde Dios dispusiera, con más ánimo y menos lágrimas, que ya hartas había derramado.

Esa mañana se quedó sin desayunar, pero salió de la capilla muy tranquila. Y sin derramar una lágrima subió al *Alfonso XIII* y hasta se sintió feliz en su camarote de segunda, o en la cubierta, entre desconocidos. Cuando llegó a Madrid, escuchó sin pestañear la decisión de la Casa Provincial de enviarla como directora de un colegio en Filipinas. Soportó todo, el viaje hasta Manila, con mares hostiles, el ambiente enrarecido de aquella isla donde eran tan repugnantes los soldados norteamericanos, protestantes y agresivos, como los patriotas masones que voceaban consignas anticlericales a las puertas de los templos en su lengua imposible, o los católicos descendientes de españoles, ansiosos por conservar sus privilegios para seguir viviendo como en tiempos de la Conquista. Pero de todos hizo caso omiso.

Trabajó día y noche, mejoró la escuela, mandó en aquel pequeño espacio como si fuera todo el mundo y no faltaba a las celebraciones de la vecina iglesia de San Agustín que le recordaba – no sabía porqué- la catedral de Matanzas. No volvió a saber del padre Pastor, ni de María, prefirió ignorar, en cartas y visitas a España, los asuntos de Cuba.

Nadie envidiaba su posición, ni se cuestionaba su trabajo y ella tuvo la habilidad de rechazar cualquier promoción que la devolviera a la Península. Murió de edad avanzada, durante la ocupación japonesa. La enterraron con la estampa de santa María Magdalena prendida al hábito de la congregación, como había sido su última voluntad.

11

DE LA VIDA DE MARÍA

He conocido el infierno.

El padre Pastor estuvo una semana sin venir. Temí que le hubiera sucedido algo malo. No apareció por la capilla ninguna de las veces que fui a misa. El sacristán me dijo que estaba fuera de casa, de viaje, pero no le creí. Yo estaba dispuesta a aguardar allí o ante la puerta cerrada del colegio hasta que apareciera. Por fin, enviaron a otro padre muy joven que yo no conocía, me dijo, de parte del Superior, que el Reverendo Pedro Pastor estaba muy ocupado, que ya no podría atenderme, tendría que buscara otro confesor, quizá en el convento de los carmelitas, allí los había muy buenos...

Lloré todo el camino de regreso y me faltaron las fuerzas. Tuve que sentarme en el quicio de una casa. Allí me dieron un vaso de agua con un poco de azúcar y un niño me acompañó hasta la calle Manzano. Elvira estaba asustadísima porque creía que me había pasado algo grave.

Esa noche, muy tarde, cuando ya mi hogar, el barrio y casi toda la ciudad estaban en silencio, vino el Ángel y me dijo *Mira* y fue como si se abriera el piso de la sala y viera un agujero enorme, oscuro, bajo mis pies. De aquel sitio salía humo como de azufre maloliente y llamas. Yo sentía temor y quise apartar la cara, pero el Enviado me ordenó de nuevo *Mira* y vi en una suerte de calabozo de piedras, encadenados, al padre Álvarez y a otro que aunque no lo conocía, una voz maligna me dijo al oído que era el superior de la Misión en Madrid y otros muchos. Sufrían el fuego, aullaban, se retorcían con sus cadenas y el tormento no terminaba nunca. *Son los que deshonran la Iglesia* -me dijo el Ángel- *para ellos no hay esperanza*.

Después se transformó esa visión y vi otro calabozo, más pequeño, igual de oscuro pero sin llamas, húmedo y helado como una tumba, donde se oían muchos llantos. El ambiente era de una tristeza tal que volvían a brotarme las lágrimas. *Aquí vienen los tibios, los que tienen una misión y no la cumplen. A los que se les ha dado mucho y no ofrecieron fruto alguno. Ese es el sitio que te está reservado si no obedeces.* Después de decir esto, se desvaneció la visión y el Emisario se fue.

Era tan grande mi temor que temblaba todo mi cuerpo. Quise pedir ayuda a Nuestra Señora. Dirigí la vista a su cuadro y no estaba. En la pared solo quedaba el clavo que lo sostenía y una gran tela de araña. En ella estaba prendido una especie de murciélago feísimo, con los ojos como brasas. Me miraba y se reía. *Ella se ha ido también. No te soporta. Pronto tú y todo en esta casa será nuestro.* Quise hacer la señal de la cruz para ahuyentarlo, pero tenía los brazos pesados, caídos sobre el regazo y no los pude mover. Tampoco podía mover la lengua. Apenas pude en mi mente decir *Ave María* y perdí la conciencia.

Adelina, que llega siempre a las cinco de la madrugada para encender el fogón, me encontró desvanecida en el suelo. Pidió ayuda al sereno y pudieron levantarme y reanimarme dándome a oler un poco de alcohol. Elvira no se había enterado y yo prohibí que se lo dijeran. Podría matarla un susto así.

La misma Adelina, en cuanto recuperé el conocimiento, se fue al Asilo y buscó a Sor Sagastume. Esta localizó al padre Pastor en la casa y le dijo que yo estaba muy mal que quizá moriría sin confesión.

Él vino enseguida, parecía muy asustado. Yo no podía incorporarme del lecho y él me confesó, me dio la absolución general, me administró el Viático y me puso los Santos Óleos. También me impartió la bendición con el Crucifijo y comenzó a rezar la oración para encomendar mi alma. En eso entró en la habitación Elvira, que acababa de despertar y casi sufre un ataque. La pobre, yo no quería darle ese disgusto. Sigo pidiendo, ahora con más empeño, al Sagrado Corazón, que ella muera antes que yo. ¿Quién la cuidará si yo le falto?

El padre Pastor me dijo que estaba convencido de que yo me restablecería, porque todavía estaba destinada a hacer muchísimas cosas antes de mi muerte. Que él seguía orando por mí. No me pudo ocultar la prohibición de su Superior pero me dijo que estuviera tranquila, que aunque él siempre había sido disciplinado, en esto no haría caso, porque se trataba de un asunto de conciencia, que él vendría lo más discretamente posible para seguir dirigiéndome. También me aseguró que muchos santos habían tenido visiones como las mías, que debía interpretarlas como advertencias del cielo, no como signos fatales. La propia Santa de Ávila había visto el lugar que le tenían reservado en el infierno por si no cumplía lo que Dios le había pedido. Antes de marcharse, me dejó escrita en un papel la jaculatoria de san Miguel Arcángel para repetirla cuando sienta próxima la presencia del diablo: «Arcángel San Miguel, defiéndenos en la lucha, para que no perezcamos en el tremendo juicio». También hizo cruces con agua bendita en la puerta de la casa y en cada una de sus piezas y me dijo que celebraría una misa votiva privada, la de los Santos Ángeles.

Me recupero poco a poco. No he vuelto a tener visiones. Ya puedo caminar, al menos hasta la sala. Todos los días hago mis devociones ante el cuadro de la Inmaculada, que está en su sitio. Hice que Adelina lo bajara de su sitio el otro día, le dije que para limpiarlo. No había telaraña alguna detrás, pero al separarlo del muro cayeron al suelo, junto con un poco de polvo, unos excrementos de murciélago. *Sed libera nos a malo.*

12

El Reverendo Padre Pedro Pastor Bauzá no puede concentrarse esta mañana en lo que escribe. No culpa esta vez al piar insistente de los gorriones, ni al viento cuaresmal que envía una que otra ráfaga a su ventana. Son los timbres que suenan a intervalos y, aunque no quiera, cada vez que escucha uno, detiene pensamiento y pluma para indagar si lo llaman.

No vale saber que cada vez son menos quienes lo procuran en el locutorio y, todavía más, comprender que alguien se ha propuesto molestarlo, quizá el mismísimo superior nuevo, el pequeño y retorcido Juan Rodríguez, sustituto de Álvarez cuando este, como premio a su excelente conducta en esta casa y en la Isla toda, fue sacado de aquí por los cabellos a toda prisa cuando ya hasta sus vestiduras ardían.

Es, cierto, le consta, el superior Rodríguez lo trata con mucha formalidad, para no darle motivo de quejas, mas ha instruido a algunos de los jóvenes novicios para que se «equivoquen» y le timbren a cada rato hasta hacerlo bajar las escaleras. Si lo hace «fue un error», si no, es un rebelde e indisciplinado que se niega a presentarse cuando lo requieren. Hace pocos días repitieron más de una vez la ocurrencia, hasta que lo hicieron descender con la sotana a medio abotonar, despeinado y casi rugiendo. Vino a topar con el Superior y dos jesuitas que lo obsequiaron con sus miradas de gato. La meta era desesperarlo, demostrar al Provincial que había enloquecido y alejarlo de acá para que no estorbara. No lo permitiría.

Intentó seguir con unas «Cuentas de conciencia» que procuraba redactar: «Para un religioso, obedecer a su superior es como atender a la voz de Dios. Mas esta obediencia no puede ser a ciegas...»

Para él está claro que ni Álvarez ni Rodríguez, ni la Congregación completa tienen derecho a reprocharle cosa alguna, a él que ha servido por más de tres décadas como maestro de novicios, profesor del colegio y luego director, además de la cura de almas...hasta las piedras saben en esta casa de su disciplina, de su austeridad, de su celo con la fe y su constancia en la oración, así como de su preocupación continua por allegar fondos para dignificar el culto a Nuestra Señora. De eso da fe la capilla, que a su llegada era un cascarón con goteras y hoy el retablo principal reluce con sus dorados, cirios y florones y hasta las alcancías del templo son de maderas preciosas, labor de fina ebanistería que él costeó de su propio bolsillo...Vuelve a perder el hilo.

Toda la cuestión viene a centrarse en María, su dirigida. Si él la hubiera dejado sola no sería considerada más que una loca, una más, pero su tutela molestaba a los superiores de la Misión porque los asociaba con ella que, como Juana de Arco, escuchaba voces del cielo y más aún como santa Catalina de Siena quien tenía visiones del purgatorio y el infierno poblados de nobles, obispos, frailes y hasta algún papa a punto de caer en las llamas. Mujer brava, que podía cantarle las cuarenta al Sumo Pontífice y precisarlo para reformar la administración de la Iglesia.

Ahora, a sus espaldas, lo acusaban a él de contarle secretos del manejo de la casa. Insistían en que era él quien le hacía saber de supuestas faltas en el manejo de las economías, desde la farsa del champú de higuereta hasta el déficit de la caja habanera, más aún, hasta de asuntos allende el mar, apañados en la respetable sede de Madrid. Que el alentaba con sus chismes esas visiones que la loca mujer contaba en los corrillos de monjas impresionables y viejas listas para dispersar por la Ciudad y más allá de ella la revelación del día.

Para colmo, María estaba escribiendo una «Vida» algunas de cuyas páginas encendidas había leído a ese extraño círculo de alumbrados que se reunían en su casa. Herejía. Los congregados en torno a aquel retrato que se iluminaba parecían jansenistas. El retrato servía para imitar el supuesto milagro de la Santa Espina y echar mucha suciedad contra la gente cuerda, práctica y decente del mundo.

Lo veían como cosa de inquisición. Sus enemigos se erigían en jueces, querían en primer lugar el silencio de María, a quien era preciso atemorizar para reducirla, eso, acompañado por el alejamiento del terco guía espiritual, restablecería el orden.

En realidad hubieran preferido encarcelarlos, torturarlos, quemarlos a ellos dos en un auto de fe en plaza pública, mientras el ayudante del verdugo reducía a cenizas en un brasero cercano las hojas llenas de las líneas temblorosas y desiguales en las que la ilusa María Carolina Vera narraba los dones espirituales recibidos. Después echarían sus cenizas al San Juan y seguirían con su vida, tan frescos como siempre.

Desvariaba...y le dolía mucho la cabeza.

Echó a un lado aquellas «Cuentas de conciencia». Escribir no le ayudaba a poner en orden sus ideas, sino que las revolvía y les hacía tomar formas fantásticas, como hace el aire con las llamas de una hoguera. Mejor no poner por escrito cosas tan comprometedoras. Buscaría a un clérigo que no fuera de la congregación, quizá el mismísimo obispo, monseñor Warren, tan ajeno a estos bandos, para descargar su alma. Tal vez, accesoriamente, el prelado, puesto al corriente de lo que se cocía en esa porción de infierno que estaba dentro de su recién estrenada diócesis, tomara alguna providencia saludable para él y María y para el bien de La Causa en que estaban empeñados.

Creyó escuchar lo dos timbrazos cortos y uno largo que lo identificaban en la portería. Se puso en pie, pero se detuvo. Esta vez no bajaría. Y, aunque mil veces lo desaprobaran, el continuaría viendo a María y guiándola en secreto, mientras ella permaneciera en este mundo, lo que quizá no fuera por mucho tiempo, a juzgar por el estado en que la había encontrado la víspera. Que después hicieran con él lo que quisieran. Podrían censurarlo pero no desaparecerlo. Felizmente en estos tiempos los inquisidores habían de trabajar con métodos más sutiles, tenían prohibidas las salas de tortura y las hogueras.

Todavía se escucharon los timbrazos por dos veces más, antes de apagarse definitivamente. Pastor estuvo largo rato contemplando el río y el tráfico de hombres y mercancías en torno a los almacenes de la otra margen. Eran nuevos tiempos pero ciertas luchas nunca terminaban.

Ese día no bajó, ni siquiera a la hora de almorzar.

13

Por aquellos días Elvira tuvo un sueño. Se había levantado poco antes de amanecer. Se peinó y se puso un vestido presentable porque sabía que había llegado una visita. Fue a la sala y vio sentado en una mecedora al Corazón de Jesús. No se asustó demasiado porque era un sueño.

Le ofreció café y pensó en cómo buscar la llave de la vitrina sin despertar a María para ofrecérselo en las mejores tazas, pero sencillamente se vio sentada ella frente a él, en otra mecedora, cada uno con una taza humeante en la mano, de aquellas inglesas que nunca salían de su caja.

El visitante parecía un poco triste y le dijo a Elvira que era muy fatigoso escuchar todo el día las reclamaciones de otros y procurar, además, complacerlos. Que a él, como a ella, le dolía el corazón y Elvira le recomendó el tónico preparado con digital y si era muy fuerte la punzada, las obleas con los polvos que recomendó el doctor Guiteras y preparaban en la botica de Triolet, esas que parecían hostias. Después que lo dijo sintió vergüenza, porque Él podría pensar que se estaba burlando, pero el visitante se seguía balanceando muy despacio y miraba cada detalle de la sala, se detuvo particularmente en el cuadro de la Virgen y le comentó: *Es bonito y me parece curioso que se reúnan en torno a él pero no es así.* Elvira se sintió confundida y le preguntó por el otro cuadro, Él, sin mirarlo, le dijo: *Ese menos todavía.*

Ella estaba inquieta porque si llegaban las muchachas o María se levantaba se iban a asustar mucho pero como el huésped lo sabía todo le dijo que no se preocupara que mientras él estuviera no pasaría nadie por la sala. De repente fue como si los primeros rayos del sol se alejaran y volviera la oscuridad sobre aquel sitio.

Elvira sintió que perdía la paz y le preguntó abiertamente: *¿Es que me voy a morir? No, tú vivirás para ver muchas cosas. Cuida de tu hermana.* Elvira pensó que eso era muy raro porque la enferma era ella, pero no se atrevió a decirlo, por el contrario, le hizo una pregunta la mar de absurda: *¿Es verdad que el otro día ella flotó?* Pero el visitante no perdía la paciencia y le dijo: *Sí lo hizo, pero levitar no es gran cosa, lo importante es saber vivir de acuerdo con el corazón y ella ha escogido el camino más doloroso. Para ella y para mí, porque no he podido hacerla feliz como a ti.*

Entonces ella comenzó a llorar. *¿Cómo puedo ayudarla? Enséñale a escuchar tus discos. La música puede sanarla.* Elvira descubrió entonces que la nube se había ido y había acabado de amanecer. *¿Qué música? La mejor* – y a través de la camisa de hilo fino se le trasparentaba el corazón color púrpura latiendo acelerado- *la que le dé deseos de vivir.* Entonces se puso de pie y ella descubrió que era mucho más alto de lo que pensaba y que tenía los rizos bien peinados, pero con aspecto de estar húmedos, como si se hubiera lavado con el champú de higuereta del que tan mal hablaba su hermana.

Ella quería pedirle que la bendijera, que impartiera una gran bendición a toda la casa, pero Él se sonrió y le dijo: *Gracias por el café, hace tiempo que no tomaba uno tan bueno. Vuelvo en otra ocasión* y puso su mano derecha sobre el pecho de la mujer antes de irse.

Cuando Elvira abrió los ojos estaba en su cama, pero en vez de la ropa de dormir llevaba un vestido que nunca se había puesto. Sintió deseos de oír música y tomó de la mesita auxiliar el primer disco que tenía a mano, dio cuerda al aparato y lo puso. Un dúo de voces masculinas llenó la casa con el ritmo de un bolero:

Vengo a ver si en mi ausencia guardaste
El amor que al partir te confié.
Vengo a ver si en mi ausencia lloraste
Como yo por tu ausencia lloré,
Como yo por tu ausencia lloré...

María, que estaba en la cocina, informando a las muchachas de los detalles del día, se interrumpió escandalizada. Fue al cuarto de la enferma y la encontró en pie y vestida, cantando a dúo con el infernal aparato:

Vengo a ver si en tu pálida frente
Al fijar tus pupilas en mí

*Un sonrojo siquiera defiende
Lo que el mundo me dice de ti.*

Elvira andaba por la habitación, cantaba, se reía y le decía:
—Canta conmigo, que él me lo recomendó.
Apenas pudo contarle el sueño. ¿El Sagrado Corazón vestido con una camisa como la de los doctores, tomando café y con rizos bien esponjados, gracias al champú de higuereta?
—Todo eso son disparates, en el mejor de los casos. O cosas del demonio. Debes decirlo al confesor cuanto antes. Y yo no tengo tiempo para tus músicas. Mejor baja el volumen de eso, o apágalo.

Pero la enferma se sentía mejor que nunca y pasó hasta la hora del almuerzo entre boleros, arias de ópera, danzones de Valenzuela y hasta el *Himno nacional cubano* tocado por la Banda Municipal de La Habana.

ECCE HOMO

1

El amanecer de aquel 2 de febrero, fiesta de la purificación de Nuestra Señora, resultaba harto fresco, todavía más en las Alturas de Simpson, donde un airecillo picante se colaba entre las arcadas de la Quinta Cardenal, residencia provisional del obispo de Matanzas. Como resultaba habitual en las ocasiones en que monseñor Severiano Saínz oficiaría en la Catedral, se había levantado antes del alba y estaba listo, bien que en ayunas, tras las oraciones en la capilla privada, para partir hacia la ciudad. Hacía varios minutos que aguardaba ante la puerta un coche tirado por un caballo tan viejo y fiel como su conductor.

Tras un lustro de servir al prelado, casi a diario, don Tiburcio, el auriga, sabía cómo comportarse. No debía hablar a Su Ilustrísima, salvo para darle las buenas horas y cualquier comentario suyo en voz alta resultaría tan inconveniente como si lanzase interjecciones gruesas o maldiciones a causa de algún inconveniente en el camino. Al monseñor no le gustaba que lo ayudaran a subir al vehículo, pero detestaba también que este se pusiera en marcha antes de haberse acomodado en su asiento, con los cojines en su sitio. Estaba obligado a inquirir a dónde se dirigían y a dejarlo sumergido en sus pensamientos durante el trayecto. Así mismo, el caballo debía ir al paso no solo porque el obispo nunca parecía tener prisas sino porque sentía verdadero temor por los accidentes.

Más valía a don Tiburcio aparecer con puntualidad, limpio, correcto, silencioso y conservar a este patrón estable en ciertos horarios, ahora que los clientes escaseaban, no solo por la desleal competencia de los ruidosos y malolientes automóviles, sino porque la crisis económica había hecho grandes agujeros en los bolsillos de mucha gente respetable. Él y su caballo Cenizo estaban obligados a servir religiosamente – nunca mejor dicho- a Su Ilustrísima, único cliente seguro cuando se caía a pedazos hasta el muy sólido Banco Español. Eran malos tiempos.

El prelado estaba de buen ánimo esta mañana. Aunque era vanidad humana predecir lo que haría en las horas siguientes, ya le parecía ver al párroco Genaro Suárez Muñiz y al secretario de cámara, el padre Trabadelo, aguardándolo a la puerta de la sacristía. Había tiempo para revestirse, esta vez de semipontifical, para presidir aquella ceremonia, ante un público más numeroso que de costumbre, porque a los contados fieles se incorporaban esta vez los miembros de la Sociedad Naturales de Canarias, ansiosos por festejar a su Patrona, con estandartes, trajes típicos y hasta zapatos nuevos para los hombres, de piel de becerro, de esos que chirriaban al andar.

Iba a bendecir las bandejas con cirios que le presentaran, distribuirlas a los fieles que besarían de rodillas la luminaria y su anillo. La procesión sería apenas en torno al templo porque las autoridades no habían autorizado este año otro recorrido, con el pretexto de ciertas turbulencias políticas locales y después vendría la misa, con el sermón donde explicaría el *Nunc dimittis servum tuum*...del anciano Simeón, acomodado a ciertas cosillas sobre la dignidad y libertad sagradas de la Iglesia que debería escuchar quien tuviera oídos para ello, más la obligación de los fieles de contribuir al culto con su diezmo, aún en días difíciles.

Finalizada la ceremonia y ya de nuevo en sotana, desayunaría en la casa del párroco con este y el secretario y despacharía algunos asuntos de urgencia. Quedaría tiempo para conversar sobre la desdichada aplicación de las Leyes Torriente y la ruina de los banqueros españoles y criollos, en cuyo desplome arrastraron consigo tantas cuentas de la Iglesia y de muchos benefactores, todo por culpa de aquella fiebre del azúcar.

Había encargado ya a Trabadelo que lo representara en el almuerzo que ofrecían los dirigentes de la comunidad canaria en el Hotel París. Prefería la sopa caliente y el pollo con verduras que le preparaba la cocinera en la quinta y una siesta antes de volver a sus papeles o reanudar la lectura de aquella «Vida y revelaciones de María Vera», un manuscrito que le había prestado el venerable padre Pedro Pastor con mucho encarecimiento.

Lo que había en aquellas páginas era sorprendente. ¡Una mística en esta ciudad que, además, no era monja! Entre tanta gente tibia o descreída, alguien que vivía como en un beaterio y aseguraba haber recibido numerosas revelaciones de la Virgen Milagrosa y de la que ya muchos contaban verdaderos prodigios, desde la liberación de su propia invalidez, la curación de una niña y hasta se rumoraba que en un éxtasis había sido capaz de levitar. Claro que a los Padres de la Misión, salvo al bendito Pastor, aquello no gustaba y se resistían a apoyar La Causa que la Señora proponía para derramar sus bendiciones sobre Matanzas y sobre Cuba. No podía dejar de evocar lo leído en tiempos recientes sobre las apariciones de la Virgen en Fátima, negadas primero por liberales, masones y socialistas y aceptadas pronto por la multitud de los sencillos. Ya se había autorizado a la construcción de una capilla en aquel lugar, aunque varios obispos portugueses siguieran resistiéndose a cosas tan portentosas, pero los herejes del gobierno veían ahora sus filas diezmadas. Si acá, por un momento, el sol se apartara de su eje y danzara en el cielo para terror de tanto agnóstico y materialista, los políticos corruptos, libertinos, anarquistas y otros especímenes sabrían que había llegado su hora...

Ya doblaba Cenizo, con parsimoniosa elegancia, la esquina de Milanés. Enseguida identificó la figura del padre Suárez ante la pequeña puerta de la sacristía, un paso detrás estaría Trabadelo, siempre cuidadoso con las precedencias, pero apenas se detuvo el vehículo descubrió, casi oculto por ambas figuras, a un joven de apariencia pobrísima, con el rostro fatigado y sin afeitar.

Tras el recibimiento formal, le tomó muy poco tiempo enterarse de que aquel veinteañero, acompañado por un pequeño baúl con el sello del «Marqués de Comillas», había llegado a la Isla hacía apenas veinticuatro horas, con un par de pesetas en el bolsillo, una certificación con las notas – a primera vista harto mediocres- del Seminario Mayor de León y una carta de buena conducta del Padre Rector de aquel centro, así como una misiva de recomendación del obispo de Astorga, en la que presentaba a este muchacho campesino, de buena conducta e irreprochable ortodoxia, muy devoto y servidor, a quien, aunque vencidos sus estudios de Teología, él no había ordenado, primero por razones de salud, después por no tener destino inmediato que ofrecerle y en fin porque había mostrado su deseo de pasar a América, siempre necesitada de misioneros.

Después de echar una mirada muy somera a los papeles, que entregó a la custodia del secretario, invitó al aspirante a las sagradas órdenes a pasar a la sacristía y revestirse como acólito, si el párroco no tenía objeción, ya conversarían más tarde.

Durante la ceremonia, monseñor Saínz no pudo dejar de observar al recién llegado, diligente en su servicio, pero tembloroso y con la frente perlada de sudor a pesar del tiempo fresco. Quizá no era más que otro de los tantos seminaristas españoles que llegaban a la Isla en busca de ser ordenados y encontrar un destino que para algunos era temporal, por el intervalo suficiente para ahorrar algo acá y gestionarse una incardinación decorosa en la Península y, para otros, el modo de arraigarse definitivamente en una patria adoptiva. Entre ellos había muchísimos seres torpes, con malos latines, escasa teología y peores maneras, otros eran verdaderos pícaros que se comportarían como aves de paso, pero los que eran buenos valían su peso en oro por su capacidad de trabajo y su resistencia a las adversidades. Ya se vería en qué grupo clasificaba este. Mientras lo veía afanarse con las vinajeras en el ofertorio le parecía que había algo en su expresión, en su mirada, que no era lo habitual. *A ver si nos mandaron un santo o un loco*- pensó desde su cátedra. Él no estaba preparado para ninguno de los dos casos.

2

El prelado comprendió muy pronto que Manuelillo era una joya. En sucesivas visitas vespertinas a la quinta lo puso a prueba. El joven subía a las Alturas cada tarde, iba andando y lo mismo ayudaba en su trayecto a una anciana cargada de ramas secas para el fogón, que equilibraba los serones de un caballo maltrecho, repartía bendiciones a diestra y siniestra y se las componía para llegar con extrema puntualidad al portal de la mansión.

El seminario no había hecho mal trabajo con él: lo había disciplinado, le había dado seriedad sin convertirlo en un cara larga, sabía suficiente latín como para usar un misal o un ritual con pronunciación lo menos bárbara posible; de la *Summa Theologiae* – la compendiada por Balmes, claro- podía repetir las proposiciones fundamentales y no tenía escollos en el Catecismo. Aunque lo mejor era que no parecía tener la obsesión de muchísimos candidatos al clero por el Derecho Canónico, concebido como escudo para proteger no solo sus derechos sino la realización de las más desatadas ambiciones. En fin, si nada indicaba que de él saldría un Tomás de Aquino ni un Buenaventura, tampoco iba a resultar un Cacaseno.

No había ocupación que resultara fatigosa para «el gallego» – gentilicio que en esta isla acostumbraban a colgar sin más a cualquier peninsular, fuera andaluz, catalán o vizcaíno. Ayudaba al padre Genaro en la misa del alba; daba una mano al Secretario con el orden y protocolización de los documentos del archivo episcopal; acompañaba a quien llevara el Viático a los agonizantes y sin pensar en vientos de cuaresma o aguaceros de verano, ayudaba en la catequesis sabatina de Versalles con una paciencia digna de Job, a pesar de tener ante sí a connotados zoquetes y hasta candidatos al reformatorio. Aún así, estaba a tiempo para dirigir el rosario y la Salve de las Hijas de María con especial unción.

Lo mismo empuñaba la escoba que discutía con el ocurrente florista cordobés para que las azucenas y lirios más frescos y económicos fueran «para Nuestra Madre». Era alguien de conciencia tranquila, que comía lo que le sirvieran y se iba a dormir temprano en el cuartucho casi monástico improvisado para él en un desván junto a la casa parroquial, desde donde más de una vez dejó al pobre don Genaro en vigilia por sus ronquidos.

Pero Dios sabía que no había criatura humana perfecta. Manuel era un devoto de los muy imaginativos, lo que no era raro en los campesinos de su tierra. Un día descubría el rostro de la Virgen en una cortina manchada, otro dedicaba una hora a escuchar a una vieja medio decrépita la historia de una tía muerta de repente en plena juventud, que por años apareció como sombra doliente a la familia para implorarles muchas misas que le sirvieran de sufragio para salir del purgatorio. No había límites para su credulidad: cuadros que sudaban sangre, santos y santas de palo arrasados en lágrimas por la maldad del mundo, visiones del cielo y del infierno flotando ante los ojos de un notario al que faltaban no uno sino dos tornillos. Sería difícil olvidar el día que persiguió en paños menores por las galerías del patio catedralicio al gato de la vecina doña Eduviges, con una escoba en alto y alaridos de *Vade retro*, porque, según él, el demonio había entrado en su cuarto bajo esa forma felina para tentarlo «con palabras muy perversas».

Conspicuos miembros del presbiterado local le recomendaron que se librara de ese loco. Él prefirió creer que esa mentalidad infantil era un rezago de su infancia aldeana y que el trabajo más la experiencia podrían superarla. Además, más valía un clérigo ingenuo y muy devoto, que ciertos curas de misa y olla cuyos escándalos iban mucho más allá de perseguir a un gato. Para darle como guía a alguien que pudiera comprenderlo le recomendó como confesor al padre Pedro Pastor. El obispo viviría lo suficiente para arrepentirse de esa ocurrencia.

En septiembre ya monseñor Severiano estaba decidido a ordenar al candidato. Aquél escogió la fecha: 7 de octubre, fiesta de Nuestra Señora del Rosario.

La ceremonia tuvo lugar al amanecer, en la Capilla del Sagrado Corazón de la Catedral de Matanzas. El prelado, de estricto atuendo pontifical, fue asistido por el venerable Pedro Pastor. La lluvia golpeaba con fuerza las ventanas mientras ungían con el crisma al nuevo elegido, le imponían las manos y hasta hicieron menos audibles las Letanías de los santos, entonadas por el padre Trabadelo en un impecable modo gregoriano.

Como sus padres, viejos y pobres, no podrían venir desde Vega de Espinareda, en la comarca del Bierzo, para acto tan relevante, fueron representados por don Evaristo Cotilla y señora, estos, junto a las hermanas Michelena y a Margarita Penichet, obsequiaron al nuevo sacerdote con una casulla blanca bordada en La Habana por las Madres Reparadoras, así como su primera sotana.

Al final de la ceremonia se sirvió un desayuno en la casa parroquial para Su Ilustrísima y los escasos invitados. Fue exactamente a puerta y ventana cerradas porque una tormenta tropical azotaba a Matanzas. Solo después de las once pudieron salir los asistentes por la puerta del transepto y debieron evitar como pudieron el montón de ramas caídas en el parque Milanés. El señor Cotilla comentó que aquello parecía un presagio y las hermanas Michelena quisieron saber «de qué». Pero todos tenían los pies húmedos y no había tiempo para responder a eso.

En espera de un destino estable, el presbítero don Manuel Martínez Pérez fue designado capellán del Asilo «San Vicente de Paúl» y auxiliar del Sagrario de la Catedral para lo que hiciere falta. Pudo salir de su estrecha buhardilla, pues se le concedió habitación y mesa en la Quinta Cardenal hasta que se concluyera el nuevo obispado.

3

DE LA VIDA DE MARÍA

«Hay algo más terrible que ver el infierno: experimentarlo. Si las últimas visiones, hace un par de meses, me llenaron de miedo, de inseguridad, si experimenté algo que nunca imaginé: la casi certidumbre de ser condenada para toda la eternidad y vivir, por adelantado, en el fuego que no se extingue, ahora, ya sin apariciones ni sueños, me encuentro en un auténtico desierto. Puedo orar hasta que las rodillas me sangren, nada siento; puedo hacer buenas acciones, no me traen alegría alguna. Los libros piadosos se me caen de las manos, aún los de la Santa de Ávila, es como si algo me dijera que tratan de cosas ajenas, que no pueden ayudarme. Estoy en un páramo, las devociones no me aprovechan, tampoco las penitencias.

No sé si santa Rosa de Lima sintió lo mismo. En la última etapa de su vida ella quiso aislarse de su propia familia en la casa, se convirtió en una extraña para los demás y en la celda que se hizo fabricar se dedicó a destruir su cuerpo, a demoler cualquier resto de salud y alegría hasta quedar, literalmente, crucificada. Pero imitarla es peligroso, puede haber algo de soberbia en deshacer lo que Dios fabricó, en contrariar la voluntad del que nos da su aliento a diario para que vivamos e intentar ganar la salvación por la vía expedita de salir cuanto antes del cuerpo que sentimos fuente de pecado. El demonio tiene muchas vías misteriosas y, como me repite el padre Pastor, es más peligroso cuando se presenta como ángel de luz. En la mortificación extrema puede haber una voluntad de suicidio – pecado mortal si los hay-. Habría que encontrar el límite entre negar a la carne lo que pide para limpiar el alma y pretender desencarnar para convertirse en espíritu puro, lo que tiene algo de herejía. ¿Acaso N.S. Jesucristo no quiso tomar la condición humana por amor y sufrir con nosotros la sed, el abandono, las burlas, hasta expirar, cuando podía mostrarse como un ángel de gran fuerza y poder, al que todos tendrían que someterse? Tomó el camino más difícil.

Lo amargo cotidiano es precisamente aquello que no queremos aceptar. Cuidar enfermos, por ejemplo. Estamos dispuestos a asistirlos, a velar por ellos, a fatigarnos, a privarnos hasta del alimento para dárselos, a vivir sin ascos en medio de la suciedad, pero contamos con su docilidad, con su aquiescencia, en último caso hasta con su gratitud como lenitivo para nuestras fatigas. Las monjas que los asisten lo saben. Deben tolerar a diario las burlas, la grosería y hasta las calumnias de muchos de ellos. No tienen derecho de preferir al más dócil, al más devoto, ni a tomar más cariño a unos que a otros. Deben entrenarse para amar a la humanidad doliente y a nadie en particular. Eso es muy difícil, algunas me han confesado que cuesta lágrimas a las jóvenes, hasta puede hacerlas huir de su misión y torna a las experimentadas en mujeres fuertes, de aspecto áspero, que parecen poco compasivas. Acostumbrarse en la sala del hospital al dolor, al desvarío, a la cercanía de la muerte, solo ver prójimos para la caridad, no afectos que conforten ni enemistades que angustien. Nada es personal para ellas.

Me tiembla la mano al escribirlo aquí, pero mi mayor cruz en esos años ha sido cuidar de Elvira. Quizá porque imaginé que sería yo la persona fuerte y ella la necesitada de todo cuidado, como un niño pequeño, en una enfermedad que muchos preveían breve. Estaba lista para consolar sus tristezas, para ayudarla en el bien morir. Sin embargo, ella tiene una extraña vitalidad, se resiste a entregarse al dolor. Con sus músicas estridentes, sus ocurrencias y chascarrillos que parecen de criada andaluza y hasta esa condescendencia con que me trata, me lo hace todo más difícil. *Si pensabas que yo iba a durar muy poquito, debes desengañarte, quizá viva más que Matusalén y hasta tenga que cuidarte a ti.* Y puso otro disco. Me sentí irritada con esa ligereza que se inventaba para contrariarme. *Me lo dijo un angelito, con alas verdes de esperanza, o más bien de cotorra.* Ella, quizá moribunda, vive como en un Edén sin serpiente y me mantiene a mí más allá del vallado, en el desierto, impedida de acercarme por el ángel de la espada flamígera.

Dios mío, yo no puedo ocultarte nada. Creí que cumpliría mi deber al asistir a mi hermana, por dos, tres, cinco años, y que después la llevarías a tu lado y yo, al fin sola, podría emprender la ruta elegida: hacer mi profesión como religiosa en el mundo, porque así me lo recomendó y prometió mi confesor, estar al margen de la familia y de toda tontería mundana. No le puedo reprochar que sea poco cumplidora de los preceptos, ni inconforme o exigente con el modo en que la cuido, pero le repugna tanto el silencio conventual como la vida ordenada de quien busca la perfección y no la simple observancia de los preceptos. Es cierto que buena parte de las cristianas que conozco se parecen a ella pero, ¡Señor!, tener siempre junto a mí a alguien que no valora la penitencia, ni los ayunos y no se siente preocupada por el juicio divino, ni tiene noches oscuras, es una prueba muy fuerte, porque debo amarla, como hermana y como prójimo, y me está vedado hasta pedir que esa prueba termine y ella se duerma en tu paz y yo halle el silencio necesario para seguir mi ruta. Pero no debo indagar tus designios, ni pedir que los mudes porque sería muy egoísta si lo hiciera.

Estas jornadas se me han hecho más amargas porque algo me avisa que mi confesor no estará mucho más tiempo conmigo. En primer término, es difícil tener un guía al que no puedes ver y consultar a voluntad. Esas visitas secretas se hacen cada vez más difíciles en una ciudad donde la gente está tan pendiente de las vidas ajenas para multiplicar los rumores más fantásticos. Me he acostumbrado a que murmuren de mí, pero no quiero que manchen su nombre, porque es un santo varón. Además, ha llegado a mí que quieren trasladarlo de convento, mandarlo muy lejos porque se ha hecho incómodo a sus superiores. Terminarán lográndolo. Y entonces ¿a quién tomaré por guía?

En su última visita me habló del sacerdote español recién ordenado. Es recio y espiritual, sin esa incredulidad de la mayoría de los clérigos que conocemos. Le he preguntado al Sagrado Corazón varias veces si es que ese me ha sido enviado como el sustituto de Pastor. Pero no me responde, aunque permanezca horas enteras ante él. Elvira ha sido tan poco piadosa de decirme que si vuelve a soñar con que Él viene a tomar café, le planteará directamente el asunto. ¡Las cosas que hay que soportar por caridad!

4

Esta mañana, el obispo estaba de excelente ánimo. Había celebrado a solas en su capilla privada, lo que le permitía interiorizar y disfrutar la liturgia sin distracciones. También el desayuno, con el plato de frutas coloreadas en tonos pastel sobre el mantel cremoso de la mesa del comedor, movían a la paz, pero esa visita madrugadora parecía romper aquella armonía como una pedrada en una luceta.

Sentado al borde de su butaca, sin probar el café que ante él se enfriaba, el venerable Pedro Pastor, con la sotana raída y salpicada de fango en la orla, de la que sobresalían dos zapatones con las puntas elevadas al cielo, se empeñaba en una inacabable filípica:

—Nada respetan…llegan a molestarme de las maneras más infantiles…si yo le contara lo de los timbres…porque su objetivo es que yo acepte marcharme de la casa. Y todo porque se niegan a escuchar las voces del cielo, las advertencias…

Quizá a pesar suyo, el monseñor pensó que si alguien le venía a hablar directamente sobre las voces que provenían de lo alto, tampoco lo hubiera creído, aunque se tratara de un santo varón como ese. Pero tratarlo de ese modo era harina de otro costal…Alguien menos obsesionado que él hubiera puesto tierra por medio desde mucho antes.

—Al contrario, si yo me marcho, María quedará sin director y la harán sufrir mucho más. No habrá tampoco abogado para La Causa. Debo permanecer aquí aunque resulte un martirio.

No sabiendo cómo abreviar aquella incomodísima escena, acudió a un recurso casi infalible. Recomendó al religioso que dejara a la Providencia un asunto que tanto le concernía. Ya se había hecho lo que era posible, ahora, como recomendaba san Ignacio de Loyola, correspondía poner todo en manos del Padre.

Pastor le dirigió una mirada que demostraba su conocimiento de cuán tardía podía llegar la intervención divina en algunos asuntos, a veces cuando el santo o la santa ya estaban en el lecho de muerte, o peor, cuando un inocente ya había sido castigado injustamente, desde santa Juana de Arco hasta la desdichada Catalina Labouré que tras sus visiones vivió los restantes cuarenta y cinco años de su vida como una humilde criada aunque ahora, casi medio siglo después de su tránsito, algunos pretendían llevarla a los altares. Los designios de Dios siempre se cumplen pero ayudados por el sufrimiento de muchísimos mártires.

Ahora la voz del solicitante, tras apurar nerviosamente el café frío, se había hecho más fuerte.

—No temo por los sufrimientos que me estén destinados, aún cuando pueda ver en ellos más mala voluntad humana que prueba divina, pero quiero ayudar y sostener a María, que es mujer, enferma y una simple miembro del pueblo de Dios y por tanto muy pocos la escucharán. En primer término, exponga a sus hermanos en el episcopado y, si es posible, al mismísimo Sucesor de Pedro, los reclamos que a través de la señorita Vera, Nuestra Señora dejó formulados. Si la escuchan brotará una fuente de gracias para Cuba. No se olvide que fue gracias al buen obispo de Grenoble que Su Santidad Pío Nono reconoció la aparición de la Virgen de la Salette...y en segundo término, le ruego que pida a monseñor González Estrada con quien lo unen lazos de afecto, que interceda ante el padre Doroteo Gómez, superior de nuestra congregación en Cuba, para que una palabra suya ponga fin a esta guerra injusta y me dejen seguir sirviendo en Matanzas hasta el fin de mis días...

El obispo, a pesar de la incómoda visita, seguía sintiendo afecto por aquel hombre prematuramente envejecido y que en vez de cosechar el respeto y prestigio que merecía por su trabajo de toda una vida, se veía ahora vejado y zarandeado por asuntos que parecían locuras y más aún, locuras peligrosas que quitaban la tranquilidad a los culpables de ciertas trapisondas.

Buscó el tono más tranquilizador para decir al demandante que, en cuanto a eso que él llamaba La Causa, se encargaría de exponerla al único obispo que le parecía que pudiera interesarse en el asunto, Monseñor Valentín Zubizarreta, teólogo docto y miembro de los Hijos del Carmelo, por lo que no le espantaría escuchar de éxtasis y noches oscuras. Para ello debería hacerle llegar cuanto antes una escueta explicación suya de los hechos y quizá algunos pasajes importantes de esa *Vida de María Vera* a la que tanto se refería, todo breve y sustancioso, pues los mitrados tenían siempre muchas urgencias y no podían embarcarse en largas lecturas.

En cuanto a lo segundo, nada podía prometer. El obispo habanero, como la mayoría de los prelados del mundo, no interfería en los asuntos internos de las casas religiosas, pues los superiores conocían muy bien sus prerrogativas. En todo caso él podría escribir al Reverendo Padre Gómez y destacar lo útil que era su presencia en esta diócesis recién fundada, donde había mucho por hacer y pocos pastores experimentados, pero en modo alguno podría referirse a esas desagradables pugnas, en las que no podía tomar partido.

El sacerdote se puso de pie y tomó el sombrero de teja que había dejado sobre una cómoda. Era de los modernos, del tipo «Saturno» por su ala redonda. Monseñor Saínz no pudo evitar distraerse con ese detalle y pensar que mejor le vendría a aquella cabeza tan tradicional la auténtica teja clerical, acanalada y con alas enrolladas que todavía en su juventud empleaban varios de sus profesores pero que ahora era apenas atuendo de comedia bufa.

Tras quedar solo, el obispo sintió que había prometido lo justo. Si su hermano vasco, habitualmente sabio y prudente, aprobaba el expediente de aquel caso extraordinario, tendría un apoyo adecuado para hacer llegar a la Secretaría Vaticana una solicitud de revisión, aunque tal vez a ninguno de ellos alcanzara la vida para tener una respuesta del nuevo pontífice Pío XI o de sus sucesores. Precisamente porque conocía mucho a monseñor González Estrada no lo implicaría en el asunto, sabía que había sido uno de los primeros en ser impuesto de las visiones de María y no solo se negaba a darles crédito, más aún, alguna vez, a causa de ellas, había mostrado ciertas prevenciones sobre el confesor de esta, al que consideraba instigador de aquellas mistificaciones.

Tampoco diría a Pastor que desde hacía tiempo el obispo habanero era atacado por varias familias religiosas asentadas en su diócesis y que a la cabeza de los que enviaban a Roma documentos en que los que se intentaba probar malos manejos y venalidades en la sede de San

Cristóbal, estaban nada menos que los Padres de la Misión y que sería menos irritante para don Pedro pasar un mes en la cárcel a pan y agua, que poner sus pies en el Convento de la Merced para pedir un favor al superior, al que tenía por el mismísimo demonio. Se había tejido ya tan perversa tela de araña en torno a la sede episcopal de Habana y Chacón que aquello no podía tener buen fin y él no quería implicarse, sobre todo porque tenía algunos de esos potenciales enemigos ya en casa.

Decidió retornar a la mesa, pero al acercarse observó que sobre el plato de frutas se posaban varias moscas. Salió del comedor con un portazo. Esa mañana no pudo concentrarse bien en la lectura de la correspondencia pendiente.

5

El salón de la casona familiar de las hermanas Botet estaba iluminado *a giorno* como escribiría más tarde el inefable Manolo Jarquin en su crónica para la revista *Azul*. No solo brillaba la enorme lámpara cocuyera suspendida del cielo raso ornamentado con volutas y hojas de acanto, sino que, como detalle elegante, habían colocado dos candelabros de plata mexicana sobre el piano Chassaigne & Fréres. El cumpleaños de su sobrina María Emma lo merecía. La joven se había establecido con sus padres desde hacía unos años en La Habana para completar sus estudios de música. Gracias a las excelentes calificaciones obtenidas en el Conservatorio Hubert de Blanck, especialmente con su maestra Cecilia Arizti, le habían permitido una escapada a Matanzas para celebrar «en la intimidad familiar» sus diecisiete años.

Las Botet, complacientes y a la vez harto cartesianas, seleccionaron con esmero los invitados al festejo. Apenas cursaron invitaciones a tres o cuatro condiscípulas de la sobrina, a ciertos jóvenes intelectuales como el poeta Agustín Acosta y a su hermano menor, el pintor, fotógrafo e inventor José Manuel, quien llenó una esquina del salón con toda la parafernalia propia de un discípulo de Daguerre, que incluía aquellos relámpagos de magnesio, propicios para alterar el sueño de las amigas de las dueñas de la casa, colocadas estratégicamente al fondo de la pieza, lo más lejos posible del piano y de la algazara juvenil.

Un par de mozos, sirvientes del Club La Unión, con las manos enfundadas en guantes blancos, pasaban las bandejas con copitas de jerez y dulces monjiles, desde los «huesos de santo» hasta las célebres «yemas de santa Teresa».

Elvira había sido invitada por las dueñas de la casa y decidió asistir a pesar de las protestas de María. Ningún mal le haría una velada entre música y luces lejos de la disciplina conventual de su hogar. Sin alguien que le recordara los consejos médicos pudo disfrutar de las golosinas que jamás entraban en su casa, del calorcillo generoso del jerez y de la animada compañía.

Claro que aquel recibo estaba centrado en destacar las dotes artísticas de la cumpleañera y los exquisitos modales que le habían infundido las exclusivas y costosas Dominicas Francesas. La muchacha apareció, vestida para la ocasión como si fuera a tocar en el Palacio de Liria ante la emperatriz Eugenia de Montijo. Hubo reverencias a diestra y siniestra, entrega de flores, besos y nuevas reverencias, antes de que comenzara el concierto.

Nadie iría a contradecir a Jarquin cuando escribiera después que «todos se deleitaron con los hechiceros sones que aquella tierna discípula de Apolo arrancara del añejo piano familiar». La ejecutante estaba bien entrenada y el público – incluida Elvira, con el rostro cada vez con más rubor, lo que no era culpa totalmente de las dos notables chapas de colorete que se había colocado en las mejillas para la ocasión- muy bien dispuesto a admirar a su coterránea.

Más tarde algunos asegurarían preferir *La lisonjera* de Chaminade a *El beso* de Arditi, otros se decantarían por el *Momento musical* de Schubert y hasta habría quien elogiara la *Barcarola* compuesta por su profesora, aunque el deslenguado fotógrafo asegurara después que era más bien sosa, como compuesta por una vieja solterona en una casa llena de gatos de la Calzada del Cerro, pero pocos hacían caso de esos juicios incendiarios.

A las diez, justo después del tan solicitado *Vals sobre las olas*, tras muchísimas más reverencias, abrazos, besos que olían a *rouge* de la época colonial o a jabones de Crusellas y los mejores votos por el éxito y prosperidad de tal musa de la melodía, se retiró la gente respetable y los más jóvenes se adueñaron del espacio. Por alguna razón Elvira permaneció atada a su asiento, sin seguir a sus amigas.

Comenzó entonces la tertulia de «los nuevos», lo que fue subrayado por la reaparición de la pianista, ahora sin tiara ni collar de esmeraldas – ya puestos a buen recaudo- y olvidados el chal de muselina y el brazalete de orquídeas. Quizá, para marcar las diferencias, acometió con brío que hizo temblar los candelabros, el cancán de *Orfeo en los infiernos*, en su versión más canallesca, antes de aventurarse en una pieza extravagante que había traído de Europa el mismísimo Hubert de Blanck, obra de un extraño compositor muerto hacía poco: *La cathédrale engloutie.* Como ya estaban en el ámbito de la extravagancia y las tías se habían refugiado en uno de los corredores para aliviar las fatigas del día con sendas tazas de tila, se removieron de sitio los asientos para concentrarlos en torno al piano y Elvira los siguió ya sin una gota de timidez.

El poeta Acosta, quizá confortado por una botella de brandy que alguien había dejado al alcance de su mano, contó algunas intimidades del Palacio Presidencial, donde estuvo empleado, desde el gusto de Doña Mariana por la mantelería fina y la cristalería de Lalique, hasta cómo cambiaba – para peor– el ánimo del General al tropezarse en la calle con el picante estribillo de *La Chambelona,* del que Emmita hizo una apresurada paráfrasis al piano, para mejor ilustrar la anécdota. Después el vate aceptó declamar algunos de los versos más exitosos de su reciente libro *Ala.* Elvira, que no los conocía, prefirió los que le parecían más exóticos:

—Era una cleptómana de bellas fruslerías;
robaba por un goce de estética emoción...
Linda facinerosa de cuyas fechorías
jamás supo el severo juzgado de instrucción...

Después, con los ánimos desatados, conversaron y hasta discutieron de todo: de la pintura moderna, de las óperas de Puccini – «eso es melcocha» gritaba José Manuel antes de lanzar otro relámpago de magnesio, en los que se prodigaba ahora que había logrado apoderarse del brandy. La afirmación molestaba a Elvira tan admiradora del *Visi d'arte* de *Tosca* que quería replicar pero se contuvo. Por fin llegaron a las cupletistas: la visita de Consuelo Mayendía a La Habana y el éxito arrasador de *Mala entraña*; los discos de Raquel Meller con su maravillosa *Flor de té* aunque, según el poeta, ella no podía superar a su antecesora La Fornarina, quien, en su vida breve y accidentada, había tejido una leyenda en París. Entonces fue cuando Emmita preguntó quién se sabía la letra del *Polichinela* y Elvira saltó como un resorte de su butaca, no solo conocía el estribillo sino podía cantarla completa gracias a un disco que apreciaba mucho, más los efectos del jerez acumulado.

Instantes después, la señorita Vera y el vate y notario Acosta estaban junto al piano, tras pasar por un improvisado camerino, donde la pianista se desdobló en jefa de guardarropía y dotó a la nueva Fornarina de un mantón de Manila, más colorete en el rostro y hasta pudo sacar de su peinado un busca novios que cayera sobre la frente, mientras Acosta veía aumentada su estatura por una vieja chistera de «señorito calavera», sin olvidar un lunar pintado junto a la boca y las cejas adecuadamente ennegrecidas. Una salva de aplausos los recibió a su retorno en el salón.

La festejada oprimió el pedal a fondo y el barrio se llenó con la festiva introducción. Pero la sorpresa fue la desenvoltura de la solterona Vera quien, además de caminar, hacer ondear los flecos del mantón, podía cantar con aceptable afinación y gracia natural, subrayada por uno que otro guiño, la letra picaresca:

—*Entre los paisanos y los militares*
me salen a diario novios a millares.
Como monigotes vienen tras de mí
y a todos los hago que bailen así.

Elvira hasta sabía mover las manos como quien anima una marioneta. ¿Dónde estaba escondida hasta entonces una señorita tan distinta de la que conocían? El público coreó con entusiasmo el estribillo:

—*Cata-catapún, catapún, pún, candela,*
alza pa'rriba, polichinela,
cata-catapún, catapún, catapún
como los muñecos en el pim, pam, pum.

A esa hora, las Botet, sobresaltadas, habían retornado para saber el motivo de la algazara y el señor que vivía pared por medio había llamado a la puerta reclamando respeto para su sueño. Pero el hechizo del cuplé parecía indetenible. El poeta, con el sombrero calado hasta los ojos, se aproximaba con exagerada fascinación a la cantante y ella, haciéndolo a un lado acometía la estrofa salaz:

Hay un viejo loco que lo traigo frito
y para que baile tiro del hilito
y aunque se resiste sin querer saltar,
lo hace muy contento si me oye cantar.

Hasta las circunspectas dueñas de la casa se desternillaron de risa con las morisquetas y visajes de la tiple y participaron del pegajoso estribillo. Lo mismo sucedió cuando el letrado hizo una reverencia a Elvira y le mostró su lunar antes de exhibir sus manos con las palmas hacia arriba en una gran interrogación:

— *Hay un señorito de esos calaveras,*
de esos que se pintan lunares y ojeras,
que al verme en la calle ir con seis o más,
siempre dice ¡ay, nena qué asediada estás!

Al final de la estrofa, la invitada acabó por hacerse dueña del proscenio y con un nada discreto golpe de caderas derribó al señorito en la butaca más próxima mientras el coro concluía triunfante con sus *catapún* rubricado por la discípula de Febo con un gran acorde final que Elvira aprovechó para lanzar su mantón al público, mientras el fotógrafo, tras el último relámpago gritaba desde su rincón:

—¡Viva, viva la nueva Fornarina!

Tras el último acorde fue Elvira la que se refugió en una de las poltronas. Tenía el rostro lleno de sudor, el maquillaje corrido y el pecho agitado por grandes palpitaciones. Era suficiente por esta noche. Sin mucha discreción los mozos comenzaron a recoger platillos y copas y María Emma cerró con mucha ceremonia el piano. Era hora de marcharse. El cronista social había preferido despedirse a la francesa y ya no quedaban familias para acompañar a la señorita Vera a su casa. Los hermanos Acosta, aunque vivían en Pueblo Nuevo, aceptaron desviar su ruta para dejar a la madura cantatriz en su casa.

Formaban un singular cortejo por la calle, delante Agustín daba su brazo para que se sostuviera la bamboleante dama, detrás, cargado con sus aparatos, iba José Manuel y con él un par de amigos no más sobrios. Nadie supo a quién se le ocurrió conjurar la soledad de aque-

llas calles con una canción que los otros enseguida secundaron entre risas. Uno entonaba:
*Cuando triste quedo a solas en mi alcoba,
le pregunto a la estampita de la virgen
que hecho yo pa' que tu así tan mal te portes
que lo que haces tú conmigo es casi un crimen.*

Los demás jaleaban el estribillo, coreado hasta por los perros de sueño ligero:
*Serranillo, serranillo, no me mates gitanillo
qué mala entraña tienes pa' mi
cómo pue' ser así.*

Así, poseídos por el estro de la rumbosa Mayendía, llegaron muy pronto a la calle Manzano. Ya frente al viejo portón, Elvira descubrió que había olvidado tomar la llave y pulsó el aldabón con cierta timidez. Como no hubiera respuesta, el poeta volvió a llamar con la energía que ponen los emisarios papales cuando van a anunciar a un vasallo rebelde el decreto de excomunión. Por alguna razón no liberó la mano de bronce a tiempo y tras un rápido descorrer de cerrojos se vio el autor de *Ala* enfrentado a una visión inquietante. Era aquella una casa conventual, pero no era dable esperar que sirviera de portera una dueña de camisón pardo, toca indefinible y candil que hacía discernible su estrábica mirada de basilisco. El escritor, asustado, gritó a sus acompañantes la frase cervantina:

—¡Con la Iglesia hemos topado, Sancho!

Tras lo cual pusieron los pies en polvorosa, mientras la nueva Dueña Dolorida tiraba de su hermana hacia el interior de la casa.

—¡Qué vergüenza, Elvira, llegar a esta hora de la madrugada, con dos extraños y oliendo a alcohol como una…una…!

La hermana se dejó caer en el viejo sofá de la sala que la recibió con un apreciable crujido. Le dolía la cabeza, pero ni siquiera María podía estropearle tal noche. Con una mano se apoyó en el asiento y colocó otra en el regazo, mientras cruzaba ligeramente las piernas. Tenía un aire semejante a la Marquesa de Pinar del Río retratada por

Baldoni, solo que ese cuadro solo se pintaría tres años después y ninguna de las dos se enteraría de su existencia. Se tomó una pausa antes de lanzar su réplica.

—Como una mayor de edad – replicó- que tiene derecho a ir a un cumpleaños, conocer personas, reír y divertirse, sin tener que dar explicaciones como si fuera una chiquilla.

—¡Reír y divertirse! ¿Y tu enfermedad? ¿Así es como dispones tu alma para el final que puede estar muy próximo? Lávate la cara y apenas amanezca nos vamos a la Iglesia del Carmen para que te confieses…

—No tengo ningún deseo de permanecer en vela para decir a alguien que me arrepiento cuando no he hecho nada malo. Y, te advierto, deja de estarme anunciando la muerte a mí, que quizá dure lo que no te imaginas y además no se te ocurra seguir pidiendo al cielo que me lleve pronto para que tú puedas hacerte monja. Yo sé defenderme sola y si deseas, puedes sacar un billete de tren mañana mismo y presentarte en La Habana a las Madres Carmelitas, a las Dominicas de Santa Catalina o a esas nuevas…las Reparadoras, te puedes encerrar en clausura que nadie va a ir a sacarte, veremos si ellas te soportan…Y no tengas preocupación por mí, tengo mucho que ver, mucho que conocer, historias que vivir y si quieres, te encomendaré al Sagrado Corazón cuando me visite en el próximo sueño…

Se puso de pie y sin titubear ni mirar a su hermana se dirigió a su cuarto, tomó un vaso de agua con sus gotas de digital y durmió espléndidamente.

Tanto la había ayudado aquella velada que tuvo cierta paciencia para escuchar a su hermana al día siguiente. Había decido por fin, en cuanto la autorizaran, profesar como Hija de la Caridad, en el mundo. Es decir que seguiría viviendo en la casa, pero con sus horarios y normas de oración y recogimiento. Si su ayuda era necesaria se la prestaría pero no intervendría más en su vida. Ella era libre de vivir como quisiera aunque le parecía temerario…Elvira puso punto final al encuentro.

—No te preocupes, concéntrate en tus devociones, que yo cuidaré de mi alma a mi estilo. Y voy a mandar a hacer otra llave para no molestarte con mis salidas.

Al cumpleaños de María Emma siguieron otras invitaciones: el bautizo del primer nieto de Felillo, la pretenciosa boda de su sobrino el senador, con champaña y todo, hasta una romería a las alturas de Monserrate, un 27 de abril, entre panderos, chirimías y vivas a la Moreneta, con almuerzo campestre en el que, a pesar de las hormigas y el fango, dio buena cuenta de una coca catalana de mariscos acompañada por un vasito de Cariñena.

Nunca volvió a probar el jerez ni a encontrarse con los hermanos Acosta. Supo que el poeta no había durado mucho como notario en Jagüey, pronto se forjó un prestigio como escritor y cierta carrera política, mientras que el fotógrafo se hacía conocido por sus diseños para revistas y libros en medio de su impenitente bohemia habanera. Alguien le prestó el primer número de la revista *Azul*, donde Jarquin había pergeñado una crónica que le pareció un poco cursi. Más interesante era aquella foto que la acompañaba, el dúo del *Polichinela* con aquel par de aficionados, que a primera vista parecían artistas de un circo paupérrimo. En realidad, el futuro autor de *La zafra* estaba caracterizado como el barón de Charlus en vísperas de su muerte y la cantante parecía sacada de la pista del Moulin Rouge en una pesadilla de Toulouse Lautrec. Pero la tuvo por un recuerdo bellísimo.

6

Despertó a las cuatro de la madrugada y fue a rezar el rosario en el corredor. Hacía pocas horas que había concluido la lectura de la *Vida de María*. Su confesor le prestó los cuadernos tres meses atrás pero algún poder desconocido le impidió detenerse en ellos durante muchas jornadas. Como si fuera una advertencia. Ahora había concluido. Ya sabía a qué atenerse y no podía alegar ignorancia. Pero saber no es sabiduría, ni siquiera tranquilidad. El primer signo era este insomnio. Ya no podía mantenerse en la cama de esa habitación confortable – la primera de su vida- en el nuevo edificio del obispado, tampoco podía sacar provecho de leer la Escritura o la *Imitación de Cristo*. Se le confundían los misterios del rosario. *Ave María. Gloria. Pater noster.*

Lo más terrible es que había recuperado algo que creía concluido junto con sus días en el seminario: la inseguridad, el temor irracional, el suelo cotidiano que se abre para mostrar un atisbo del infierno. Volvían las represiones de condiscípulos y superiores: Manuel iluso, Manuel que cree en patrañas de viejas, Manuel loco que se golpea la cabeza contra las paredes porque ha visto salir humo del piso, porque le ha hablado la mancha en la pared, porque la imagen de la Virgen de la capilla tuerce los ojos para no mirarlo. Los incrédulos no son dignos del sacerdocio, pero mucho menos los débiles que ven ángeles y demonios por todas partes. Manuel que suplica, que grita, que hay que encerrarlo en la enfermería. Manuel enfermo del espíritu, incapaz de controlar memoria, inteligencia y voluntad. Que se marche a casa a cuidar bueyes o almacenar el heno, porque la angelología y la escatología recalientan su mollera; baños fríos por interrumpir el rezo de completas, decía haber visto los espectros de personas muertas en la casa hace mucho tiempo: el seminarista suicida, el profesor que tenía una relación innombrable, le reclamaban misas porque estaban pendientes del juicio divino desde hacía muchísimo tiempo. Y él que lanzaba el breviario y gritaba que, por caridad, comenzaran el trisagio por las ánimas del purgatorio y al amanecer celebraran la primera de las misas gregorianas. El viejo obispo que presidió los exámenes le dio una pequeña palmada en el hombro. *Manuelillo, siempre vas a ser un hombre bueno y devoto pero no tienes madera de pastor. No puedo ordenarte, lo que te ofrezco es una carta de recomendación para otro sitio…*

Puso tierra por medio y la Providencia lo ayudó con generosidad. Monseñor Saínz no solo lo había ordenado, sino que le dio techo y destino: era capellán del Asilo San Vicente de Paúl, apuntalaba la catequesis de Versalles, servía como vicario cooperador del padre Suárez y donde hiciera falta un ágil sustituto. Todo lo vencía con prontitud y alegría, pero le habían dado un confesor especial, alguien que no aceptaba que la existencia se llenara con un servicio reglamentado como el de un oficinista y luego sobremesas, partidas de tute, chismes. Él había vuelto a abrir aquella puerta que parecía definitivamente condenada.

La mayoría aceptaba las verdades de fe como mismo suscribirían los bandos de policía o los horarios de trenes, celebraban misas sin emoción visible, confesaban con frialdad, predicaban en las fiestas quizá pensando en el banquete que vendría después. La vida se les iba en buscar mejores destinos, parroquias con rentas desahogadas, sin que los rozaran siquiera las noches oscuras, las crisis místicas, las ansias de perfección que quitaron la paz a tantos santos y santas.

Él había creído, por humildad, quizá para huir de lo que le reclamaban aquellas voces, poderse unir a ese coro de ministros tibios, correctos, que al encanecer la gente llamaría venerables y que nutrirían en sus últimos años de existencia la curia diocesana o el cabildo catedralicio si correspondía, en la amodorrada beatitud de los arcedianos, magistrales o penitenciarios. Para él se había previsto otra cosa.

Aquella *Vida* mostraba una ruta muy diferente y estaba escrita por una mujer, para escarnio de los sabios y entendidos. Una sencilla mujer que no sabía de latines, salvo para repetir quizá el oficio parvo. Alguien en la sombra de su casa, entre pobreza y enfermedades, que venía a descubrir la verdadera trascendencia, más aún, la locura de la cruz de la que hablara san Pablo. Un débil instrumento al servicio de una gran misión, una causa apoyada por la Señora de los Cielos y contra la que se iban coaligando todas las fuerzas infernales, incluyendo mucha gente de «buen sentido», sobre todo religiosos y religiosas. Y todo ello unido a incomprensiones, caídas, desazones continuas y esa oscuridad que precede a la plenitud nupcial de los místicos.

No podía ser simple casualidad que él cruzara el mar y en este sitio le esperara algo semejante. Si el reverendo Pedro Pastor había visto madera en él para confiarle cosas de las que pocos querían oír hablar y pedirle apoyo en esta singular batalla, era porque para eso se le había predestinado, por tanto se entregaría a tal causa, aunque se abrieran abismos ante sus pies y debiera luchar contra una legión de malos espíritus, con la ayuda del arcángel San Miguel...

Cuando el cocinero llegó a las cinco y treinta se encontró al padre Martínez desvanecido en el corredor, el rosario por el suelo y entre las manos uno de los primeros lirios de junio, todavía con rocío.

7

DE LOS ESCRITOS DE MARÍA

He conocido al nuevo sacerdote. Vino hace unos días, al oscurecer, con el padre Pastor. Es joven y muy devoto. Habla de ese modo un poco brusco que utilizan muchos campesinos españoles y es de esas personas que no temen mostrar sus sentimientos, porque son verdaderamente inocentes. Está recién ordenado y todavía – ojalá que no le ocurra- no tiene el aire de superioridad ni el cinismo de los viejos párrocos, los que creen que lo han visto todo, lo saben todo y nada puede sorprenderles, ni las trompetas del Juicio...

Mi confesor presiente que no le queda mucho tiempo en esta Ciudad, sus adversarios están empleando todos los medios a su alcance para alejarlo de mí: tratan de molestarlo y hasta vejarlo para que pida su traslado; sabe que escriben a Madrid y a París con infamias contra él y en la última visita que hizo a Su Ilustrísima, cuando todavía residía en la Quinta, le quedó muy claro que este no se sumaría a sus enemigos, pero tampoco lo ayudaría a quedarse. No es malo el prelado, me dijo por entonces, pero tiene demasiados respetos humanos y preserva en todo la dignidad exterior de su jerarquía, tal vez terminemos convirtiéndonos en un obstáculo para él.

Ha visto en Martínez su más seguro sustituto para mí si a él lo mandan lejos. Trabadelo está demasiado cerca del Obispo aunque simpatice con La Causa y con los demás no se puede contar. Él tiene la fuerza y la resistencia de los buenos españoles, es muy devoto y temeroso de Dios, no le asusta el contacto con lo sobrenatural, más aún, parece destinado a vivir su propia experiencia mística. Tendrá que madurar algunas cosas, fortalecerse porque ya ha sentido en su carne el cerco diabólico, pero su fidelidad le permitirá superar las grandes pruebas.

Por muchos días he orado hasta las lágrimas, pidiendo que no muevan de aquí a Pastor, que harto lo necesito en estos tiempos de debilidad, porque hace mucho que han desaparecido las visiones y sin ellas es más difícil hallar consuelo. Creo que tendré que pasar por otra prueba difícil, por otro «purgatorio» como las llamo, para hacerme digna de La Causa. Hay en mí demasiados apegos e imperfecciones todavía.

8

DE UNA CARTA DEL PADRE MANUEL MARTÍNEZ AL PADRE TRABADELO, EN EL ARCHIVO DEL OBISPADO DE MATANZAS.

«[…]

Como el Reverendo Pastor estaba enfermo y debía guardar cama porque al parecer se trataba de la maligna gripe que nos azota, me envió un mensaje para que avisara a María que no le era posible ir a confesarla. Tras el rosario vespertino en el Asilo me fui a su casa. Llamé a la puerta y en lo que aguardaba sentí una sensación muy particular, como quien va a trasponer un espacio sagrado, en el que hay a la vez grandeza y peligros.

María escuchó mi mensaje con visible tristeza, pero se sobrepuso y me pidió que la confesara yo. Nuestro estado nos obliga a callar aquello que nos es dicho bajo sigilo, pero puedo decirle que hay en ella harta delicadeza espiritual y una escrupulosa vigilancia para no tolerar sombra alguna en el alma.

En modo alguno la vi como la persona intolerante y áspera que ciertas personas describen, mucho menos alguien que pretenda hacerse notar con supercherías. Solo hallé a una persona enferma del cuerpo, ansiosa por cuidar su espíritu y que toma las cosas santas con una seriedad que hasta ahora no había encontrado acá.

Me habló largamente, como si me conociera de toda una vida, de su apego a las cosas de Dios desde la infancia, de las incomprensiones de sus parientes y su amargura al tener que sufrir privaciones y burlas y no poderse consagrar a servir a Nuestra Señora en lo que ella le ha querido reclamar, que es una Causa tan importante que, de ser atendida, cambiará el destino de este país y lo convertirá en uno de esos sitios en el mundo que son manantial de gracias para otros muchos. Lamentablemente, quienes debían haberla ayudado a llevar esa pesada cruz, no solo se han negado sino que han pretendido sepultar esa luz bajo un canasto como en la parábola del Evangelio. ¡Desdichados! Huyen de la claridad para que no se hagan visibles sus faltas…

Como la encontrara decaída en su ánimo quise confortarla un poco. Llevaba conmigo la *Subida del Monte Carmelo* de San Juan de la Cruz, que me obsequió hace poco el Padre Superior de los carmelitas y me ha hecho muchísimo bien para mis noches oscuras. Leí el pasaje de Cristo en la cruz:

Y esto fue, como digo, al tiempo y punto que este Señor estuvo más aniquilado en todo; conviene a saber: acerca de la reputación de los hombres, porque, como lo veían morir, antes hacían burla de él que le estimaban en algo; y acerca de la naturaleza, pues en ella se aniquilaba muriendo; y acerca del amparo y consuelo espiritual del Padre, pues en aquel tiempo le desamparó porque puramente pagase la deuda y uniese al hombre con Dios, quedando así aniquilado y resuelto así como en la nada.

Ella se quedó un momento en silencio y luego me dijo: «Parece que Él quiere hacerme la merced de experimentar algo semejante».

Ambos oramos ante la imagen de Nuestra Señora que tiene en la sala. Yo quise pedir por el pronto restablecimiento del P. Pastor para que pudiera seguir guiándola. Ella me secundó, pero al final, cuando me despidió en la puerta me dijo que sentía que le habían avisado que pronto tendría que separarse de ese santo varón y quizá debería continuar yo la obra que él había comenzado.

Como sabe VM, el Ilmo. Sor. Obispo me ha enviado a la parroquia de Corral Falso que hoy llaman Pedro Betancourt para encargarme de ella hasta concluir el novenario de su patrona Santa Catalina, por estar de licencia el padre Sánchez. Ha dejado este todo muy ordenado y hay un grupo de fieles bien dispuesto para cualquier diaconía. Eso me ha dejado tiempo para leer y meditar pero la imagen de esa piadosa mujer no me se quita de la cabeza. Es como si me trasmitiera algunos de sus dolores y tinieblas. He suplicado al Padre que, si me destina a apoyar y hacer visibles sus designios para esta isla, que me dé fuerzas para luchar contra tanto enemigo fuerte y contra mi propia debilidad.

VM la conoce y sabe de primera mano que, como ocurre con frecuencia con las mujeres santas, sufre un cerco infernal que quiere arrebatársela a los cielos. Y procurando uno arrancarla de ese asedio puede quemarse con las flamas del abismo. *Ab insidiis diaboli, libera nos Domine.*

No quiero poner más en esta misiva que va a mano con el buen Juan, un sencillo comerciante castellano y padre de familia, uno de los pocos hombres que acá se acercan al templo no solo para bautismos, bodas y misas de difuntos, sino que es auténticamente devoto. Él se la entregará mañana en su despacho.

Estaré de regreso, Dios mediante, el lunes próximo, una vez pasada la festividad. Entonces podremos conversar más largamente. Ore VM por mí, que tanto lo necesito…

[Falta el resto de la carta]

9

A pesar de que la madrugada es calurosa la ceremonia se desarrolla en el templo con las ventanas cerradas. Apenas la iluminan unas pocas velas. María Vera hace hoy sus votos como Hija de la Caridad en el mundo. Hace mucho que prohibieron a Pastor bendecir tal ocurrencia. Existe un acuerdo tácito de dejar al margen a la intrusa visionaria. Sería tenerla dentro de casa y, para colmo, hacerse cargo de su sustento en días tan difíciles. Pero el confesor sabe que no queda mucho tiempo, intuye que no transcurrirá más de un año antes de que lo envíen muy lejos y sin retorno, además, la vida de su hija espiritual no será larga. Qué importan entonces las advertencias del Superior, las murmuraciones en el Asilo, o la timidez irresoluta de la directora del colegio La Milagrosa. Hay que llevar las cosas hasta donde Dios quiere.

En el presbiterio de la capilla Pastor es el único celebrante, revestido de blanco, como corresponde a la fiesta de María Inmaculada y Manuel debe desempeñarse a la vez como diácono, acólito, sacristán y, además, sostener a la temblorosa candidata, quien apenas puede tenerse en pie y hay que ayudarla a incorporarse del reclinatorio cuando corresponde.

Las bujías del altar son escasas para alumbrar los bultos de las asistentes, dispersas en los primeros bancos: Elvira, ataviada de negro para la ocasión, y unas pocas religiosas, las que se atrevieron a salir sigilosamente de casa para una misa al amanecer «por muy urgentes intenciones». Se prefirió no avisar a los parientes ni a las amistades. El padre Trabadelo fue informado a última hora pero decidió quedarse al margen. Ya se verá qué dice Su Ilustrísima cuando se entere.

Gaudens gaudebo in Domino, et exsultabit anima mea in Deo meo: quia induit me vestimentis salutis... entona el sacerdote en un modo gregoriano un tanto inseguro. Mucho más resuena la voz baritonal de Martínez al cantar la epístola, como si estuviera en una celebración pascual catedralicia: *El Señor me tuvo consigo en el principio de sus obras, desde el comienzo, antes que criase cosa alguna...* Después, el evangelio de la Anunciación y unas pocas palabras del celebrante sobre Aquélla *gratia plena* que ha dicho sí al mensajero celestial y con ello ha puesto en riesgo su honor y su vida ante las gentes para servir a los misteriosos propósitos del Cielo. Así, otra mujer sencilla, elegida para algo que parece superior a sus fuerzas, quedará consagrada al Divino Esposo, para amarle y servirle en todo lo que se disponga hasta la hora de su muerte. Elvira llora en silencio, mientras las hijas de San Vicente que están aquí y allá cambian miradas levemente intranquilas.

El religioso hace entonces una seña a Martínez y este le entrega el Ritual encuadernado en rojo y con incrustaciones doradas. Hay que elevar un candelero a la izquierda del lector para que pueda ver las oraciones y las rúbricas. Se dispensa a la candidata de tenderse en el suelo por razones de salud y permanece de rodillas mientras se examinan sus intenciones. Luego, ella pronuncia esos votos que hace mucho aprendió de memoria y puede recitar en voz no muy alta pero sí muy segura.

Las madrinas: Elvira y una de las religiosas, ayudan a incorporar a la profesa y la ayudan a revestirse con el hábito pardo que hubo que confeccionar en secreto como la toca – una española, sencilla, de las más antiguas, no la ostentosa de las francesas- mientras los clérigos entonan a dúo las Letanías de los Santos.

Después, la misa continúa, además del celebrante y el ministro, solo la nueva religiosa comulga. Las bujías se agotan, es dicha a toda prisa la oración final:...*illius in nobis culpae vulnera reparent, a qua Inmaculatam beatae Maria Conceptionem singulariter praeservasti*. Todavía se reza una *Salve* pero la mayoría de las asistentes oyen con alivio el *Ite, missa est* y cuando termina de oírse el *Deo gratias* todos, salvo Elvira, se han evaporado.

Amanecía. Los sacerdotes tendrán que dejar los ornamentos en su sitio y borrar del templo cualquier huella sospechosa de aquel acto tan propio de las catacumbas. Felicitaron a María y le indicaron que se despojara del hábito antes de salir del recinto. Para su sorpresa, ella se negó terminantemente:

—Por respeto a ustedes, Padres, y para evitar escándalos y molestias he aceptado esta ceremonia en secreto. Ya todo concluyó y he vestido este hábito que desde hace mucho debería llevar. No me pidan ahora que me despoje de él como si fuera una vergüenza. Que se avergüencen los que me lo han querido negar. Yo lo llevaré conmigo el resto de mis días y con él quiero bajar a la sepultura.

Entreabrieron una hoja de la puerta a la calle Medio, lo suficiente para que pudieran salir las Vera. Aunque María había aceptado un bastón para apoyarse en el trayecto hasta la casa, Elvira debía llevarla del brazo. Súbitamente se le notaba frágil como si hubiera perdido todas sus energías.

Ya se escuchaban los pregones de pan, leche y frutas en la calle y las campanillas de las chivas que eran conducidas ante algunas puertas cercanas. Los padres, no sin alivio, volvieron a cerrar y pusieron los cerrojos. Entonces, aunque muy poca claridad se deslizaba todavía en el interior de la nave, vieron escurrirse silenciosamente un bulto por el presbiterio. Era Don Cleofás. Habían olvidado que su habitación estaba a dos pasos. ¿Cuánto llevaba allí y cuánto había visto? Prefirieron no preguntárselo. El aludido tuvo el cuidado de darles con suma obsequiosidad las buenas horas y de comenzar a preparar los objetos litúrgicos para la misa solemne de las siete.

10

Para el doctor Félix Vera aquella mesa en el bar de la Colonia Española era su refugio más seguro al atardecer. Liquidados sus deberes como director en el viejo laberinto del Hospital Santa Isabel y concluido un par de visitas a enfermos, estaba listo para instalarse en ese rincón, lo más apartado posible de las mesas de billar y de las banquetas de la barra, siempre repletas de habladores. No es que dejara de responder con amabilidad a los saludos de un conocido o recibir los obsequios de algún paciente agradecido que le remitía con el mozo una botella de brandy jerezano, pero voluntad y costumbre habían establecido una especie de muralla invisible entre ese espacio y el resto del salón, lo que le permitía paladear con parsimonia una copita de malvasía o fumar sin prisas una breva de Partagás. Solo un camarero de confianza o alguien muy allegado podrían sacarlo de aquel éxtasis.

En esta ocasión no se había sorprendido por la llegada de su sobrino, el senador Manuel Vera, quien se dejó caer en la silla frente a él y después de reclamar una cerveza «bien helada», entró de lleno en la crónica familiar:

—¿Es verdad que la tía María se metió a monja? Ni siquiera nos invitó a la ceremonia...

Felillo era quizá el único de los parientes que sentía verdadero afecto por aquella extraña mujer de la que se habían alejado hacía mucho rato los demás hermanos y sobrinos. A él no le desagradaba pasar por la casa de la calle Manzano alguna vez y dejar a las solteronas una modesta cantidad de dinero del que siempre andaban necesitadas. Se divertía con las ocurrencias de Elvira y escuchaba a la devota con respeto y paciencia.

Él no era hombre muy religioso, pero como defendía la libertad de pensamiento, sentía que era su deber comenzar por la familia. María se daba cuenta y le consultaba sobre dolores físicos e insomnios, pero raramente lo ponía en el trance de escuchar relatos de visiones o escrúpulos de conciencia. Si en algo coincidían ambos era en la importancia de hacer bien al prójimo y el médico filántropo, quien, según su esposa, no tenía una economía sólida a causa de la cantidad de consultas que no cobraba, entendía perfectamente la obras de caridad de aquella empeñada en ser santa, a quien la parentela criticaba con acidez porque «hace indulgencias con camándula ajena…lo que ella da pretende después que se lo devolvamos nosotros y ella se queda con la fama y el favor de Dios».

No encontraba demasiada lógica en aquel deseo de querer vestir un hábito religioso si las Hermanas, o al menos las que dirigían la casa matancera no la querían entre sus muros, pero a su edad, setenta años cumplidos, había visto demasiados antojos dentro y fuera de la familia como para dar importancia a lo que no parecía más que una aspiración inofensiva para los demás.

—No es exactamente monja, sino Hija de la Caridad «en el mundo», es decir no entra a un convento, sino que sigue viviendo en su casa…

—Al menos si entrara a un convento tendría más lógica. Y las monjas la sostendrían, sin necesidad de que tuviéramos que oír sus reclamaciones…

—Bien poco te molesta ella, en primer lugar porque siempre estás lo suficientemente lejos de su casa como para no escucharla y, si pasas, traes un candado en el bolsillo…

—No seas así, tío. Yo no la quiero mal y la respeto, aunque esos espectáculos que arma con sus visiones y sus milagros me incomodan. ¡Hasta ir a la iglesia en un sillón de ruedas y pararse diz que curada milagrosamente! ¡En pleno siglo XX! Tú sabes que papá le tenía afecto y que él y mamá la ayudaron mucho cuando se quedó sola con tía y su enfermedad, ellos me enseñaron a respetarla y a no reírme de sus ocurrencias, que eran bien raras, como aquello de que las imágenes de la iglesia le hablaban o cuando toda la ciudad comentó que le echó una maldición a un sacristán y lo dejó mudo por unos días…Pero no me gusta ir por esa casa para escuchar regaños como si fuera un niño y menos todavía las ofensas a colegas políticos…

—Ahí están a mano ambos: ni tú crees en las revelaciones que ella dice recibir de sus santos, ni ella cree en la santidad del general Menocal y la de otros «colegas».

—Puede ser, pero yo soy un hombre público y no quiero que vayan diciendo por allí que la tía del senador repite, lo mismo en una sacristía, que en la cuartería a donde fue a llevar limosnas, que no crean en el gobierno – en lo que pudiera llevar cierta razón, porque Zayas y su gente no van a dejar ni los clavos de la silla de doña Pilar- ni tampoco en la oposición, que todos son ladrones en nuestra vida pública que se hundirán en los infiernos con casi todo el pueblo de esta isla, por impíos.

—Creo que es una opinión más política que religiosa y no habla diferente de ciertos periodistas. Pero, en fin, no creo que vayan a ponerse de acuerdo. Lo que no estaría mal es que las visitaras alguna vez, aunque fuera un día de santo o de Navidad y les dieras alguna ayuda, porque yo no puedo con todo.

El senador pensó que su tío siempre había estado lleno de buenas intenciones y que la vejez lo había hecho todavía más blando, era un benefactor un poco ingenuo, por algo había llegado a esa edad con tan pocos recursos para sostener su casa. La idea de aparecer en la calle Manzano en modo alguno lo convencía. Pensó en enviar por Navidad a su esposa, o a su hija, que por algo se llamaba María Elvira, con algún regalo acompañado por una tarjeta, de esas que tienen al dorso una estampa religiosa. Quizá hasta les podría abrir una pequeña cuenta mensual para medicamentos en la botica de Triolet. No había que olvidar que en política no hay enemigo pequeño y que el encono de una vieja puede costar muchísimos votos en las elecciones.

Aunque el galeno se sentía de regreso de toda ilusión política se dejó arrastrar por los chismes del sobrino. La elección de Zayas, aquel hombre tan culto, había sido un fiasco, hasta el Mayoral lamentaba la alianza que había hecho con él. Poco o nada había hecho para sanear la economía, ni él ni sus ministros habían sabido buscar soluciones tras el desplome de los precios del azúcar y la insolvencia de los pequeños bancos. Encima, el muy decrépito, había aceptado un asesor del Norte que lo gobernaba a base de memorandos. El dinero público se hacía agua y sal en negocios como el del Convento de Santa Clara que recordaba las ocurrencias de Tiburón, pero hechas con más torpeza o cinismo. Habría que ver qué tenía en la cabeza ese viejo decrépito que había llegado a sacar del Castillo del Príncipe a un asesino conocido para que su hija lo metiera en la cama y ahora se comentaba que le estaba consiguiendo un escaño en el Senado. ¡Vaya gentuza! Con tanto que hacer en el país y él se ponía a levantarse un monumento en el lado sur del Palacio, como para verlo desde la ventana y una fuente al lado que ya los graciosos llamaban «la palangana de María». A todo pondría remedio el nuevo candidato, ya listo para ganar las próximas elecciones y echar abajo aquel tinglado de circo. Repasaron las escaramuzas de los Veteranos y Patriotas, que en fin habían depuesto su agresividad con un par de promesas y hasta el reciente congreso de las mujeres.

—Hay que ver cómo algunas siguen reclamando el voto, como si no tuvieran algo que hacer en sus casas.

El tío se había tornado filósofo.

—Esas sufragistas de pelo en pecho hacen un poco el ridículo al imitar las cosas mal hechas de los hombres: bravuconería, clientelismo y hasta discursos disparatados, pero allí hay mujeres que tienen visión y están reclamando derechos como criar a sus hijos y cuidar de sus fortunas. Quizá tú vivas para ver esas cosas.

—Pudiera ser, pero no me imagino a una de esas damas peladas como un muchacho en el Legislativo, o hablando en un mitin electoral.

—No te asustes de la idea, quizá lo hagan mejor que Zayas…

—Bueno, doña María Jaén seguro te daría la razón.

—Por cierto, hablando de mujeres notables quería comentarte de tu tía Elvira. Creo que le está sucediendo algo asombroso. Hace casi quince años su dolencia cardíaca, la que padecía desde niña, parecía haberse agravado, no era difícil pronosticar una postración gradual y hasta un desdichado desenlace no muy lejano. La remití al Dr. Guiteras, no había entonces en el país un clínico que lo superara y él la reconoció, confirmó mi diagnóstico y le indicó un par de cosas para paliar la enfermedad, nada mágico. Sin embargo, ha pasado el tiempo y ella, si bien no se ha curado, tampoco se ha agravado y tiene unos ánimos y deseos de vivir envidiables, tanto que creo que me enterrará a mí, a pesar de ser mayor. Ahora se nota, aunque lo haga discretamente, que es ella la que cuida de María.

—Hace mucho que no la veo, pero siempre he simpatizado con ella. Ya supe que hace un tiempo «se robó» una fiesta en casa de las Botet, cantó y bailó ayudada por algún jerez, a la par que los jóvenes. El poeta Agustín Acosta me habló maravillas de ella y hasta le firmó un ejemplar de uno de esos libros tan extraños que escribe, creo que se llamaba *Hermanita* o algo así…Bueno, pues quizá sea la tía la que llegue al Senado o hasta aspire a la presidencia si vive cien años.

Oscurecía y don Félix tenía la costumbre inmemorial de retornar a su hogar a las seis y treinta. En varias décadas no había llegado tarde a cenar, salvo tragedias familiares o catástrofes nacionales. Ese era uno de las más firmes puntales de la paz con su esposa. Por eso rechazó la invitación del sobrino a trasladarse al vecino hotel Louvre, para participar de una cena con algunos jefes políticos locales, aunque todos eran conocidos suyos.

—Salúdalos de mi parte, será en otra ocasión. Diles que no les haría mal ir educando a alguna mujer como sargento político, conseguirá más votos que ellos en los barrios…Y no te olvides de visitar a tus tías, a lo mejor los santos te recompensan por ello.

El senador vio marcharse a su tío y se dijo que a pesar de ser un buen médico sin demasiadas ambiciones, él ansiaba a esa auténtica respetabilidad que había ganado en la ciudad sin hacer concesiones. Genio y figura, nunca se sabía cuándo hablaba en serio y cuándo echaba mano de una especial ironía.

Se propuso idear algo para halagar a sus tías. Aunque no le gustaba frecuentar los templos –pensó mientras cruzaba el Parque de la Libertad– creía que no se debía incomodar a los santos, sobre todo si se navegaba en el mar proceloso de la política.

11

Cuando Elvira abrió los ojos, Él estaba sentado en un butacón junto a su cama. Por un instante le pareció inconveniente que apareciera así en su habitación, pero comprendió muy rápido que el Sagrado Corazón podía estar donde quisiera, por algo se le había consagrado el mundo entero, además de que la lógica de los sueños es completamente distinta a la de la vida cotidiana.

Buenas noches le dijo, aún intranquila, *qué sorpresa.* Él estaba aún más fatigado y triste que en la visita anterior. Demoró en responder y cuando lo hizo dijo sencillamente *Hola,* aunque no era seguro que se dirigiera exactamente a ella, porque parecía estar mirando al vacío. *Es terrible intentar conciliar tantas voluntades. A veces no sé ni siquiera por qué desean ciertas cosas.*

Ella quiso confortarlo y fue a levantarse para ofrecerle una taza con un poco de tila con manzanilla de la jarra que cada noche colocaban junto a su lecho. Siempre había junto a ella dos tazas tapadas. No se tuvo que incorporar porque al instante apareció una taza en la mano del visitante y ella se sintió aliviada, no quería que la viera con un ropón tan viejo.

Él continuó su monólogo. *Todo va a terminar antes de lo que piensas. Pastor tiene que irse. El obispo no quiere saber más de La Causa y María empezará a prepararse para su fin.* Muy asustada, ella lo interrumpió ¿Acaso su hermana se iría antes que ella? No era eso lo que se esperaba. *Tu vida será muy larga y verás muchísimas cosas. Dentro de ti hay hartos deseos de vivir y yo no puedo contrariar eso, María necesita descanso, su mismo fuego la devora.* Elvira, fuera de sí, intentó discutir, pero al instante sintió que no podía decir cosa alguna. Sus labios estaban atados. ¡Qué terrible es quedarme sola! Y comenzó a llorar.

¿Sabes cuál es el problema? Que aunque hay muchísimos creyentes siempre miran hacia abajo, quieren arreglar el mundo que conocen y piden a lo alto, pero quieren quedarse bien pegados al suelo. Entonces le dijo: *Mira.* El techo de la habitación desapareció y ella pudo

contemplar desde su cama el cielo estrellado sobre Matanzas y mucho más allá. Pero las estrellas estaban extrañamente cerca, casi parecía que podía alcanzarlas con la mano. *Y en cada estrella hay un alma dormida, alguien que tuvo la ilusión de hacer algo nuevo y descansa y sueña que lo está haciendo y es feliz.* Por encima de su cabeza daban vueltas las grandes constelaciones y en el corazón de cada una de las estrellas, como si fuera tras un cristal de hielo aparecía dormido algo como un bebé, era la forma de las almas en reposo, acurrucadas en posición fetal, con una respiración casi imperceptible, en un descanso profundo. *¿Y eso es el limbo o el purgatorio? La teología que enseñan acá abajo parece concebida en uno de esos juzgados de instrucción que apestan a papel viejo, colillas de cigarros y cucarachas. ¿No ves que es el cielo?*

Elvira no comprendía que eso fuera la salvación eterna de la que tanto se hablaba, no parecía gran cosa reposar en aquellas neveras por siempre jamás.

—Casi todos, gente sencilla o sabia, hasta el mismísimo Dante que presumía de haber visto lo más bajo y lo más alto, creían que el descanso eterno sería una especie de corte real en día de besamanos, con el rey en su trono, la familia de los príncipes en torno y luego todos, muy elegantes, organizados por jerarquías, esperando entre músicas para hacer sus reverencias. En verdad esa gloria se parece mucho a la vida de acá, yo mismo me moriría de tedio en ella. El verdadero descanso es dormirse en paz, cada uno con sus sueños sin que otro venga a molestarlo.

—¿Pero entonces, tampoco hay infierno?

—No he dicho eso. Si te refieres a las oscuras profundidades, al fuego, a los demonios, entonces no lo hay. Cada uno hace de su espacio un sitio limpio y feliz, o llena su interior de cosas terribles. Seguramente tú llenarás el tuyo con música, plantas florecidas y hasta un baile atractivo, María solo se sentiría bien entre las visiones del Apocalipsis. Yo velo por el orden del mundo, pero cada cual tiene libertad para concebir el cielo o el infierno en que vivirá cuando pasen los minutos que les tocan acá.

—¿Entonces no volveré a ver a María, ni a mis padres, ni a mis amigas?

—No de la manera que supones, los verás siempre que quieras de la manera que los concebiste y quieras recordarlos, aunque lo más sano es llegar al olvido.

Cuando escuchó la palabra olvido le pareció sencillamente terrible, como si se asomara a un vacío enorme, a un agujero negro en el cielo. Gritó mientras caía, con los tejados de Matanzas cada vez más cerca. Entonces el techo se cerró. No había nadie en la butaca.

Cuando abrió los ojos, María estaba junto a ella. En el suelo, junto al asiento había una taza rota.

—De nuevo has tenido una pesadilla. Parece que son esas gotas…

—No sabes cuánto me alegro de verte, hermana, después de ese sueño. No quiero que seas solo un recuerdo.

María pareció más sorprendida por el abrazo que le diera Elvira que por el misterio de la taza caída en medio de un pequeño lago de tisana dulce al que ya comenzaban a llegar las hormigas.

12

Era mediodía cuando el padre Martínez entró al templo. Se detuvo apenas pasó las puertas. Los ojos castigados por la luz exterior tenían que acostumbrarse a la penumbra. Impresionaba lo espacioso del edificio de tres naves que los muros encalados hacían parecer más dilatado. La austeridad del recinto se suavizaba con aquellos retablos barrocos, ornados con columnas salomónicas, guirnaldas y florones, que los frailes trasladaron desde la vieja iglesia de san Felipe en la ciudad vieja. En los nichos había imágenes ante las que derramaron súplicas y lágrimas varias generaciones. La luz llegaba filtrada por los coloridos vitrales con alegorías carmelitanas.

Contempló la gran vidriera en la que Nuestra Señora del Carmen desciende el sábado al purgatorio para rescatar las ánimas que llevan el Santo Escapulario. El artista había dado harta vida a aquellos seres cuyos bustos emergían en posiciones atormentadas del mar de llamas rojizas. Sus brazos alzados eran un signo de esperanza, aunque algunos parecían abandonados al padecimiento resignado o sencillamente a la desesperación. El purgatorio parecía una prolongación de las penas terrenales.

El lugar estaba absolutamente vacío a esa hora. Buscó el altar del Santísimo y una lámpara roja, en forma de barco, se lo señaló en la capilla de la nave izquierda. Antes de llegar a él alzó los ojos y vio un óculo decorado por un pequeño vitral en el que santa Teresa caía en éxtasis ante el rayo de luz que descendía directamente de lo alto.

Se arrodilló en el peldaño de mármol del comulgatorio y sintió que algo dentro de él comenzaba a desplomarse. Tenía la sotana empapada en sudor. Por un momento pensó que no podría rezar, pero vinieron a sus labios mecánicamente un *Pater noster* y una *Salve*. Un poco más calmado, recapituló mentalmente las difíciles jornadas que había vivido.

Después de muchísimos intentos fallidos, la Congregación de la Misión había logrado sacar al padre Pedro Pastor de Matanzas y de Cuba. Si en algo estaban de acuerdo el superior de aquella casa, el visitador de La Habana y hasta la curia provincial, era en que aquel anciano de grandes méritos en el pasado estaba absolutamente loco y que aquella locura era harto peligrosa para los Hijos de san Vicente. Debía estar lejos de esa visionaria que estaba revelando un apocalipsis propio con denuncias que implicaban a los superiores de la Congregación, incluido el Padre General. Ella, como si fuera Dios mismo, distribuía las penas eternas o la salvación entre aquellos religiosos y hacía revelaciones escandalosas que sonaban harto verosímiles por su mezcla de verdades a medias con delirios.

Para colmar la copa, sin autorización alguna, el viejo había dirigido la toma de votos como Hija de la Caridad de aquella ilusa, lo que no solo había hecho que aquéllas, tan útiles pero también tan puntillosas en sus litigios, se dividieran y alborotaran todavía más. Ya aseguraba la superiora de Matanzas que en ningún caso acogería en una de sus casas a aquella alucinada y terciaba la ecónoma que las arcas no estaban en estado de sostener a la advenediza como se pretendía.

Además, en la casa de calle Manzano se mantenía en actitud rebelde aquel grupo de iluminados, pendientes de la nueva revelación o del milagro que contar a la ciudad. Un día se trataba de una levitación y otro de la curación de una niña, sin olvidar los que afirmaban que le había sido concedido el don de la bilocación, pues algunos aseguraban que en una ocasión estaba a la vez en oración en su casa y asistiendo a un moribundo que vivía a muchísimas cuadras de ella. Inmunes a los llamados de la autoridad eclesiástica aquellos ilusos ponían toda su fe en María y en Pastor y se negaban a disolverse. Algunos habían comenzado a escribir cartas a periódicos y a personas influyentes. Hasta el señor Alcalde había comenzado a inquietarse, sobre todo por la proximidad de las elecciones.

En vano suplicaron al obispo, primero el reverendo Pastor y luego él mismo, para que intercediera ante aquel arbitrario traslado. Su Ilustrísima se había negado a intervenir. Ya monseñor Saínz no mostraba las disposiciones de otros días para La Causa. El padre Trabadelo se lo había comentado y él no había querido darle crédito. Al parecer una conversación con el delegado apostólico, monseñor Caruana, había cambiando su parecer.

El joven sacerdote había logrado ser recibido por el prelado, aunque se le comunicó que era solo para hablar de «urgencias pastorales» porque aquél estaba «harto ocupado». En vano intentó presentarle una elocuente defensa del caso. El impaciente mitrado fijó en él su mirada estrábica y le dijo que debía ceñirse a sus obligaciones y no ocuparse de los asuntos de una casa religiosa, que desde tiempos inmemoriales los superiores de órdenes y congregaciones tenían facultades canónicas para trasladar a sus miembros como consideraran mejor, sin necesidad de permiso episcopal alguno, con más razón si entre los argumentos estaban la búsqueda de la paz y mejor funcionamiento de su casa.

Le indignó escuchar aquel sofisma de que la iglesia era universal y en cualquier parte del mundo Pastor podía ser buen sacerdote y buen religioso y otros más jóvenes, dispuestos y obedientes, cumplirían con las obligaciones de acá. En cuanto a la nueva «Hija de la Caridad en el mundo» él podía mirarla con respeto, como a una feligresa más, pero en modo alguno podía alentar sus visiones y menos aún ver con buenos ojos a aquel grupo que amenazaba con convertirse en una secta nada ortodoxa y hasta sospechosa para la autoridad eclesiástica.

Al escuchar tal cosa, Martínez no pudo menos que recordar los relatos de los viejos que en su pueblo habían visto quemar a las últimas brujas en tiempos del rey Fernando «el Deseado». Le pareció ver a María atada al poste, mientras el obispo, desde un estrado, leía la sentencia y el verdugo acercaba ya su antorcha a los leños dispuestos en torno a la prisionera. Una multitud vociferaba enfrente y le lanzaba inmundicias. Horror y abominación juntos. Al parecer gritó como un desesperado ante aquella visión y por un momento le pareció que caía en un abismo. Después supo que el padre Trabadelo lo había sacado a rastras de la oficina episcopal, mientras Su Ilustrísima intentaba recuperarse del susto invocando al Cristo de la Humildad y la Paciencia. Era más de mediodía cuando fue posible que el atribulado retornara a su habitación – cocimiento de valeriana y tila mediante- con la advertencia de ocuparse de sus asuntos y no incomodar con su presencia al obispo en los próximos días.

Cuando volviera a recordar esta escena la asociaría con un recuerdo de infancia al parecer totalmente ajeno a ella. Una vecina cuyo marido que se fue a buscar fortuna a América y la dejó con tres hijos pequeños, al no tener noticias suyas y agobiada por la miseria, enloqueció y se prendió fuego. Él no la había visto arder, ni siquiera le dejaron contemplar al pequeño cortejo que se llevó el cuerpo abrasado para enterrarlo sin ceremonias fuera del cementerio, pero estuvo un par de días después en la casa con su madre, a llevar unas provisiones para los huérfanos. No vio allí nada extraordinario, apenas llantos y unas sábanas sucias, pero el hedor de carne y cabellos quemados persistía y siguió sintiéndolo pegado a él por muchos días, a pesar del trapo con esencia que le dieron. En su memoria seguía oliendo a abandono, miseria, condenación. María dejada al margen. María condenada a la hoguera. María destinada al infierno por la Iglesia que se burlaba de sus visiones.

Había decidido acompañar a Pastor hasta su salida de la Isla. Le sirvió de pretexto la necesidad de recoger un paquete que enviaban sus padres con un mozo del pueblo que vino a La Habana a probar fortuna. Durante el viaje en tren hasta la capital, el religioso lo encargó de La Causa. *Yo sé que mi marcha es definitiva. No me permitirán regresar. Y el ángel dijo hace poco a María que La Causa quedaba fuera de nuestra congregación, porque la habían rechazado como los fariseos rechazaron a Cristo. Que ahora debía descansar sobre el puñado de hombres y mujeres que eran justos y estaban dispuestos a padecer por ella. Sé su confesor y su guía.*

Martínez sentía que aquello era superior a su experiencia y que su salud espiritual, tan frágil, se resentiría con las persecuciones, pero no pudo negarse al reclamo de aquel sacerdote venerable que aceptaba su destierro con estoicismo. *Trata de ganar el apoyo de los obispos pero confía solo en Dios.*

Manuel vio desaparecer al anciano tras las puertas del convento de La Merced, como quien deja a un amigo encerrado en la cárcel. No durmió bien en el Hospital de Paula donde se hospedó. Al otro día, durante el desayuno, le entregaron un mensaje telefónico, alguien había llamado muy temprano de parte del padre Pedro Pastor para pedirle que estuviera el miércoles a las siete de la mañana junto al Muelle de la Aduana donde el consagrado abordaría el Alfonso XIII.

Cuando Manuel descendió del tranvía, ojeroso y molido por el traqueteo del vehículo, divisó las oscuras sotanas del viajero y de un acompañante joven y fornido. Por primera vez veía al padre Chaurrondo, el más prometedor de los jóvenes miembros de la Misión destinados a Cuba, ya sabía que su actividad pastoral infatigable y su inteligencia despierta lo habían ayudado a ganar la confianza de los superiores. Se comentaba que tendría una brillante carrera. Por demás, era alguien de raras aficiones como la de coleccionar pinturas y dibujos de gente estrafalaria que lo visitaba en su celda de La Merced y a la que él pagaba con largueza sus engendros. Nada quería saber de La Causa, más bien desde el principio se había opuesto a ella con resuelta terquedad. A él habían dado el encargo de verificar que el molesto presbítero se marchara bien lejos y sin pasaje de retorno.

Fue imposible hacer aparte alguno con Pastor, el cerbero no se apartaba de él aunque fingiera cierta delicadeza para tratarlo. Ya le había preguntado dos veces si en la carretilla del niño que los seguía como una sombra estaba todo su equipaje – formado apenas por dos pequeñas valijas y un viejo gabán de paño grueso y forma incierta que seguramente le venía grandísimo al reverendo- y más de una le recomendó revisar si tenía a mano el pasaporte, bien resguardado en el bolsillo el dinero del viático y asegurada a un lado la pequeña fiambrera con las conservas, pan y vino, destinados a aliviar las manquedades del refectorio de segunda clase.

Por fin, los silbatos de los supervisores indicaron que era preciso apresurarse a pasar ante los funcionarios de migración y aduanas, antes de encaminarse a la pasarela del vapor.

Martínez no quería prolongar aquella espera dolorosa. Abrazó con fuerza a Pastor y le dijo que haría todo lo que le había encomendado. El viejo parecía sereno, quizá no notó las lágrimas en las mejillas de su discípulo. *Vete en paz, te necesitan.* Y fue a dirigirse con su carga hacia el edificio de embarque. Entonces Chaurrondo lo detuvo y ceremoniosamente le dio dos abrazos, acompañados por sendos besos, como era tradicional en la congregación. El anciano lo miró con frialdad por un momento antes de preguntarle:

—Amigo, ¿a qué has venido?

No escapó a Manuel la alusión al pasaje del evangelio según Mateo en el que Cristo es apresado en el huerto de Getsemaní, después que Judas lo identifica.

También Chaurrondo había comprendido y miró al expulsado con sorpresa, antes de preguntar:

—Entonces, ¿yo soy Judas?

Frase tan obvia no tuvo respuesta clara. El viajero, embarazado por las valijas, el gabán y la fiambrera, ya había echado a andar cuando dijo sin volverse:

—Todo esto sucede para que se cumplan las profecías.

Y desapareció de su vista. Manuel se marchó sin cambiar palabra con aquel sayón, para quien todo se había consumado, tal y como le encomendaron. Buscó otro tranvía que lo acercara a la calle Infanta. Se sentía como Juan en el Huerto después de que los guardias se llevaran al Maestro.

No lo consoló aquel día singularmente soleado de noviembre. Ni volver a encontrarse en aquella ciudadela de la calle Neptuno con su compatriota recién desembarcado quien tenía todavía el aire candoroso de los que esperan una fortuna pronta y pródiga.

El envío familiar contenía una boina fabricada con buena lana, nueva y lustrosa, que su madre había comprado sin atender a lo magro del presupuesto familiar. Lo protegería de los traicioneros vientos del trópico con los que es sabido que tantos enloquecen. Había completado el regalo con una botella de tinto robusto, un turrón duro de Alicante y, puesta aparte, en su cuidadoso envoltorio de papel de estraza, una estola ornamentada en rojo, obsequio del párroco del pueblo, con la que podría celebrar en las fiestas de los mártires.

El frescor del mármol penetraba en sus rodillas y las entumecía mientras él batallaba con los deseos de dejar todo acá y tratar de reunir el dinero para comprar un billete de retorno. Había llegado lleno de sueños como aquel rústico y pronto ganó la confianza de un obispo, obtuvo las órdenes sagradas y un destino. Si hubiera transitado por el terreno trillado de otros muchos quizá ya estaría en una parroquia de ascenso y en una diócesis pequeña como Matanzas tendrían que pasar pocos años para verse colocado en una de término, pero él había escogido la ruta peligrosa de La Causa y, con ella, las amarguras, las murmuraciones, el apartamiento. El encargo que su maestro espiritual le había dejado no mejoraría las cosas.

Un ruido a sus espaldas, tal vez el de alguien que tropezara con un reclinatorio, le hizo volver la mirada. Divisó en un retablo de la nave derecha una imagen de Jesús de tamaño natural, con largos cabellos humanos desgreñados y ceñidos por una espinosa corona de oro. Tenía el rostro manchado de sangre, si bien la túnica de paño morado, como corresponde al Nazareno, pareciera impoluta. Aunque no llevara la cruz, esta parecía pesar ya sobre sus hombros. *Ecce homo.*

Retornó a su mente aquel pasaje de la *Subida del Monte Carmelo* que más de una vez leyera y comentara con María. *En la vida no tuvo dónde reclinar su cabeza, y en la muerte lo tuvo menos* – le recordaba san Juan de la Cruz, abrazado al leño desde su carroza barroca, porque estaba en días de triduo-. *Cierto está que al punto de la muerte quedó también aniquilado en el alma sin consuelo y alivio alguno, dejándole el Padre así en íntima sequedad* – advertía el Nazareno, ahora alzados los ojos para fijarse en él. No podía huir de lo que le habían encomendado. La Causa pesaba sobre sus hombros, sin Cirineo a la vista que le auxiliara, sin consuelo, al precio de su cordura – por demás escasa- y hasta de su vida. *Al tiempo y punto que este Señor estuvo más aniquilado en todo; conviene a saber: acerca de la reputación de los hombres, porque, como lo veían morir, antes hacían burla de él que le estimaban en algo; y acerca de la naturaleza, pues en ella se aniquilaba muriendo.*

Así, caminar en la nada, hacia el Monte de los Olivos para sudar sangre en la vigilia; hacia el pretorio, a recibir burlas y latigazos; rumbo al Monte de la Calavera, para ser levantado ante las turbas en el último suplicio; vinagre para la sed y un lanzazo en el costado y la soledad mayor esperándole: el silencio del Padre. En suma, volverse nada. Nada. Ningún triunfo, ningún gusto, ninguna gloria.

Y cuando viniere a quedar resuelto en nada, que será la suma humildad, quedará hecha la unión espiritual entre el alma y Dios, que es el mayor y más alto estado a que en esta vida se puede llegar.

Morir a todo para ir al encuentro divino.

Por un momento sintió terror, sus piernas estaban heladas y no tenía fuerzas para levantarse. Apoyó el torso en la baranda. ¿Por qué lo escogían precisamente a él que comenzaba a gesticular en un mar de fuego como las ánimas del vitral?

Hizo un esfuerzo desesperado y se incorporó, tambaleándose. Retrocedió por la nave izquierda. A mitad de camino sintió que podía desmayarse y se sujetó de un banco. Necesitaba aire, luz, un brazo en que apoyarse, pero el templo estaba absolutamente silencioso y vacío. Los ojos del Nazareno le seguían en la sombra.

Se atrevió a alzar la vista. Allí estaba la Santa de Ávila en el ojo de buey, traspasada por el haz de luz, dibujado en blanco en el cristal, pero inflamado por el rayo de sol que por detrás lo nutría. Ella lo recibía en éxtasis, fulminado el pecho, como si el mayor dolor fuera también un huracanado soplo de vida. Tenía que disponerse y entregarse a lo que le exigían. *Ecce homo.* Ya no era el mismo. Tenía una luz, un mandato.

Y se fue a Matanzas para que lo crucificaran.

LA CURACIÓN DEL ENDEMONIADO

1

A pesar de las protestas, más o menos corales, de Elvira, Adelina y Florinda, María había decidido reanudar sus clases de catequesis en San Pedro de Versalles. No se sentía ya impedida para caminar hacia aquellos barrios, dolores más o dolores menos, sus niños la necesitaban, pero además – y esa era una razón que no confiaría a otros- el padre Martínez estaba ahora encargado de dirigir aquella escuela sabatina y, tras las clases, tendría tiempo para departir con él en la sacristía, ahora que el tan llorado padre Pastor estaba demasiado lejos. Muy pronto el fervor y la calidez humana del nuevo guía le habían hecho menos dolorosa su ausencia.

En aquel espacio, esperado toda la semana, era posible confesarse, escuchar la plática del director y hasta leer y comentar juntos pasajes de libros espirituales, sin sacristanes intrusos ni espías del obispado.

Una vez que la Madre Milagrosa le advirtiera que La Causa quedaba fuera de la Congregación de la Misión, vencido ya todo plazo de gracia para enmendar su obstinada oposición, ella había sentido un explicable alivio. En el padre Manuel la fe supliría la falta de experiencia y su terca fidelidad permitiría que fuera un excelente depositario de aquellas revelaciones y un infatigable promotor de ellas. Sus días se aproximaban al fin, ella lo sabía, el Ángel se lo había comunicado aunque sin muchos detalles. Debía prepararse para romper toda atadura con este valle de lágrimas.

Después del desayuno tomó el bastón y salió. Las clases no comenzaban hasta las nueve pero sabía que debería detenerse muchas veces en el trayecto para interesarse por algún enfermo, recoger encargos de misas de difuntos con las correspondientes limosnas, o socorrer a alguna familia necesitada con un óbolo facilitado por algún anónimo donante a cambio de plegarias, o de su propio peculio. De todos modos se encargaría de llegar puntual a la lección del Catecismo.

Como cada sábado, después de lograr que aquellas niñas con trenzas mal anudadas y pillos de manos siempre sucias se acomodaran en los bancos e hicieran silencio, harían la señal de la cruz, rezarían un

Pater noster, un Ave María y un Gloria y ella abriría el libro de aspecto severo para comenzar con las preguntas. *¿Cómo sabemos que hay Dios?* Y tras los esperables tropiezos lograría que se escuchara el coro disparejo: *Sabemos que hay Dios porque la razón lo demuestra y la fe lo confirma.* Y así cada semana, hasta que llegara el momento en que el sacerdote los examinara para la primera confesión y comunión.

¿Cuánta huella dejarían en ellos esas preguntas y respuestas memorizadas mecánicamente como si fuera el abecedario o una lección de Geometría? Posiblemente una muy leve que los afanes del mundo les borrarían. *¿Qué forma o figura tienen los Ángeles? - Los Ángeles no tienen forma ni figura alguna sensible, porque son puros espíritus, que subsisten sin necesidad de estar unidos a cuerpo alguno.*

Había pasado ya la línea del ferrocarril y comenzado la incómoda subida, rumbo al templo, cuando divisó, veinte pasos más allá, a una pareja que se acercaba en sentido contrario. Venían tranquilamente, conversando, el brazo de él sobre los hombros de ella. Entonces, un individuo vestido de oscuro y con sombrero salió de unos matorrales. Empuñaba una pistola. Ellos apenas tuvieron tiempo de asustarse. Se escucharon dos disparos y el agresor desapareció. La víctima cayó al suelo de inmediato y la acompañante fue arrastrada en la caída, aunque un instante después se incorporó a gatas y quedó de rodillas junto al cuerpo inmóvil.

María dominó el terror y, en vez de huir hacia otra parte, sin pensarlo, apresuró el paso hasta llegar a ellos. La mujer procuraba reanimar a su pareja, incorporarlo por los hombros, lo llamaba, trataba de abrirle la camisa para ver la herida, pero sin fortuna, porque lo intentaba todo a medias en medio de sollozos desesperados.

Ella no supo cómo pudo llegar sin tropezar ni caer hasta donde se encontraban y mucho menos cómo dobló sus rodillas para colocarse junto a ellos. La camisa del herido se empapaba cada vez más con la sangre que se expandía en oleadas por la pechera. Él tenía los ojos entrecerrados y no reaccionaba mientras la esposa lo llamaba entre lamentos. Fue entonces cuanto ella la miró fijamente y le ordenó.

—Deje de gritar. Deme un pañuelo.

La mujer llorosa la miró con sorpresa pero obedeció. Buscó en su cartera y le entregó un pañuelo. Era un pañuelo de seda bastante grande, con motivos florales y pájaros en vuelo. María tomó la prenda y sencillamente cubrió la cara del herido con ella antes de volverse hacia la señora perpleja:

—Va a estar bien. Llévelo a Hospital Santa Isabel y pregunte por mi hermano el Dr. Félix Vera. Él hará el resto.

La mujer fue a decir algo, pero no supo qué. Los vecinos y transeúntes que habían comenzado a aproximarse atendieron mejor a la recomendación. Incorporaron al herido, que se había reanimado y lo subieron a un coche que partió a toda velocidad hacia el hospital. María había desaparecido misteriosamente.

Después comentarían que el doctor Felillo entró con cierto escepticismo en el quirófano, pero, tras una intervención que duró dos horas, pudo extraer los dos proyectiles, contener la hemorragia, suturar la delicada herida del estómago y dejar al paciente bajo vigilancia mientras se disipaba el efecto de la anestesia. Parecía muy seguro de que sobreviviría. Cuando salió al vestíbulo donde se aglomeraban testigos, curiosos y algunos policías, no se sorprendió de que una negra vieja que conocía de vista le asegurara que ese hombre estaba vivo gracias a su hermana.

—Es una santa, doctor. Usted lo sabe. Él ya estaba muerto con esos dos tiros. Ella apareció. Le cubrió la cara e hizo una oración. Después mandó que se lo trajeran.

Así mismo, ella pudo asegurar lo que confirmaron otros testigos, que después de hacer su buena acción, la bienhechora había desaparecido. Más de uno aseguraba que se había evaporado a la vista de todos, aunque la negra juraba la había visto volar por el cielo de Versalles, despejado esa mañana.

¿Por qué, pues, se representan los Ángeles con formas sensibles?
–Los Ángeles se representan con formas sensibles: 1º, para ayudar a nuestra imaginación; 2º, porque así han aparecido muchas veces a los hombres, como leemos en las Santas Escrituras.

2

DE UN EDITORIAL DE *EL IMPARCIAL* DE MATANZAS.

Hace pocos días un periodista nuestro fue agredido en la calle por un desconocido. A consecuencia de dos brutales disparos resultó gravemente herido y solo pudo salvar la vida gracias a la pericia profesional de uno de los grandes médicos matanceros, el Dr. Félix Vera Sáenz. Tal atentado, infligido a cualquier trabajador de la prensa, es siempre escandaloso, pero lo es más si se trata de un comentarista valiente y experimentado como nuestro Humberto González (Lilo) quien en su ya dilatada carrera nunca ha callado la crítica a los lunares que afean nuestro panorama cívico, sin que lo enmudezcan el prestigio de las personas implicadas o las simpatías políticas por uno u otro partido.

Las autoridades policiales, que aún no han detenido al autor del hecho criminal, se aventuran a conjeturar que fue un delito común, que el agresor no era sino un ladrón callejero. Nosotros nos atrevemos a ponerlo en duda. En esta ciudad los ladrones no roban billeteras a punta de pistola y menos a la luz del día. Quizá el agresor fue la extensión del brazo de unos delincuentes más encumbrados y peligrosos que como no pudieron silenciarlo de otro modo quisieron callarlo definitivamente. Pero Lilo está vivo y tras una más que comprensible licencia que se ha tomado fuera del país, retornará a su columna, para alegría nuestra y de los lectores de buena voluntad.

Es curioso que en las calles, más que a la protesta cívica contra esos que quieren sumirnos en la más primitiva violencia, se haya dedicado tiempo a extrañas leyendas sobre la «mágica resurrección» del herido y a la espectacular desaparición de la «santa benefactora». Se ha hablado de conjuros prodigiosos y hasta del modo en que fue «arrebatada al cielo» la supuesta autora del milagro. No conocemos personalmente a esa dama, pero pensamos que hace falta mucha valentía y mucha humanidad para socorrer a un hombre caído en tales circunstancias. Ella hizo lo que debió hacer algún hombre antes que ella, reconocerlo, ofrecer los primeros auxilios y ordenar con energía a los mirones que le llevaran al hospital y luego, sin buscar protagonismo por su buena acción, se hizo a un lado.

Ella fue una buena samaritana, aunque no hiciera un milagro, o mejor, ella hizo algo que es cada vez más infrecuente en estos días y es ayudar al prójimo, lo que tal vez sea un milagro cuando el egoísmo y el individualismo hacen más estrago entre nosotros que las bombas de anarquistas y comunistas…

3

DE UNA CARTA DEL SENADOR DR. MANUEL VERA VERDURA AL DR. FÉLIX VERA SÁENZ

«[…] llevo diez días en San Miguel, tomando las aguas y haciendo una especie de cura de reposo para aplacar mi úlcera y el insomnio que ha venido atacándome últimamente. Aquí es posible leer en paz, pasear por los jardines y conversar en las tardes con el Sr. Abril, un hábil empresario y persona excelente, a pesar de que se empeña en darse esos aires de poeta galante, muy útiles con las señoras, pero que le confieren un estilo muy cursi.

Sin embargo, las noticias me alcanzan aunque no quiera leer los periódicos. Supe lo del atentado al periodista. Es un personaje que ya se buscó problemas con alcaldes, jefes de policía y hasta con los ejecutivos anteriores. No es de partido alguno y los critica a todos cuando están en el poder. Su deseo es provocar el mayor escándalo posible. Y esta vez casi le cuesta la vida.

No creo que el crimen haya sido un encargo del Ejecutivo. En la actualidad hay la tendencia a achacar toda violencia a la voluntad del general Machado, cuando ese tipo de actos son de larga data entre nosotros. Usted sabe que yo soy menocalista de corazón, pero no es posible negar los méritos de este gobierno que en poco tiempo ha hecho más que en el resto de los años de República. Que lo digan los matanceros con esa Carretera Central que va a cambiar el mapa de la zona y a favorecer las comunicaciones desde todo punto de vista y no falta mucho para que el Legislativo tenga una sede digna de su jerarquía.

Sé que es un hombre de mano muy dura con los huelguistas, los agitadores y los oposicionistas ensañados, pero no es un criminal y ha traído un orden y disciplina al país que los hacendados y el resto de las fuerzas vivas agradecen. No creo que colaborar con él signifique traición alguna. Es un hombre providencial y negarse a seguirlo en sus proyectos es ubicarse entre los carcamales que obstruyen todo cambio.

También llegó hasta acá – vía chismes- el «milagroso» papel que le asignan a tía María en la salvación del tal Lilo. Está claro que ella fue testigo involuntario del suceso y que procuró ayudar, aunque de forma muy singular al herido – porque no creo que estuviera muerto- pero todas esas leyendas de que le tapó el rostro para resucitarlo con una oración y que luego ella voló por los aires me resultan grotescas e inconvenientes. No debo decidir yo si ella es o no santa, pero, hasta donde recuerdo, son las brujas las que vuelan por el cielo y no a media mañana. Con las cosas que hace y dice, María se está volviendo peligrosa. Me cuentan que ahora no se oculta para decir horrores del gobierno. Hay que tener cuidado, porque de ello le puede venir algún daño a ella y al resto de la familia. No sé qué piensas tú que eres médico – y de los buenos porque sacaste con vida al periodista aunque los testigos presenciales pensaban que no sobreviviría- pero si ella sigue por ese camino habrá que encerrarla en Mazorra…

Me comentan que el citado Humberto huyó con toda su familia a México, sin guardar cama siquiera.

Cuando yo retorne la semana próxima a Matanzas conversaremos más sobre algunos otros asuntos de esta época tan interesante que estamos viviendo.

—

4

DEL DIARIO SECRETO DE ELVIRA

...Mi hermana me va a matar de un susto. Llegó a la casa apenas una hora después de haber salido. Traía la cara descompuesta, sudorosa, con el velo fuera de lugar y, para colmo, una mancha de sangre en el hábito. Adelina y yo casi nos desmayamos cuando la recibimos. Parecía tener fiebre y hablaba de manera confusa. La desvestimos, la obligamos en meterse en la cama y Adelina se fue a la calle Milanés a procurar a Felillo, pero dijeron que estaba en el hospital y que tenía un caso difícil, que regresaría tarde. Le dimos un cocimiento muy fuerte con gotas de valeriana y durmió varias horas.

Algunas vecinas vinieron mientras tanto a darnos las primeras noticias. Es terrible pensar que su propia vida corrió peligro, hubiera podido alcanzarla un tiro o que el criminal la siguiera para eliminar a un testigo. Lo que hizo fue muy valiente, salvar la vida a alguien, de cualquier modo, es verdaderamente cosa de santos. Pero eso de que ya el periodista estuviera muerto y ella lo volviera a la vida como al Lázaro de la Escritura es otra cosa y mucho más raro desaparecer a la vista de todos y regresar por los aires...al menos eso último es falso, porque al barrio llegó andando o, mejor dicho, corriendo a toda la velocidad que sus piernas le permitían.

Cuando despertó estaba más calmada y me confirmó algunas cosas. También ella asegura que el tal Humberto ya estaba muerto y que una voz en su interior le dijo que le cubriera la cara y rezara para que se levantara de nuevo porque su familia le necesitaba. Que un instante después de ponerle el pañuelo vio que este se levantaba por causa de una respiración muy ligera, que efectivamente, pidió que lo llevaran al hospital, porque eso era lo conveniente, pero que para nada había volado, apenas recordaba cómo se había puesto de pie y las fuerzas que por un momento tuvo la habían abandonado, sencillamente decidió volver a casa, siempre con temor de caerse por los temblores.

Ahora lleva un par de días sin salir y anda por la casa repitiendo que el Ángel le ha dicho que sobre este país vendrán no uno sino tres «machadatos». Pobre país, lo que le faltaba. Más miseria, más fanatismos, más locuras. Asegura que habría que orar muchísimo para que eso no sucediera. Le rogué que no repitiera eso, que se dedicara a sus oraciones y no se metiera en política que unos cuantos personajes que se habían enfrentado al gobierno había salido escarmentados…o muertos. Pero ella sigue en las mismas.

Asegura que viene un gran baño de sangre para Cuba, el primero de varios y que solo podría detenerse si todas las almas cristianas se juntaran para pedirlo a Nuestra Señora Milagrosa, pero que lo cree muy difícil porque hay mucha falta de fe, hasta en los sacerdotes y monjas. Y que ella no puede hacer demasiado, porque ya se le ha avisado que morirá pronto, quizá le queden apenas dos años.

He llorado por ella muchísimo en mi cuarto porque, aunque somos tan distintas, siempre la he querido y ella ha procurado no herirme en los últimos tiempos. Hemos aprendido a vivir en paz y a ayudarnos. Si se va me quedaré muy sola, además de que no es lógico, porque la enferma de cuidado siempre he sido yo. Por primera vez he sentido el temor de durar mucho más que ella. También me duele lo que le pase a Cuba, es demasiado hermosa como para que sea destrozada por los políticos.

¡Que Dios nos proteja!

5

FRAGMENTO DEL BORRADOR DE UNA HOMILÍA DEL PADRE MANUEL MARTÍNEZ (HALLADO DENTRO DE UN LIBRO DE LA BIBLIOTECA DEL OBISPADO DE MATANZAS)

Las lecturas del Sábado de Pasión nos preparan para contemplar los sufrimientos del Varón de Dolores, el Redentor del mundo. En la epístola, tomada del libro de Jeremías contemplamos a los impíos atacando al Justo, cavando un hoyo para que tropiece e incluso procurando entregar la ciudad santa de Jerusalén a sus enemigos, para que sus habitantes sean asesinados por los invasores. Sabemos que así ocurrió, un imperio extranjero se apoderó de ella y el profeta lloraría amargamente su destrucción, un tiempo antes de ser él mismo asesinado por aquellos a los que su palabra denunciaba.

En el Evangelio los príncipes de los sacerdotes, envidiosos de Jesús, quieren dar muerte a Lázaro porque es un testimonio viviente de su resurrección y al Maestro lo están aclamando cuando entra en la capital, precisamente porque entre las turbas hubo testigos de aquel milagro. Al parecer Lázaro no fue asesinado porque una antigua tradición dice que llevó el evangelio a Las Galias junto con sus hermanas Marta y María, pero Jesús toma su lugar. El que le ha dado vida tendrá que sufrir dolores humanos y después sumergirse en la muerte para traer la salvación. Él mismo profetizó, como otro Jeremías, el nuevo y definitivo fin de Jerusalén y dejó una tremenda advertencia a sus discípulos: «Andad mientras tenéis luz, para que las tinieblas no os sorprendan».

Ese es un aviso para todos los tiempos, porque en cada época hay signos de la acción vivificadora de Cristo contra el dominio del Príncipe de las Tinieblas. Muchos de ustedes han comentado en estos días ciertos sucesos excepcionales ocurridos en esta ciudad. Alguien fue herido, o, más exactamente asesinado, por orden de algún poderoso que se ocultaba en la sombra. Una persona muy unida a Cristo le asistió y oró con tal fervor que lo devolvió a la vida como a un nuevo Lázaro. Pero eso era solo una advertencia, si continúan en esta tierra la sordera hacia los reclamos del pobre, el trato injusto al trabajador, la soberbia de los que gobiernan para su provecho y el desprecio por la vida de los hombres que nos ha inundado de sangre, vendrá una tribulación que acabará con este país. Únanse para orar, porque ciudades y naciones más grandes que esta han sido arrasadas antes por la impiedad de sus habitantes. No empleen tiempo en envidiar y hacer tropezar al justo, ocúpense de reparar las ofensas a Dios o el fuego caerá sobre nosotros como cayó sobre los habitantes de Sodoma y Gomorra…

6

Tras la partida de Pastor, el padre Manuel había perdido no solo a un confesor y guía espiritual inestimable, sino también a un amigo. Ese vacío lo angustió por varios meses. El obispo no había dejado de tratarle con cortesía pero desde que se encontraba prevenido contra La Causa evitaba la intimidad con él. Algo semejante ocurría con Trabadelo, siempre dispuesto a acomodarse al pensamiento de su superior. Con el resto del presbiterado local, incluso con sus compatriotas, tenía apenas un trato superficial, muchos lo tenían por loco y apenas disimulaban su pensamiento cuando él intentaba instruirlos en el objeto de sus desvelos.

Por fin encontró un oído receptivo en alguien que había conocido a través del propio Pastor. Se trataba de Amaro Rodríguez, un seminarista zamorano que había venido a Cuba en busca de ordenación y destino. Monseñor Zubizarreta le impuso las manos en Cienfuegos y pronto las apartadas localidades de El Jíbaro y Guasimal conocieron de su celo pastoral. De apariencia atlética, parecía tener tanta fortaleza de carácter como física y habitualmente provocaba en quienes lo veían por primera vez la impresión de ser rudo. Sin embargo, este hombre todavía joven, nada dado a la adulación, recibiría pronto las mismas muestras de simpatía en los bohíos de los campos cienfuegueros que en las residencias de los más poderosos y exigentes benefactores.

No era de los curitas advenedizos que temblaban ante las advertencias de doña Adela Castaño, viuda de Nazábal, o de su temible cuñada, Amparo Montalván, viuda de Castaño y supo obtener de ellas lo necesario para rehabilitar capillas derruidas y socorrer a los trabajadores desempleados durante el «tiempo muerto» en los centrales. Lo mismo servía de mediador en una huelga obrera que de vocero de una asociación para dotar de electricidad un caserío; igual parlamentaba con el hacendado anticlerical que con el político escéptico y nunca estaban demasiado cerradas para él las puertas de los ayuntamientos y juntas locales. Hasta los sargentos de la Guardia Rural se quitaban el sombrero ante él, capaz de remangarse la sotana para desatascar una carreta de bueyes o arrimar el hombro para levantar un horcón y reparar un bohío derribado. Su obispo lo valoraba mucho aunque no siempre se sentía tranquilo con la originalidad de sus actuaciones públicas.

Para sorpresa de muchos, este cura de talante tan práctico era un fiel defensor de La Causa. Pastor, que había podido conocerle desde su llegada a la Isla, lo había puesto en contacto con María Vera y él, tras visitarla un par de veces, concluyó que entre esos muros alentaba un mandato divino. Sin descuidar sus obligaciones, pasaba por Matanzas cada vez que le era posible. Las revelaciones de la Milagrosa lo habían acercado a Manuel, por el que sintió enseguida un afecto que tenía mucho de protector cuando comprendió que lo que para él era tranquila aceptación de un misterio de la Providencia para el otro era una llama que iba consumiendo su paz interior y hasta su cordura.

Esa tarde dominical el obispado estaba desierto. El prelado había viajado a La Habana y el padre Trabadelo estaría en alguna visita. Tras una breve visita a casa de las Vera, ambos se habían aposentado en la cocina para preparar café, ese brebaje que en su tierra hubieran calificado como vicio de señoritos pero al que se habían vuelto adictos acá. Ellos no habían aprendido a beberse la infusión de un sorbo como los cubanos, sino que lo paladeaban como si fuera un vino muy antiguo.

Cuando las tazas quedaron sobre la bandeja reanudaron la conversación.

—He procurado advertirla varias veces. El terreno de la política es bastante peligroso y combina muy mal con la búsqueda de perfección del espíritu.

—No estoy tan seguro de eso –replicó Amaro– ahí tienes a santa Catalina de Siena, que vivía al tanto de las guerras de los reyes y príncipes de su tiempo y hasta de la participación del Papa en asuntos seculares. Y aunque era mujer, sus consejos políticos eran apreciados precisamente por la elocuencia que le confería su vida de santidad…

—Quizá entonces las cosas estaban más claras pero acá todo es «a lo macho». En primer lugar, en este país las mujeres no tienen voto y nadie las escucha, pero si lo hacen es para mandarlas a su casa a lavar calzones o para encerrarlas como criminales o locas. Y ni siquiera

estamos en un momento normal, el tal Machado se está afincando en esa silla a base de sangre. Parece un mal chiste eso de dar a la gente «agua, caminos y escuelas» y después meterla presa o tirarla al mar para que la devoren los tiburones. Ahí está el ejemplo del tal Lilo, que le cantaba las cuatro verdades desde el periódico y casi le cuesta la vida...o le costó, si creyéramos, como debería ser, en el milagro. María no sabe de política y puede ser difamada por la gente del gobierno, lo que no es bueno e influiría dentro de la Iglesia, no te olvides de que el mismísimo señor obispo de La Habana ha sido capaz de repetir en sus sermones esa tontería, si es que no es blasfemia, de «Dios en el cielo y Machado en la tierra», yo quisiera saber dónde se va a meter cuando el presidente se vaya o lo hagan ir...
Temo también por la vida de ella. Nada puede torcer los designios del que nos creó pero es una temeridad comportarse como si estuviera escoltada por un ejército de ángeles. Si aceptamos lo que nos ha dicho hoy de que su Ángel le sigue advirtiendo que su tiempo entre nosotros se abrevia, debería consagrarse a purificar su alma, a cerrar el libro de su vida que será tan útil para llamar a otros a la conversión y que haga las buenas obras que deba, hasta los milagros que le concedan, pero deje de anunciar «tres machadatos» y cosas así, porque la gente no escucha a los profetas de desgracias, recuerda cómo terminó Isaías. Creo que ya tiene bastante con ese cerco diabólico del que se queja...

—Sí, es malo que uno termine serruchado por el medio, aunque no sé si eso era peor de lo que sucedió a Oseas que tuvo que casarse con una prostituta para aprender en su propia casa lo que era división, infidelidad y desastre, como advertencia para los otros...No te olvides de que profetizaban obligados, uno era tartamudo, otro era un ignorante criador de vacas, otro era propenso a una maligna melancolía que en lo actualidad lo hubiera conducido a Mazorra. El Espíritu ponía en sus bocas lo que se le antojaba...Si María tiene algo que decir sobre los desastres de Cuba no la callarán ni los demonios ni los ángeles...

—Pero, ¿y si no es un asunto que venga de Dios, sino una tentación para apartarla de su camino?

—Dios a veces es bastante oscuro pero si contemplamos los hechos con cierta calma y sin estar atados a bajos intereses, podemos descubrir que su voluntad está con el que socorre a los necesitados, advierte de las faltas de los poderosos y no mira a su propio interés; en cambio los asuntos del diablo siempre son turbios, tienen que ver con los que buscan llamar la atención, ganar algo, sea dinero, poder o fama. Si María tiene algo que decir dígalo en buena hora, mientras calla, o peor, dice imbecilidades monseñor Ruiz, a pesar de ser hombre sencillo y devoto, aunque tentado por el diablillo de la vanidad social…y tantos otros políticos, hacendados, periodistas, que prefieren no arriesgar el pellejo ni perder un duro. Los justos tienen que equilibrar la balanza porque en el otro platillo está todo el peso del infierno.

—¿Y La Causa? Temo por ella, no se pierda en tales vericuetos.

—Manuelillo, estás simplificando las cosas. En primer lugar, no te olvides que estamos hablando de la voluntad divina y Jesús dijo a sus discípulos que hasta los cabellos de sus cabezas estaban contados. Incluidos los tuyos y los míos que con tantas preocupaciones los vamos perdiendo a diario. No vayas a caer en esa especie de particular ateísmo que padecen tanto cura y monja en esta vida, que dicen están dispuestos a morir por defender la existencia de Dios, pero no confían en él un ápice y prefieren hacer su propia voluntad en vez de tratar de entender la suya…

En segundo lugar, yo, como tú, creo en la existencia del Diablo. Cuando terminé el seminario creía, como la mayoría de mis condiscípulos, que era a lo sumo un símbolo del mal, una manera de representar toda la crueldad y el disparate del mundo cuando da las espaldas al Altísimo y que se valían de él maestros y predicadores para asustar a los alumnos de las catequesis, a las muchachas descarriadas y a los labradores tardos en pagar el diezmo o fascinados con la prédica laica de los liberales. Me ha bastado con unos años de sacerdocio y no necesariamente entre los salvajes de África, sino en un país cristiano, para encontrar a Satanás vivo y muerto de risa cuando hablo con uno de esos propietarios que tiene fama de piadoso porque dio mil pesos para reconstruir una capilla, pero que ha condenado a la miseria a muchísimos trabajadores; con el político falsario que da discursos de cordialidad y contrata un asesino para silenciar a su opositor y hasta con ciertos monseñores que adulan a los poderosos, viven como les place y encima creen que son los poseedores de las llaves de san Pedro. María no vencerá cerco diabólico alguno porque calle y se tape los ojos. Hasta su muerte será de este mundo y en él tiene otras obligaciones más que rezar y escribir las gracias que recibe del Cielo. Lo demás va a recibirlo por añadidura...

—Tienes razón, pero sigo preocupado por ella. A veces se muestra muy fuerte y animosa, pero otras cae en una debilidad extrema, no puede levantarse del lecho, llora, siente como si hubiera perdido las gracias de otro tiempo. A veces insiste en que es castigada con un abandono inmerecido. No siempre tengo una palabra adecuada para confortarla. Y el mal en torno a ella sigue haciendo de las suyas...

—Un confesor y guía espiritual no es, felizmente, un adivino, sino un hombre de fe, que tiene que consolar al sufriente y mostrarle el buen camino, con todos sus escollos. Empieza por juzgarla con claridad, eso que llama La Causa – y sabes que soy fiel desde hace tiempo a ella- no es más que un atisbo de lo que podría llamarse el proyecto de Dios para esta porción de tierra en medio del mar: crecimiento de la fe, paz, bienestar para las familias, aumento de las vocaciones sacerdotales. Nadie que sea verdaderamente cristiano va contra esto. Quienes dicen ser adversos a ella no están contra esa plenitud deseable, sino que por vanidad y soberbia se niegan a creer a una mujer débil que no exhibe un título de Roma ni de Salamanca. Son los mismos que no hubieran creído a los pastores de Belén, ni al testimonio de Magdalena el día de Pascua. A pesar de Lourdes y más recientemente de Fátima, la mayor parte de la jerarquía supone que cualquier mensaje importante de lo alto tiene que pasar primero por ellos. Mira, precisamente, quiero enseñarte algo que traigo aquí.

Extrajo del bolsillo de la sotana un trozo de papel doblado, apartó hacia un extremo de la mesa la bandeja con las tazas y lo desplegó con cuidado. Era una página de la revista *La Esfera* que contenía un artículo del crítico de arte José Francés, destinado a desentrañar el sentido del cuadro *La Transfiguración* de Rafael, colocado ante una copia – al parecer muy buena- de este, atesorada en el Museo del Prado.

—Yo no soy muy lector de cosas de arte, pero en el obispado de Cienfuegos encontré una vieja revista a punto de irse a la basura y me he quedado con esta página que he leído una y otra vez. Nunca he ido a Roma, así que me he perdido ver el original, pero sí estuve en el Prado un par de veces, aunque a lo mejor tantas pinturas juntas me aturdieron y no me detuve demasiado ante ella. La explicación del periodista me ha dado en qué pensar. El artista, aunque fue un hombre de vida más bien desordenada y que pintaba temas religiosos mezclándolos con detalles profanos, recibió este encargo de un cardenal no mucho antes de su muerte en plena juventud.

Parece que presentía algo porque tomó muy en serio la encomienda y buscó en la Escritura el tema que le habían encargado: la transfiguración de Cristo en el monte Tabor. Se supone que al principio pensaba mostrar solo ese pasaje: el Maestro escoltado por Moisés y Elías y confirmado como Hijo de Dios. Pero leyó el capítulo 17 del Evangelio de Mateo y cambió de parecer.

Dedicó a ese momento grandioso solo la parte superior del cuadro, con los tres personajes principales elevados en el aire y los discípulos derribados por el suelo, sobrepasados por un esplendor que no comprenden.

La parte inferior deriva de algo que se cuenta en los versículos que vienen después que bajan de las alturas. Mira una muchedumbre agitada, parece un escándalo callejero, a la derecha, un hombre sostiene a su hijo, ese con mirada torcida, porque es un energúmeno, varios lo señalan y gesticulan, reclaman a los apóstoles –apiñados en el lado contrario– que lo sanen. Ellos están asombrados, confusos. El que aparece sentado delante, tal vez Pedro, parece buscar la solución en un libro, aunque en aquel tiempo no se había escrito el Nuevo Testamento. Otro de ellos, el del manto, señala hacia arriba, hacia Cristo – eso es una licencia del pintor porque ambas cosas no ocurrieron a la vez- porque siente que solo Él puede sanar al muchacho, pues el demonio rebelde no entiende de sus torpes conjuros ni de su sabiduría superficial.

Nota que la obra se llama *La Transfiguración* pero que con justicia tendría que llamarse «y la difícil curación del energúmeno». El pintor no solo quiso mostrar ese momento especial en que el Maestro se mostró en la plenitud de su divinidad, sino que lo contrastó con una escena más o menos cotidiana: el mundo asediado por el demonio clama por sus muchísimas miserias y los servidores de Cristo no atinan a curarlas como es debido. Quizá se atrevió a reflejar el lado divino y el más terrenal de la Iglesia, de una parte la grandeza de la alianza entre Dios y el hombre y de otra enfermedad, locura, debilidad, apego a la letra más que al espíritu.

Ambos pasajes los conoces, pero se leen separados en las misas y no siempre meditamos la Escritura en su integridad, casi siempre la vemos como fragmentos en el Misal que explicamos aisladamente. La clave de todo esto la da Cristo, ya de regreso al suelo firme, a la vida vulgar, cuando, después de curar al muchacho, explica a sus torpes discípulos por qué no lo habían podido curar, su fe no alcanzaba el tamaño de un grano de mostaza, solo con ella podrían expulsar esos espíritus malignos que además no necesitaban de libros ni de rituales, sino de oración y ayuno.

Más fe y menos rutinas es lo que reclama esta pieza que Rafael dejó inconclusa y que la multitud llevó en procesión al Panteón el día del entierro del pintor, aunque muy pocos entienden todo su sentido. Leer esto y volver al texto de Mateo me ha ayudado muchísimo, también a ti puede aclararte cosas. ¡Hay tantos energúmenos que sanar entre nosotros, de esos que lo mismo caen en el fuego que en el agua y no solo corren el riesgo de matarse sino el de hacer muchísimo daño a quienes los rodean!

Martínez estaba perplejo. Aceptó la página y la guardó en un bolsillo de su sotana. Antes de dirigirse al fogón para buscar la cafetera resguardada entre las brasas dijo a su amigo, con una mezcla de ironía y nerviosismo: —Cuidado con imitar a Chaurrondo que vive entre pinturas y pintores...

—Hermano, sabes que no comparto la ojeriza que tienes –con cierta justificación – por el padre Hilario. Es un hombre valioso, que ha hecho mucho bien en las misiones parroquiales y ha procurado humanizar la vida de los presos. Es cierto que está chiflado por lo que pintan una serie de bohemios de acá, que por lo que he podido ver no son exactamente como Rafael, pero con eso no hace mal a nadie, otros usan su tiempo de ocio para cosas mucho menos inocentes. No hay que ver como enemigos a todos los que están prejuiciados con La Causa, el problema está en los energúmenos y en esta época abundan muchísimo.

 Cuando el visitante se marchó, Martínez echó a un lado el café ya frío y volvió a desplegar el papel, miró una y otra vez el cuadro, la explicación de Amaro le parecía mejor que la del tal Francés. Desplegó al lado una vieja Biblia y leyó varias veces el capítulo de Mateo. Fe le resultaba una palabra breve, tan pequeña como el grano de mostaza y harto repetida, pero impalpable y misteriosa. Sintió una pequeña brisa proveniente del patio, era un regalo en medio de los rigores del inacabable verano.

7

El senador se sentía «en penitencia» como en los lejanos días de su infancia, cuando había robado un mango del vecino, tirado piedras a tejados ajenos o mostrado la lengua a una de sus tías. Lo habían recibido en la sala como a una visita formal, le asignaron una butaca especialmente incómoda y había tenido que echar a un lado el café, que era justo el antónimo de lo que asociaba con ese nombre – claro, amargo y frío- con el agravante de que la taza parecía haber acumulado en la vitrina un centenario olor a cucarachas. Aquella hora de su apretada agenda no pintaba nada bien.

—Espero que les hayan traído puntualmente los medicamentos...

—Desde luego –replicó Elvira sin demasiado entusiasmo– estamos muy agradecidas.

María se mantuvo muy derecha en su silla, sin desplegar los labios. Estaba muy ocupada en alisar su hábito pardo. Miraba hacia donde estaba el visitante, pero no parecía verlo, si acaso procuraba atisbar algo a través de él. Tenía unas ojeras muy marcadas, que resaltaban por la palidez de su rostro. Su aire no era demasiado indulgente.

—Aunque no lo crean yo me preocupo mucho por ustedes...

—Lo sabemos –terció Elvira– pero estamos enteradas de que eres una persona muy ocupada...

—Me debo a mi carrera política, es decir, al servicio de los que me eligieron y ni siquiera tengo horarios fijos para comer y dormir...

—No te preocupes, ya sabemos cómo es eso. No importa que no podamos verte con frecuencia. Te seguimos por los periódicos.

Don Manuel creyó percibir una punzada de ironía en aquella réplica, pero decidió seguir adelante con el asunto que lo llevaba por allí.

—Vengo a pedirles un favor, es decir, a pedírselo especialmente a tía María.

María lo miró con displicencia. Al parecer era muy difícil motivar su curiosidad.

—Tiene que ver con lo que ocurrió recientemente, cuando aquel periodista fue atacado por un desconocido y usted lo socorrió...

—Sí –dijo la aludida, con sequedad– así fue y ya es agua pasada. ¿Qué quieres con eso?

—Es que ese asunto ha levantado extraños rumores. Usted hizo algo humanitario, muy cristiano, justamente fue, como ha dicho alguien, «una buena samaritana», pero los rumores son muy malignos y ya la gente le atribuye frases ingratas hacia el gobierno y hasta algo así como predicciones contra el presidente Machado.

—Yo hice lo que debía, conforme a la voluntad divina. En política no me meto, aunque a veces tenga mis opiniones de lo que le conviene o no a este país...

Elvira sintió como si en aquella sala fuera a estallar un petardo semejante al que manos desconocidas colocaran hacía unos meses en el portal del ayuntamiento. Claramente creía percibir el latido de su mecanismo de tiempo bajo las losas de aquella pieza e intentó detener aquel reloj.

—Sobrino, tú no irás a escuchar las tonterías que la gente habla. Seguro ya el tío Felillo te puso al tanto del asunto, que él remedió con ese gran talento que Dios le ha dado. ¿Por qué no nos cuentas del general Menocal, del que siempre has estado tan cercano?

Manuel pensó que su tía podría sentarse con todo derecho en un pupitre del senado. Sus digresiones y ocurrencias eran dignas de Orestes Ferrara. Comenzaba a pisar terreno peligroso.

—El General está muy bien y con bríos. Quizá ha tenido una carrera prolongada y fatigosa. Ya cuenta con algunos años y lógicamente no comprende ciertas cosas nuevas en política. Estamos viviendo un momento singular en nuestra historia. No es malo ser conservador, pero así como nadie, por tradicional que sea, rechaza la Carretera Central, ni el Capitolio que pronto va a inaugurarse y deslumbrará a todos, tampoco hay que aferrarse a conceptos viejos de la cívica en el juego de los partidos políticos. Ya las palabras liberal y conservador no tienen mucho sentido. Si aceptamos que Machado es un hombre providencial que llevará a este país a su más alto destino, no tiene sentido oponerse a él, ni temer que permanezca en el poder mientras tenga luces y fuerzas, lo principal es cooperar desde un parlamento fuerte, donde la gente no se dedique a poner zancadillas al contrario, sino que todos apoyen esa gran misión que tenemos por delante. Yo sigo siendo senador por el Partido Conservador, pero mi corazón está con el General Machado. Quizá ustedes no sepan mucho de él, pero a las propias mujeres las escucha como no lo hicieron otros políticos antes, anda buscando hasta otorgarles el derecho al sufragio. No es que le hagan mucha gracia las extravagantes feministas esas, pero atiende a sus razones...

No se sabe si por nerviosismo o sencillamente por refrescar el ambiente, Elvira comenzó a cantar y hasta a danzar con el torso el estribillo de una conga política que había escuchado recientemente: *Aé, aé, aé, a Machado le da pena / aé, aé, aé, ver las viejas con melena...* Curiosamente, esta vez no fue reprimida por María. El sobrino, con las sienes sudorosas y el pañuelo ya arrugado en la mano decidió lanzarse a fondo y abreviar su estancia en un sitio donde no se estaba nada bien.

—Lo que quería decir es que esa buena labor del Presidente, es estorbada por muchos enemigos: los comunistas, los anarquistas que ponen bombas, los estudiantes alborotadores. Y eso lo ha obligado a poner mano dura. Quizá a veces demasiado dura, porque algunos de sus servidores se han extremado. Pero él quiere restablecer el orden, que las personas decentes vivan en paz y seguir construyendo...

Por eso, tía –y se atrevió a mirar a María, cada vez más parecida a la imagen tallada de una asceta – por su bien, por el bien de la familia y el de mi propia carrera de servidor público, le ruego que conceda una entrevista a un periodista que yo le enviaré, donde usted asegure que lo que hizo fue sencillamente por caridad, pero que usted no tiene nada contra el presidente, es más, puede hasta usar esa frase del Ilustrísimo Señor Obispo de La Habana: «Dios en el cielo y Machado en la tierra», así se librarán de cualquier sospecha...

A pesar de las prevenciones de Elvira, el petardo estalló, sin ruido y sin humo, muy diferente de aquel de la Casa Consistorial, que destrozó un kiosco de periódicos y hasta mató a un caballo que pertenecía al departamento de salubridad del municipio.

María replicó sin alzar demasiado la voz, más aún, las palabras parecían brotar de un cuerpo indiferente.

—En primer término yo no tengo que hacer ninguna declaración. Que cada cual me juzgue según su conciencia. En segundo, no voy a hacer propaganda de ese hombre inmoral y criminal para que puedas seguir tu brillante carrera. Allá tú si haces como Judas y abandonas a los que te llevaron tan alto para servir al que brilla más en este momento.

Yo sé que dices por ahí que vivo en la nubes y a lo mejor ese es el lugar más limpio para hacerlo en las circunstancias actuales, pero así y todo, me entero de muchas cosas, hasta las que no se supone que sepa una mujer de mi condición. Desde las vírgenes compradas por cien pesos para sacrificarlas a ese Baal ignorante, a ese carnicero lleno de sangre, y aunque no simpatizo con los comunistas, ni con los huelguistas, ni con el ABC, yo sé como si lo estuviera viendo lo que hacen en el Castillo de Atarés y me he enterado de los obreros arrojados al mar y hasta de las pobres mujeres que fueron a protestar frente a Palacio y una turba de mujerzuelas marimachos las dejaron desnudas y las golpearon. Allá el obispo de La Habana si quiere deshacer lo bueno que ha hecho con frases que mejor pienso que son de viejo chocho y no auténticas blasfemias. Estoy en contra del machadato y de todo lo que representa.

El senador parecía verdaderamente sorprendido y hasta indignado.

—Me apena que digas esos horrores. Tú ignoras la verdad y prestas oídos a gente que no es de orden. Así que, lo siento mucho, debo dejarlas por su cuenta y advertirles que corren grave riesgo, gente que quiere a Machado con mucho celo pudiera irritarse y hasta hacerles pasar un susto…

Ahora era Elvira la que parecía irritada y sudorosa.

—El colmo es que vengas a esta casa a amenazarnos, cuando alguna vez te limpiamos los fondillos. Así que gente celosa… no… supongo que te refieres a la porra femenina, ya hemos escuchado de sus hazañas, especialmente de la tal Mango Macho que parece que hace honor a su nombre. Pues les cantaremos las cuarenta si aparecen y alguien nos ayudará, aunque sea el sobrino de nuestras amigas las Guiteras, Tony, que parece que se ha convertido en la Habana en un

Robin Hood y le ha dado sus dolores de cabeza hasta a la policía secreta. A lo mejor nos hacemos guiteristas y él nos ayuda.

Ninguno de los dos se había dado cuenta de que por un momento había estado vacío el asiento de María. Esta retornaba del portal, empuñando una vieja escoba de millo. Cuando la divisó, don Manuel se puso de pie con toda premura y trató de alcanzar su pajilla del gancho de la sombrerera. Junto a ella recibió la primera descarga.

—Lárgate de aquí, Satanás, yo te reprendo. Llévate tus palabras insidiosas. Tú también eres culpable de esos crímenes, porque los apoyas desde la sombra, como los cobardes. Fuera...

Quien pasara por aquella cuadra de la calle Manzano en aquel momento se sorprendería de ver en la puerta aquella escena, impensable en una familia tan tradicional. El ilustre senador don Manuel Vera Verdura era arrojado a escobazos por su tía, la vidente María, mientras la siempre digna Elvira acompañaba aquel acto de repudio cantando a grito pelado – y danzando- un son de Miguel Matamoros que la gente repetía sin mucho disimulo en bares, bodegas y fiestas de barrio, a pesar de que la policía procuraba silenciarlos a base de tolete:

> *No culpes a los que mandan*
> *si te ves hambriento y roto,*
> *tú solo tienes la culpa*
> *por haberles dado el voto.*
> *El que siembra su maíz*
> *que se coma su pinol.*

8

DEL *EXAMEN DE CONCIENCIA* DE MARÍA PARA LA CONFESIÓN EN VÍSPERAS DE LA NAVIDAD DE 1927.

«A veces he desesperado del auxilio de la Providencia. No se me oculta que sus caminos son harto misteriosos. Pero este morir sin morir es una prueba extremada. ¿Por qué recibiría el aviso del Ángel y, sin embargo, se prolongaría tanto esta agonía? No es que me ocurran grandes tribulaciones pero la miseria cotidiana puede ser la más grande de las pruebas: la visión del mal, la debilidad personal, el desgaste del cuerpo por la enfermedad, la quiebra de los buenos propósitos, el egoísmo de gente muy cercana que nos lacera y la sensación de que el diablo se ríe de uno. Es como si me mostraran de nuevo el infierno, no como una amenaza, sino como algo que ya estamos viviendo sin remisión.

No he dejado de creer en el amor de Dios, pero a veces es como si fuera una imagen descolorida de alguien que está muy lejos y la descubrimos desde este subterráneo oscuro y sucio, donde se debe permanecer casi por una eternidad».

[…]
«Procurando la caridad grande he faltado a la pequeña. No he tenido paciencia con las vanidades y codicias de mi sobrino. Le he arrojado con violencia y escándalo de mi casa. Le he cerrado mi puerta y negado mi perdón interiormente – aunque no me lo ha pedido- convencida de que la mayor falta de amor es la que se comete no contra una persona especial sino contra todo un pueblo al que se miente, se expolia y se juega con su destino, usurpando el poder de Dios.

Es la gran falta de Jezabel, de Baltasar y de otros reyes bíblicos y modernamente de la mayoría de los políticos, pero he querido actuar más como el celoso Elías, exigiendo justicia con violencia que como imitadora de Cristo. Es fácil ver al prójimo en el físicamente caído, en

el asaltado, en el desolado, lo complicado es reconocerlo en el político fraudulento, en el rico abusador, en el hábil mentiroso...Y lo más peligroso es que me cuesta arrepentirme de mis actos. ¿Acaso Cristo se arrepintió de expulsar a los mercaderes del Templo? Seguramente en mi desesperada certeza hay soberbia y eso debo confesarlo...»
[...]

«Habitualmente no confieso faltas respecto al sexto mandamiento. Desde muy joven quise consagrarme a Dios. No tuve novios, ni devaneos impuros. Pongo habitualmente mi pensamiento en las cosas santas. Vivo lejos de fiestas, de cines, de conversaciones mundanas, para no abrir las puertas a la corrupción. Pero en los últimos meses la enfermedad me ha dado una conciencia que no tenía: la de poseer un cuerpo. No digo saberme carne, materia, porque eso ya lo sabía, sino me refiero a la realidad del cuerpo, a sus exigencias.

Por muchos años seguí y traté de imitar a esas santas que castigaban el cuerpo con ayunos, penitencias y mortificaciones continuas, para adelgazarlo, hacerlo casi invisible, de modo que esa cárcel grosera fuera liberando al tesoro que en ella guardaba: el alma que debía marchar desembarazada hacia la vida perdurable. Ahora, cuando mi salud se ha hecho más frágil y la piel arrugada parece desprenderse de los huesos, cada vez más visibles, cuando el dolor en todas las articulaciones me veda estar mucho tiempo de rodillas, se me dificulta caminar otra vez y la cama parece reclamarme con más frecuencia. Además he sido castigada con ese flujo de sangre y descomposición que es una prueba tan desagradable de mi destrucción interior. He aprendido que hay una misteriosa ligazón entre esa forma tan perecedera y lo más alto del espíritu. No podemos desembarazarnos de ese montón de barro por cuenta propia, sino por la voluntad divina y difícilmente podremos concentrarnos en los placeres espirituales si el cuerpo no está sosegado, lo que no se logra con dañarlo sino que, al contrario, requiere una atención básica, para que permita al espíritu manifestarse sin contrariedades.

Tal vez Cristo nos dejó ese mensaje implícito en los Evangelios y gente más docta que yo no lo comprendió. Él curaba el cuerpo primero y luego venía la sanación interior, el perdón de los pecados, fue la experiencia de los leprosos, de los ciegos, de la hemorroísa y aún la vuelta a la vida de los muertos. El Maestro comprendía el hambre material, la enfermedad, el dolor de los familiares, el miedo de Pedro a ahogarse. Nos amó así como habíamos sido hechos y hasta procuró hacernos más perfectos, más sanos.

Pero ¿cuánto darle al cuerpo? No me propongo destruirlo como santa Rosa, ni mi enfermedad me permite ya algunas mortificaciones como dormir sobre el baúl o echar ceniza en mis alimentos. A veces me ha asustado esa especie de independencia del cuerpo, que, a nuestro pesar, disfruta del baño tibio, del dulce casero, del contacto con las sábanas de hilo o agradece unos zapatos cómodos, por esa ruta puede esclavizarnos. Es preciso encontrar un equilibrio. Para amar al prójimo es preciso tener la medida de cómo nos amamos a nosotros mismos y eso implica al cuerpo. Debo pedir consejo en eso».

9

DE UNA CARTA DEL P. MANUEL AL P. PEDRO PASTOR EN ENERO DE 1928.

...Deduzco de su última misiva que la situación por allá ni mejora ni empeora. Estoy de acuerdo con eso que me dice de que las cosas no se remedian a base de somatenes y que, aunque los anarquistas son peligrosos, hay muchos otros males a los que el general Primo no parece poner remedio. Quizá está demasiado ocupado con Cataluña o con el Rif, donde debería terminar la guerra, a ver si regresan esos mozos a sus aldeas donde hacen mucha falta para labrar la tierra y cuidar los animales, lo que vendría a aliviar tanta miseria.

Hay gente emigrando para acá, aunque no como en otro tiempo, pero llegan muchos creyendo que se harán ricos de la noche a la mañana. Si no tienen un fuerte protector pronto se dan cuenta que esto no es el país de Jauja como dicen que fue alguna vez, y se van a otro sitio. Mientras tanto, algunos, tras una larga permanencia acá, están haciendo maletas para retornar a la Patria, entre ellos, ciertos hermanos sacerdotes que sirvieron en la Isla hasta por veinte años y más.

Aquí, nada bien. Es cierto que este gobierno comenzó juiciosamente por dar trabajo a los parados, que eran muchísimos, en obras de edificación valiosas, pero aquí se vive del azúcar y si sus precios están bajos, los ricos pierden mucho y los pobres lo pierden todo. La vida se ha hecho costosa y, para colmo, el Sr. Presidente ha decidido mantenerse en el poder, como eso ha traído descontento y agitación, se está valiendo de la violencia para que no lo arrojen de su silla. Como podía esperarse, los inconformes han respondido con más violencia y ya uno no puede sentirse seguro en parte alguna, ni siquiera en los templos, porque lo mismo pueden venir las turbas del gobierno a apalearte -o algo peor- por un quítame allá esas pajas, o ser víctima inocente de los atentados que se inventan los opositores para agitar el espacio público. Más de un infeliz ha sido alcanzado por un petardo puesto en las calles o en sitios públicos y no es extraño que disparen desde un coche lo mismo sobre un político conocido que sobre alguien señalado como confidente de la policía.

Al propio sobrino de María, que es senador por el Partido Conservador pero que ha apoyado visiblemente al gobierno actual desde su escaño, le arrojaron botellas y hasta excrementos durante un mitin político en Bolondrón y ha pedido escolta policial porque hace unos días, a punto de abrir la puerta de su bufete en la calle Milanés, un desconocido le disparó desde la acera de enfrente, aunque falló la puntería y la bala vino a incrustarse en la puerta.

Para colmo, en este mar revuelto nadie es neutral ni prudente y todo se ha politizado, aún entre el clero hay machadistas y antimachadistas. Así, mientras el Sr. Obispo de La Habana es ciego admirador del General, su vicario Manuel Arteaga es menocalista y fuerte crítico del actual estado de cosas, así que el palacio episcopal no debe estar demasiado ajeno a las agitaciones de la calle.

Comprendo su tristeza al seguir estándole vedada toda posibilidad de retornar a Cuba. Claro que haría mucho bien a María tenerle cerca y a los pocos que continuamos defendiendo La Causa. Ella, como comenté en carta anterior, ha dicho que fue advertida por el Ángel de que la Congregación de la Misión quedaba fuera de los planes divinos, a causa de su renuencia a escuchar avisos del cielo. Chaurrondo y compañía siguen mofándose de nosotros. Algunos sencillamente nos dan la espalda porque prefieren ocuparse de sus asuntos particulares. De ningún modo puedo contar ya con el obispo de acá, que se ha negado a volver a escuchar algo de este asunto y aunque sigo conviviendo con él en su palacio solo se dirige a mí para asuntos pastorales y el resto del tiempo permanece distante.

También le dije en la anterior que María sabe anunciada su muerte. Más aún, el Cielo quiso, por lo que dice, adelantarla, ya que se ha torcido el camino de La Causa. Probablemente le queden pocos meses de vida y a la vista de todos se le ve más débil, llena de dolores y cada vez más recluida en su casa, aunque siempre colmada por la fe y abandonada a la voluntad de lo alto.

Yo siento susto ante su pérdida y no creo que mis frágiles hombros puedan con el peso de La Causa cuando ella no esté. He pensado en retornar a España, cerca de los míos y procurar, a través de mi hermano, un destino allá, que a Dios se le sirve en todas partes y nada parece promisorio acá. Pero le prometo que aquí permaneceré mientras María viva y me encargaré de confortarla y hasta de asistirla, porque su familia se ha distanciado más de ella y apenas dispone del apoyo de su hermana Elvira – a la que la Providencia parece haber otorgado la salud que no tenía, para que la acompañe- y el de Felillo, hombre de avanzada edad, todavía muy ocupado en sus deberes como galeno y al que en su hogar estorban hasta la menor obra de caridad para con sus hermanas.

Los demás le han dado la espalda y algo semejante sucede con la mayoría de las Hijas de la Caridad, solo dos o tres de ellas se aventuran alguna vez hasta la casa de Manzano a saber de su salud o a llevarle alguna chuchería. Al parecer, las amenazas de los Padres han hecho efecto, especialmente el temor a las acusaciones contra los «alumbrados» o «quietistas» como fuimos llamados, así como el escarmiento hecho en la persona de una religiosa tan respetable como Sor Benita de la Cal que fue muy persuasivo.

Me cuesta referirle por esta vía un suceso reciente que me inquieta y que hubiera sido mejor conversar de forma personal y privada, pero no puedo callarlo más, porque me escuece continuamente. Hace un par de semanas visité a María después de la misa matutina. La encontré bien dispuesta y tras unos minutos de conversación en la que procuré guiarla hacia un estado de abandono espiritual para sosegar sus dolores y angustias y facilitar su entrega mística, entró ella, casi sin transición en una especie de momento de exaltación. Me dijo que el cuadro de la Virgen que desde hace muchos años se venera en esa sala desprendía una luz vivísima y que la Señora le estaba hablando – lo que no sucedía hacía muchos años- pero que se dirigía a ella sin amabilidad, con el tono de una persona que está dolida.

Por un rato ella permanecía absorta, arrobada ante la imagen y luego se volvía hacia mí y me traducía el mensaje recibido. Aseguraba que la Madre divina le reiteraba lo que le había sido revelado hacía tiempo por el Ángel: que La Causa estaba fuera ya de la Congregación y que así mismo sería rechazada por el Obispo de acá y por otros de distintos sitios de Cuba, que unas pocas personas recogerían esas gracias y padecerían mucho para lograr su triunfo, pero que ese rechazo, unido a los muchos pecados de los oponentes, serían castigados por su Hijo con las penas eternas del infierno.

Vi que se detenía y comenzaba a llorar con harta amargura mientras decía en voz alta al cuadro que no le mostrara esa escena tan triste, que ella se ofrecía como víctima expiatoria para salvar a los otros de aquellos tormentos. Dejó caer la cabeza sobre el pecho por largo rato y, de pronto, llena de ansiedad se volvió hacia mí y me dijo: «Ella dice que ya están condenados y me ha mostrado un rincón del infierno donde arden el Padre Álvarez, el visitador Atienza y los demonios preparan con algazara los sitios para el obispo Saínz, el padre Trabadelo y otros muchos que se han dejado embaucar. Dice que su Hijo no quiere perdonarlos, porque se cerraron a las gracias del Espíritu y ese pecado no tiene perdón ni acá ni allá». Y continuó sollozando. A intervalos se calmaba y volvía a suplicar con ansiedad y muchas lágrimas al cuadro o, mejor dicho, a la aparición que hablaba a través de él.

Mostraba tanto sufrimiento que yo estaba desesperado, recé un rato en voz baja a La Milagrosa y a los Santos Ángeles Miguel, Gabriel y Rafael, para que intercedieran por las almas perdidas y aliviaran los dolores de María, pues pensé que podría morir en aquella tribulación, a causa de lo frágil de su estado.

En ese momento, vi sobre una mesa esquinera una pequeña imagen del Niño Jesús de Praga, de esas que obsequian los carmelitas y surgió en mí una idea muy extraña. Sin saber lo que hacía dije a María: «Di a la Virgen que hale al Niño las orejas para que cambie de idea». Tanta era la desesperación de mi dirigida que no mostró asombro alguno y así lo dijo a la figura en la pared, pero al instante dio un salto y refirió, todavía con más lágrimas: «Lo hace, pero dice que Él no quiere perdonarlos de ningún modo». Tan violentas emociones me hicieron saltar del asiento y creo que, ya de pie, alcé los brazos al cielo y debo haber vociferado: «Dile que lo sostenga por las orejas y que aunque se queje no lo suelte hasta que se vea obligado a perdonarlos». Aceptó ella y pidió lo dicho. De momento quedó en suspenso, cayó otra vez su cabeza y apenas pudo articular: «Ya lo pudo lograr. Gracias, Madre mía».

Quedó en una especie de sopor por unos minutos. Transcurridos estos, decía tener poca claridad en lo que había sucedido, solo me comentó después que la visión del infierno era muy espantosa, en nada semejante a como la pintan, que no vio las llamas con que siempre lo representan, sino, al contrario, oscuridad, frío y una desolación que nadie, por valiente que sea, puede soportar. Que es una muerte peor que la muerte.

Yo he evitado desde entonces hablarle de mi confusión y hasta de mi temor de haber hecho algo incorrecto con ese asunto de tomar al Divino Niño por las orejas, que me recuerda esas supersticiones de la gente ignorante en España que acá se han reproducido como cizaña, de atar a un santo, o ponerlo de cabeza, o de cara a la pared, para obligarlo a que cumpla lo que le piden. Harto sé que las figuras de Jesús niño son representaciones para hacernos venerar los misterios de su infancia, pero que en parte alguna, como creen ciertas viejas, hay un Niño divino, diferente del Cristo que está junto al Padre.

Tan apurado me vi para arrancar aquella alma de la desesperación y quizá de la definitiva locura o la muerte, que hablé como un verdadero patán. Después he temido que se tratara de un ardid del demonio para que yo prescindiera de toda arma espiritual segura y confundirme, lo que no es improbable porque el Maligno parece haberse apoderado de este país y hacer de él lo que le viene en gana. Mucho me hubiera ayudado la presencia de VM acá en momentos tan críticos pero Dios sabrá por qué me deja a solas con todo esto y tendré que apañármelas como pueda…

10

El padre Martínez llegó mucho antes de la hora fijada para la misa. El destartalado auto de alquiler que hacía varias veces al día la ruta desde la Estación del Ferrocarril a Ceiba Mocha lo dejó muy cerca del templo.

—No estaba contrariado porque le avisaran a última hora de la indisposición del Secretario. Se había puesto en camino en silencio, con el alma en paz y con el mismo ánimo despedía el coche y se dirigía hacia el viejo templo consagrado a san Agustín y a Nuestra Señora de la Candelaria. Todavía la entrada principal tenía cerrada sus dos macizas hojas y debió dar la vuelta para acceder a la sacristía.

Interrumpió la marcha cuando divisó a un hombre que hacía aguas contra un muro lateral. Muchas veces había visto algo semejante en su aldea natal y luego en los campos matanceros, pero lo habitual es que quien se decidiera a hacer algo tan impropio, sobre todo a la luz del día, bajara la cabeza para ocultar el rostro a los transeúntes y se aproximara lo más posible al muro, como si con ello se hiciera un poco menos visible. No era este el caso. El hombre, de corta estatura, sucio y despeinado, aliviaba su vejiga a un metro de la pared, mantenía la cabeza erguida y cuando el tonsurado lo reprendió, a pocos pasos de distancia y sin demasiada acritud, este esperó concienzudamente a concluir su función y se volvió a hacia él aún con la verga en la mano y todavía más, antes de devolverla al desastrado pantalón, la agitó dos o tres veces. Después, dirigió una mirada estrábica al párroco, de su boca torcida salió algo ininteligible y, todavía sin prisas, se perdió en el patio posterior del templo.

Al entrar en la sacristía ya iba el reverendo sustituto con el buen humor extraviado. Lo notó la vieja sacristana que guardaba en una cómoda de pretensiones barrocas corporales y purificadores de impecable blancura, también el acólito que aguardó en vano la respuesta a su «Ave María purísima». Martínez se revistió de cualquier modo con amito, alba, cíngulo y estola, tras lo cual fue a la pila de agua bendita en la que sumergió los dedos antes de hacer tres veces la señal de la cruz.

Como acostumbraba en sus sustituciones, tras arrodillarse un instante ante el altar de la reserva, se dirigió al confesionario, donde escuchó con paciencia a un par de viejas en ayunas y las despachó con unos rosarios de penitencia. Cuando cerraba ya la ventanilla lateral, vino a detenerse ante él el intruso miccionador. *¿Viene a confesarse?* preguntó con cierta aspereza mientras el personaje clavaba en él la mirada estrábica y movía los labios sin decir cosa alguna, pero esparciendo en torno suyo el hedor acentuado por su aire agresivo. Aquello duró apenas un minuto. Cuando el personaje desapareció de nuevo y Manuel pudo salir de su simbólico refugio, estaba empapado en un sudor pegajoso que corría por su rostro y dejaba lagunas oscuras en el alba.

La misa, muy poco concurrida, estaba dedicada a san Antonio abad y al legendario cenobita imploró en secreto, antes de la oración colecta, ayuda ante cualquier asedio demoníaco, pero, así como no quiso ahorrar Dios las mayores pruebas al monje egipcio en su retiro desértico y le presentó al Maligno con múltiples apariencias, a cual más estrafalarias, tampoco se libraría de ellas el cura en un rincón cubano.

Martínez recordaba haber escuchado en el refectorio del seminario la vida ejemplar del solitario que tuvo que soportar en las inacabables noches del arenal la visita de seres infernales revestidos de formas disparatadas que incluían a un cerdo más bien rabioso. Algo de sus delirios vino a ganarle indirectamente cuando divisó entre las penumbras del fondo al demente que seguía dirigiéndole su mirada torcida y más aún, produciendo un sonido que tenía algo de rechinar de dientes y mucho de ronco hervor, como ese que a veces precede a las convulsiones en ciertos epilépticos.

La inquietud fue ganándolo y rezó el Prefacio de los Apóstoles con fervor y apreciable prisa: *Vere dignum et justum est, aequum et salutare Te, Domine, supliciter exorare, ut gregem tuum*…la campanilla, manejada con indiscreto entusiasmo por el acólito durante y después de la consagración, acabó de indisponerlo. Leyó el Canon de cualquier modo. Se saltó el *Pater noster* para escándalo de las viejas. Estuvo a punto de atragantarse al comulgar. Castigó a manotazos al misal porque la oración de poscomunión se había extraviado. Solo la proximidad del *Ite, missa est* le permitió reunir fuerzas para no desmayarse. Volvió a tropezones a la sacristía y se quitó los ornamentos sin ayuda. Por alguna curiosa razón el acólito había desparecido. Al volverse, casi tropezó con el perturbador. Su nerviosismo aumentó y solo se le ocurrió enfrentarlo con acritud:

—¿Vienes a disculparte por lo que has molestado?

—El coño e' tu madre…- gritó el intruso y le aventó un puñetazo al reverendo en pleno rostro antes de huir por la puerta trasera.

No solo lo alcanzó en un ojo, sino que lo hizo trastabillar, golpearse con el borde de la cómoda y caer derribado contra una antigua imagen de san Agustín que en el trastazo perdió la pluma. La sacristana corrió asustada desde el templo, lo ayudó a ponerse en pie y le dio un trapo con agua fresca para que se refrescara el ojo.

—Es un energúmeno. Nos tiene en una verdadera pesadilla. Hay que encerrarlo de una vez. El acólito ya fue a dar parte a la Rural.

De nuevo solo, el tonsurado recompuso como pudo su ropa, se lavó el rostro en una jofaina y se dispuso a salir. La claridad exterior lo castigó por un momento, pero divisó con alivio la llegada del auto.

Cuando ya abría la portezuela sintió que le aferraban un brazo. Era un sargento de la guardia rural, de corta estatura pero fornido, sombrero ladeado, uniforme moteado de sudor, machete al cinto y aliento de mal tabaco.

—No tan rápido, excelencia – y lanzó una carcajada a la que faltaban varios dientes- ya me avisaron que hizo denunciar a mi hermano. Parece que a usted también le molesta, como a la vieja meapilas esa, aunque es un inocente. Él no sabe lo que hace y menos cuando se está a punto de un arrebato. En la familia lo sobrellevamos y protegemos… mi pobre madre le ha dedicado toda su vida. Pero a la gente fina le incomoda y quieren mandarlo lejos, dicen que a Mazorra, donde lo encerrarán para siempre. Cuidado, que yo lo protejo y lo represento. Ya veo que con sus aspavientos se ha llevado un buen pescozón. Dé gracias que él no tenía el día muy malo porque si no, le aprieta el pescuezo y hubiéramos tenido que darle candela como a la jicotea para que lo soltara. Así que ya sabe, yo soy el responsable del orden aquí y no quiero quejitas, ni reclamaciones, que los que vienen a esa iglesia no son mejores que nosotros y algunos ni siquiera son gente de orden y andan conspirando contra el General y si siguen poniendo esto malo, le mando a dar candela un domingo, con toda la gente adentro y van a arder como penca de coco. Supongo que cogió la indirecta…

Después que el guardia escupió sobre los pies de Martínez y se marchó, este se desplomó en el asiento trasero y cerró los ojos para no ver la sonrisa irónica del conductor. En su memoria el olor del demente y el del uniformado se fundirían en uno solo que retornaría en momentos de angustia hasta el fin de su vida, pero la imagen que lo acompañaba habitualmente sería la mirada estrábica, desorbitada, del energúmeno pintado por Rafael.

11

La mujer estaba incómoda. Elvira atendió a sus estruendosos golpes de aldabón. Su lenguaje era tan tosco como el corte de su cabello o los vestidos de apariencia áspera y algo masculina. Tenía las uñas cortas y sucias. Apenas preguntó con la boca torcida si esa «era la casa de la monja» comprendió que se preparaba un escándalo y ella detestaba los incidentes en la puerta de su casa, aunque a lo largo de su vida ella misma hubiera provocado algunos bastante memorables.

La visitante entró, pero estaba confusa. Le habían encargado dar su mensaje y seguir adelante y antes de que pudiera comenzar a decirlo, la acomodaban en una butaca grandísima y hasta le preguntaban si le gustaba el café dulce o sin azúcar. No sabía qué hacer con las manos, al menos hasta que llegó la negra con aquella tacita que parecía de juguete y a falta de un platillo traía dos, más una cucharita de plata que daban deseos de robársela, si no fuera porque tenía aquella señora delante, tranquila y sonriente, que se tomaba su tiempo para enterarse de lo que sucedía.

—Efectivamente, mi hermana es religiosa y usa un hábito, aunque no es exactamente una monja, pero la mayoría la llama así. Ella está en cama, indispuesta, pero si, cuando termine su café, por favor, puede darme un recado para ella, yo se lo daré con mucho gusto.

—Mire, viejita…

—Me llamo Elvira Vera, para servir a usted y a Dios, como decíamos en el colegio. ¿Y a usted, cómo debo llamarla?

La recién llegada puso con un cuidado exagerado la loza sobre la mesa más cercana y colocó la cucharilla de manera muy visible, no fueran a culparla de querer sustraerla. Ahora parecía algo más serena.

—Me llamo Eulalia, pero me dicen Retama.

—Eulalia es un nombre precioso, es el de la infanta de la casa de Borbón que visitó La Habana hace muchísimos años. No creo que el apelativo a esa humilde planta le vaya bien, pero, en fin, ¿en qué podemos servirle?

Resultaba muy complicado cambiar el discurso que traía, destinado a amenazar a los habitantes de esa casa, asustar vecinos y dejar en el ambiente el sabor de un terrible escándalo. Después de ser recibida en la sala —cosa que nunca le había ocurrido— ofrecerle café como a una princesa y además escucharla con tantas atenciones. Si buscaba un pretexto y se marchaba, lo sabrían los jefes y la obligarían a volver o la cosa se pondría peor. Tampoco estaba segura de saber decir lo que debía con palabras más finas.

—Mire, me dijeron que le advirtiera a la monja...

—La noto inquieta, un poco preocupada, eso es común en estos días. Empiece por decirme quiénes le dijeron...

—Bueno...soy...somos seguidoras del General y lo ayudamos con el orden público...

—¡Ah, claro! Usted se refiere a la Liga Patriótica – aunque ya intuía de qué se trataba, al escucharse a sí misma, Elvira tuvo que aferrarse a los brazos de su sillón, sentía mareos y las fuerzas le faltaban, pero se sobrepuso- pues bien, ¿qué desean con mi hermana? Eulalia parecía preferir, por comodidad o cautela, el estilo indirecto.

—Me dijeron los jefes, digo, las compañeras, que le dijera que no siga ayudando a enemigos del gobierno y hablando mal del Presidente, porque lo puede pasar muy mal. Porque...porque...hay gente que no tiene paciencia y pueden darle una tunda en la calle o aparecer por allí tirada.

Lo peor era mirar delante de ella a esa vieja, tan tranquila, tan pausada, cuando habían visto a muchísimas jóvenes vigorosas deshacerse en temblores y lamentos.

—Por favor, Eulalia, no despierto a mi hermana para que ella misma le responda ese mensaje porque le reitero que está muy delicada de salud y el disgusto puede afectarla. Pero puedo asegurarle que en primer término esta es una casa pacífica y muy religiosa, con dos viejas que no nos metemos en política. Pero si alguna vez hablamos de ella es porque nos visita nuestro sobrino el Dr. Vera Verdura, senador de la República y muy amigo por cierto del general Machado, no sé si usted lo conoce, pero es un hombre muy respetado en esta ciudad y hasta en La Habana. Comprendo que usted se sienta incómoda dando un mensaje tan desagradable, porque a la gente decente hay que respetarla y no se nos puede tratar como a delincuentes, aunque aún en el caso de ellos deben ir a un tribunal, con un abogado y todo y no darles una tunda o dejarlos tirados por allí, porque a dónde irían entonces la República y los sueños de José Martí…

Retama quedó convencida de que aquella vieja probablemente estaba loca, pero lo seguro era que estaba muy bien protegida, lo del sobrino senador no se lo habían dicho y encima, si ese pez gordo se quejaba con la policía, alguien descargaría su furia en ella. Tenía que irse cuanto antes de allí, el colmo sería que llegara el propio senador y la enfrentara sin defensa alguna.

—Entonces no tienen nada que temer. El General respeta mucho a las mujeres inteligentes.

—Me consta. Tenga usted buenos días.

Cuando la visitante se puso en pie se le cayó el pequeño bolso que traía e hizo un inconfundible ruido de hierros. Allí estaba seguramente la cadena con que iba a golpearlas, como habían hecho hacía unos días con las estudiantes del Instituto durante la manifestación en el Parque de la Libertad.

Apenas cerró la puerta, Elvira lanzó un grito y se dejó caer en la primera silla a mano. Ese día debió tomar doble dosis de sus gotas de digital, pero ocultó a María aquella aparición tan singular.

Por si acaso, al otro día fue a casa de Felillo y le refirió el suceso.

12

Al día siguiente de su viaje a Ceiba Mocha, Martínez había ido a la secretaría del obispado para informar de lo ocurrido.

La estancia y el secretario tenían una perfecta correspondencia. Los armarios de caoba y cristales mostraban los legajos perfectamente alineados. El sobrio escritorio con la correspondencia pendiente de revisar en una pequeña cesta colocada a la izquierda, y a la derecha la que ya tenía marcado su destino. La carpeta de cuero y fieltro, sin manchas ni arrugas, la gran escribanía de plata con el tintero siempre lleno y el gran lienzo en la pared del fondo que representaba a san Carlos Borromeo con sus atuendos cardenalicios visitando a las víctimas de la peste. Allí nada faltaba o sobraba, no había a la vista ni papeles desordenados, ni polvo, ni objetos de uso particular.

El padre Trabadelo era atildado, puntual, eficiente, discreto y muy observante del protocolo. Sabía a quién tratar con profundo respeto, a quién con cierta familiaridad y a quién atender de forma parca y sumaria. Sus gustos y opiniones estaban siempre sujetos a los de su superior y monseñor Severiano no era el único que consideraba que estaba predestinado a la dignidad episcopal. Pero tenía un sentido del humor demasiado incómodo.

—Así que topaste con el loquito del pueblo y quedaste escarmentado.

Martínez protestó. El asunto no era como para tomarlo a la ligera. Era otra prueba de la intromisión del demonio en los asuntos de Dios.

—No negaré, como hacen algunos hermanos, la existencia del diablo y estamos viviendo en una época en que este se entromete más que nunca en las cuestiones humanas. Pero no creo que el infeliz epiléptico sea exactamente el recipiente del Ángel de las tinieblas. Lo conozco desde hace años, vive en un bohío miserable, el padre los abandonó y la madre, que es bastante ignorante, lo cuida como puede. Vaga por ahí haciendo lo que le da la gana, como si fuera un animal en el bosque. Si le regalas un par de mangos te puede adorar, pero no está acostumbrado a que lo enfrenten, o cuando lo hacen se defiende porque sabe que puede venirle encima una buena paliza. El hermano es harina de otro costal. Aprovechó la poca luz que Dios le dio para hacerse guardia rural y salir de la miseria. Ha sido tan habilidoso que, halagando a sus jefes y a los principales propietarios de la zona, ha llegado en seguida a sargento, pero su mala fama lo persigue, no solo desaloja a familias campesinas y les quema los «vara en tierra», sino que maltrata a los trabajadores temporales cuando se agrupan para protestar por los bajos jornales. Encima, desde que tiene casa aparte, se gasta una parte del dinero en ponerse dientes de oro, anillos con piedras falsas, apostar a los gallos los domingos y beber más de lo debido. Dicen que a la madre, si acaso la visita, le da una miseria…Ese es mucho más peligroso que el muchacho epiléptico, quizá dentro de él haya tantos espíritus malignos como para poseer a una piara de cerdos digna de ser precipitada al abismo. Ay, Manolo, no vivas tanto en lo sobrenatural, que la vida diaria está bastante complicada.

    El secretario podía hablar con tranquilidad ese día porque el obispo estaba ausente y había escaso tráfico en la oficina. Martínez procuró olvidar la cuestión del energúmeno y ocuparse de asuntos que le interesaban más. Buscaba el momento para procurar que el mitrado recibiera con una buena recomendación una copia de la «Vida de María». Tal vez olvidara las desdichadas prevenciones del Delegado Apostólico, comprendiera la importancia de La Causa y prestara algún apoyo.

    —Ni lo intentes, querido, Su Ilustrísima tiene demasiadas preocupaciones. Con las circunstancias de este país, no solo ha disminuido el número de seminaristas que vienen a buscar las órdenes o de sacerdotes ansiosos por cualquier destino, sino que ya son varios los españoles que deciden retornar a la Madre Patria y no hay suficientes clérigos cubanos. Siempre es un riesgo dar más presencia a los religiosos en la diócesis, con el escarmiento que tuvo monseñor González Estrada ya basta. Para colmo tiene que proteger a varias de sus ovejas de la violencia política y a la vez sustraerse de las presiones del gobierno porque no quiere que lo utilicen. No sé lo que él piense interiormente de La Causa y de la santidad de María, tal vez las acepte en su

corazón y prefiera dejar que Dios haga su obra, sin correr riesgos como meter su mano en ese nido de víboras de los Padres de la Misión, las Hijas de San Vicente y encima María Carolina quien, con hábito y todo, ahora lanza profecías políticas como si quisiera ganar la palma del martirio.
No me repliques, yo la aprecio, pero a veces es difícil seguirla... Atiende, hace pocos días pasó por acá Monseñor Zubizarreta, ahora arzobispo de Santiago, a visitar a monseñor Saínz. Estuve con ellos en el almuerzo. El primado es carmelita y muy devoto, había escuchado de María en Cienfuegos gracias al padre Amaro y preguntó a su anfitrión qué pensaba de ella, nuestro obispo le contestó con evasivas y la conversación se diluyó, pero más tarde, cuando me encomendaron que acompañara al visitante a la catedral, algo pude comentarle en la sacristía. Habría que buscar alguna vía para hacerle llegar los escritos a través de alguien que no sea de aquí, para que no nos acusen de indisciplina.

Manuel contempló al Secretario con un mínimo destello de esperanza, pero nada dijo. Traía dentro más tristeza de la que podía cargar una sola persona. Ese día todo combate con el demonio le parecía inútil. Su silencio contrastaba con la locuacidad de quien lo acogía.

—Manolo, nunca te lo he dicho, pero eres un cura excelente. Nadie te gana en devoción y austeridad de vida. A veces hasta me parece que tienes talla de santo. Cuando llegaste a esta ciudad siempre hubo el temor de que fueras de esos personajes que acarrea por docenas la Compañía Trasatlántica, seminaristas aventureros, curas indisciplinados, codiciosos, glotones, llenos de ignorancia y de pereza, que en cuanto obtengan los cuartos que buscan se irán sin despedirse a darse de señores en las parroquias de allá, en las que hablarán el resto de sus vidas de las maravillas de esta tierra y de la inutilidad de los cubanos...
Muy pronto tu conducta lo desmintió y monseñor Severiano te ha tomado afecto, pero, perdóname, hasta por las razones más santas actúas como un cafre al que encerraran un momento en un almacén de porcelanas. Llevas más de un lustro haciendo suplencias mientras

otros que valen menos ya se estabilizaron en parroquias de ascenso. En defensa de María y sus visiones has tenido la habilidad de lograr que los Padres de la Misión te odien, has asustado al obispo, que no ha dejado de quererte, pero eres para él un problema en dos pies y entre el presbiterado de esta diócesis corre el rumor que estás absolutamente loco o que equivocaste el camino y debías encerrarte el resto de tu vida en la clausura de un convento.

Trabadelo tomó un respiro. El otro seguía mirándolo con tristeza. Parecía haberse convertido en una figura de cera, de esas a las que el calor va corriendo los colores y marcando arrugas en el rostro y la piel, hasta que se hacen irreconocibles.

—Hasta para lo más santo hace falta habilidad. Si la Compañía de Jesús existe y es tan fuerte, se lo debe no solo a la santidad de Loyola y algunos de sus compañeros, sino por las capacidades diplomáticas que desplegaron desde el principio para obtener los apoyos que querían. La mismísima Santa de Ávila tuvo que tratar con la Princesa de Éboli, que era una fiera y hasta visitar a Felipe II en el Escorial, aunque le repugnaban las vanidades de la corte.

Con la rectitud de intención no basta, hace falta ser un poco como los políticos, cortés y hasta obsequioso con aquellos a los que necesitan; ser audaz para defender lo que hay que decir, pero evitar imprudencias, escándalos y, sobre todo, eso de las visiones no gusta más que a algunas viejas trastornadas, la gente se ríe de las revelaciones celestiales y le tiene pavor a las infernales. Te has colocado justo en los dos extremos, te hacen falta equilibrio, cordura. Ayuda al Ilustrísimo en sus proyectos para engrandecer la diócesis y él te recomendará y apoyará. Merecerías estar ya en una comunidad de buenas rentas, con casa parroquial, cocinera y lo demás. Deja que Dios decida sobre los grandes misterios y encárgate tú de la humilde labor de cura…Pero, ¿qué hago diciéndote todo esto si no me escuchas?

Martínez había tomado del escritorio un viejo pisapapeles de bronce y lo contemplaba. Representaba un pájaro muerto. El artista lo mostraba con el cuello doblegado, yacente sobre un ala abierta, mientras que la otra se plegaba lacia a un costado, mientras una de las patas se alzaba un poco, con la rigidez de la muerte. Con aquello se lograba que tantas solicitudes, reclamos, porfías, lamentos y hasta insidias que se dirigían al Ordinario, quedaran yaciendo allí, sin dispersarse con el viento. Sólo unas pocas se responderían a su debido tiempo, otras serían archivadas en las carpetas del armario, algunas sencillamente terminarían rotas en la papelera.

Manuel sintió que todo aquello era muy triste: el pájaro muerto, las cartas y hasta las palabras bien intencionadas e hirientes del Secretario. Dos enormes lágrimas bajaban por su rostro sin que tuviera disposición para contenerlas. Aventó el ave broncínea sobre el escritorio donde hizo un estruendo que hizo temblar a Trabadelo y salió de la habitación sin despedirse.

13

DE LA *VIDA DE MARÍA*.

«Hoy pedí a Elvira que fuera conmigo a misa en la capilla de La Milagrosa. Ella se sorprendió porque desde la partida de Pastor no íbamos hasta allá, pero yo quise asistir por última vez, no me importaba si el celebrante y hasta las señoras de la Medalla me ignoraban. Peor fue tratado Cristo en un día como este. Adelina nos acompañó.
No había muchos asistentes.
Adelina fue muy paciente. Gracias a que ella me sostuvo pude orar ante la imagen de mi benefactora. Antes de entrar había comprado por su cuenta unas rosas y nos las dio para que las depositáramos a sus pies. Aunque su instrucción, incluyendo la religiosa, es muy elemental, se ha convertido en una mujer de una delicadeza asombrosa y, en cierto modo, es ella el pilar que impide que se derrumbe nuestra casa.
Ya no espero una visión como hace veinte años. Me basta con ser confortada por la presencia interior de Cristo y su Madre. Les agradezco esta existencia, aunque no he podido servirles como quisiera. Me haría feliz si me advirtieran de la cercanía de la muerte, para estar bien preparada y dejar todo ordenado, pero hasta eso lo dejo a la Providencia. Si algo voy ganando en los últimos días es una paz que parece extraña.
A la salida he visto a Don Cleofás. El nos abrió una hoja de la puerta que ya estaba entornada. Ha envejecido y parece mucho menos hostil e insidioso. Después de todo, es mejor que esas señoras de postín para las que fuimos invisibles, como si tuviéramos una enfermedad contagiosa.
Supongo que cuando volvimos a la calle, éramos un cortejo bastante grotesco: yo en la silla de ruedas empujada por Adelina y Elvira aferrada al brazo de esta. Teníamos que ir despacio, ocupando todo el ancho de la acera, tanto que molestamos a un grupo de jóvenes que venían detrás. Aunque no hablaban muy alto, pude oír claramente que uno dijo a los otros: *Mira, esa es la milagrera. Yo creía que se había*

ido de Matanzas o había muerto... Los otros lo mandaron a callar y cambiaron de acera.

Tienen razón, pensé, soy de otra época, mi tiempo se ha acabado ya.

En ese momento, justo antes de llegar a casa, el Ángel comenzó a hablar y olvidé todo lo demás».

14

El padre Martínez había concluido la misa del alba en la Catedral. Se había despojado, uno por uno, de los paramentos litúrgicos. Ya reposaban sobre la gran cómoda la casulla y el alba cuidadosamente plegadas y a un lado el amito, la estola y el cíngulo. Tras despedirse en silencio del gran Cristo, moreno y atormentado, que presidía la sacristía, se dirigía a la salida cuando lo interceptó Florinda. María había sufrido un desvanecimiento el Viernes Santo, al retornar a la casa. Había estado mucho tiempo sin conocimiento y aunque se repuso al oscurecer, solo habló el sábado para exigir que esperaran al lunes y buscaran sin falta a Martínez y a Amaro.

Manuel prescindió del desayuno en el obispado y se preparó para acompañar a la muchacha a la casa de la calle Manzano.

Le sorprendió encontrar a la devota todavía en la cama y cubierta por una manta. Estaba más pálida y ojerosa que de costumbre y temblaba.

—Dispense, padre, que lo llame tan temprano, pero es urgente. El Ángel por fin ha hablado. Voy a morir dentro de pocos días y me ha advertido que debo dejar todo ordenado.

Manuel comenzó a temblar como la enferma.

—¿Quiere confesarse y recibir el Viático ahora mismo?

—A su debido tiempo, reverendo padre, me han concedido un plazo y mi alma está dispuesta, pero es preciso atender primero a ciertos asuntos temporales que no puedo dejar pendientes. Vaya con Adelina, que tiene los papeles y le explicará. Cuando las cosas de este mundo queden saldadas, me prepararé para el tránsito al otro.

El cura se asustó todavía más cuando vio que apenas concluía sus palabras caía en una especie de estado de inconsciencia. Había asistido a muchísimos moribundos pero con ninguno de ellos sentía una responsabilidad tan grande como con María. Cuando salió al pasillo se encontró a Elvira que regaba las plantas mientras mal disimulaba el llanto.

—¿Cómo la encuentra, padre? Ella salió bien de la capilla después de los oficios del viernes. Fue cuando llegábamos a la casa que perdió el conocimiento. Lo recuperó en la tarde y quiso incorporarse, oró un buen rato y hasta escribió algo, pero desde ayer guarda cama, habla poco y luego parece como si se quedara dormida. Dice que el Cielo le ha avisado que es su hora y no quiere que llamemos a un médico. A ratos murmura, como si estuviera hablando con alguien invisible, pero a mí no me responde...Ayúdela, por favor, para que no sufra más...

Martínez le recomendó fortaleza en ese momento tan difícil para todos y siguió a Adelina hasta el comedor. La muchacha le sirvió una taza de café claro y frío que el sacerdote apuró con un estremecimiento y el líquido acabó de removerle las entrañas. Respiró profundo como le habían enseñado para tratar de evitar las náuseas, aunque un buche ácido subió hasta su boca. Tenía la frente llena de gotas de sudor. Se sentó en una butaca en la cabecera de la mesa. La joven puso frente a él un manojo de documentos de diferentes colores, tamaños y tipos de letra. Eran facturas sin pagar.

La lectura de aquellos papeles no contribuyó a tranquilizar al cura. Ellos daban fe de que las hermanas Vera habían vivido de milagro en los últimos meses: adeudaban más de un semestre de alquiler, en el almacén de víveres ya no les fiaban más porque habían rebasado las cifras de crédito que el bodeguero podía conceder aun a unas «señoras tan decentes y clientes de toda la vida», lo mismo sucedía con las cuentas de electricidad que no les había sido cortada porque el inspector aseguraba que tenía una deuda de gratitud con el difunto doctor Felillo.

Para colmo, acompañaba el conjunto una carta escrita en tono meloso por una señora de conocido apellido matancero en que reclamaba el pago de un préstamo vencido desde hacía meses, con los correspondientes intereses, o en su defecto, tendría que interponer los buenos oficios de su abogado.

Aquello era el resultado del abandono más absoluto. La sirvienta le confirmó que desde hacía tiempo nadie de la familia daba un centavo, hasta la cuenta de medicinas había sido cerrada y también había desaparecido la mínima ayuda que antes remitían las Hijas de la

Caridad. Elvira vivía como en las nubes y cada vez que ella procuraba hablar con María del asunto, esta le respondía que la Providencia se encargaría de todo en el momento preciso.

Entre ambos calcularon cuánto haría falta para satisfacer a los acreedores, adquirir algunas provisiones para la enferma y su hermana, tener un pequeño fondo para medicinas y hasta para sacar de la extrema miseria al par de muchachas que no habían abandonado la casa por fidelidad. Eran necesarios unos trescientos pesos, cifra exorbitante por aquellos días. Martínez no poseía ni un tercio de esa cifra, su condición de sustituto, sin parroquia propia, hacía que recibiera pocas limosnas, sus necesidades básicas las solventaba el obispado. Y no había que pensar en pedir el dinero ni a la familia Vera, ni a los padres de la Congregación, ni a las Hijas de la Caridad. La pobreza, tan alabada por las Escrituras y por los santos, el hermoso ornamento de los ascetas, a veces se convertía en una aparición monstruosa.

Tardó unos minutos en sobreponerse, pero acabó por ponerse en pie con decisión y pidió a la muchacha que pusiera a buen recaudo los papeles. Él retornaría con ayuda lo antes posible. Vio en el corredor a Elvira, cabizbaja en una mecedora, pasó por la habitación de María, que parecía dormir tranquilamente y él solo encontró la salida.

Desde el obispado telefoneó a Cienfuegos y tuvo la fortuna que respondiera al teléfono un conocido suyo, el padre Couce. Este le informó que precisamente Amaro se encontraba en el palacio episcopal en una junta presidida por Monseñor Zubizarreta con un grupo de benefactores, para evaluar los proyectos de ciertos templos a construir. Gracias a que habían hecho una pausa para el piscolabis podría hacerlo venir en un instante.

El vigoroso palentino pareció perder sus fuerzas cuando supo de las circunstancias. María lo llamaba a su lado *in extremis* y además debía intentar traer todo el dinero que pudiera recolectar para cubrir aquellas deudas, pero su estupor duró poco.

—Manuelillo, no te vayas a volver loco. Asiste a María y a la pobre Elvira, que dentro de un rato voy para allá. Y no sé todavía cómo, pero yo llevo el dinero que haga falta.

Efectivamente, a media tarde Amaro llamaba a la puerta del obispado de Matanzas. En camino hacia el hogar de las Vera impuso a Martínez de sus exitosas gestiones. Cuando había retornado a la sesión de la Junta pidió al señor obispo la palabra y expuso la extrema necesidad de aquella mujer santa, abandonada por todos y que debía saldar sus deudas con los hombres para entregar en paz su alma al Creador. Si bien el muy reverendo padre Ribas había hecho gala de su demagogia enviando a la agonizante una bendición pero ni un centavo «a causa de las circunstancias de este país que ya usted conoce», don Valentín Arenas le había extendido al momento un billete de veinte pesos, a los que agregó cincuenta doña Adela del Castaño; todavía más resuelta, su cuñada doña Amparo Montalván, que no se detenía en bagatelas ni aceptaba ser la última en materia caritativa, le extendió un mensaje para su apoderado quien le entregaría al instante los trescientos pesos y hasta el obispo vasco encargó a su secretario que diera diez de viático al esforzado sacerdote para que se pusiera inmediatamente en camino. De modo que apenas había tomado un par de cosas indispensables de su habitación y tras obtener la suma indicada del celoso administrador de bienes, abordó un auto de alquiler que procuró vencer a toda velocidad, sin escalas, el recorrido hasta Matanzas.

—Quiera Dios, hermano, que María se equivoque esta vez, porque es humana, y nos dure muchos años, pero de todos modos, no tendrá que preocuparse por deudas en este mundo y hasta algo le quedará para sostenerse sin depender de esos puercos familiares…

—

15

El llamador de la casa de Manzano había sido envuelto en tela para no sobresaltar a la enferma. Adelina tardó en abrir. Había venido su sobrino, el Dr. Vera Verdura, no el senador, claro, sino el médico, quería trasladar la enferma a la clínica de la Colonia Española, donde estaría mejor cuidada del «accidente» que sufría. María entre balbuceos y extrañas contracciones se había negado y Elvira la apoyaba.

—Ella se queda en esta casa. Y aquí que suceda la voluntad de Dios. No va a ir a ninguna parte con esa gente, que hasta ahora no se ocupó, sencillamente para que tranquilicen sus conciencias.

El médico, bien trajeado y engominado, visiblemente incómodo en aquel sitio, se marchó sin despedirse.

Anochecía. Los clérigos pasaron al cuarto de la agonizante. Ella los reconoció y les apretó las manos mientras los miraba fijamente. Amaro se atrevió a romper el silencio.

—María querida, el dinero ya está en nuestras manos. No tienes que preocuparte por deuda alguna, porque todas las vamos a saldar al momento. Y tú estás en manos de Dios, ocúpate solo de pedir a su bondad que te dispense la salud o que te reciba…

De pronto, ella pareció reunir fuerzas porque se incorporó a medias en el lecho y con voz bastante audible les dijo:

—Los dos, juntos, ocúpense de La Causa. Va a ser difícil, el diablo les pondrá muchas trampas. Convenzan pronto a los obispos, si demoran, vendrán tres machadatos sobre este país, y mucha sangre, hasta delante de ese Martí que es un ídolo…Escuchen, las multitudes están gritando, son voces del infierno…ese himno…ese himno…pero después vendrá una lluvia de rosas…

No pudo concluir, se desplomó sin fuerzas en el colchón y cayó en un sopor profundo del que no saldría. Los sacerdotes oraron junto a la cama unos minutos. Encomendaron su alma y pidieron la intercesión de la Virgen. Ayudados por Adelina le pusieron en el cuello el escapulario del Carmen y prendieron en su bata la Medalla Milagrosa. En la mesa de noche ardía una vela bendita.

Salieron al corredor un momento a consolar a Elvira y luego, sobre la mesa del comedor, separaron el dinero con cada una de las facturas.

Martínez quedó de guardia junto a la cabecera de la enferma mientras Amaro y Adelina se encargaban de pagar inmediatamente las deudas al casero, al bodeguero, a la lavandera. El sacerdote se enfrentó sin miramientos con la prestamista, que quería subir de manera exagerada los intereses por concepto de mora.

—Señora mía, aquí tiene lo que usted prestó en su día y también los intereses acordados, más una pequeña cantidad por el retraso. Usted se dice cristiana y conoce el riesgo para su alma al prestar con usura. Haga el favor de firmar el recibo y procure quedar en paz con su conciencia.

La vieja hizo una mueca y le extendió el recibo firmado sin replicar. Amaro no se alteró por el portazo a sus espaldas. Del dinero había quedado una porción de la que sería posible no solo pagar sus sueldos a las muchachas, sino costear los gastos de velatorio y entierro y dejar una cantidad a Elvira que podría dedicarla a un par de meses de alquiler, alimentos y medicinas.

Martínez fue un instante a la vecina Iglesia del Carmen y trajo los óleos y el Viático. Ya la enferma no estaba en condiciones de confesarse, ni siquiera de recibir la comunión. Le administraron la extremaunción y le impartieron la bendición absolutoria.

Apenas tomaron un caldo a las diez de la noche y rezaron todos juntos los misterios dolorosos del Rosario y las letanías de la Virgen. A medianoche obligaron a Elvira a que se acostara por un rato. La vela parpadeaba mientras ellos rezaban de memoria los salmos para los agonizantes.

La madrugada era fresca y entraba un airecillo en la pieza con el aroma del galán de noche. En voz baja salmodiaron a dúo las antífonas del *Libera me:*

>*Dies illa, dies irae,*
>*calamitatis et miseriae,*
>*dies magna et amara valde.*

Dum veneris judicare
saeculum per ignem.

Comenzaban a escucharse los primeros pregones y ruidos de carros en la calle cuando María pareció despertar, agitó las manos y abrió los ojos de manera desmesurada, antes de gritar:
—Duele...duele mucho...ángel mío, aquí...

Et lux perpetua luceat eis...

La declamación se interrumpió de golpe. Acababa de expirar. Le cerraron los ojos. Colocaron el crucifijo de la pared entre sus manos y Amaro fue a despertar a Elvira y a las criadas.

El amanecer estaba cercano. Martínez, de rodillas junto a la cama, contemplaba fijamente el cadáver. ¿Y la lluvia de rosas? Ni siquiera el olor de santidad, ni un ápice de destellos luminosos. La difunta, en vez de la serenidad celestial, mostraba la crispación de una dolorosa agonía. La sangre y el pus de su enfermedad oculta se mezclaban con la orina en una mancha que crecía sobre las sábanas. Elvira, sostenida por las muchachas, sollozaba en voz baja. *Ay, mi hermana, mi hermana...*

Cuando Amaro fue a salir para comenzar los trámites del velatorio, el Sagrado Corazón de la sala se desprendió de la pared y se rompió con gran estruendo. Elvira, que iba a despedir al sacerdote, dejó inmediatamente de gemir, se volvió hacia la imagen destrozada y dijo con extraña fuerza:
—Tú me lo habías advertido.
Nadie le hizo caso porque la creían demasiado perturbada.

16

ESQUELA MORTUORIA PUBLICADA EN *EL IMPARCIAL* DE MATANZAS.

En la madrugada de ayer falleció en su hogar la señorita María Carolina Vera Sáenz, después de recibir los Santos Sacramentos. Desde hace unos años vivía retirada del mundo y había hecho votos como Hija de la Caridad, congregación en la que tomó el nombre de Sor María de Jesús. Fue muy conocida en nuestra ciudad por su piedad y abundantes obras caritativas. Era hermana del eminente galeno Dr. Félix Vera Sáenz, fallecido recientemente y tía de dos ciudadanos prominentes, el cirujano Dr. Félix Vera Verdura y el notable patricio y senador de la República Dr. Manuel Vera Verdura, a quien tanto debe nuestra región. Las exequias religiosas se celebraron en la Iglesia de los Padres Carmelitas y fue conducida a su última morada por un corto número de familiares e íntimos, tal y como ella dispusiera en sus últimas voluntades.

Llegue nuestro más sentido pésame a su hermana Elvira y a sus parientes de las ramas Vera Verdura, Vera Lima y Vera Garay.

Descanse en paz.

17

FRAGMENTO DE LA CARTA DEL PADRE AMARO RODRÍGUEZ SANROMÁN AL PADRE PEDRO PASTOR BAUZÁ CM.

...Tengo el triste deber de comunicarle que su amada hija espiritual Sor María de Jesús Vera se durmió en la paz del Señor el pasado 8 de septiembre –fiesta de Nuestra Señora de la Caridad– a las cuatro y diez de la madrugada. El P. Manuel y yo estuvimos junto a ella en sus últimas horas, pues tuvo la gracia especial de recibir aviso de su tránsito por una voz del Cielo, con lo que pudo dejar liquidados todos los asuntos de este mundo y prepararse a bien morir, aunque como Ud. sabe mejor que yo, ella vivió cada momento de su vida lista para ir ante la presencia del Creador.

Su deceso fue en paz, mientras rezábamos el *Libera me* por su alma, pero no se le ahorraron los dolores a su cuerpo mortal, pues además de la invalidez física y el terrible reumatismo que la fue paralizando, tenía una especie de tumor o carcinoma en sus partes interiores, del que su hermana solo tuvo noticia hace poco tiempo, pues ella, por pudor, se negó a ser reconocida aún por médicos de la familia y mucho menos sometida a cirugía, que le parecía contraria a la voluntad divina. Recibió los Óleos, no así el Viático, por estar ya sin conciencia ni posibilidad de tragar cosa alguna, pero para alguien que fue de confesión semanal y comunión frecuente, no hay que temer que eso obste a su salvación.

Le escribo yo y no don Manuel como correspondería porque él pasa días de mucha angustia no solo, como sería lógico, por el duelo que significa la pérdida de alguien a quien usted encargó el cuidado de su alma y más que discípula fue maestra, sino por algunas extrañas aprensiones, propias de su carácter un poco melancólico, por ejemplo, la sensación de incertidumbre que le causara el que no hubiera signos visibles de santidad en el momento del deceso de Sor María y que él esperaba como evidentes, por ser referidos con frecuencia en las hagiografías – aunque, entre usted y yo, tengo para mí que algunos fueron añadidos después por los escritores para hacer más visibles esas virtudes heroicas que conducen a la canonización, aunque muchas veces solo son conocidas por Dios.

Tal cosa se agravó porque nuestro hermano ha comenzado a revisar los escritos de ella, con el testimonio de su vida, porque quiere darlos a conocer cuanto antes a aquellos que se hagan sensibles a La Causa, pero halló entre sus páginas una nota que parece escrita poco antes de su tránsito, muy oscura en su contenido y que diera la apariencia a quien no la conociera que llegara a dudar hasta de la Divina Providencia. He procurado convencerle de que tal cosa pudo escribirse en un rapto de angustia y arrepentirse después y, de hecho, no forma parte del cuaderno donde escribía, sino que es un papelillo suelto y sin firma. Pero mucho temo que mis razones no le aquieten porque va apoderándose de él un humor sombrío y no descartaría que haga alguna crisis de locura como la que le aquejó en sus días de seminarista, o ataques más breves, de algunos de los cuales he sido testigo.

Escríbale usted, porque él respeta su magisterio y quizá le haga entrar en razón. Qué triste cosa es que lo que debía edificarlo y llenarlo de esperanzas en esta vida y la futura, sea en realidad materia de tribulación y escándalo para él. Creo que no se equivocaban los Padres antiguos cuando consideraban la locura como obra del Maligno. El está siempre presente, sobre todo entre los buenos y los que ayudan a la obra de salvación, para probarlos y sustraerlos de ella y si halla una puerta en el cuerpo o el alma débil, allí se aposenta y es harto difícil de arrojar. Ruegue usted por él como hago yo todos los días.

Solo porque ha tenido usted parte muy querida en la vida de María le refiero algo que tengo por cosa nimia, pero que a Martínez ha exasperado. Ambos nos encargamos de los trámites del velatorio en la casa y la familia, avisada, apareció como siempre, retraída y a última hora. Algunos ni siquiera querían pasar de la sala y, por lo que creo, Elvira les dijo algunas amargas verdades que pusieron en fuga a varios de ellos apenas llegados.

El cortejo del sepelio fue muy restringido y en el responso celebrado en el templo consagrado a Nuestra Señora del Carmen todo se produjo con compostura, también el acompañamiento hasta el camposanto. Allí se le dio sepultura en una pobrísima tumba que había cedido a sus hermanas el difunto Felillo, quizá el único pariente que las trató con afecto y generosidad. No hay siquiera una lápida. En cuanto sea posible levantaremos allí un pequeño monumento a quien tanto bien ha derramado sobre esta tierra.

Tras las últimas oraciones, pronuncié unas breves palabras en su memoria, en las que procuré no herir la susceptibilidad de nadie, pero como algunos de sus parientes, entre ellos el joven médico y su hermano, el vanidoso senador, pecan de soberbios, vieron en ello una intromisión en sus derechos, casi me cortó la palabra este último y pronunció un discurso falso y digno de un mitin electoral, para asegurar cuánto la amó y apoyó la familia y hasta para intentar pintarla como una pobre anciana que en los últimos años a causa de «extrañas influencias» vio su cerebro trastornado por una «manía religiosa». Yo estaba por olvidar en seguida el agravio y marcharme de allí sin entrar en contrapuntos con gente tan baja, pero no pudo Manuelillo sufrirlo y replicó del peor modo, llamó a los parientes «fariseos», «sepulcros blanqueados» y hasta «víboras», les echó en cara su avaricia y la falta de piedad con quien valía mil veces más que ellos. Elvira, trastornada quizá por el dolor, aplaudió tales dicterios y hasta clamó que aquello era la pura verdad y tenían que escucharla…El politicastro y el mediquillo pretendieron agredir físicamente a nuestro hermano y yo debí tener la sangre fría de separarlos. Cada uno se fue por su lado…Triste epílogo en la despedida de una vida ejemplar…

Hemos dejado el pequeño remanente de las limosnas que obtuvimos en manos de Elvira. Según he sabido, la familia quiso cerrar el inmueble, porque temía que fuera una carga para ellos y llevarse a la hermana para el hogar de uno de ellos, o ponerla de pensionista en el asilo de las Hijas de la Caridad. A todo se ha negado ella, que ha mostrado fuerzas que parecen inexplicables y ha decidido vivir sola, asistida por la buena de Adelina, los años que le queden de vida. Ante esta decisión los parientes han hecho como Pilatos, se han lavado las manos y le han dado la espalda definitivamente...

Infiero que sus superiores, ni siquiera impuestos del tránsito de María, a quien no querían, vayan a permitirle retornar a esta tierra. De modo que acá nos haremos cargo de La Causa, aunque sigue teniendo muchos más opositores o indiferentes que oídos atentos. No es de extrañar pues, aunque sé que no pasa nuestra amada España por sus tiempos más felices, lo de acá es un horror, con el desgobierno que trae miseria para casi todos y se vale de la violencia para silenciar las justas quejas. Raro es el día en que no aparece alguien muerto y con signos de tortura y unos pescadores trajeron a la bahía habanera un gran tiburón dentro del cual hallaron un brazo humano. Este país está gobernado por legiones diabólicas. Las pasiones políticas y el miedo producen la mayor confusión...

18

HOJA SUELTA HALLADA POR EL P. MARTÍNEZ DENTRO DE LA *VIDA DE MARÍA*.

«No sé cuánto durará esta oscuridad, ni siquiera si tiene término, o pasaré de la vida física a la muerte y ella continuará. Tal vez el infierno sea exactamente esto: estar privado de la visión de Dios, pero, por eso mismo, carecer de tal manera de esperanza, que se puede llegar a la desesperación de hallarlo y, más aún, prácticamente al convencimiento de que no hay Dios, de que cualquier experiencia pasada que pudiera haberse vivido en relación con Él no fuera más que una ilusión.

No he descuidado mis deberes religiosos, ni siquiera la oración, pero es como hablar con los labios casi pegados a un muro. Tampoco he dejado de hacer algún bien a mis prójimos, mas sin alegría, y la caridad que se hace sin fervor es como una obra muerta.

Hasta hace poco temía por La Causa porque encontraba en su camino muchas voluntades contrarias. Ahora temo por mí misma que no puedo defender voluntades divinas porque estoy presa de las tinieblas.

En los cuentos de hadas que me leían en la infancia se hablaba de princesas «encantadas», me llamaba la atención que podían hacer cosas extraordinarias y sobre todo veían el mundo de una manera brillante, gracias al optimismo que les había sido comunicado. Yo vivo la experiencia contraria, estoy «desencantada» y no hallo una salida para ese mal.

Siento pena por el padre Manuel, que se empeña en guiarme según esas reglas estudiadas en las vidas y escritos de los santos y cree que paso por pruebas transitorias y que muy pronto veré la luz. Me ha identificado absolutamente con La Causa y me ve estrictamente como un instrumento divino. ¡Si él supiera mi verdadero estado! Lo descuida todo para estar cerca de mí, para que brote de mi interior la imagen perfecta del alma entregada a su misión, pero en vez de hacer en mí la luz, la oscuridad se pega a él como el humo con hollín a los vestidos. El es todavía más frágil que yo y esto puede llevarlo a la desesperación y a la locura.

Muchas veces él me ha indicado que me nutra en este estado de desolación, de los consuelos de las visiones de otro tiempo. Es una idea que tomó de los Ejercicios de san Ignacio, pero ya ni siquiera sé si recibí tales visiones, o eran la ilusión de quien quería recibirlas.

Lo más grave es que ese pensamiento circular, obsesivo, de que pudiera ser que no haya Dios, me llena más de la certeza de la existencia del diablo. Solo la realidad del Príncipe de este mundo explica el misterio del mal, sobre todo el que se nos muestra gratuito, sin motivación ni sentido.

A lo mejor todo esto es parte de una enfermedad mayor, que agota mi cuerpo y me lleva al término de su pobre resistencia. Los males del cuerpo y el alma están muy ligados y pecaban de vanidad –ahora lo comprendo– los que castigaban al primero para liberar a la segunda, porque están ligados de una manera sutil y la corrupción de la carne no hace más vivo al espíritu sino que lo empaña y lo llena de una sed insaciable. Yo misma he maltratado mi cuerpo y no por ello mi alma ha crecido. La idea del matrimonio espiritual, las nupcias con lo divino, no fueron más que una pobre ilusión que duró muy poco.

Ya solo deseo que todo esto termine de alguna manera. Ni siquiera sé quién soy, ni en manos de quién me voy deshaciendo. Lo que sea debe sobrevenir pronto. La muerte no me sería dolorosa si en su trance ganara algo de luz».

No sabéis de qué espíritu sois hijos.

19

Después de la misa matutina y el desayuno el padre Martínez no tenía otra obligación que sentarse en un rincón del jardín del Hospital de Paula, a leer el breviario, hasta recibir la visita del médico a media mañana. La institución era amplia y tranquila y él tenía una habitación independiente, muy cerca de la del capellán del centro, un joven sacerdote cubano que acababa de doctorarse *cum laude* en Roma y ya se estrenaba con mucha habilidad en esos y otros menesteres, gracias a su excelente disposición para las relaciones sociales. A pesar de ser muy diferentes, habían congeniado con facilidad y tenían habitualmente un rato de conversación entre la cena y el rosario nocturno.

Don Manuel había sentido una rara confianza en aquel clérigo respetuoso de tradiciones y jerarquías quien, más que cultivar su interioridad, se manejaba a gusto en los círculos mundanos y parecía tener ya en la frente el signo de los candidatos a una mitra.

Noche a noche le había ido contando sobre aquella postración nerviosa que se había apoderado de él tras la muerte de María. Se había extendido en las vicisitudes de La Causa, frenada en Matanzas por la hostilidad de Su Ilustrísima, la indiferencia de otros obispos que, prácticamente, le habían dado con la puerta en las narices y como fondo, la terrible situación del país: hambre, violencia del gobierno y también de sus opositores. Cada día se hallaba gente asesinada y mutilada en cualquier recodo del camino. Ni los templos protegían de aquella locura que se había hecho dueña de la Isla. Por eso, una vez que se restableciera en este hospital habanero a donde lo había remitido Monseñor Saínz – que no era mala persona, solo que absolutamente sordo a las revelaciones y advertencias del Cielo- buscaría el modo de comprar un billete para el primer barco que saliera hacia la Madre Patria.

El reverendo padre Alfredo Llaguno lo escuchaba con paciencia, le recomendaba conversar con su médico, el doctor Armando de Córdova, hombre algo escéptico en materia religiosa pero buen conocedor de los entresijos del alma humana. Gracias a él no lo habían encerrado en el lamentable hospital de Mazorra, con sus mazmorras para los indóciles y enfermeros nada delicados que castigaban cualquier pequeña exaltación o gesto de rebeldía con duchas heladas, golpes y aislamiento. Un diálogo con el galeno que al principio era cotidiano y que después, gracias a su mejoría, había podido reducirse a dos veces por semana. La terapia, reforzada por unas novedosas píldoras tranquilizantes llamadas Veronal, había ido devolviendo la paz a aquel hombre atormentado.

Según Córdova explicara al capellán, para que así lo hiciese saber al Obispado de Matanzas, Manuel padecía de una psicosis maníaco depresiva; periódicamente, durante el resto de su existencia, se cargaría con alguna obsesión – y la tal Causa era un excelente motivo para ello, aunque él no juzgaba las devociones de cada cual, pero eso no podría darle ni paz ni consuelo- que en un momento determinado lo llevaría al paroxismo, muy peligroso porque el manso cura se volvería agresivo, consigo mismo y con los demás, hasta desplomarse en la fase siguiente, la depresiva, en la que quedaría casi postrado, entre llantos y balbuceos, a veces como si fuera una masa de carne inanimada. Luego volvería a la fase maníaca y así sucesivamente.

Parecía una pesadilla circular o una posesión diabólica, argumentaba el capellán, y lo peor era que ese mal espíritu no podría arrojarse de él porque era connatural a su ser, solo se podía aliviar con una vida sana, en paz, medicación en ciertos momentos y suma atención de familiares o deudos para que no llegara a los extremos más morbosos.

Toda una cruz para llevar en esta vida, resumía el sacerdote y el doctor le replicaba que tal afección era más frecuente de lo que se pensaba y lo mismo dañaba a una elegante dama de sociedad que a un prestigioso abogado o un político relevante, porque tendía a agudizarse con la madurez, en esas edades en que hombres y mujeres tienen el máximo de sus obligaciones sociales.

Creo conocer a varios de ellos, terciaba el capellán, *y lo peor es que en las manos de algunos están hasta los destinos de este país.*

Por eso andamos rumbo al abismo. Bueno – concluía Córdova, que había terminado su taza de café y se preparaba para marcharse a su clase en el Hospital Universitario- *la locura en Cuba es tela en la que hay mucho donde cortar, desde la vesania de los conquistadores y las depresiones profundas de los indios, quienes terminaban como suicidas, hasta hechos muy recientes, aunque sobre los casos últimos era recomendable aquel consejo del Quijote de que sería «mejor no meneallo».*

Hacia marzo de 1930, el paciente parecía bastante recuperado, a ello habían contribuido algunas de las visitas que recibiera, como la del padre Trabadelo que no solo lo puso al día en los asuntos diocesanos sino que le llevó una misiva breve y afectuosa de Elvira quien le rogaba que hiciera lo posible por recuperar la salud de cuerpo y alma y pusiera en manos de Nuestra Señora lo que no creyera posible echarse al hombro. *Sabio consejo* comentó el Secretario al escuchar la lectura en voz alta de la misiva. *Santa mujer*, replicó Martínez, *no al modo de María, sino de esa manera bizarra en que lo fueron san Felipe Neri y alguno de los compañeros de san Francisco, ella tiene una alegría muy especial que se concede a ciertas mujeres fuertes. A veces impacientaba a su hermana, tan seria y profunda en cosas del espíritu, pero la sostuvo y se hizo cargo de todo en la casa para que la otra pudiera escuchar la voz del Esposo. Es como la Marta del Evangelio. Dios le pague el bien que ha hecho.*

También Amaro pasó por el hospital más de una vez, le llevó algunas golosinas y le aseguró que le ayudaría a pagar el boleto a España. *Acá hacen falta menos curas y frailes panzones y de mano siempre abierta para recibir limosnas y más Manueles empeñados en la locura de la cruz como san Pablo, pero ve a reponerte con los tuyos y vuelve cuando estés listo.*

En vano procuró Llaguno explicar con términos científicos su padecimiento al paciente para que estuviera mejor prevenido contra sus crisis, pero aquel leonés tozudo nada quería saber de consideraciones profanas. *Quien ha experimentado un cerco diabólico, como yo,* - aseguraba- *sabe de dónde vienen los acce-*

sos, los disparates dichos y escritos, la falta de sosiego en cosa alguna, pero ahora que el cerco se ha debilitado, siento que voy entrando la «noche mística del sentido» de que hablaba san Juan de la Cruz en su tratado de la Noche Oscura. Esta noche es terrible porque es como un purgatorio para purificarse en esta vida con «fuego tenebroso espiritual».

El anfitrión no osaba contradecirle en esos asuntos, no fueran a enconarse sus manías y comentaba los últimos sucesos de España, donde Su Majestad Alfonso había nombrado al Jefe de la Casa Real, el general Dámaso Berenguer, presidente del Consejo de Ministros.

—En cierto modo es cubano porque nació en Remedios, una tierra que da buen tabaco y anduvo como militar en campaña en la guerra hasta que intervinieron los del Norte. De acá se fue con los grados de comandante. Estuvo en Melilla y en el Rif y tuvo la mala fortuna de que le echaran toda la culpa del desastre de Annual, pero el rey lo perdonó y le devolvió su confianza. Por acá tiene muchos valedores entre los comerciantes peninsulares y en algunas sociedades regionales, dicen que sabrá hacer nuevo lo que Primo de Rivera no supo remendar, pero en fin, como no es posible complacer a todos, según los diarios, allá no lo quieren ni los republicanos y socialistas, ni tampoco los monárquicos, así que está cogido entre dos fuegos y encima la gente del pueblo que siempre anda con chanzas dice que con él se ha pasado de la dictadura a la «dictablanda».

Martínez guardó silencio un instante, miró fijamente a su anfitrión y después replicó con extraña calma:

—Yo respeto a Su Majestad, como me enseñaron mis padres en la niñez y luego en el Seminario, porque él es el protector de la Iglesia por designio del Vicario de Pedro y a él debemos fidelidad, pero ha cometido demasiados errores, quizá tantos como su descocada abuela y eso no lo puede resolver Berenguer. Veo el fuego que viene sobre España y pagarán las culpas no solo los príncipes, sino también los pobres y hasta la Iglesia. Otro machadato los alcanzará allí.

—Que Dios los libre de tan terribles presagios. No me parece que el asunto sea para tanto, pero ya es hora de retirarse a rezar –dijo con cautela el capellán. Buenas noches le dé Dios.

En abril, Trabadelo le hizo llegar un sobre con una corta misiva de Monseñor Saínz quien le deseaba buen viaje y un pronto restablecimiento. Había adjuntado una cantidad en billetes de banco, redondeada por el propio Trabadelo, el bueno de Amaro y hasta por un par de pesos de los que insistió en desprenderse la señorita Elvira. Todos le reclamaban un pronto regreso. La cantidad permitió a Martínez reservar un boleto de segunda hasta La Coruña en el «Marqués de Comillas» y que algo quedara para billetes de ferrocarril y alimentos hasta llegar a Toral de los Vados, donde se quedaría un tiempo con sus padres.

Dejó con cierta pena el hospital. Llaguno se excusó por no poder ir a despedirlo al muelle, pero gestionó un automóvil para que lo llevara gratuitamente. Apenas llevaba un bolso con otra sotana y ropa interior de repuesto y una valija pequeña con libros y ornamentos litúrgicos para poder celebrar la misa en el barco.

—Sé que vas a regresar. Aquí, al menos mientras yo esté, tienes tu casa. Y cuando llegues no dejes de saludar de parte de sus amigos habaneros a don Dámaso, dile que haga algo mejor que su «dictablanda» a ver si no se cumple esa visión apocalíptica tuya. En cualquier caso, ya sabes, mucha oración y cordura.

Desde el puente del barco, el sacerdote vio alejarse a La Habana, hasta que apenas se distinguían la torre del viejo convento de San Francisco, la del extraño edificio de la Telefónica y la cúpula de ese pretencioso Capitolio donde decían los que habían entrado en él, que en uno de sus patios un escultor italiano había dejado un monumento al diablo. Recordó a María y sintió súbitos de deseos de llorar. Se encerró en el camarote y se aplicó a la lectura del breviario. Debía llevar con dignidad su noche oscura.

LAS GUERRAS DE (NOS) OTROS

1

Quizá Martínez fue el único en no lanzarse sobre los periódicos al desembarcar en La Coruña. Don Dámaso Berenguer seguía en su sitio, pero las cosas no iban bien en España y la porción de tierra sobre la que se asentaba estaba cada vez más blanda y resbaladiza. Tomó cuanto antes el rumbo de la casa de sus padres. El dinero que recibiera en La Habana le permitió viajar cómodamente en un coche de segunda clase hasta León, donde pasó la noche en el Seminario.

Tras la cena algunos de sus viejos profesores hicieron aparecer una botella de jerez y al calor de ella quisieron saber de las cosas «de allá» porque otros viajeros les habían dicho que no iban bien.

Manuel se refirió sucintamente a la extendida miseria, a la condición monstruosa del presidente y también a la relativa paz en la Iglesia. Entonces lo impusieron de las nuevas «de acá» donde la miseria, sobre todo en los campos, era mucho peor que la de aquella Isla donde las frutas y el dinero parecían brotar mágicamente de la tierra, como afirmaban tantos curas y frailes que habían encontrado buenas posiciones en ella. En cuanto a la política, Su Majestad estaba muy solo, sus políticos de confianza no lo aconsejaban bien y de don Dámaso, qué decir…ese es tibio, tibio, y sirve para poco, no se le podría confiar ni la portería de un convento.

Uno de ellos lo acompañó hasta la pieza que le serviría de hospedaje por unas horas.

—Escuche mi consejo. Pase unas vacaciones con sus señores padres y dedique unas jornadas, si le place, a ayudar a su hermano que tiene buen destino en Astorga. Reponga su salud con comida sana y vino generoso… y regrésese a Cuba, que aquí las cosas van para peor.

El sacerdote durmió mal. Soñó que estaba en Cuba de nuevo y que monseñor Saínz lo reprendía por descuidar sus deberes. Para colmo, a sus espaldas, en el despacho del prelado, había una especie de coro formado por Trabadelo, Suárez, Amaro y la propia María. Ellos repetían algo así como: *Es infiel, infiel*. Y reclamaban al mitrado que lo enviara al obispo de La Habana. *Ese lo entrará en cintura y si no, se lo dará a Machado para que lo eche a los tiburones*. Entonces aparecía el senador Vera con una jaula para encerrarlo en ella y llevarlo al Capitolio. Todos reían y no hacían caso de sus protestas de inocencia, ni de sus súplicas. *Deja que te coja la porra* vociferaban.

La campana lo despertó a las cinco. No había amanecido y se había desacostumbrado del fresco «de acá». Se lavó la cara con el agua helada de un aguamanil que acabó de espabilarlo y se puso la sotana. Desayunó más que frugalmente un poco de leche y pan y pudo alcanzar el pequeño tren del amanecer que no necesitó demasiado tiempo para dejarle en el andén de Villadecanes. Una carreta tirada por un burro lo acercaría a Toral de los Vados. El último tramo del camino lo hizo a pie. La región había cambiado muy poco.

Aunque había enviado un cablegrama antes de salir de La Habana, este solo había llegado a sus padres la víspera. Mientras lo recibían con lágrimas y abrazos comprobó que estaban más viejos y que la casa se resentía por la acción del tiempo y la pobreza. Le alegró sentirlos tan cercanos después de una década de ausencia sin muchas cartas. Disfrutó cuando se volvieron niños al recibir las chucherías que les llevaba, entre ellas unas tablillas de chocolate, oscuro y amargo, que por acá solo podían tomar los señoritos.

Durante días no cesaron de preguntar por Cuba y especialmente por Matanzas -ciudad que imaginaban muy semejante a León- por sus comidas, por el calor, por sus hermanos en el sacerdocio, mientras él los ayudaba a pelar guisantes, a apilar la leña y hasta a la complicada ceremonia de la matanza del cerdo, con su ritual de apartar la sangre para las morcillas, separar lo que sería consumido en el día de lo que habría que sumergir en cecina y lo que se reservaba para ahumar de manera que derramara su más gustoso aroma.

En el hogar no se hablaba de política o la política que les interesaba no era la de Su Majestad y don Dámaso. Su padre era arrendatario de un terrateniente dueño de buena parte de la región, al que había que tratar sombrero en mano y vista baja, porque era además cacique político y los guardias civiles lo obedecían como si fuera el gobernador o el alcalde. Las cosechas no eran buenas sin embargo los arriendos no bajaban. A veces el administrador, que los conocía desde hacía muchísimos años, les rebajaba un tanto la contribución pero tenían apenas para sobrevivir. Nada entendían de liberales, de republicanos, ni de cosas por el estilo. Sabían leer pero no perdían el tiempo con los periódicos atrasados de León, mucho menos con los de Madrid. Cualquier protesta acá podía costar al deslenguado el desahucio o la prisión.

Después de una semana alimentado con grandes escudillas de caldo gallego, según su madre muy buenas para el cerebro, tanto como las manos de cerdo con patatas y las torrijas fritas en aceite de oliva, ahogadas en una miel espesa en cuya superficie flotaban granos de anís, Martínez se sentía aliviado de ciertas pesadillas, pero también marcado por una indisimulable hartura.

Aquel ya no era su sitio y el mundo cerrado de los pobres labriegos de Toral que asistían a las misas del alba celebradas por el párroco del lugar – un hombre mal lavado y peor afeitado, cuyos sermones avergonzarían al peor de los curas de Cuba, pero muy querido porque bebía el vino nuevo a la par de los labriegos y tenía fuerzas para derribar un ternero- no lo complacía en absoluto. Son cumplidores de los mandamientos – se decía- pero a ciegas, viven como asnos atados a una noria. No tienen espiritualidad. Cómo podrían tenerla si la mayoría ni sabe leer y dependen de que ese torpe les diga qué está bien o mal.

A principios de julio llegó su hermano. Don Santos, como le llamaban sus coterráneos, era todavía joven, pero juicioso, reposado y muy devoto. Había sido alumno modelo en el seminario y el obispo de Astorga lo valoraba mucho. Le había dado la antiquísima parroquia de Santa Catalina en Campelo, donde debía estar un par de años, hasta encontrarle una «de ascenso» en otra parte.

Por aquellos días Manuel se confrontó en su interior muchas veces con la imagen de su hermano. Deseaba para él esa seguridad, esa paz, esa especie de estado de gracia de quien sabe qué hacer en cada hora del día y por eso puede dormir en la noche sin pesadillas.

En los paseos que con frecuencia daban en la tarde por las afueras de Toral, o cuando se sentaban a la vera del Burbia a ver discurrir sus aguas, el recién llegado se sinceró con su hermano, le contó de María y La Causa, de Pastor, del machadato y sus pesadillas y hasta de la enfermedad que, mal que bien, le zurcieron en Paula. Ya ni siquiera sabía si quería ser cura acá, retornar a aquella isla, o sencillamente ser un labrador más porque no tenía fuerzas espirituales para llevar con dignidad una parroquia.

—Manuelillo, tú siempre has sido muy impresionable, por eso te enfermas con cosas que la mayoría olvida antes de poner la cabeza en la almohada. Por lo que me dices María era una santa y no dudo que sus visiones vinieran del cielo. Tú hiciste lo que pudiste para que la creyeran y el mundo se te echó encima.

No te creas que Machado es único, acá hay gente así, a veces uno no sabe quién tiene la razón, si los anarquistas que se comportan como Barrabás y tratan de volarlo todo por los aires, o las autoridades que se dicen cristianas y hacen horrores parecidos. Mira que las historias de los somatenes que el general Primo copió de Cataluña y colocó en todas partes para atemorizar a los revoltosos harían sonrojar a la «porra» esa de la que me hablas. España no está en buen momento, ya te lo habrán dicho. Alfonso es el rey, pero no está a la altura de los problemas, unos piden justicia, otros buscan no perder el poder de siempre y están los desesperados que quieren darnos como medicina la dinamita. Confío en que la Providencia salve una vez más este reino, para que no sucedan esas cosas que tú presientes. De todos modos, acá, en esta antiquísima diócesis de Astorga, todo está como siempre y podrás descansar, ayudarme un tiempo en Campelo, que estoy solo para tantos bautismos, extremaunciones, viáticos y entierros. Yo te llevaré con Su Ilustrísima, monseñor Antonio Senso y él te dará un buen destino, definitivo o por un tiempo, si es que quieres regresar a comer plátanos y aguacates en Cuba, cuando Machado tome el portante…

Manuel lo escuchaba con lágrimas en los ojos, aunque no interiorizaba mucho aquellos consejos porque él seguía sintiéndose movido por fuerzas demasiado poderosas como para dormir siestas, hartarse de mantecadas y aspirar a una parroquia de término en la distinguida ciudad de Astorga. Los que debían luchar a brazo partido con ángeles y demonios no tenían concedido ese sentido común que movía a su saludable hermano.

El 10 de julio se celebraba la mayor fiesta de Toral, la de su santo patrón san Cristóbal. Como la villa estaba entre ríos, no era raro que sus fundadores escogieran al legendario gigante de Licia, que pasaba en sus hombros a los viajeros de una orilla a la otra, hasta que topó con el mismísimo Jesús en figura de niño. Según algunas tradiciones piadosas antiquísimas era un ser monstruoso con cabeza del perro pero el Niño lo bautizó en el río y tomó apariencia y sentimientos humanos.

En la misa del amanecer, con el templo repleto de feligreses y cientos de jarras y jarrones con flores rojas y blancas de olor sofocante, Santos y Manuel oficiaron como diácono y subdiácono respectivamente. El párroco, que se había aseado y afeitado para la ocasión, entonaba el oficio en un modo gregoriano muy particular que semejaba los mugidos de un torete, mientras que los hermanos, a dúo, respondían a las antífonas con la claridad y corrección que habían aprendido en el coro del seminario. Tocó a Santos cantar la epístola tomada del libro de la Sabiduría: *Justus deduxit Dominus per vías rectas…* mientras Manuel tuvo a su cargo el salmo 111: *Beautus vir, qui timet dominum…* Sus progenitores, situados en una de las primeras filas creían haber llegado, sin agonía previa, a las mismísimas puertas de la gloria.

Al concluir la eucaristía, comenzó a tañer la campana, en tono de gran fiesta, mientras salía la procesión del templo. Primero las cofradías con sus miembros identificados por sus hábitos blancos, grises o negros. Luego los cargadores que llevaban las andas con las imagen gigante, tallada en tiempo inmemorial de un solo tronco de árbol. El santo llevaba una vara florida de plata y el Niño lucía la corona de las fiestas, de plata sobredorada con pedrería, donada hacía cien años por un indiano del Perú. Iban después acólitos con la cruz, los pendones con los escudos de Castilla y León y las armas locales de Toral y por fin el párroco, con capa procesional recamada y birreta nueva, flanqueado por los hermanos, envueltos en dalmáticas brocadas y rodeados por la nube de humo que exhalaban los botafumeiros. Los acompañaba la banda municipal de Villafranca, en traje de gala, que tocó diez veces el himno: «Oh, glorioso san Cristóbal…» para poder dar la vuelta a toda la villa y luego, de retorno a la plaza, con el sol muy alto, interpretaron la «Marcha real», antes de que la muchedumbre comenzara a gritar los vivas al Rey, al Papa y a la catolicísima parroquia de Toral.

Concluida la procesión, comieron los señores presbíteros bajo un dosel en el prado, con el alcalde, los ediles, el capitán de la Benemérita Guardia Civil y, desde luego, con el señor terrateniente. Manuel pensó que tal banquete de los poderosos se parecía más a las fiestas de Herodes que a la Última Cena. De hecho, ese hombre ataviado de paño negro a pesar del bochorno, heredero de la familia que casi desde los romanos era dueña de todas las tierras colindantes, como aquel rey de Judea, tenía sobre su cabeza calva la sangre de muchísimos inocentes y hartas lágrimas, hasta las de sus propios padres, pero nada dijo, porque no quería molestar a su hermano Santos, que comía y bebía tranquilamente.

Después del almuerzo recorrieron la merienda popular. Las familias comían sentadas en el suelo bajo los árboles y convidaban a los paseantes a probar las centenarias recetas de cada familia. Media hora después Santos y Manuel estaban hartos de parabienes y de porciones de roscas azucaradas con agua de rosas, almendradas, huesos de santos y piononos que, como bromeó Santos, demostraban que un pontífice de no muy buen carácter podía resultar recordado por un dulce.

A pleno sol, el párroco acababa de ganar un concurso al demostrar que podía beberse una bota de vino sin atragantarse ni derramar una gota del arco líquido que viajaba por el aire desde el recipiente hasta su gaznate, antes de calarse una gorrita de visera que le daba un aire de chulapo y bailar con Menegilda, la sacristana, más abundante en carnes que en vergüenza, el chotis «del Elíseo», del irreverente Federico Chueca.

Cuando concluyeron, el conjunto musical, cuyos intérpretes estaban ya bastante achispados por la amplitud con que se habían escanciado el vino nuevo, decidieron llevar al extremo sus facultades y atacaron el pasodoble *La gracia de Dios*, que no solo fue bailado por parejas jóvenes y también añejas, sino por niños pequeños, abuelas beatas y solteronas incorregibles.

—Vaya título para esa locura, hasta es blasfemo – protestó Manuel

—Nada, que es viejísimo, ya nuestros abuelos lo bailaban allá por el 18…y la gracia divina no tiene que venir entre lágrimas, recuerda que el propio rey David bailaba delante del Arca Sagrada y bastante ligero de ropas, por cierto…-replicó Santos.

Manuel que no andaba feliz por ver derivar el ritual cristiano hacia una ceremonia báquica, se alejó de allí, rumbo al Burbia. Contempló un instante el pacífico fluir de las aguas, mientras pensaba en los ríos de Matanzas, especialmente en el San Juan que cruzaba cuando iba al colegio a encontrarse con Pastor.

Unos días después, Manuel se despidió de sus padres y se marchó con Santos a Campelo. Lo ayudaría a preparar la fiesta de Santiago Apóstol y después iría con él a Astorga a visitar a Su Ilustrísima.

Hacía más de un mes que se le habían agotado las píldoras que le recetara el doctor Córdova y no había pensado en reponerlas. Un humor extraño se apoderaba de él a veces, pero era indudable que el aire de su tierra le hacía olvidar muchas pesadillas.

2

El 17 de agosto de 1930 cuando se reunió en el plácido balneario de San Sebastián una serie de gente peligrosa, sin Dios y sin Rey, y pactaron hacer todo lo posible por convertir a España en una República, Manuel no se enteró, ayudaba a su hermano en Campelo en el trabajo de la parroquia, muy especialmente se encargaba de llevar el Viático a los moribundos y lo hacía justo como lo mandaba la tradición, con dos acólitos, encargado uno de llevar una candela encendida y otro haciendo sonar una campanilla para que los más piadosos se arrodillaran a su paso y los liberales al menos detuvieran la marcha y se descubrieran, con más compostura que en Matanzas, donde la mayoría de los hombres, envenenados por la masonería, lo veían pasar y volvían el rostro.

También rezaba el responso a los difuntos y presidía muchos entierros, casi todos de cruz baja, porque había poca gente acomodada en aquella aldea, más pequeña que el mismísimo Toral. No tenía aún licencias para predicar y confesar, pero lo mismo dirigía el rosario vespertino y el *Angelus* que ayudaba al amanecer a misa, se encargaba de bautismos de urgencia y hasta echaba una mano al viejo sacristán para pulir cálices y patenas o detener la voracidad de las ratas que ya habían dado buena cuenta de dos casullas antiguas y hasta de una dalmática preciosa donada hacía un siglo por las Salesas Reales.

Cuando unos días después llegó un periódico atrasado a la casa parroquial con una nota despectiva sobre aquella extravagante asamblea, el asunto no le dio ni frío ni calor. Vaya usted a saber quiénes eran esos señores Lerroux, Azaña, Alcalá-Zamora y Prieto, ni qué enconos tenían contra don Dámaso y Su Majestad. Apenas lo comentó con su hermano, porque tales asambleas de vociferadores parecían estar de moda pero sus acuerdos habitualmente se quedaban en agua de borrajas.

El 12 de diciembre, cuando se sublevó la guarnición de Jaca, tardó como los demás del pueblo en enterarse, pero Santos trajo la noticia de la alcaldía dos días después y fueron siguiendo el asunto por los comentarios que llegaban y hasta rogaron cuando rezaban las oraciones de completas por las almas de los desventurados Galán y García Hernández. Antes de dormirse aquella noche, Manuel preguntó a Santos por qué un monarca cristiano hacía fusilar a aquellos hombres antes que ejercer la virtud de la clemencia, pero el hermano no tenía respuesta para ello.

La dimisión del general Berenguer no la olvidaría Manuel, porque supo de ella veinticuatro horas después de aquel aciago 18 de febrero de 1931, en casa de un anciano a punto de pasar hacia el otro mundo, pero los parientes que rodeaban su lecho no le prestaban demasiada atención, ocupados en discutir quién lo sustituiría, si Maura o Romanones y después sabría que ni uno ni otro quisieron embarcarse en aquella nave que hacía aguas y él se preguntaría, mientras se paseaba solo por el prado cercano al templo, por qué don Alfonso se iba quedando sin amigos y valedores y deploraba que don Dámaso se hubiera retirado de la vista pública sin que a él le hubiera sido posible darle el mensaje del padre Llaguno, aunque muy poco podrían hacer por él sus admiradores cubanos, ahora que estaba en desgracia.

Ninguno de los dos sacerdotes votó en las elecciones municipales del 14 de abril. Aunque podían hacerlo, les pareció un asunto ajeno y contrario a su dignidad, sin embargo no pudieron resistir la tentación de pasar por la alcaldía para saber los resultados y les asustó mucho enterarse de que, como en el resto de la comarca, la República había ganado por amplia margen al carcomido Trono y esa noche no durmieron bien preguntándose cuánto sufriría la Iglesia, abandonada por su Real Patrono y entregada a aquellos Judas con delantales masónicos.

Después, todo fue como una película que pasara demasiado rápido. Proclamaron la República los apresurados de Eibar y los imitaron sin tardanza Valencia y Barcelona. Aunque en Madrid la cosa había sido más ruidosa, como que la Puerta del Sol se puso de bote en bote y la guardia se negó a disparar sobre los manifestantes, entre los cuales había muchísimas mujeres sin sombrero y hasta peladas como hombres, y encima los centinelas se cuadraron ante los diputados republicanos.

Un gabinete, armado sabe Dios cómo, tomó como presidente a Niceto Alcalá Zamora, a la misma hora en que en el Palacio de Oriente, don Alfonso se despedía de la nobleza que todavía tenía ganas de mirarle la cara y apresuraba a doña Victoria para que acabara de cerrar los equipajes y abandonar Madrid cuanto antes, en un coche a todo gas hacia Cartagena, porque en la Villa y Corte nunca se sabe lo que puede suceder y a ellos todavía no se les había olvidado lo de la bomba en la Calle Mayor en el lejano día de sus bodas. Un mal presagio que había que conjurar. Salir de acá y embarcar cuanto antes, que solo se sentirán seguros varias horas después, al poner pie en Marsella. Casi justo como sus abuelos Isabel y Francisco en 1868. Y como ellos, seguramente nunca retornarían, o más exactamente – aunque la imagen no era grata– lo harían después de muertos, para ser colocados primero en los pudrideros del Escorial, antes de tomar posesión de un par de sepulcros en el espacio regio, con las tarjas remachadas por clavos de oro, como mandaba la costumbre.

Solo tres días después el ABC dedicó su portada al mensaje de despedida del monarca. Manuel lo leyó gracias a una beata que fue a orar a la parroquia y se lo alargó entre avemarías y suspiros. También él lloró por aquel infortunado que se marchaba, víctima ofrecida por la paz y la felicidad de su amada España. Se molestó un poco cuando su hermano le dijo que no se tomara tan a pecho tales novelas, que aquel Borbón había intentado hacer una escabechina con el pueblo madrileño, pero nadie había querido secundarlo en tal monstruosidad y que muy pocos le echarían de menos, pues hasta los del partido monárquico lo excluían de sus proyectos inmediatos o futuros.

Las inquietudes tras aquellas jornadas fueron sumiendo a Manuel en una especie de melancolía. Andaba confuso, hablaba solo. Se distraía en una misa brevísima y cuando lo descubría se castigaba orando de rodillas durante horas y había que levantarlo a la fuerza para que comiera algo y descansara.

Santos trató de ocultarle, mientras pudo, las violentas jornadas de mayo, no solo la quema por las turbas de la casa de profesos de los jesuitas en Madrid, sino el saqueo y destrucción del templo y la casa provincial de los carmelitas, donde él tenía amigos entre los frailes que habían pasado por el convento de Matanzas. Ni siquiera le habló de aquel exaltado que lanzaba por los balcones, tomo a tomo, la Enciclopedia Espasa, pues seguramente contendría muy peligrosos escritos de los frailes y convertía cada volumen en un pesado proyectil dirigido – a quién mejor- a la Plaza de España.

Fue imposible aislarlo de tantos fieles alarmados que querían montar guardias día y noche ante la parroquia y repetían lo leído en los periódicos tradicionales y respetables, sobre todo los datos más macabros. Los anarquistas habían penetrado en la casa de las Mercedarias Calzadas de San Fernando en Madrid, no les había bastado con destruir a su paso muebles antiquísimos y quemar obras de arte, habían abierto los sepulcros de la cripta y sacado de ellos restos momificados o medio descompuestos y los habían llevado en sacrílego triunfo por las calles, revestidos con casullas, dalmáticas, roquetes y sobrepellices y hasta con hábitos y tocas de profesas. Aquello, según cierto bachiller despavorido, era peor que la entrada de los bárbaros en Roma. El fin de los tiempos estaba cerca.

Manuel estuvo veinticuatro horas en silencio, de cara a la pared. Lloró hasta quedarse sin lágrimas. Santos logró moverlo ya de noche e intentó hacerle tomar algo. Sin mirarlo, su hermano se inclinó sobre la escudilla de judías y comió exactamente tres cucharadas, tras la tercera prorrumpió en alaridos y la lanzó con tal fuerza que se estrelló contra el fogón de piedra: había visto los ojos arrancados de las monjas flotando en el caldo y haciéndole guiños indecentes.

—¡Condenados! – gritaba- en medio del tenso silencio de la medianoche- Todos estamos condenados, por no escuchar la voz de Dios a tiempo.

Su presencia era insufrible de día. Reclamaba cerrar el templo con trancas y cerrojos para que no entraran los saqueadores. Pedía consumir el Santísimo o esconderlo en alguna cueva para evitar que lo profanaran, hasta que caía exhausto y se dormía, pero no por mucho tiempo.

Una de las noches soñó que estaba en el Convento de San Fernando y veía abrirse en la noche los sepulcros de las religiosas y que ellas pretendían arrastrarlo a una danza. *Ahora solo podemos danzar y danzar. Ya pasó el tiempo de buscar indulgencia.* Y de una fosa se alzaba la mismísima María Vera, con el hábito de Hija de la Caridad. Tenía mordido el rostro por la lepra del sepulcro, pero los ojos le brillaban con ferocidad bajo la toca blanca, que tenía manchas oscuras. *No hiciste lo que debías. Huiste de La Causa. Ahora te han dado la espalda. Ni en el purgatorio te quieren. Baila con nosotras hasta que te lleven al infierno.*

En otra ocasión soñó que estaba en casa de las Vera en Matanzas. Era después de la muerte de María. Había ido solo de noche y la calle estaba llena de gente que huía o procuraba esconderse de los guardias de Machado. Tuvo que llamar muchas veces al portón, por fin le abrió Elvira. *¿Tú aquí? Te fuiste y nos dejaste abandonadas. Yo tuve que rescatar con mis propias manos a María del cementerio porque mi sobrino el senador y los de la porra querían robársela y echarla al río. La traje para acá y ahora la cuido junto con Florinda y Adelina.* Elvira estaba más pálida, pero tenía los labios y las mejillas pintados con un carmín intenso, quizá hacía años que no se arreglaba el cabello, porque lo tenía tan largo que arrastraba por el suelo, de un color entre marfil y cenizo y alborotado alrededor del rostro. *Ya no nos quieres, pero voy a enseñarte.* Con una mano artrítica de uñas muy largas y afiladas se aferraba a él y lo conducía hasta la cama donde la hermana yacía. *Está igual pero no me han dejado maquillarla.* Él se inclinaba sobre el cuerpo yacente y veía que tenía un tinte verdoso y grandes agujeros donde debían estar los ojos, de los que brotaban gusanos. A pesar de que el cuarto estaba lleno de azucenas y sobre la cama había un pebetero con incienso, el olor era insoportable. No sabía qué decir, hasta que tímidamente pudo articular: *¿Para qué la has traído?* Ella lanzó una carcajada de burla y del fonógrafo que tenía a su lado comenzó a brotar aquel bolero siniestro, tan popular, según recordaba, en ciertos bares de Matanzas:

—*En una horrenda noche hizo pedazos*
el mármol de la tumba abandonada,
cavó la tierra y se llevó en sus brazos
el rígido esqueleto de su amada.

Él se sentía peor mientras sonaba aquella letra sacrílega y para que detuviera el aparato le decía que tenía hambre y sed, pero ella le aclaraba que serían las muchachas las que vendrían a servirle. Entonces las descubría tras él, sucias, arrugadas, también en hábitos religiosos que apestaban a humedad, provistas de unas claves y un güiro, completaban a coro aquel bolero funesto:

—*Ató con cintas los desnudos huesos*
el yerto cráneo coronó de flores
la horrible boca la cubrió de besos
y le contó sonriendo sus amores.

Intentaba protestar, pero Elvira lo miraba muy fijamente como amenazándolo. *Quédate en España, no me vas a quitar a mi hermana otra vez. A ti y a Pastor les van a dar por allá lo que se merecen.*

Una vez, como en su infancia, despertó entre gritos y dejó el colchón empapado en orines. Santos soportó aquello alrededor de un mes pero Manuel no mejoraba y la parroquia iba a la deriva. Escribió a sus padres para advertirles y el 15 de junio siguiente, un día hermoso y sin nubes, entraban en Toral. El enfermo parecía tranquilo. Allí lo dejó y regresó a Campelo. Solo dos días después se supo que el cardenal Pedro Segura, arzobispo de Toledo y

Primado de España, quien retornó de Roma sin permiso de las autoridades, había sido detenido por los republicanos en una casa religiosa de Guadalajara y obligado a exiliarse de nuevo. Nadie se atrevió a comentarlo con Manuel.

3

El 12 de agosto había caído sobre Matanzas una tensa calma. Quizá los pregoneros que pasaron antes del amanecer fueran los mismos de siempre. Después de las siete de la mañana muy pocos transitaban por las calles. Acaso alguien se aventurara a recorrer unas cuadras en busca de una botica abierta. Hubo quien dijera que las campanas de la catedral eran las únicas que habían llamado a misa ese día, pero hasta eso fue puesto en duda. Ni policías ni opositores en las cercanías del Parque de la Libertad, solo el sol y algún mendigo incorregible.

Ese día no llamaron a la puerta el lechero ni el panadero. Elvira desayunó un poco de café y un par de galletas que encontró Adelina en la alacena. Ninguna de las dos se atrevió a comentar que tenían un indiscutible olor a cucarachas. No había otra cosa. La Señorita – así la llamaban ahora las muchachas- se detuvo un instante como era habitual ante el Sagrado Corazón de la sala. Volvió a pedirle un poco de paz para este país enloquecido, porque ya había vivido tanto que no tenía sentido reclamar salud. Pronunciaba ya *En vos confío* cuando la sobresaltó el toque en la puerta, quien llamaba no lo hacía con mucha fuerza pero sí con harta impaciencia. Abrió ella misma y se sorprendió al ver en el umbral a su sobrino senador y su esposa disfrazados. Si él no se veía demasiado extraño con la guayabera, el pantalón de montar y las botas, el sombrero de yarey que traía encajado hasta los ojos lo hacía parecer un personaje del teatro bufo, mientras que ella, con el vestido floreado, los collares y pulseras multicolores y el pelo recogido bajo un turbante, era lo más semejante posible a una adivina de feria.

—¡Vaya! ¿Donde es el baile de máscaras?

—Déjanos pasar – replicó con brusquedad el político y Elvira comprendió en seguida que estaban muy asustados.

Ellos se negaron a sentarse. Con la mayor economía posible de palabras, el sobrino la impuso de la situación:

—Me han avisado que el General piensa irse antes de que se acabe el día. Y entonces vendrán los problemas. Aquí somos demasiado conocidos y no queremos arriesgarnos. Nos vamos a La Habana donde es más fácil pasar inadvertidos y, en cuanto podamos sacar unos pasajes en Pan American, nos iremos a New York por un tiempo, hasta que todo se calme. Probablemente la chusma asalte las casas, así que guárdanos estas joyas hasta que podamos regresar…

Estaba sudoroso y sofocado, como si hubiera corrido las dos cuadras que había entre su casa en Milanés y la de Manzano. La esposa no hablaba, pero hacía extrañas morisquetas con ojos y boca, como si le fueran a dar convulsiones, aferrada a una jaba de yarey donde estaban sus tesoros.

—No te preocupes. A ti no te sucederá nada.

Elvira, a pesar suyo, se sintió tan nerviosa que comenzó a reírse a carcajadas.

—Claro, ¿a quién le importa una vieja de mierda? – y se retorcía de risa- Déjenme las cositas esas, yo se las guardo, prometo que no las voy a empeñar, aunque siga a café claro y galletas socatas…Y van muy elegantes…espero que a nadie se le haga sospechoso ese guajiro arrimado a una gitana de circo y viajando en un Chrysler reluciente hasta La Habana. No se olviden de retratarse delante del Capitolio – y no podía contener las lágrimas de la risa- a lo mejor hasta salen en la foto algunos de tus colegas huyendo por las escalinatas…

Al escuchar esto último, la mujer acompañó la mueca correspondiente con un estremecimiento de todo el cuerpo como si hubiera sino poseída por un espíritu demasiado inquieto y tiró de su marido, a quien la sorpresa le había torcido más el sombrero. Fue la señal para emprender la huida.

—Buen viaje –pudo pronunciar Elvira sin dejar de reír– que Dios los acompañe. Y no dejen de saludar de mi parte a Retama si se la encuentran por el camino…

Ellos no pudieron escucharla porque ya iban muy lejos.

La Señorita se dejó caer en la mecedora más cercana. Un par de minutos después la risa cedió. Pidió un vaso de agua y se lo tomó muy despacio mientras contemplaba el retrato de María con su hábito de profesa. Ella no había vivido para contemplar este día. Fue a su cuarto, se vistió sin ayuda y tomó un bastón. Era casi hora de almorzar y el sol castigaba más que nunca. Se colocó un enorme sombrero que hacía décadas permanecía en su caja encima del armario: una pamela con cerezas de cera y un inclasificable pájaro disecado. Se contempló en el espejo. Decididamente era un día adecuado para disfrazarse.

A pesar de las protestas, advertencias y hasta llantos de las muchachas salió a la calle. Las piernas fueron su único contratiempo para llegar hasta la capilla de los Paúles. Ya estaba cerrada o sencillamente había permanecido así desde el día anterior. Pensó en comprar unas rosas y llevarlas a la tumba de María, pero, al menos en su trayecto, no había encontrado ningún florista y el cementerio estaba muy lejos. Lo haría al día siguiente.

De pronto, una especie de rumor comenzó a salir con cada vez con más fuerza, de casa en casa. Las puertas se abrían de golpe. ¡*Se fue, se fue, se acabó de ir, coño!* La ciudad paralizada ganó vida de golpe. Todos se lanzaban al medio de la calle y se abrazaban. La Plaza de la Vigía en un instante fue colmada por una multitud ante sus ojos. Comenzaron a pasar autos descubiertos con jóvenes armados. Mientras la mayoría de sus ocupantes lanzaban consignas que no entendía, otros las subrayaban disparando sus fusiles al aire.

Le parecía estar en el cine contemplando el final de una película. Así, detenida en uno de los portales, vio cómo cruzaba corriendo la plaza un hombrecillo insignificante, perseguido por la multitud. Era un policía de la Secreta. Lo acorralaron allá, a la entrada del Teatro Sauto y lo liquidaron de un tiro; después observó cómo un grupo de hombres despeinados y sin camisa arrastraban el cuerpo hasta cerca del río, vertían gasolina sobre él y le prendían fuego. Como muchos de los que la rodeaban, comenzó a cantar el

Himno Nacional, aunque no lo hacía desde que era una colegiala lo recordaba perfectamente: *No temáis una muerte gloriosa...*

Antes de llegar a casa se detuvo a mirar cómo rompían las puertas de una residencia de la calle Medio y volaban a la calle otomanas, lámparas de pie y un enorme jarrón de Sevres que se hizo añicos en el medio de la vía, mientras unas negras se marchaban triunfantes con colchones en la cabeza y cubiertas con tapados de pieles de zorro. Tras ellas surgió nada menos que don Cleofás, cargado con un gran filtro de loza inglesa adornado con motivos cinegéticos en azul. Era tan grande la pieza que le dificultaba la visión y sus piernas torcidas lo hacían tambalearse más de lo común. Pasó junto a ella y hasta tuvo la sensación de que la había mirado de soslayo, pero se alejó muy rápido. Tan extraña, tan propia de un sueño le pareció la escena, que tropezó con un grupo de estudiantes del bachillerato, alborozados y confianzudos:

—Vieja, cuidado no se vaya a caer. Mire que hoy al que le toca caerse es al gobierno...ah y rece por nosotros...

—Claro que lo voy a hacer. ¡Viva Cuba libre!

El mayor del grupo la abrazó y ella sintió otra vez deseos de llorar.

Por primera vez en toda su vida llegó al hogar después de la una.

El huevo frito y las habichuelas se enfriaban en el comedor. Las muchachas habían encendido todas las velas que encontraron en la casa y estaban arrodilladas delante del retrato de María. Cuando la vieron entrar la abrazaron entre temblores.

—¡Gracias a Dios! ¿Estás bien? – atinó a decir Adelina con los mocos corriéndole por el rostro.

—Muy bien. Hoy sí vale la pena vivir en este país.

4

FRAGMENTO DE LA CARTA DEL RP. SANTOS MARTÍNEZ AL RP. PEDRO PASTOR BAUZÁ CM, 30 DE SEPTIEMBRE DE 1933.

«[…] No le pregunto por el via crucis de la Iglesia allá, porque este ha de ser similar a los que acá sufrimos. Por su misiva reciente he sabido que la comunidad de Paredes de Nava no ha corrido la terrible suerte de otros conventos del país, pero como nosotros, padecen los despropósitos de este gobierno que parece tener la misión satánica de destruir el catolicismo en España. Ahora esa nueva Ley de Congregaciones, que va adelante, a pesar de las protestas del cardenal Gomá y hasta de Su Santidad, viene a completar lo que iniciaron los incendiarios. Comenzaron por arrebatar a la Iglesia la tierra sagrada de los camposantos, entregándola a los ayuntamientos, que ni quieren ni pueden mantenerlos, luego han decidido expropiar desde los templos hasta los seminarios y ya se anuncia el cierre de nuestras escuelas. ¡No sé cómo la ira divina no cae sobre tanta infamia!

Esas circunstancias son, en lo esencial, la causa de los padecimientos nerviosos de mi hermano. Es cierto que ya venía muy afectado desde Cuba, porque en su cabeza se mezclaron el torpe rechazo a la santa Causa de Nuestra Señora y los sufrimientos y tránsito de la piadosa sor María de Jesús, más un gobierno incivil y criminal, aunque le llevara siquiera la ventaja al nuestro de no meterse en materia de religión…Lo que podía haberse mantenido como una tranquila melancolía o repentinos cambios de humor derivó en locura furiosa apenas supo Manuel de la quema de conventos y las numerosas profanaciones de aquellas jornadas que él interpretó – tal vez demasiado al pie de la letra- como el inicio del Apocalipsis.

El amor de nuestros padres y especialmente la santa paciencia de nuestra anciana madre, lo han ayudado a compensarse gradualmente y volver a un estado de casi normalidad. Al parecer ya no retornarán los días en que se golpeaba la cabeza con la pared, lanzaba las escudillas de alimento contra el suelo y gritaba toda la noche para espanto de la familia y los vecinos. Tratamos, eso sí, de no referirle malas nuevas, ni de aquí ni de Cuba, o si pregunta con insistencia se le suavizan al máximo las circunstancias.

Hace unos días llegó una carta de Cuba, de un amigo suyo que no sé si usted conocerá: el presbítero Amaro San Román, uno de los fieles devotos de La Causa. Relata muy vivamente los últimos sucesos de allá: la huida del presidente de la República, los desbordamientos de la plebe, que se tomó la justicia por su mano durante varios días, saqueando y matando, aunque nada han tenido que sufrir la jerarquía y los religiosos. En escasos días ha habido un gobierno provisional, un golpe de estado militar, otro gobierno que casi nadie apoya y un estado de confusión general que no parece que vaya a resolverse en los próximos meses.

De La Causa, ningún progreso aparente. Los de la congregación suya la dan por enterrada. El obispo de Matanzas no quiere oír hablar de ella y aunque Amaro asegura que su ordinario, el de Camagüey, diócesis en la que ahora está incardinado, un prelado gallego, muy devoto y misionero, lo ha escuchado con interés y hasta ha leído algunos de los fascículos de la *Vida de María* que usted copiara en su día, no parece animarse a promover y difundir el asunto. Con el de La Habana no se puede contar, ahora mismo está fuera del país, como le aconsejaron, por temor a que lo agredieran si retornaba muy pronto dada la amistad harto íntima que tenía con el tirano depuesto, pero aún si retornara, siempre ha sido indiferente a nuestro asunto y para colmo, Chaurrondo y compañía gozan de su aprecio y él los escucha en todo. Por ahora no creo que sea posible otra cosa que orar y aguardar...

[...]

He debido esperar al total restablecimiento de Manuel para presentarlo al obispo de esta diócesis, quien a su llegada ofreció darle un destino. Por ahora sigue en Toral, en reposo. Ha repasado con mucho interés varios libros de devoción que guardaba desde tiempos del seminario como la *Imitación de Cristo,* la *Introducción a la vida devota* de san Francisco de Sales y muy especialmente la *Vida* y otros escritos de la Santa Madre Teresa de Ávila, de la que es muy devoto.

Se muestra pacífico y cooperativo y con unas píldoras que le ha recetado un facultativo de Villafranca ha mejorado su ánimo. Quizá el mes próximo sea posible que comience a celebrar misa diaria en privado. Nada he hablado con él sobre la posibilidad de retornar a aquella Isla porque temo que ese asunto lo intranquilice y preferiría que permaneciera acá largo tiempo para poder asistirlo si cae en otra crisis.

[…]

La hermana de sor María vive aún, contra todo pronóstico pues se suponía que su grave enfermedad del corazón haría breve su existencia y bajaría al sepulcro antes que su hermana. Cuenta el padre Amaro que le han referido que hasta la han visto caminar por la calle y que, aunque aseguran que tiene un aspecto muy raro – con los cabellos sin componer y el rostro untado con una especie de albayalde y carmín que le dan el aspecto de una máscara- es de trato ameno y honra mucho la memoria de su hermana. Su edad es un enigma pero se mantiene muy vital y hasta pareciera que su salud en vez de decaer mejora, y eso que la familia no es particularmente caritativa con ella…Si le es posible, escríbale alguna vez, le dará mucha alegría…»

5

A la entrada del cobertizo, bajo la enredadera, el presbítero Manuel Martínez, que por ahora, convaleciente y en casa, es solo Manuelillo, disfruta la mañana y lee. No hace mucho la madre descubrió que pasaba más sosegado las jornadas si dedicaba el tiempo a los libros y salía a ratos a conversar unas palabras con el padre, que fumaba filosóficamente la pipa en un taburete, justo delante de la vieja carreta.

Ella decidió juntar ambas cosas, lo que sería mejor medicina que las píldoras. Cada día después del desayuno, si había buen tiempo, sacaba una butaca, último vestigio del mobiliario de sus bodas y con unos cojines estratégicamente distribuidos, quedaba listo el sitial del enfermo. Allí, como todo un canónigo, permanecía el tonsurado la mañana, mientras a su lado el anciano sacaba nubes y meditaciones de la cazoleta desportillada, él, agotada ya la lectura de su reducida biblioteca, revisaba los ejemplares que vecinos y amigos iban trayendo.

En una semana había dado cuenta del *Camino recto y seguro para llegar al cielo* del catalán Antonio María Claret quien fuera obispo en Cuba, libro que le pareció de muy ortodoxa doctrina y adecuado para gente sencilla, pero de título engañoso porque, si se mira bien, ni los mayores santos encuentran camino tan expedito para salvar sus almas. En otra despachó la *Guía de pecadores* de fray Luis de Granada, al que encontró mucha mayor sustancia, porque sus reflexiones sobre la oración son más que atendibles y se muestra como experto en la guía espiritual, aunque pone demasiados perifollos a su lenguaje, como quien se sabe predicador estimado y bien retribuido.

Luego debió conformarse con una *Vida de Cicerón* que le prestó un bachiller y de la que refirió a su padre que no era menester gastar tanta tinta para informar a los lectores de que hombres de mucho estudio y lengua de oro podían tener almas torcidas y un fin desastroso. Eso de «*O tempora, o mores!*» valía para todos los tiempos pero si había terminado sus días como un san Juan Bautista pagano y atormentado póstumamente por la tal Fulvia que al parecer era más bruja que Herodías, en buena medida se lo había buscado. Tal juicio pareció tan justo a su padre, que salió de su habitual silencio para asegurar que políticos hijos de puta había habido muchísimos desde el inicio de los tiempos y que los más peligrosos eran los que hablaban bonito, porque confundían más a la gente, como sucedía con el Niceto ese que ahora se sentaba en la silla del rey y predicaba a gusto en el Ateneo pero no era capaz de cuidar ni un rebaño de cabras por lo que este reino se estaba yendo al mismísimo diablo y escupió en tierra como si hubiera olido muy cerca los azufres del Maligno.

Unos días atrás había pasado el párroco a saber de él. Era miércoles, lo recordaba, cuando lo vio venir hacia la huerta a grandes zancadas.

—Buenos días, Reverendo, ya tiene mejor cara. No hay como la comida de la casa de uno y el vino de la propia comarca para recuperarse. Siga tomando sus remedios a ver si para el mes próximo ya puede echarme otra vez una mano con la parroquia. No se ande con mucha penitencia y coma carne, que con acelgas y habas se llena el vientre pero eso no llega a la sesera. Lo que falta a Su Merced es alimento sólido y trabajo, que al que trabaja no lo mira el diablo. Acuérdese de san Juan de Dios, que era santo grandísimo, pero no sabía qué hacer con su vida por lo que le dio por romper cosas, andar desnudo y lo corrían a pedradas los muchachos. Cuando se aplicó a servir en el hospital, no hizo más disparates y no paró hasta los altares. En otro momento Martínez se hubiera enfurecido con aquella cháchara, pero ahora lo hacía sonreír, más aún cuando el párroco le ofreció su regalo del día, un libro viejo y desportillado.

—Hallé esto durante una limpieza en la sacristía. Parece que hace años cayó por accidente tras la cajonera. Quizá interese a Su Reverencia que se ocupa de cuestiones místicas.

En vez de detenerse en la ironía de aquellos términos, Martínez tomó el libro ofrecido. Había perdido hacía mucho la cubierta pero estaba tan bien cosido que las hojas no se habían separado. Estaba mordido en los márgenes por ratones de diversas épocas y sobre la portadilla había pardos goterones de cera demostrativos de que alguna vez había servido de palmatoria. Era posible adivinar todavía en la portadilla el nombre del autor, un tal fray Pedro Malón de Chaide de la Orden de San Agustín. El título era tan extenso y enrevesado que ni el escritor podría recordarlo sin esfuerzo: *Libro de la conversión de la Magdalena, en que se ponen los tres estados que tuvo de pecadora, y de penitente, y de gracia, y fundado sobre el Evangelio que pone la Iglesia en su fiesta*. Haría un poco más de ochenta años de su impresión en Madrid, pero tan trajinado estaba que cualquiera le hubiera atribuido cuatro siglos de existencia.

Entró el visitante al hogar, diz que para interesarse en el reuma tan rebelde del padre y dejarle unas unturas preparadas por el boticario, lo que era una verdad a medias porque en realidad quería prevenir a la familia, sin que lo escuchara el sensible Manuelillo, sobre los graves sucesos de la «revolución de los rojos» en Asturias.

—La Cámara Santa de la catedral de Oviedo – vociferaba y gesticulaba, a pesar de no querer trastornar al lector- la destruyeron con dinamita esos desmadrados, y ni hablar de la Universidad…y cosas parecidas han sucedido todavía más cerca, en la mismísima ciudad de León y en Palencia – la madre se hacía cruces mientras vigilaba el puchero en el fuego-. Esos salvajes otra vez incendiando conventos. Han matado al director del Colegio Marista, que era mi amigo, un religioso de los de verdad. Dicen que formaron un Ejército Rojo como en Rusia y hasta empezaron a racionar los alimentos por barrios. Y los inútiles del gobierno en Madrid se han demorado una vida en enviar a los militares y hasta en acordarse de la legión de Marruecos. Los van a meter en cintura, pero hay que prepararse. Los republicanos expulsaron al Rey, soltaron la fiera y ahora no saben cómo sujetarla. Así que mucha oración, pero también hacen falta fusiles. Aquí no pueden pasar esas cosas.

Lloraba la madre ante el fogón donde estaba espumando un caldo y se secaba las lágrimas con el delantal lleno de manchas. Su silencio contrastaba con el del padre quien, poseído por estremecimientos incontenibles, no cesaba de maldecir a los rojos asesinos, a los republicanos imbéciles, a los monárquicos maricas y a todos los que querían acabar con España y las cosas más sagradas.

Mientras, afuera, envuelto en el primer sol de la mañana, Manuel volteaba las páginas del libro y si le parecieron bastante cargantes la dedicatoria cortesana, el proemio erudito revuelto de referencias donde se mezclaban Homero con san Jerónimo, Lucano con san Pablo, sin olvidar una *Diana* que desconocía y un *Belianís de Grecia* que no venía al caso, como si fuera una biblioteca revuelta en pública almoneda, y ni se dignó a detenerse en la colección de versitos laudatorios que le seguía, pero, como no lo reclamaba ocupación mejor, persistió en su revisión y no le pareció tan mal el inicio del tratado y especialmente esa consideración de «que las cosas que valen más que nosotros es mejor amarlas que entenderlas» y encontró deleitoso el comentario sobre el amor derivado de la Epístola de san Pablo a los corintios, mas fue un pasaje en especial el que le ganó de modo definitivo: «que el amado es señor de todo el amante y el amante se transforma en el amado». Mejor no lo hubiera dicho ni san Juan de la Cruz.

Ajeno a los ruidos de la casa prosiguió su lectura y apenas se dio cuenta de la parca despedida del párroco, ni de los ojos enrojecidos de la madre, ni siquiera cuando el padre se sentó a su lado e intentó serenarse con el humo de la pipa mientras seguía mascando maldiciones contra todo ser viviente, a la vez que el hijo acompañaba a la hermosa Magdalena por la resbalosa senda en que iba a perderse, como cualquier chula en feria, cuando comenzó "a gustar del billete y de la guitarrilla y del sarao y conversación, del paseo y fiestas y músicas".

Ya no podría detenerse – salvo para las necesidades más perentorias- hasta el final del libro y hubo partes sobre las que volvió una vez y otra, hasta aprenderlas de memoria, como aquellas glosas del salmo 88, el preferido de la Santa de Ávila, *Misericordias domini cantabo* que repetía como oración lo mismo en el gallinero que en la mesa, en la letrina y mil veces en la cama antes de quedar dormido, hasta que también la aprendieron por fuerza los padres y ciertos visitantes asiduos que alababan en todas partes la sabiduría de ese Manuel que venía de Cuba y era capaz de inventar oraciones muy valiosas y apropiadas a las circunstancias que este valle de lágrimas español estaba viviendo.

—¿Por dó comenzaré, bondad inmensa,
este mar de mercedes que me diste,
pues es el comenzalle hacerte ofensa,
siendo infinito lo que en mí hiciste?
Yerra por cierto quien contallo piensa.
¿Pues callaré? No, no, que amor resiste,
y dice el alma, puesto que no hay cabo:
Misericordias Domini cantabo...

6

La casa donde residían los Padres de la Misión en Paredes de Nava era una construcción palaciega que debía tener más de tres siglos de existencia, con su portada herreriana donde encajaba el enorme portón hecho con maderas de América y guarnecido por grandes clavos de bronce. Encima, raspado por el tiempo y las lluvias, se destacaba el blasón de sus propietarios originales.

Una cabeza de león sostenía la poderosa argolla del llamador. Manuel golpeó con discreción aunque sentía el deseo infantil de gritar como en las comedias de Lope: *¡Ah de la casa!* El portero acudió casi enseguida y lo condujo a una galería donde el padre Pastor leía el breviario frente a un extenso patio interior sembrado de jazmines, claveles, un par de naranjos y muchísimas hierbas aromáticas.

Ambos lloraron al abrazarse. Los dos confesaron que por años habían temido no volver a encontrarse en este mundo. Martínez fue breve al relatar las vicisitudes de su retorno, la enfermedad que lo sumió por más de un año en las tinieblas y cómo la paz del hogar, las buenas lecturas y la meditación iban sanándolo. Sabía que su hermano había escrito más de una vez al religioso con los detalles. Ahora había podido volver a Campelo para continuar como cooperador voluntario en la parroquia, aunque el ilustrísimo obispo de Astorga había prometido darle un destino como coadjutor en otra, no lejos de la familia.

Observó que Pastor no había envejecido demasiado, tenía nuevas arrugas en el rostro pero se mostraba más ligero en sus movimientos, más resuelto en el andar y en vez del rictus de amargura que recordaba siempre presente en sus labios, ahora lo veía tranquilo y sonriente.

—Tendré que agradecer el resto de mi vida a los que me hicieron la vida imposible en Matanzas y La Habana. Procurando resistir y refrenar sus maledicencias y sus bromas torpes, estaba comenzando a parecerme a ellos. Al final ya no estaba centrado en mis deberes, sino en defenderme de sus ataques. Me empeñé en la vana idea de que yo debía permanecer en Cuba a toda costa.

Todavía un par de años después de retornar a este país seguía pensando lo mismo. Tarde pero bien he aprendido que el Señor puede convertir en bálsamo lo que otros nos administran como ponzoña. La decisión a la que ya habían inclinado al Visitador en Madrid era a destinarme a esta fundación, apartada de los sitios que ellos consideran importantes y propicios para cualquier ascenso. Solo les faltaba haber encargado ya la losa para mi sepulcro. Lo prepararon todo para que me olvidaran y lo lograron, lo que no saben es cuánto bien me hicieron.

Contó a su hijo espiritual que la fundación de los Misioneros en Paredes databa apenas de 1897. Aunque era una ciudad muy religiosa, bastaron diez años para saber que el colegio no prosperaría, había otros bien establecidos y el nuevo sufría por la escasez de matrícula. Llegaron a pensar en marcharse, pero doña Patricia, la benefactora, los socorrió en más de un apuro.

Cuando llegó él ya no existía el colegio, pero el vicario y varios párrocos los impulsaron a crear un amplio plan de misiones populares y eran invitados muy frecuentes a predicar en las principales fiestas, lo mismo daba que fuera Pascua, Pentecostés o Corpus o que las comunidades celebraran el gran día de la patrona, Nuestra Señora de Carejas – el ocho de septiembre, como allá en Cuba la de la Caridad- y luego la de los Benditos Novillos, o la solemnidad de San Sebastián el 20 de enero, con misa, sermón y procesión en la que se llevaba en andas la imagen del hermoso guerrero traspasado por mil saetas, sin olvidarse del tiempo que tomaban el acompañamiento a la Cofradía de la Vera Cruz y las conferencias de las camareras de Santa Eulalia, entusiastas y generosas como las que más.

—En esta casa vivimos unos pocos, casi todos viejos y sin ambiciones, así que las intrigas y los traspiés aquí no abundan. Todos tenemos manías, pero se trata de dejar a cada uno su espacio, físico y espiritual. Creo que hasta me han quitado años de encima, ya no tengo que hacerme el distraído, ni el inválido. Puedo caminar leguas en una misión o hacerme cargo de grandes tandas de confesiones. Hay tiempo para el reposo y el cultivo de la vida interior.

Hoy no temo al que se sienta a mi lado en la capilla o en el refectorio. Los de la provincia pasan poco por acá, creo que no enviarán jóvenes, sino que apuestan por que nos vayamos extinguiendo para cerrar la fundación, porque deja casi las rentas exactas para mantenerse pero no contribuye a la comodidad de los pretenciosos de Madrid. A veces sueño con Matanzas, con la casa de la calle Manzano, como si volviera a llamar a esa puerta y María misma me abriera y nos sentáramos ante el cuadro de la Inmaculada para otra plática espiritual. Pero todo eso es el pasado.

Martínez no tenía en realidad nada nuevo que contarle respecto a La Causa. Pero no pudo evitar evocar los últimos días de María, la hostilidad de la familia, la dolorosa esquivez de la mayor parte de las Hijas de la Caridad y el sorprendente cambio del obispo matancero que había dado la espalda al asunto. Él también procuraba sanar de las heridas que tales cosas le provocaron en el alma.

—Recuerda al profeta Isaías: «Tus caminos no son mis caminos, así como dista la tierra del cielo, así distan mis caminos de los tuyos». Me ha ayudado mucho meditar eso. Yo creía que mi misión en esta vida era ser una especie de apóstol allá y hasta mi último aliento. Dios dispuso otra cosa. Para Él nada es imposible y si es su voluntad, cuando lo entienda, hará resurgir La Causa, con nosotros o con quienes decida. Recuerda aquella religiosa concepcionista, la madre María de Jesús de Ágreda, quería evangelizar en Las Indias, pero estaba acá, en clausura y le fue permitido hacer ambas cosas a la vez: muchos la vieron predicar de modo muy encendido a los indígenas de México, cuando no había pasado más allá de la portería de su convento. Todavía hay quien niega tales dones maravillosos, por eso mujer tan santa, casi tres siglos después, no pasa de Venerable, pero dejó escritos de muchísimo valor como su *Escala ascética* y su *Vida de la Virgen María*. Como a nosotros parece que no se nos va a conceder ese don que llaman de la «bilocación», hagamos bien las cosas acá y ya Dios proveerá para aquella isla tan hermosa y tan desdichada.

La alusión a las desdichas motivó a Manuel a relatarle lo que sabía sobre la huida de Machado y también las noticias dispersas que le habían llegado: los gobiernos no se estabilizaban, se sucedían presidentes que apenas duraban unos días y unos militares fueron desplazados por otros, tan rapaces y criminales como los anteriores, la miseria general era lo único que parecía estable allá. Muchos de los sacerdotes españoles que había conocido allá estaban retornando, solo que para encontrarse con cosas peores.

—Sé que te ha hecho harto daño esa brutalidad de la quema de conventos que fue como la fiesta con fuegos de artificio con que la República se festejó a sí misma. No ya los cristianos, la gente sencillamente honrada debería sentir vergüenza por esos crímenes. Aquí uno de nuestros padres estuvo una semana de cara a la pared llorando cuando supo de la destrucción de nuestro colegio en Barcelona y del fusilamiento de varios de los padres de nuestra comunidad, mientras el Visitador – dicho sea de paso- ponía pies en polvorosa, como tantos de los apóstoles durante la Pasión. Hubo que ordenarle por obediencia que comiera y cumpliera con sus obligaciones. Si nosotros que debemos traer la luz a este caos nos entregamos a la desesperación le hacemos un gran favor al demonio…

Un caracol terrestre comenzó a cruzar la galería no lejos de los conversadores. Martínez se distrajo un instante con su andar silencioso y tenaz, Pastor se dio cuenta e interrumpió su discurso.

—Parece que ha perdido su camino, no es el único en estos tiempos – y retomó su disertación-.La Iglesia se ha asentado a lo largo de la historia sobre los mártires: primero los apóstoles, luego los de las catacumbas romanas, los misioneros en distintas partes del mundo, las víctimas de los herejes y de los protestantes…Cuando pasa un gran tiempo sin mártires, nuestras jerarquías se acomodan, pactan con los gobiernos y se dedican a sus compromisos mundanos, se hacen devotos de los poderosos, confían en el dinero más que en la cruz. Ahí tienes al cardenal Segura, el Primado de España, estuvo muy mal que el desgobierno de Alcalá y esos imbéciles lo expulsaran, pero dime, ¿qué bien hacía ocupándose en ese asunto de la venta secreta de los bienes eclesiásticos para convertirlos en bonos y letras de cambio en el extranjero? Parecía un banquero de Estados Unidos y no un pastor. En vez de confortar a los abatidos y dar de comer a los necesitados sus preocupaciones principales eran poner a salvo todas las riquezas posibles y echar un pulso con el gobierno, a ver si con ayuda del Papa lo tumbaba.

Martínez estaba sorprendido. Pastor hablaba en voz baja, sin exaltarse y exponía las cosas desde un ángulo que él no había descubierto antes.

El caracol en vez de buscar un modo de retornar al jardín se aproximaba con lentitud, pero sin pausas, hacia ellos.

—No hay que caer en eso de satanizar al enemigo. Es muy sencillo decir que somos los buenos y los que se nos oponen son seres infernales que deben ser exterminados. En ellos deberíamos reconocer nuestros propios errores: quienes animan esas algaradas son intelectuales muchas veces educados en colegios religiosos donde no vieron precisamente ejemplos de santidad y se valen de los campesinos ignorantes, de los obreros con hambre, de los mineros que quieren hacerlo saltar todo por los aires, porque nadie decente los ha mirado como personas. Fallamos como misioneros, muchas veces hemos predicado mal porque ha faltado el ejemplo y hemos sido maestros de librito pero no de vida. Eso no justifica ciertos horrores, pero nos advierte de la presencia de ese mal invisible que se nutre de nuestras debilidades, de nuestros miedos.

Por tanto, no puedo estar de acuerdo con los que quieren arrastrarnos a sus causas; nuestro objetivo es cristianizar España, no devolvérsela a Alfonso, que no la supo gobernar. El asunto no es declararse ahora monárquico, ni de la CEDA, ni de la JONS, ni de los exaltados esos de la Falange, ni resucitar el carlismo con sus requetés…La piedad no se impone a golpes y en ninguna parte del Evangelio se dice que levantes la mano como Caín contra tu hermano.

Le hacen un flaco favor a la Iglesia los frailes que ocultan fusiles en los sótanos de sus conventos, lo que dicen a los jóvenes que formen sus milicias para tomar venganza de los republicanos y, peor, los que quieren usar la espada para traer más guerra, más caos, sin saber que están soltando a Barrabás, no honrando al Redentor. Ante todo hay que predicar paz con san Francisco y servir a los pobres como nuestro padre san Vicente. Si nos toca ser mártires será por voluntad del Cielo. Aunque a casi todos nos suceda que eso del martirio nos parece bien para el *Flos sanctorum* y para los libros de apologética, pero no queremos perder la propia piel como san Bartolomé…

El caracol acababa de encontrar un obstáculo demasiado grande para su estatura: un pie del anfitrión. Para sorpresa del visitante, este lo levantó del suelo y lo colocó en la palma de su mano izquierda.

—Aquí tienes un caracol terrestre. Si mal no recuerdo su nombre científico es *Helix aspersa*. No es una especie comestible, como las serranas de Valencia y los *escargots* de París que los pretenciosos buscaban como manjar de reyes, servidos con mantequilla, ajo y perejil. Este es un misterio de la Creación, no es comestible, carece, al parecer, de toda utilidad o, peor, su única ocupación es devorar las plantas del jardín hasta dejarlas hechas una lástima y se reproducen en cantidades asombrosas. Por eso los jardineros los exterminan con sal o con cal, o sencillamente les dan un pisotón. Pero sería muy irresponsable quien, para tenerlos a raya, soltara culebras en la huerta o se dedicara a criar gavilanes. No hay que atacar unos males con otros mucho más peligrosos.

Se puso de pie y con extremo cuidado depositó el molusco en la tierra, a la sombra de un jazminero.

—Ve con Dios, hijo.

La campana llamó al almuerzo. Pasaron al refectorio.

Un anciano desde la cabecera pronunció la bendición con voz nasal y estridente. Evidentemente era sordo. Manuel y Pastor estaban en el otro extremo de la mesa. El mismo hermano cocinero servía a los comensales: primero un plato de espinacas, hervidas y salpicadas de aceite, luego un bacalao revuelto con garbanzos y acompañado por patatas asadas en la lumbre. No había vino. Al final se sirvieron las mantecadas de Astorga que Manuel había llevado como obsequio. El anciano del extremo cortaba con los dedos pequeños trozos y los remojaba largamente en la boca para desleírlos pues no tenía dientes, su satisfacción infantil se hacía notable por el hilo de saliva que brotaba por una de las comisuras de los labios.

Alzados los manteles, volvieron a la galería y el cocinero les trajo sendas tazas de café. Era un brebaje claro, amargo, evidentemente se trataba de achicoria.

—No es como el de Cuba, pero ya me he ido acostumbrando. Acá tenemos que vivir con más estrechez, las rentas no dan para mucho.

Manuel se puso de pie. Era preciso despedirse, no faltaba mucho para abordar el tren de regreso.

A pesar del calor y de las visibles dificultades que tenía para andar el padre Bauzá se empeñó en acompañar a su amigo hasta el andén.

Cuando ya se anunciaba el tren sacó del bolsillo una postal, era un grabado de la Santa María Magdalena, la escultura de Donatello, donde la mujer, representada como una anciana demacrada y casi desfigurada por las mortificaciones, tiene como único vestido sus larguísimos cabellos y se la tendió a su amigo.

—Me comentaste en una carta que habías leído con provecho *La conversión de la Magdalena.* Confieso que no conozco ese libro y que tampoco, a lo largo de mi vida, he tenido particular devoción a esa santa, quizá los predicadores la presentan en la primera parte de su existencia con tintas tan negras, que, a pesar de todas las penitencias posteriores, nos da la impresión de que no logró una santidad perfecta. Es que somos menos misericordiosos que Cristo, a veces tenemos más de fariseos que de cristianos, como me escribió desde su lejano destierro en Filipinas sor Benita de la Cal, una Hija de la Caridad que fue una de las primeras víctimas de La Causa. Ella me envió esta imagen junto con largas consideraciones sobre ella y el papel que cree que debe tener la mujer en la Iglesia. En Cuba era una monjita piadosa, allá se ha vuelto una misionera recia. De la injusticia sacó fuerzas para seguir adelante, en eso nos ha precedido.

El tren acababa de arribar y como era habitual los pasajeros que descendían tropezaban en las escalerillas con los que subían apresurados, a pesar de que se disponía de diez minutos de parada. Martínez guardó con cuidado la estampa en su mínimo equipaje y, a pesar de sentir un gran temblor interior, comenzó a despedirse.

—Padre, que Dios lo proteja de la violencia y de la guerra. Cuídese y ojalá podamos volver a encontrarnos pronto, acá o en Cuba. No pierda las esperanzas con La Causa.

Con toda solemnidad, Pastor quiso despedirse como si fuera de un compañero de congregación: lo abrazó tres veces y lo besó en ambas mejillas.

—Manuelillo, déjate de guerras, que tú eres un espiritual como san Francisco y la Magdalena. Cuídate y ve a donde el cielo te llame: si te quedas acá, pues sirve acá, si retornas allá, haz lo que puedas por amor a nuestra Madre Milagrosa y a la venerable memoria de sor María de Jesús. Pero, recuerda: La Causa es que se haga la voluntad del Padre, no la nuestra.

Manuel comenzó a llorar sin remedio. Pastor le estrechó ambas manos.

—Cuídate y no pierdas el rumbo como el caracol. Cuenta con mis oraciones cada día mientras viva. No creo que vuelva a Cuba, así que nos encontraremos aquí o allá…en el cielo. Vete en paz.

Las últimas palabras de su bendición fueron apagadas por el largo silbato que anunciaba que la locomotora iba a ponerse en marcha.

Manuel, desde su asiento, contempló aquella figura negra con la teja gastada y medio torcida, hasta que se perdió en la distancia. Puso ante su vista largo rato la imagen de la Magdalena y le pidió que intercediera por todos lo que erraban su camino en España y en el mundo.

7

Este año no hubo rosas amarillas, las preferidas de María. Elvira estaba segura que se debía a las ratas del vecino – sucio e incurable masón y machadista- que hacían túneles por debajo de la tapia e invadían los cimientos de su hogar. *Una noche las tres seremos devoradas*, repetía. Por fin decidió tomar cartas en el asunto. Ella todavía tenía fuerzas para decidir cosas importantes.

Había adelgazado bastante en los últimos años y se sentía más ligera, aunque tuviera que auxiliarse con un bastón. Su sobrino médico aseguraba que, a pesar de algún ahogo pasajero o fatiga de escasa duración, su corazón no parecía empeorar.

Esa mañana llevaba una bata fresca y amplia –era casi tres tallas más holgada de lo preciso- y sobre los cabellos largos, grises y enredados, se había colocado una pamela que había pertenecido a la esposa del senador y lentes ahumados que hacían equilibrio sobre la punta de su nariz. Parecía Amelita Galli Curci interpretando la escena de la locura de *Lucía* en una función al aire libre.

Durante unos minutos dirigió a Florinda que arrancaba las hierbas del cantero, hasta que ésta descubrió que el viejo rosal apenas tenía raíces. Se moría sin remedio porque bajo su tronco había una extensa familia de caracoles de tierra.

—¡Babosas! ¡Santo Cristo de Limpias! ¡Hay que eliminarlas a todas ahora mismo!

La muchacha le aseguró que la gente las mataba con sal o polvo de cal o sencillamente las aplastaba. Lo primero era riesgoso, pues si la tierra se contaminaba posiblemente murieran todas las plantas y lo segundo le daba mucho asco. Se fue a la cocina y retornó con la pinza del carbón y un balde. Fue tomando con el instrumento uno por uno los moluscos que pudo hallar y los depositó en el recipiente. Luego volcó el contenido sobre las brasas de una hornilla. Los caparazones crujían y reventaban uno tras otro. Un humo insidioso y repugnante llegó hasta la galería. Elvira torció la boca.

—Bien, al menos no volverán por ahora. Hay que resembrar el rosal.

Cuando Florinda se disponía a agrandar el agujero para enterrar más hondo la planta, aunque estaba muy escéptica sobre la resurrección de aquella enredadera espinosa que acribillaba los dedos, llamaron a la puerta. Adelina fue a atender y regresó con un sobre que entregó a la señora.

En aquella casa no era común recibir cartas. Elvira dio por concluida la sesión de jardinería y mientras Florinda iba presurosa en busca de un jabón de lavar y un frasco de yodo, ella se despojó de la pamela, cambió los lentes oscuros por los de leer y se dejó caer en una mecedora de la saleta.

Era indudable que la misiva iba dirigida a ella, pues era la única «Señorita Vera» no solo de esta casa sino de toda la calle, mas, así como faltaba su nombre, la dirección se reducía a «calle Manzano» sin más señas. El nombre de la remitente, trazado en la esquina superior izquierda con una letra grande e infantil: Sofía Valdés, más parecía una de esas identidades simuladas por los malos escritores de anónimos, aunque no era común que esas personas colocaran en el sobre una gran cruz en el anverso y otra en el reverso. Aquello parecía cosa de las series fílmicas de Fantomas que había visto en su juventud o de los folletines de Rocambole. Tomó un abrecartas y rasgó sin mucha delicadeza el sobre.

La carta estaba encabezada también por una cruz. *Parece una esquela mortuoria*, pensó. La caligrafía era la misma del exterior, digna de una ex alumna de colegio de monjas que no había conseguido ser adulta aunque le temblara ya un poco el pulso al empuñar la pluma de punto, como demostraba uno que otro pequeño borrón. Había sido fechada hacía pocos días en La Habana, más precisamente en El Vedado. «Muy señora mía...»- *¡Vaya, ahora soy señora!*- «Aunque no la conozco personalmente, me atrevo a dirigirme a usted, a quien Dios todopoderoso conceda gracia y salud y la Santísima Virgen asista...», etc, etc.

Elvira se saltó dos o tres líneas de salutación retórica, para comenzar a enterarse de la existencia de la señorita Sofía Valdés Infante, soltera y muy católica, favorecida desde su infancia con comunicaciones celestiales y el don de revelarlas al mundo a través de la escritura como atestiguaban los centenares o mejor, miles de cuadernos que había llenado con las palabras a ella dictadas por la Santísima Virgen, el Niñito Jesús, el arcángel Gabriel, sin olvidar otras de menos relevancia comunicadas por ánimas benditas del purgatorio a las que Nuestra Señora del Carmen había concedido por especial don abandonar por un instante su sitio de penitencia para revelarle asuntos que ella debía difundir a una persona en especial o a todos los creyentes e increyentes del mundo. *Pues no es demasiado modesta esta vidente.*

Fue saltándose por el camino varios *Deo gratias* y no menos *Ora pro nobis* y hasta un par de AMDG indescifrables para ella, hasta enterarse de que la piadosa Sofía tenía amistad – honesta, claro- con un hombre no menos devoto, el señor Juan Dalmau Treserra, cardenense avecindado en La Habana, pero que recorría toda la Isla, gracias a su labor como inspector de ferrocarriles. Este, en menor grado que ella, también en sus oraciones contemplativas había recibido algunas gracias, declaradas luego en páginas de prosa muy elevada y fuerte. Era él quien recientemente le había hablado de sor María de Jesús Vera, de sus penitencias y caridades y de los favores que recibiera del Altísimo, más aún le había dado a leer algunos fragmentos de su vida, copiados por el RP Pedro Pastor y le había comentado de la santidad de su tránsito a la vida eterna.

En los últimos tiempos, después de mucho meditarlo y ponerlo en las oraciones de ambos, habían sentido el justo temor de que La Causa de la Milagrosa pudiera perderse por falta de alguien que la promoviera y defendiera, por lo que, si al Reverendo Pastor, al que correspondería esta misión, no parecían sus superiores dispuestos a permitirle retornar, no sería desatinado pensar en quien fuera su sustituto como guía espiritual, aquel que cerrara los ojos a la piadosa mujer, el padre Martínez.

Él debería regresar, más ahora que su vida corría peligro en España, en medio de esa guerra donde los enemigos de la fe habían asesinado a tal número de sacerdotes y religiosas. Tanto ella como Dalmau estaban dispuestos a poner una parte de los recursos económicos para costear su regreso, mas como no eran ricos, quizá lo que dieran no sería suficiente por lo que reclamaban su colaboración, no solo con algún aporte personal, sino procurando el apoyo del clero, las religiosas y los devotos de Matanzas. Sería a la vez salvar la vida de una persona, salvar la Causa y poner en camino de salvación a muchas almas. «Aguardo con ansiedad noticias suyas, y pido hoy 23 de abril, en la festividad de san Jorge, que este le ayude a alejar cualquier asalto demoníaco y le muestre la ruta segura para llegar al Cielo. Suya…etc, etc». Y, desde luego, había otra cruz al final.

Elvira puso a un lado la misiva. La tranquilidad del día se había marchado. Tras la muerte de su hermana ella había sabido organizarse una existencia modesta y tranquila. Había dejado atrás las intrigas y zozobras de aquella Causa que desgastó a María, aceleró su muerte y la apartó de casi todos, familia, clero y hasta las mismas religiosas que debían haberla ayudado. Martínez era, sobre todo, un buen hombre, amigo leal y de una generosidad sin límites, como lo había demostrado junto al lecho de la moribunda, pero había en él un límite muy estrecho entre misticismo y locura. Se había tenido que marchar de Matanzas casi con camisa de fuerza. Nada hacía pensar que las circunstancias que vivía España hubieran contribuido a darle paz y sosiego. Si por un lado le parecía muy justo ayudarlo ahora que parecía estar en peligro, hacerlo reaparecer acá, avivar aquellas viejas heridas, renovar todas las viejas habladurías, eso parecía demasiado fuerte.

A la zozobra siguió la angustia, ella que había llegado a una difícil avenencia con sus parientes para conservar aquella casa y vivir modestamente el poco tiempo que le quedaba en este mundo, que ya no temía los desmanes del gobierno porque Machado se había ido y ahora se sentaba en la silla presidencial un tal coronel Laredo, que no era ni bueno ni malo, sino sencillamente insípido y a nadie quitaba el sueño, ella debía implicarse en esa guerra lejana y atroz, de la que apenas sabía por los encendidos editoriales del *Diario de la Marina*, esa que volvía a quitar la paz en las familias y entre los amigos, porque republicanos y nacionales andaban a la greña en todas partes, dispuestos a trasladar un pedazo de la contienda acá si no era que se decidían a irse allá para incorporarse a uno de los dos bandos en pugna. Y, en medio de ello, Martínez que regresaba y volvían las visiones, los reproches, las caras torcidas. Ella que había temido como amenazas mayores al inicio del día a las ratas y luego a los caracoles, ahora se encontraba con un dragón.

Que la mención del santo en la misiva le trajera a la mente aquella lejana fiesta en la Ermita de los Catalanes y sus teorías sobre la energía que el monstruo despedía y sus efectos, no contribuían a tranquilizarla.

Almorzó con desgano, a pesar de que Adelina había preparado el guiso de carne con habichuelas que era su especialidad dejó su plato casi intacto. Lo atribuyó al calor y al olor de los caracoles quemados que había impregnado la atmósfera del comedor. En la siesta no pudo pegar un ojo y en vez de merienda tomó los polvos para el hígado y adelantó la hora de las gotas de valeriana. Solo a media tarde pudo tomar una resolución.

Redactó una nota dirigida al padre Trabadelo, secretario – al parecer perpetuo- del obispado y hasta hacía poco vicario apostólico de la diócesis por el lamentable fallecimiento de Monseñor Severiano Saínz (RIP), hasta que fue consagrado, en ceremonia solemne – como aseguraba el *Diario-* su sucesor Juan Alberto de la Merced Martín y Villaverde, un habanero de apenas treinta y cuatro años, de cuya inteligencia se hablaban maravillas. Que ambos, secretario y prelado, decidieran lo que les pareciera oportuno y justo, porque ella era una vieja de salud precaria que no estaba para esos lances.

Puso en un sobre nuevo la carta recibida y su nota, pero no se ocupó de poner cruces en la parte externa. Ya sabría san Jorge proteger el asunto. Adelina fue la encargada de ir como emisaria al palacio episcopal y entregarla al secretario en mano propia.

Cuando la muchacha partió volvió a sentarse en la mecedora. El rosal se veía aún más triste. Tal vez los caracoles eran menos lesivos que las manos humanas. Y le puso música para que se animara.

La voz de Fernando Collazo pronto llenó la galería, el jardín y hasta se insinuó en la casa del vecino indeseable.

Una rosa de Francia,

*cuya suave fragancia
una tarde de mayo
su milagro me dio.
De mi jardín en calma
aún la llevo en el alma
como un rayo de sol.*

Otra vez el dragón había sido derrotado.

8

Desde la llegada del nuevo obispo, el padre Trabadelo tenía menos trabajo pero eso no lo hacía más feliz. Durante los últimos meses de vida de monseñor Saínz había debido encargarse de casi todo en la diócesis, nadie tenía experiencia y tacto como los suyos para organizar la agenda episcopal, evitar conflictos entre parroquias, dar la adecuada imagen de autonomía a las congregaciones religiosas, además de parlamentar cuestiones delicadas con las autoridades civiles, sin que el prelado, con la salud harto frágil y la razón intacta sintiera debilitada su dignidad.

Tras la consagración de monseñor Martín, con mucho incienso y más incertidumbre del presbiterado gracias a ese nuevo obispo de apenas treinta y cuatro años, por lo que podría gobernar otros tantos, con lo que ponía fin a las esperanzas de muchos aspirantes al solio, había debido fortalecer otras cualidades: humildad, discreción, silencio, que le resultaban las más difíciles.

Acostumbrado durante años a lidiar con un anciano de carácter fuerte y estilo pontifical *ancien regime*, muy emprendedor pero cada vez más desgastado por los años, ahora tenía que vérselas con alguien doctorado en Derecho Canónico en la Pontificia Universidad Gregoriana y que había hecho muy buenas prácticas como fiscal del Tribunal Eclesiástico de La Habana. En fin, sabía demasiado de derechos, precedencias y vínculos como para intentar argumentar con él. De razonamiento rápido y mucha capacidad de trabajo, no gustaba delegar demasiados asuntos y hasta se diría que apenas necesitaba un secretario de cámara para estampar sellos y archivar legajos. De todos modos él seguía conservando la prerrogativa de presentarle los asuntos en el orden que entendiera, de apresurar algunas gestiones y dejar dormir otras, aunque con mucho cuidado, no fuera que terminara pronto su carrera eclesiástica como el pájaro del pisapapeles, con las alas plegadas.

Precisamente bajo esa ave había colocado la carta y la nota que llevara Adelina. El envío le sorprendió. Hacía muchísimo que no tenía noticias de la señorita Vera y era justo decir que ella nada había hecho para desempolvar el asunto de La Causa, de modo que no pudo reprimir la curiosidad y echó a un lado el registro de abono de capellanías, cada vez más menguado en sus asientos desde que aquellas dejaron de tener amparo legal y dependieron solo de la piedad y el saldo bancario de los fieles. La nota, bastante seca para su gusto, le pedía que se encargara del asunto tratado en la carta, porque ella –la singular doña Elvira– nada podía hacer al respecto.

Aunque fue interrumpido hartas veces por tramitadores y solicitantes, pudo dar fin a la fastidiosa misiva, plena de esa retórica que deja adivinar tras ella a una mujer muy devota, obsesiva e insistente. Cuando dio fin al último pliego, dos tazas de café mediantes, su humor había cambiado. No era culpa de la señorita Vera. Ella, con mucha razón, no había querido sostener aquel avispero en sus manos y lo había transferido al momento a la autoridad correspondiente, pero un miedo ya olvidado había vuelto a nacer en su alma.

Era cierto que él había simpatizado con aquella Causa en fecha temprana, cuando el padre Pastor le trasmitió las primeras visiones y gracias recibidas por María, a quien defendió más de una vez de las burlas y maledicencias de otros tonsurados y había ayudado a inclinar el parecer del Ilustrísimo Severiano hacia la mujer de vida ascética que en último caso solo reclamaba algo muy semejante a lo que Nuestra Señora pidiera en Lourdes y en Fátima, pero tuvo el cuidado de mantenerse al margen cuando el delegado apostólico, el muy poderoso monseñor Caruana, de algún modo arrancó de raíz las buenas intenciones apenas nacidas.

Para colmo, los paladines de la tal causa habían obrado como elefantes en una cristalería. El reverendo Pedro Pastor, a fuerza de insistencia, se hizo fastidioso para el prelado y tal fue su obsesión con aquella iluminada que echó por la borda una valiosa ejecutoria y se ganó la befa de sus superiores y el destierro de la Isla. En cuanto al padre Martínez, aquel aldeano sencillo y cumplidor, había ido más allá y convertido el asunto en una franca locura. Sus últimos meses en Matanzas habían sido para el palacio episcopal como un huracán llegado sin aviso: tareas pastorales abandonadas o sujetas al viento que soplara en aquella cabeza, depresiones, monólogos interminables que ya nadie quería escuchar y, por fin, una furiosa demencia que hizo necesario alejarlo.

Ahora otra vidente todavía más pueril, acompañada por ese calambuco estrafalario a quien conocía de vista, pretendía traer de vuelta a don Manuel para que retomara tales manías. Pensó en romper la carta y echarla a la papelera, o quemarla junto con los documentos reservados, de hecho, volvió a colocarla bajo el pájaro derrotado durante varias horas y nada comentó al flamante Monseñor durante las dos ocasiones en que un campanillazo lo llamó a su despacho privado. Todo podía terminar allí.

Al final del día, había cambiado de opinión. Quizá influyera en su ánimo el artículo que acababa de leer en el *Diario de la Marina* sobre la persecución religiosa en la zona republicana de España. Si el verbo del articulista no fuera suficientemente enfático ahí estaban esas dos fotos que llenaban de espanto al ánimo más arrojado: el cadáver de la monja sentado en un banco, ya sin labios, ni nariz, ni orejas, como una aparición infernal, o la otra en que el cuerpo exánime de un sacerdote, con la sotana en jirones, colgaba del gancho de una carnicería. Traer de vuelta al padre Martínez no tenía relación con el respaldo a sus ideas – ya se le pondrían acá bridas a su fogosa imaginación- sino con un acto de elemental caridad. Él no podría cargar sobre su conciencia que el sacerdote corriera el mismo destino de otros que habían servido acá durante años y retornado a la Península por voluntad propia o por orden de sus superiores.

La mano que sostenía el diario le temblaba al pensar que cualquier demora podía ocasionar que aquel hombre, un poco tonto pero bueno, terminara frente a un pelotón de fusilamiento o en un suplicio más neroniano. La Iglesia tendría un mártir más y él iría derecho al infierno junto al anarquista Durruti o quienquiera que fuese el instigador del crimen.

Volvió a sopesar los papeles, los organizó con cuidado y se levantó para llevarlos al despacho donde el obispo todavía estaba trabajando. A mitad de camino se detuvo. ¿Por qué tanta prisa? Retornó a su escritorio y presilló sobre los documentos una hoja de memorando en la que rogaba a monseñor Martín valorar ese reclamo y su disposición a darle información adicional sobre tal asunto. Los colocó entre los asuntos que al día siguiente irían a primera hora a manos del prelado. De todos modos, no logró sentirse totalmente tranquilo. Quizá estaba ayudando a desatar otra tormenta sobre Matanzas.

—

9

La Guerra Civil comenzó en Toral de los Vados el 9 de julio de 1936, cuando todavía Joaquín Calvo Sotelo vivía en paz en su casa de la calle Velázquez 89 y desataba las iras de las izquierdas en el parlamento al reclamar para el caos republicano un gobierno corporativo como el del Duce.

En vísperas del diez de julio, fiesta de san Cristóbal, la parroquia ardió. Ni siquiera fue posible que las campanas tocaran a rebato, porque hasta al campanario llegaban las llamas y el viento llevaba las chispas hacia las cadenetas de papel de colores que adornaban la plazuela y estas prendían como si fueran largas enredaderas ardientes antes de caer al suelo hechas cenizas.

En la sacristía habían quedado guardados los cohetes que se lanzarían en la jornada siguiente tras la misa solemne y ellos estallaron como un polvorín bien guarnecido y atravesaron la techumbre para poblar el cielo con sus azufrados colores. El párroco pudo poner a salvo el Santísimo, algunos paramentos litúrgicos y poco más.

Cerca del amanecer, lo que quedaba en pie se desplomó con enorme estruendo. Sobre aquellos restos carbonizados se destacaba la hercúlea figura del Patrono, con su enorme bastón y el Santo Niño a cuestas. Estaba todo chamuscado y sin rostro, pero bastante entero. Los testigos gritaron que era un milagro. Los daños que había sufrido no eran tantos que un tallista y un pintor no pudieran remediarlos en unos días. Era el anuncio de que la iglesia volvería a surgir de sus cenizas y más hermosa.

Santos y Manuel se preguntaban, como el resto del pueblo, quiénes serían los culpables, porque, a diferencia de otros sitios, no había habido asedio de anarquistas, ni saqueos, ni amenazas de muerte. El propio párroco suponía que quizá todo había comenzado con alguna vela que quedara encendida ante la imagen de la Virgen de los Dolores, pues por esos días tenía más devotos en España de los que le era dable atender. Mas, para la mayoría de la gente eso era obra de unos enemigos sin rostro pero muy concretos y comenzaron a prepararse para la guerra.

También en el hogar de los Martínez habría un anticipo de la contienda. El padre desde hacía varios días se había vuelto apático y hostil. No se interesaba ya por dar una vuelta al gallinero, ni quería cerciorarse de que la leñera estuviera bien provista o si había que procurar más bellotas para el cerdo, ni siquiera le atraía llegarse al café para beberse un anís mientras se comentaban las noticias «de afuera». Pasaba el día sentado junto al fogón, en silencio, aunque mascullando a veces algo en su boca desdentada. Ni respondía a saludos ni atendía a consejos y allí, en ese mismo banco dormiría, si su mujer o uno de los hijos no lo obligaba a ponerse en pie, lavarse y hasta satisfacer sus más perentorias necesidades.

Así estuvo, tenido ya por lelo, hasta el once de julio, junto antes del almuerzo, cuando pasó por allí una comadre, a comentar con la esposa el reciente incendio.

—Las llamas llegaban al cielo –hiperbolizaba la visitante. Dicen que el resplandor se alcanzaba a ver en el pueblo de al lado. Los mozos fueron por agua a todos los pozos cercanos y al mismísimo río, pero tardó muchas horas en apagarse. De esa iglesia donde bauticé a mis hijos, se casaron mis padres y abuelos, ni hay una viga en pie. Un fuego así tiene que ser castigo del cielo – sentenciaba entre temblores y sollozos.

Como del fondo de una cueva surgió la voz del padre, alta y clara.
—La Consuelo, esa sí que era fuego...
La sorpresa fue tal que la madre derramó la mitad del café fuera de la taza que estaba sirviendo.

El viejo tenía los ojos extraviados, los brazos caídos junto a los costados y un poco de saliva le caía por la comisura izquierda, pero indudablemente era él quien había hablado.
—¿Qué dices? – inquirió ella muy trastornada.
—El fuego, sí, era la Consuelo, lo tenía en sus partes.

La taza del café se estrelló contra el piso y la vecina recordó en seguida que había dejado el puchero de su hogar sin vigilancia. La madre empuñaba una espumadera como si fuera una maza.

—No sabes lo que dices. Ella estaba hablando del incendio y tú sales con esa Consuelo.

La voz de él volvió a brotar. No iba dirigida a ella, ni a nadie en particular, era como si otro ser se revelara a través de esa boca desdentada:

—Consuelo, la de los melones, cuando íbamos al río…allí, pum, pum, fuego…

Aquello fue suficiente para que la esposa viera pasar ante sus ojos el filme completo. La Consuelo era una viuda joven cuando ellos, recién casados, se mudaron al barrio. Atenta y servicial, los socorrió en algunos apuros domésticos. Ella había comentado con otras vecinas a la salida de misa lo agradecida que estaba y se habían reído en su cara. Claro que era servicial, como que era el consuelo…de muchos hombres, que se iban detrás de aquel par de melones que tenía por senos, pintados por el mismísimo diablo.

Por mucho tiempo vigiló a su marido, pero no notó nada extraño y olvidó el chisme. Hacía años que la Consuelo se había marchado del pueblo y ahora venía a enterarse de aquella infidelidad. Desahogaba su furia con las tapas de los cacharros, con el cazo y la espumadera, de ellos arrancaba una creciente sinfonía para percusión y recitante, pues a cada momento se interrumpía para recriminarlo:

—Yo aquí, como una burra atada a la noria y tú por el río con esa fregona…Ay, mira que me lo advirtió mi madre, que me iban a tratar un año como a fuente de porcelana y cien como a orinal viejo…No respetaste ni a tus hijos curas…

Tornó la voz a salir a salir de la gruta.

—Los curas, los curas también tienen cojones. Que lo diga la Menegilda…

Tal oráculo, más nefasto que Tiresias en Tebas, desterró todo vestigio de paz de aquella casa. No había modo de ocultarlo ni de callarlo, mucho menos de hacerle advertencias. Se negaba a abandonar ese sitio y podía enmudecer un día, una semana y, de pronto, lanzar una de las suyas. Decidieron recibir las visitas en el cobertizo y decir a la gente que el pobre padre estaba decrépito. Aunque la esposa no las tenía todas consigo.

—Él dice inconveniencias – confiaba entre lágrimas a Manuel- pero mezcladas con verdades. Él sabe lo que dice y si no lo sabe acierta bastante. Se ha vuelto otra persona y eso es muy triste, porque hemos vivido juntos más de cincuenta años y ahora apenas lo conozco.

Ni las aspersiones de agua bendita practicadas por Santos; ni la novena que Manuel hizo a san Dionisio, evangelizador de Las Galias y primer obispo de París, decapitado a los cien años a quien se invoca como uno de los Catorce Santos Auxiliadores, contra los males de la cabeza; ni la oración a san Gil contra la locura, traída por una vecina y patentada como infalible. Nada pudo curar o silenciar al viejo, que siguió pregonando los dislates más tremendos. La madre se negó terminantemente a dejarlo salir de la casa, ni siquiera a la iglesia o al médico, porque la vergüenza sería más segura que el remedio. Lo dejaron allí, en su sitio junto al fogón, de donde solo lo movían para asearlo, alimentarlo y acompañarlo a caminar unos pocos pasos para que no se le atrofiaran las piernas, pues hasta un lecho le improvisaron en este lugar, después que respondiera una noche a la invitación de su esposa a recogerse con los ojos brillantes por la picardía:

—Bueno… el que no tiene para más, con su mujer se acuesta.

Desde entonces, ella decretó la separación de cuerpos, aunque estuviera obligada a atenderlo hasta el final.

Ya habían sonado los disparos fatales contra Calvo Sotelo en Madrid y también los que dieron fin a la vida del general Romerales en Melilla. Acababa de comenzar la guerra y del rincón en sombras de la cocina salía aquella inquietante seguidilla:

—Cuidado con la guerra. La guerra mata, pum pum pum, mata las gallinas y el cerdo y los caballos. Mata los generales y los políticos y los curas, mata al que mata y también al muerto…

El pueblo estuvo pronto bajo el control de los sublevados, junto con toda la extensa zona de Galicia, León y Castilla la Vieja. Nada tenían que temer los católicos, porque los soldados venían con cruces y detentes en el uniforme. Pero al marido de la vecina que era librepensador y maestro se lo llevaron una noche unos muchachos para darle un paseo y después lo hallaron fusilado ante la tapia del cementerio viejo.

Las familias comenzaron a desconfiar unas de otras, a vigilarse, estaban al día las denuncias y lo mismo el tonto del pueblo podía ser aprehendido por «tener ideas socialistas» que acusarse a unos jornaleros de ser poco piadosos por no descubrirse al paso del Viático. El propio párroco tuvo que temer lo suyo por comentar donde alguien lo escuchó que eso de la cartilla para la comunión anual obligatoria era pura propaganda, que la Benemérita nada tenía que ver con la Iglesia y eso de confesar a alguien bajo amenaza, ni era válido ni aumentaría los creyentes. Solo la urgente intervención de la esposa del comandante del cuartel impidió que lo pusieran en bartolina. Cualquier grupo de pendejos carlistas, salidos de no se sabía dónde, podía quitar el sueño a los ciudadanos, porque decidieran disparar sus fusiles de madrugada en la plaza y gritar, hartos de vino, sus «mueras» a los rojos.

En octubre llegó a manos de Manuel, milagrosamente, porque el correo apenas funcionaba, un grueso sobre de papel manila, roto y despegado, que había pasado la censura militar quizá porque traía estampado el sello del obispo de Matanzas. Leyó primero la misiva del padre Trabadelo donde formalmente le saludaba, junto con el reenvío de alguna correspondencia recibida allá y le participaba la triste nueva del fallecimiento de monseñor Saínz y la designación para la sede vacante de monseñor Alberto Martín Villaverde. Así mismo le hacía saber que teniendo en cuenta «la triste situación de España» el Ilmo. Sor. Obispo, «escuchado el parecer de varias personas preocupadas por el destino de un sacerdote que había prestado en el pasado valiosos servicios a la diócesis», había decidido apoyarlos en la colecta que pensaban realizar para facilitar su retorno a la Isla, donde se le procuraría un destino digno.

Mientras tanto su padre desenrollaba la eterna cantinela junto al hogar:

—Van por el aire dos guardias civiles, un cura, un caballo, una monja, entonces pum, pum, caen y empieza el fuego. Vienen los cuervos, vienen y vuelan por el fuego…

La misiva de Sofía Valdés lo dejó desconcertado. Nunca había oído hablar de ella. Cómo podía preocuparse por la suerte de un desconocido. Ahí estaba la mano de la Providencia y hasta la intercesión de María para salvar La Causa. A pesar de la caligrafía infantil y la expresión bizarra, esas páginas parecían indicar un nuevo rumbo para su vida.

El envío llevaba también una carta del padre Amaro, quien, de paso por Matanzas e impuesto del asunto, había pedido que la incluyeran en el paquete. Allí le contaba que monseñor Zubizarreta lo había recomendado al obispo Pérez Serantes de Camagüey, quien le ofreció una antigua parroquia en el puerto marítimo de Nuevitas, donde la inestabilidad de los encargados anteriores había causado numerosos estragos, no solo en el estado del templo. edificado en tiempos de la colonia, sino en el desempeño de las labores pastorales.

Allí estaba, cerca del mar, remozando aquel viejo edificio lleno de murciélagos, haciendo casi nueva la amplia casa parroquial bendecida por la brisa y apoyando a los lugareños en cuanto hiciera falta, desde la construcción siempre postergada de un acueducto – porque allá el terreno era rocoso y los pozos salobres- hasta la apertura de una escuela de primeras letras digna de ese nombre. El alcalde y los notables del pueblo le apoyaban y lograba obtener recursos para sus proyectos.

En sus viajes a Camagüey, una ciudad que hacía pensar en algunas de Castilla, había encontrado amigos a los que habló de La Causa, entre ellos el joven Miguel Becerril, encargado desde hacía poco de una las principales parroquias, la de Nuestra Señora de la Soledad, así como al superior local de los salesianos, Rafael Mercader, personas a las que le encantaría conocer. Se ofrecía para cooperar con los que en La Habana y Matanzas querían procurar su retorno, no solo le enviaría algún dinero para el pasaje y los gastos de traslado, sino que hablaría con su obispo para procurarle algo seguro en esa diócesis, harto extensa y en parte despoblada, donde había más oportunidades que clero para aprovecharlas.

El padre continuaba, infatigable, su letanía:

—Van dos cuervos por el aire y pum, pum, disparan con fuego y se caen. Es la guerra y hay fuego, se queman las casas, la de la Menegilda...

La madre trajinaba en la cocina y retomaba cada vez que podía su sinfonía de percusión alternada con los recitativos dramáticos:

—¡Madre Santa, dame paciencia, para no volverme loca! Entre ese desdichado, que le ha entrado aire en la cabeza en el momento menos oportuno y la guerra, no sé que voy a hacer. Faltan el pan, la carne, las patatas, hasta la sal...y esa tonada todo el día que si los cuervos, que si los guardias y hasta los bigotes de la Menegilda...Ya no puedo más...

Por unos días Manuel dudó. Marcharse en medio de aquella atroz incertidumbre en que las dos Españas se agredían con furia y la guerra no parecía tener fin, le parecía una huida vergonzosa, sobre todo porque su madre necesitaba ayuda con su progenitor que ya no conservaba una gota de razón. Sin embargo, ella misma y su hermano le aconsejaron que aceptara la ayuda que le ofrecían. No era mucho lo que podía hacer por acá. Los ofrecimientos del obispo de Astorga se habían quedado en agua de borrajas. Lograría más en Cuba, desde donde podría enviar alguna vez dinero, ahora que la peseta andaba por los suelos y quienes recibían un par de dólares norteamericanos podían vivir como señores.

Escribió a Pastor aunque desconocía su destino, él podría aconsejarle. Recibió la respuesta solo a inicios del año siguiente, cuando ya suponía lo peor. La comunidad de Paredes de Navas no había sido tocada por la guerra. El territorio formaba parte también del «bando nacional». No sucedía lo mismo en Madrid, donde la casa provincial se había dispersado, habían escuchado algo de hermanos mártires y otros escondidos o en paradero desconocido. Ellos seguían haciendo lo que podían, sin contacto con el resto de la congregación.

Lo invitaba a aceptar aquellos ofrecimientos que venían de la mismísima Madre Milagrosa y de la venerable María de Jesús. En Cuba podría rescatar lo que parecía perdido. No debía demorar su partida. Ojalá que como Elías pudiera trasladarse en un carro de fuego. Le enviaba su bendición y un billete de cinco dólares que se había traído de allá cuando vino y en algo podría ayudarlo. «Esta guerra no es tuya – le recalcaba al final- no pelees las guerras de los otros. Lo que te corresponde está allá y no olvides que hay cruces en todas partes».

Antes de concluir enero ya había escrito a Trabadelo para que hiciera efectiva la colecta y sacara allá mismo el pasaje en la Trasatlántica, pues acá solo podía reservarse con divisas extranjeras. Reclamó también una pequeña cantidad para los desplazamientos y gastos de trámites. Envió, por separado, otra carta a Amaro, en la que agradecía el apoyo económico que pudiera ofrecer, aunque dejaba para una conversación después de su llegada el tema de su establecimiento en tierras camagüeyanas. También envió una nota de agradecimiento a Sofía, le prometía encontrarse con ella apenas desembarcara en La Habana. Quedaba bien claro aquello de que Dios escribe recto con líneas torcidas. Como al profeta Jonás, no le quedaba otro recurso que ir a donde le reclamaban. Aunque para ello tuviera que pasar por el vientre de un cetáceo.

10

España se había convertido en una gran jaula tras el inicio de la guerra. La República, cada vez más cercada en torno a Madrid tenía sus normas para intentar sobrevivir al asedio. En la zona de «los nacionales» eran los militares quienes dictaban las leyes. Por entre los barrotes de la gran prisión cientos de personas procuraban escapar, unos de la reacción desesperada del gobierno agonizante, otros de la represión con que se afianzaba la dictadura naciente.

Así se lo dio entender el malhumorado cónsul de Cuba en La Coruña al fatigado y tenso Manuel que casi se había desplomado en el sillón frente al funcionario y procuraba entender la razón de tantas sinrazones.

Aquel hombre maduro, con el bigote gris manchado de nicotina no estaba en condiciones de dar muchas explicaciones. Había desayunado mal, porque el racionamiento agravaba la escasez y era casi imposible encontrar leche condensada, huevos, tocino y hasta el pan de centeno que antes solo apreciaban los jornaleros. Llevaba tres días almorzando y cenando de un bacalao cuyo olor le ponía de punta los escasos cabellos que le quedaban en la cabeza y los pocos dólares que ganaba por esta desairada representación eran cada vez más insuficientes para alguien con esposa y dos hijos. Si no llegaba el mes próximo su relevo pondría un cartel de «Cerrado por tiempo indefinido. Puede solicitar los servicios en Pontevedra o en Santiago». Tras él colgaba de la pared el retrato de un viejo de aspecto poco interesante, vestido de chaqué y corbata de lazo.

—Es el actual presidente de Cuba, Federico Laredo Bru – le explicó- hasta el otro día estuvo en ese marco el de Machado. Después que se fue pasaron tantos por la silla presidencial, algunos por menos de una semana, que hubiéramos gastado una fortuna en cambiar las fotos. Este parece decente, hay menos violencia, pero no le gustan los inmigrantes, ha dado instrucciones al Secretario de Estado para restringir la concesión de visados.

Martínez procuró contarle su historia con la mayor brevedad posible porque ya era la una de la tarde. Él había llegado a Cuba como uno de esos pobres inmigrantes – solo se diferenciaba de la mayoría porque tenía concluidos sus estudios en el Seminario Mayor de León- y allí estaban los papeles y la cédula que acreditaban que tenía permiso de residencia en el país. Había vuelto a España a inicios de 1929.

—Un año terrible – acotó el cónsul.

—Efectivamente – aseguró el sacerdote pero no quiso desviarse de su tema.

Ahora, ocho años después, lo invitaba a retornar el obispo de Matanzas, con el apoyo económico de varios laicos y le extendió la carta firmada por Trabadelo, cuyo membrete, sello y rúbricas contempló el funcionario más que el contenido. Parecía satisfactoria. Pero con ello no bastaba.

El jefe militar de la guarnición de su pueblo le había dado un documento de autorización para viajar a León y solicitar allí a la jefatura un permiso para sacar un pasaporte nuevo, porque el anterior ya estaba vencido. Debió pasar toda una mañana en la antesala sucia de un cuartel, rodeado de hombres sin afeitar que olían a sudor, a tierra, a miedo. No lo hicieron esperar demasiado gracias a que el rector del Seminario lo había recomendado a un ex alumno que ahora era ayudante de un coronel.

Quien lo entrevistó era un sargento que leía con dificultad las preguntas impresas en letra pequeña en el folio amarillento. Nombre. Edad. Ocupación. ¿Tiene hijos? Manuel irritado le indicó que mirara su hábito clerical y el oficial replicó que estaba obligado a hacer todas las preguntas y que además, había curas que tenían hijos y hasta los habían reconocido en el registro civil.

—¿Votó por el Frente Popular en las pasadas elecciones?

—No, los curas no votamos.

—Algunos lo hicieron y muy mal, por cierto.

—No es mi caso.

—¿Colaboró con los rojos en su mal gobierno?

—Sería el colmo que yo, hombre de Dios, me vinculara con comunistas, anarquistas y otros tipos de ateos.

—¿Por qué quiere salir de España ahora que se están restableciendo el orden y la religión?

—Porque he sido invitado por un obispo cubano a continuar la labor pastoral que desde hace años he hecho allá…

Le dieron un documento y debió pasar a otra habitación para que le hicieran la foto y le tomaran las huellas, además de pagar como impuesto una cantidad extravagante de pesetas. Podría recoger el pasaporte en una semana, si tras verificar los antecedentes todo resultaba correcto.

Allí estaba, sobre la mesa del cónsul el pasaporte donde Manuel tenía los ojos extraviados y la faz borrosa.

—¿Y dónde me dijo que había servido en Cuba?

—En Matanzas.

Ese nombre pareció tener buenas resonancias para el diplomático que cambió su tono por uno más afectuoso.

—Yo viví unos años de mi juventud en Matanzas, me había graduado de abogado e hice una pasantía allá.

—Entonces conoció al Dr. Vera Verdura, que era senador.

—¡Vera! Sí claro, lo recuerdo, aunque era alguien mucho mayor que yo y un poco imponente, creo que apenas nos saludamos alguna vez. Pero el apellido me ha llamado la atención por otra cosa. Yo tenía amistad con otro graduado de Leyes, Agustín Acosta, que ahora es poeta laureado. Él me invitó, recién llegado a la Ciudad, a una fiestecita en casa de la familia Botet y allí estaba invitada una señorita de cierta edad que todos creíamos que sería tan convencional y aburrida como el resto de las viejas que iban con ella, pero en un momento se animó y cantó, según recuerdo con una voz bastante juvenil y preciosa y hasta actuó en aquel número del «Polichinela» con muchísima gracia. Después la acompañamos hasta su casa, íbamos cantando y haciendo escándalo por la calle. Recuerdo que la dejamos en la puerta, porque su hermana nos quería expulsar a escobazos…

—Me imagino – replicó Manuel sorprendido por la evocación de aquella historia bastante trivial pero en la que aparecía María como una sombra. Era un buen signo, ella estaba intercediendo por su regreso.

—Era una persona con mucho don de gentes, muy espontánea. Hasta salió su foto en una revista. Supongo que ya debe haber fallecido...

—De ninguna manera, se llama Elvira, está viva y saludable y es una de las que me ha ayudado a gestionar este viaje.

—Pues salúdela de mi parte. Mi nombre no le dirá nada, pero dígale que soy uno de los invitados de las Botet que la sigue recordando con agrado.

Abrió un cajón del escritorio y extrajo un cuño seco, un sello gomígrafo y una almohadilla. Rubricó en una de las páginas traseras del pasaporte y lo selló con esmero.

—Con esto no tendrá dificultades. Además su sotana infundirá respeto a las autoridades de migración. De todos modos, pida una carta a su obispo para que le renueven cuanto antes el permiso de residencia. La guerra continúa aquí, habrá muchísimas más familias que emigren, por razones políticas o huyendo de la violencia y el racionamiento y temo que el gobierno de Cuba, como otros de América, acabe por cerrar las puertas.

Martínez le dio las gracias. Los recuerdos parecían haber animado al cónsul.

—Siento no poder invitarle a almorzar, pero ya sabe cómo están las cosas. A dos manzanas de aquí está el mesón de Anreus. El dueño tuvo uno en La Habana por varios años, con lo que ganó abrió este, era magnífico, ahora anda medio decaído pero comerá sabroso y lo más barato posible. Y buen viaje.

Apenas salió el sacerdote, el funcionario cerró la puerta y colgó un cartel: «Cerrado por horario de almuerzo». Se marchó presto por una callejuela lateral. Ya la cocinera debía haber puesto en la mesa el bacalao y comerlo frío lo haría todavía más difícil de tragar.

Había dado la una y los negocios cerraban uno tras otro. Aunque no hubiera mucho para comer, la gente iría con calma a la mesa y después se dispondría para una larga siesta. Solo después de las cuatro reabrirían las oficinas y comercios.

Manuel se fue donde Anreus quien lo atendió personalmente. No le supo mal el pulpo a la gallega, aunque tuviera trasuntos de aceite rancio, el pan, aunque no muy nuevo, tenía una dignidad no habitual en esos días y el vasito de vino blanco no le pareció escaso como a otros clientes. Era un Ribeiro que confortaba el alma.

Cuando el posadero supo que el tonsurado retornaba a Cuba, le contó su vida completa, desde los días de dependiente en la tienda de su tío en la calle Muralla, donde trabajaba hasta los domingos y dormía junto al mostrador, hasta que con sus ahorros se independizó y puso una fonda en Mercaderes esquina a Amargura. No le iba nada mal y allí conoció a la que sería su esposa, que le había dado dos hijos. Pero llegó el tal Machado y trajo una miseria espantosa. Las cuentas no daban porque se fiaba más de lo que se cobraba y decidió retornar.

El negocio acá prosperó pronto y además de los lugareños, los marineros de la Transatlántica y hasta los oficiales, así como los viajeros cubanos, se habían encaprichado con el lugar, porque además de comida gallega podía ofrecer moros y cristianos, acompañados por esa carne aporreada que allá, con mucho humor, llaman «ropa vieja», y alguna vez habían estado en el menú los plátanos maduros fritos y hasta aguacates que le traían en el verano.

Aunque el hombre era demasiado hablador para su gusto, le simpatizó, tanto como su esposa, una mulata de esas de color cartucho y caderas abultadas que era la dueña de la cocina. Ambos quisieron saber dónde se hospedaría. El andaba dudoso porque el Seminario estaba cerrado, conocía a algún párroco de acá, pero en estos días era casi afrentoso pedir hospedaje, tanta era la estrechez económica. Algo aparecería, porque estaría si acaso dos días.

—Pues si es un par de días se queda aquí. Tenemos una habitación libre en los altos, porque mis hijos están el ejército. Con el General Franco, del que ya habrá oído hablar. Un hombre que los tiene bien puestos…Si se va a un hotel le van a cobrar como si fuera el Palace de Madrid – que ahora se lo han cogido los rojos- , lo picarán las chinches y tendrá agua sucia en vez de café. Acá va a estar en familia.

Estaba muy cerca del puerto. La habitación era amplia, limpia y con mucho aire de mar que entraba por un balconcillo. El café sabía a achicoria, como el que le habían ofrecido en el convento de Pastor, pero estaba caliente y dulce y eso, mezclado con la brisa, le pareció un anticipo de Matanzas.

11

Al intentar colocar el costurero sobre la cómoda, Elvira tropezó con un escabel. La cesta se desprendió de sus manos y cayó al suelo. Con mucho esfuerzo pudo recoger y poner en su sitio el alfiletero en forma de corazón y las madejas embrolladas, pero el dedal saltó y se perdió de vista. Como era muy tarde no quiso pedir auxilio a las muchachas e intentó asomarse bajo la cama. No estaba allí, pero pudo divisar con claridad dos piernas enfundadas en un pantalón azul, de alguien que ocupaba la banqueta. Se asustó mucho porque habitualmente ese mueble apenas se usaba para depositar revistas viejas y una caja de sombreros que le daba lástima tirar.

A pesar del temor, se incorporó y vio que las extremidades pertenecían a un hombre de cabellos cortos y correctamente afeitado, enfundado en un traje azul marino que hacía resaltar su piel morena. La ropa le quedaba muy ajustada, pero no daba la impresión de que fuera por obesidad sino porque era de complexión muy musculosa.

Ella nada dijo porque estaba llena de dudas. Si estaba despierta, nadie ocuparía la butaca porque, además de la carga que tenía, estaba empolvada y muy probablemente roída por la carcoma así que alguien tan pesado hubiera dado con sus huesos en el suelo, si, por el contrario, estaba dormida, ese sitio era el que ocupaba el Sagrado Corazón en sueños recientes, pero este hombre en nada se le parecía. De todos modos, si debía atender al visitante no lo haría de pie, la búsqueda del dedal la había dejado molida. Se sentó en la cama frente a él.

—Yo sé dónde está.

—Pues dígame.

El hombre guardó silencio y su sonrisa se hizo más evidente. Ella sintió vergüenza porque le había hablado con familiaridad sin haberlo saludado antes.

—Se lo diré al final. Como un gesto de buena voluntad...

—Muy bien, ¿y qué desea?

—Sencillamente conocerla, Elvira.

—Muy honrada, pero ¿quién es usted?

—Un hijo de Dios.
—¡Ah! ¿Del Corazón?
—De ningún modo. Soy hijo, como todos, del Padre. No me confunda con ese deprimido y neurótico. Él experimenta, aunque no quiera confesarlo, la angustia que produce un padre vivo todavía cuando ya se es adulto...Pero no se decide a rebelarse. Yo he entendido mucho mejor mi condición leyendo a ese tal Freud...
—¿Quién?
—Un judío austríaco que se ha dedicado a mirar qué tienen los hombres por dentro y ha encontrado cosas muy oscuras.
—¿Cómo mis hermanos cuando me robaban la muñeca de Navidad y la cortaban con el cuchillo de la cocina a ver si tenía tripas? Eso me ponía muy furiosa...
—Algo así. Él emplea métodos más persuasivos. Acuesta a sus pacientes en un diván y les pide que le cuenten su vida, especialmente su infancia, pero también pueden ser chistes, cosas que vieron en la calle, lo que hay en la vidriera de una tienda. Da lo mismo, de todos modos les dirá que eso que quieren o temen o rechazan tiene que ver con el sexo.
—Eso es un poco inconveniente...
—Tiene razón, está sobrevalorado. Además, quedan fuera muchas razones para la soledad, el despecho, el resentimiento. Si no me cree puede preguntar a sus parientes.
—De ningún modo, yo no hablo con ellos de esas cosas, ni de ninguna otra. Ellos en su casa y yo en la mía.
—Usted es una mujer valiente, Elvira, valiente y resistente. Ha sobrevivido a esa enfermedad del corazón y a los excesos del pícaro Machado, a la escasez y a María que era tan...tan diferente.
—Es verdad, María tenía un carácter muy especial, era bondadosa, podía regalar todo, pero a la vez era áspera, impaciente, no soportaba esas pequeñeces que a mí me gustan. Creo que ella quería verme solo como a una hermana mayor y enferma, a la que hay que socorrer y tener lástima porque va a morir muy pronto. Solo al final sentí que me estimaba más, quizá porque entonces necesitaba de mí.
—Pero usted no creía en La Causa.

—Eso me decía ella. Yo creo en Dios y en los santos, sé que son buenos, pero actúan de una manera muy rara, nunca se sabe lo que van a decidir. Y eso de las visiones es un poco extraño. Todavía no sé si aquel día de Pascua, hace tantos años, ella se puso de pie en la iglesia porque podía hacerlo por sí misma o porque realmente recibió un milagro y también si voló o no cuando desapareció ante los ojos de la multitud después de socorrer al periodista…Pero todo eso es ya pasado, nadie lo recuerda.

—Discúlpeme que la contradiga. Es verdad que casi nadie se interesa por eso, la gente se preocupa por los precios del azúcar, por la Constitución que debe o no escribirse, o por lo que hace la vecina. Pero La Causa sigue allí, es más, usted le ha dado un impulso enorme con esa nota que escribió…

Elvira lo miró con sorpresa. La cara del visitante no había cambiado, pero ella se sentía como un niño que trata de ocultar el resultado de una travesura. Hizo un mohín, tosió y por fin se aventuró a preguntar:

—¿La de rescatar al padre Martínez? Eso era por humanidad. Para librarlo de la guerra. Pero yo no me implico en los asuntos de los curas.

—Hace bien. Porque pueden pagarle muy mal. Ya verá cómo el asunto se vuelve una avalancha.

—Quizá eso tome muchos años, y yo no estaré viva para ver el fin de la cuestión.

—Vivirá y lo verá, pero no ponga la mano donde se la pueda quemar. Siga con sus músicas. Yo también soy aficionado a ella, aunque no tengo mucho tiempo para escucharla.

—Muy bien, pero no me ha dicho quién es usted.

El hombre se veía sudoroso e impaciente. Iba poniéndose pálido, o más bien una especie de neblina parecía rodearlo.

—Tengo muchos nombres, detesto los que me cuelga la gente vulgar. Pudiera llamarme Señor de la Tristeza, o Espíritu de la Música. Ella creyó comprender e insistió.

—¿Por casualidad, Su Merced toca el violín?

—No exactamente, más bien he sido maestro de más de uno de ellos, de los grandes: Tartini, Paganini y uno cubano que seguro ha oído nombrar, Brindis de Salas. Y ahora, dispénseme, yo tengo mucho que hacer y usted tiene que seguir con su sueño.

—Pero no puede irse sin decirme dónde está el dedal, me lo prometió.

—Efectivamente, allí está –y señaló con un largo índice justo detrás de la pata derecha de la cómoda, la pieza brillaba entre las telas de araña rotas– y recuerde en su larga vida tener mucho cuidado, obsérvelo todo pero no se meta en cosas que no entiende, al final comprenderá el sentido de lo que ha vivido. Ahora vuelva a dormirse. A ver, repita conmigo: *Agujita sabe lo que cose y dedal sabe lo que empuja.*

Elvira repitió la frase mientras lo veía desvanecerse. Sentía los párpados muy pesados y se reclinó en la cama.

Al día siguiente encontró el dedal sin dificultad y no quiso explicar a Florinda por qué se había quedado dormida con la cama sin deshacer y sin quitarse la ropa de estar en casa. Las muchachas suponían que estaba entrando en la demencia senil y que ese era el preludio del fin. Sin embargo, su salud era cada vez mejor.

12

El «Alfonso XIII» —rebautizado forzosamente por la República como «Habana»— había hecho ya sus obligadas escalas peninsulares en Vigo y Oporto para recoger pasajeros y se adentraba resueltamente en el Atlántico, tanto que ya había dejado tras su popa las Azores. A Martínez no le había ido nada mal desde el inicio del viaje. Cuando había llegado a la pasarela del barco se había encontrado con una multitud desesperada por embarcar, con billete o sin él. Uno de los guardias civiles que custodiaban el acceso tras contemplar el talón que enarbolaba, con el sello muy visible de la Trasatlántica, le abrió paso a empellones y se quitó el tricornio para saludarlo. La sotana volvía a respetarse en algunos lugares.

Quedó sorprendido cuando un mozo lo llevó hasta su camarote. Era pequeño, pero resultaba un lujo si se comparaba con su primer viaje, cuando había debido conformarse con un espacio caluroso y mal oliente en tercera clase. Era evidente que la pequeña cantidad enviada por sus benefactores en dólares norteamericanos se multiplicaba al convertirse en las muy devaluadas pesetas. Ya no tendría que pasar la mayor parte del día en cubierta, ni temer que le robaran algo del equipaje en el dormitorio común. Mucho menos iba a alimentarse solo de pan con morcilla como la primera vez, tenía acceso al salón comedor con todas las comidas pagadas.

Había hecho buenas migas con el capellán del barco, quien había viajado muchas veces a Cuba y conocía a varios obispos y sacerdotes españoles, entre ellos a monseñor Zubizarreta, ahora devenido arzobispo de Santiago de Cuba y a Pérez Serantes, el nuevo superior de Amaro. Era un catalán de mediana edad, recio y con un aire más militar que clerical, quizá porque había sido por mucho tiempo capellán castrense. Era enemigo jurado de la República, porque entre sus disparates habían estado no solo suprimir las capellanías militares, sino hasta el servicio religioso en los trasatlánticos.

Se exaltaba especialmente al recordar cómo habían logrado que se fuera al exilio el mismísimo Marqués de Comillas, Don Juan Antonio

Güell, su amigo, el mejor alcalde que tuviera Barcelona. Pobre ciudad, la más hermosa de España, dejada a merced de incendiarios impíos. Pero de eso a aprobar todo lo que hacían «los nacionales» había un buen tramo, si tenían el mérito de detener el pillaje y el sacrilegio adonde llegaban, también se pasaban por el traste los fueros y privilegios seculares, que los propios reyes habían sancionado. Eso de «protectores de la Iglesia» ya se vería, porque cada vez que alguien poderoso se daba ese título es porque sabía que iba a obtener más beneficios que los que estaba dispuesto a dispensar y, en cuanto a lo de restauradores del orden, sería el orden de los cementerios porque actuaban peor que los emperadores romanos. Se habían traído italianos y alemanes para bombardear Jaén, Durango, Guernica, con una política digna de Atila y ya anunciaban los ocupantes que allí se alzaría el pendón de Castilla y León y que, desde luego, no se enseñaría en las escuelas la lengua vasca, ni se imprimirían textos en ella. Vaya con los muy hijos de su madre.

Mientras tanto, el tal Azaña se refugiaba en Barcelona y aquello era la casa de tócame Roque, hasta habían querido cañonear el templo de la Sagrada Familia, que a él personalmente no le gustaba, pero que las personas muy cultas podían disfrutar, como el Excelentísimo Señor Güell, cuya familia había sido benefactora del loco ese que se llamaba Gaudí. Era como combatir los excesos de una sangría con un sinapismo en el culo. Gracias a que él casi tenía por casa a este barco, si no ya se hubiera marchado a un rincón de Cuba, o a las tierras australes y desoladas de la Argentina. Era como si Dios estuviera mirando para otra parte.

Gracias al capellán era tratado con mucho respeto y consideración. Dos veces lo habían invitado a la mesa del capitán. Alternaba con el otro clérigo en la celebración de las misas diarias, había organizado un grupo de señoras para rezar el rosario en las tardes y confesaba a quien se lo pidiera. Como no participaba en las mesas de juegos de azar, ni frecuentaba el bar y los tés bailables, se ocupaba de los pobres arracimados en algunas zonas de la cubierta.

En su primer viaje no le había sido demasiado difícil descubrir que en el buque había dos grupos sociales apreciables: los acomodados que viajaban en primera o segunda, según su rango, y los pobres de tercera. Esta separación se había vuelto más compleja ahora, porque más allá del dinero que poseyeran, la gente se agrupaba en dos bandos: unos, eran los que viajaban por decisión propia, aquellos que se iban de la zona nacional hasta que pasara la época del racionamiento y la militarización, los que preferían retornar a América donde alguna vez habían residido o lo intentaban por primera vez como un modo de ayudar a su familia a obtener dólares, leche condensada y jamón enlatado. En su mayor parte eran enemigos de la República o indiferentes en política y el otro grupo, no muy numeroso pero visible, era el de los que habían logrado sortear muchísimos escollos para refugiarse en la nave y huir de los nacionales, estos intentaban ocultar su filiación republicana, aunque la llevaran pintada en el rostro contrariado y rencoroso.

Manuel se acostumbró a tomar de su mesa en el comedor algunas rebanadas de pan blanco que quedaran tras la comida y llevarlas a las familias de magro presupuesto, especialmente a los niños, que languidecían con los ojos perdidos en el mar tras la única comida del día. Así había alegrado a muchos hijos de labradores gallegos, a los que enseñaba a rezar correctamente el Padrenuestro y el Ave María y hasta, con la ayuda de los titulares de un diario, había comenzado a mostrarles los misterios del alfabeto.

Un mediodía, cuando llegó al área de sombra donde se agrupaban muchos de sus protegidos, divisó hacia un lado a una familia harapienta y más sucia de lo común. El hombre tenía una barba descuidada y su ropa evidenciaba que no había sido lavada y planchada al menos en un mes. La esposa, delgada y pálida, con el cabello largo recogido a medias en un moño, parecía más escuálida porque llevaba un vestido largo y demasiado holgado para ella. Una criatura pequeña lloraba sin parar en su regazo y a su lado había una niña, extrañamente vestida como varón con pantalón y camisa, que se quejaba por el calor, mientras el padre mantenía la nariz metida en un libro de cubierta verde y rústica.

El sacerdote se acercó a ellos y les deseó buenas tardes, pero no tuvo respuesta. Sorprendido, sacó de una pequeña bolsa de papel una rebanada de pan y se la tendió a la niña. Ella primero lo contempló sorprendida pero extendió al momento la mano. La madre, sobresaltada, miró a la hija e inmediatamente dio un codazo a su marido. Este apartó molesto la vista del volumen y miró con rabia al presbítero, pero no se dirigió a él.

—Niña, no tomes ese pan.

A la niña le temblaba la mano, apenas a un centímetro de la rebanada. Con voz temblorosa intentó replicar:

—Pero si es pan blanco y lo voy a compartir.

La mujer parecía asustarse más con la situación y abrazaba con fuerza al bebé que no cesaba de llorar. El hombre excitado, clavó los ojos en el pan y en quien lo ofrecía, su voz sonó como la de alguien a punto de sufrir un frenesí de locura.

—No tomes eso. Ese pan viene envenenado. Los de nuestra clase no tenemos nada que ver con los curas. Ellos son los culpables de lo que pasa en España. Él no te da el pan de manera desinteresada, sino para sorberte el seso, para que seas más esclava…

La mujer había fracasado en el intento de callar a su marido y, para colmo, la niña también lloraba ahora con grandes sollozos y habían llamado la atención de la gente que estaba cerca.

—No venía a pedirles nada, sino a ofrecerle un poco de pan a la niña. Ustedes son mi prójimo aunque no crean…

El hombre, a pesar del perceptible terror de su mujer, había llegado a una especie de paroxismo.

—Sí, dígalo más alto. Para que los guardias nos pongan en el calabozo hasta entregarnos en el próximo puerto. O mejor, a ver si nos lanzan por la borda y se acaba de una vez con esta huida. Pero no aceptaremos nada en nombre de Dios ni de los curas.

Manuel iba a replicar cuando una mujer de mediana edad y enlutada lo llamó con voz estridente:

—Venga, padre, aquí estamos los suyos, deje a esos que son de la raza de Caín – y cuando lo tuvo cerca explicó, entre los asentimientos de su familia que ya echaba mano de la bolsita de pan-. Yo los conocía de vista, ese hombre era maestro en Pontevedra, donde vivían mis suegros, pero no de los buenos, sino de los que enseñaba a los muchachos a no respetar ni a los señores, ni a los guardias civiles, ni a los curas. Y cuando se fue el Rey puso letreros en la puerta de la parroquia junto con los anarquistas esos. Ahora huyen porque los van a chamuscar, con sus libritos y todo. Esa es la mala raza de Galicia, ni agradecen a los que vinieron a poner orden para que uno pueda ir a misa o a confesarse sin que te pongan un cuchillo de carnicero en la panza o te den un paseo hasta un descampado y te fusilen como si fueras un perro...

Miró desafiante haci la familia, pero ellos habían desaparecido.

Martínez sintió el extraño temor de que se hubieran tirado por la borda, pero era imposible, siempre había algún vigilante para dar la alarma en el caso de hubiera «un hombre al agua». Tuvo que confesarse que no se sentía cómodo ni con aquellos resentidos ateos, ni con el grupo de los aldeanos católicos que los juzgaban como los implacables ángeles del Apocalipsis. Les dejó el pan y se fue lejos de allí. ¿Cuándo se cerrarían las enconadas heridas de España?

El incidente le había quitado los deseos de departir con alguien. Buscó un espacio solitario donde acodarse en la barandilla, mientras un humor sombrío lo iba invadiendo. Había agua por todas partes, un mar azul y cruel que no creía en buenas intenciones.

13

Martínez seguía con la vista perdida en el mar, solo que a sus ojos se ennegrecía y sintió que desde lo hondo de su interior una voz lo invitaba a saltar y hundirse en las aguas. *Espíritu inmundo, sal de este hombre.* Todo concluiría, la locura, la crueldad humana, el mal que volvía irreconocibles aún a los buenos. Algo se agitaba dentro de él, semejante al hombre de Gerasa poseído por un espíritu maligno, del que hablaba el evangelio de esa mañana. *Andaba entre los sepulcros y se golpeaba con las piedras. Nadie podía sujetarle porque rompía las cadenas.* Como él, podría saltar y nadie lo reclamaría, quizá sería como la piara de cerdos que cayó desde el barranco habitada por una legión de demonios. *Mi nombre es Legión, porque somos muchos.* Inclinó el cuerpo sobre la baranda, las olas llegaban hasta muy cerca de su rostro, bastaba con soltar las manos. En ese instante descubrió que no estaba solo. *Espíritu inmundo, sal de este hombre.*

Durante los días que llevaba en el barco Manuel no se había encontrado ni en cubierta, ni en el comedor, ni en la capilla, con esa mujer negra, de cabello canoso y vestida con un elegante traje sastre azul marino, sobre el que se destacaba un collar en el que alternaban piedras azules y cristales de roca a los que la luz arrancaba destellos amarillentos. No podía saber cuánto llevaba a su lado, ni si se había dado cuenta de sus propósitos.

—Tenga cuidado, el mar está picado y si se marea puede sufrir un accidente.

Martínez no contestó de inmediato. Era extraño encontrar en el barco una mujer negra, sola y con acento de Cuba. Tras la advertencia, ella le sonreía y las piedras del collar, castigadas por el sol, parecía que iban a cegarlo.

—Venga, no se quede allí solo que va a coger un dolor de cabeza. Lo condujo hacia dos asientos libres bajo la toldilla. Cuando se hubieron sentado, ella tomó una garrafa de la mesita que estaba entre ellos, sirvió un vaso de agua y se lo alargó. El sacerdote descubrió entonces que tenía una sed intensísima. Se lo bebió completo y le dio las gracias.

—A veces tenemos sed y no lo sabemos – dijo ella- otros asuntos nos ocupan y no nos damos cuenta de la necesidad de agua, eso puede trastornar la mente y no dejarnos pensar bien, padre Manuel.

Este no pudo reprimir la sorpresa al escuchar su nombre en boca de la desconocida. Ella estaba muy atenta a su expresión.

—No se preocupe – dijo sin dejar de sonreír- todos vamos en el mismo barco y no hay ningún secreto. El capellán lo ha llamado así al presentarlo en la capilla y el capitán lo ha saludado delante de mí un par de veces. He sido muy mal educada por no presentarme antes. Me llamo Marta de los Dolores Triana, regreso a mi casa en La Habana, soy parroquiana del Santo Ángel Custodio. Allí me bautizaron hace muchísimos años.

Después del vaso de agua y sentado a la sombra, Martínez sentía como si le hubieran administrado un poderoso relajante. Apartó de sí las absurdas ideas de muerte. La mujer tenía una voz grave y persuasiva, no gesticulaba al hablar como hacía la mayoría de sus compatriotas, ni gritaba. Sus palabras salían en un tono parejo e incitaban a relajar los músculos, respirar como paladeando el aire marino y escuchar como si no hubiera otra ocupación en el mundo.

Así conoció la historia de ella, nacida y criada en la Loma del Ángel, casada y aún joven abandonada por su marido tras el nacimiento de su hijo, de cuya educación tuvo que hacerse cargo sola. El vástago resultó ser un mulato fiestero pero muy cariñoso, al que pudo darle algo de buenas maneras, mientras un compadre suyo le enseñaba los rudimentos de la música. Pero el muchacho no quería tocar el violín, ni el piano, pasaba las noches en claro cantando sones en el bar Lucero o haciendo demostraciones de rumba para los turistas. Siempre llegaba a la casa al amanecer, clamando por un vaso de leche y un pan con bisté. El dinero que aportaba no era mucho, pero alcanzaba para sostenerse en aquellos tiempos difíciles.

Cuando llegaron los días peores ello no soportó más las esperas junto a la puerta, con una vela encendida delante de la Milagrosa y otra para el Niño de Atocha, rogando porque retornara con vida, porque rara era la ocasión que el periódico no hablaba de gente anónima o conocida encontrada sin vida en un solar yermo o en un portal y, a veces, hasta flotando en las aguas del puerto. De modo que vendió las pocas cosas que poseía de algún valor, buscó inquilino para la casita y se fueron a España, porque un negro que canta sones y baila guaguancó en Cuba no es más que un negro, pero en Europa es un artista.

Los primeros días pasaron estrecheces y después lo fueron contratando aquí y allá para dar color a espectáculos de variedades y presentaciones en centros nocturnos. La música cubana hacía furor y él se sabía las canciones de Matamoros, Piñeiro y boleros viejos que ponían la carne de gallina a las mujeres sentimentales.

Había progresado mucho, no solo tuvo lo que tanto ansiaba: varios trajes de dril blanco, un sortijón de oro con una amatista, diez pares de zapatos de dos tonos y un apartamento alquilado cerca de la Gran Vía. Ella era su consejera, su contadora, su agente de relaciones públicas. Con él estuvo en Barcelona, en Málaga, en San Sebastián y hasta se dieron un salto a Montecarlo.

Juan Viciedo, el ruiseñor de los ojos verdes, estaba en todas las carteleras, con muchas luces y exhibiendo su diente de oro sin par. Todo fue como un cuento de hadas hasta que comenzó la guerra. Teatros y cabarets cerraban, los bares hacían economías y Juan conoció a una francesa que se enamoró de su tesitura de tenor, de sus ojos verdes y de sus mañas de cubano en la cama y decidió llevárselo a París, una ciudad donde las mujeres son muy libres y no están dispuestas a vivir con una suegra, sobre todo si esta no posee varios miles de francos de renta. Así que, apenas despidió a su hijo en la Estación de Atocha - *¡Cuídamelo, Santo Niño!*- decidió que su tarea en la vida estaba cumplida, liquidó sus cuentas y sorteó todos los obstáculos oficiales para pasarse, gracias a su pasaporte cubano y a los buenos oficios de otro católico habanero, don José María Chacón y Calvo, un diplomático y profesor que era también un conde, pudo cruzar a la zona de «los nacionales» y conseguir espacio en este barco que la llevaba de vuelta a la Loma, para pasar allí lo que le quedara de vida.

—La mayoría de las madres se hubieran peleado con esa francesa, porque les estaba arrebatando al hijo que habían criado con tanto esfuerzo, pero a esa mujer, que, por cierto, no era nada simpática, yo la vi como a un espíritu enviado por Dios para librar a mi Juan de la guerra y de todo peligro. Ella me liberó y yo no iba a contrariar lo que ya estaba escrito. Recibí el don de escuchar a los demás y aconsejarlos. Eso significa vivir según la voluntad superior y hacer el bien desinteresadamente.

Manuel quería decir algo, pero no sabía qué. Era como si tuviera cerradas las entendederas y la lengua se le hubiese dormido.

Cuando, una vez terminado el relato, hizo un gesto para incorporarse un poco en el asiento ella le sirvió otro vaso de agua, que él se bebió con docilidad. Le pareció que esta vez, aunque provenía de la misma garrafa, hervían en ella pequeñas burbujas, como acabada de sacar de un sifón. Sentía un gran cansancio y volvió a apoyar la espalda en el asiento.

—No hay como el agua para calmar los nervios. Quien los tiene resentidos por las cosas que le han sucedido, no debe ser encerrado, ni atado, ni tratado con inyecciones y píldoras que lo dejan como un borracho. Hay que darle mucha agua fresca, rodearlo de flores blancas y rezarle cada día la oración del Ánima Sola y después siete Padrenuestros, cinco Avemarías y un Credo. Eso da luz y confianza. Mire, usted mismo está desesperado, porque va de un sitio donde hay guerra y teme por usted, por su familia, por el destino de la religión en manos de los impíos, pero va hacia otro sitio donde no espera tampoco mucha tranquilidad, hay quien le hace oposición fuerte y cuando usted habla de cosas grandes, ellos quieren ocultarlas en la sombra. De ahí viene esa tristeza, esas voces que escucha y, a veces, hasta ese deseo de muerte que es preciso controlar, porque de otro modo se lo tragará.

Las gemas del collar brillaban más que nunca y Martínez seguía callado. Ella le alargó un tercer vaso de agua. Él lo bebió sin saber que lo hacía.

—Usted tiene a su lado a un espíritu protector. Es una mujer, delgada, de mirada muy aguda, vestida como de monja. Ella es fuerte y lo asiste, pero no puede obligarlo a nada. Ella necesita todavía purgar algunas tristezas y apegos antes de elevarse, pero es un ser que mostrará mucha luz. Ayúdela con la oración. No tiene que hablar con todos de ella. Sus propósitos, su causa, son también para que usted tenga vida y alegría, no para ser destruido.

Entonces la mujer aproximó un tanto el rostro al suyo y comenzó a recitar, en voz baja pero perceptible, marcando mucho las sílabas, la vieja oración:

—*Oye mortal, escucha el lamento de un alma aprisionada, triste, desesperada, sola, abandonada, que se encuentra en un lugar tan oscuro donde está la nada.*

Escúchame Anima mía, ánima de guerra y de paz, ánima del mar y la tierra, deseo que todo lo que tengo perdido o ausente se me entregue o hagas que aparezca rápido como el conjurar esta oración. ¡Oh Ánima, la más sola y olvidada en todo el purgatorio! Yo sigo en tu dolor, y lo llevo dentro de mí, cada vez que busco llamarte me compadece el verte gemir y padecer en el abandono de esa estrecha y dura cárcel de fuego que te causa sed y calor. Yo deseo poder aliviarte de tu aflicción...

Los párpados del sacerdote se le hacían cada vez más pesados. En su interior sentía una pequeña chispa de inquietud. Algo no estaba bien en aquel encuentro, pero el deslizarse de las palabras, pausado y con una persuasiva monotonía, fue logrando que se abandonara a aquella voz hipnótica:

—Ya está –dijo la mujer mientras alejaba de él su rostro– Usted necesita descanso. Llegar tranquilo y seguro de sí a la Isla, porque va a encontrar voluntades opuestas a su misión, espíritus torcidos, gente egoísta amiga de la injusticia. Lo he estado observando desde que subió al barco, detrás de su apariencia de hombre espiritual hay alguien que está muy herido y ni siquiera sabe emplear la asistencia de esa mujer fuerte que tiene a su lado. Por eso le he copiado esta Oración del Justo Juez – y puso en su mano un pliego de papel amarillo doblado que acababa de sacar de su seno. Manuel se estremeció al asirlo, estaba todavía caliente.

—Gracias –respondió desde dentro de su sueño.

—No me lo agradezca. Yo tengo el don y la obligación de ayudar a los demás y usted lo requería con urgencia. Esa oración es muy antigua, dicen que está escrita en una tableta de oro custodiada por monjes en un convento de Armenia y que fue hallada en las ruinas del templo de Salomón en Jerusalén. Quienes la rezan siempre son escuchados y salen vencedores de sus empeños si estos son rectos. Léala al menos una vez al día y podrá derrotar a sus enemigos. Ya me dará las gracias cuando vea los resultados.

Inmediatamente el tono de la voz cambió y recuperó el aire informal del principio.

—Padre, está dormido. Los viajes y las preocupaciones a veces lo dejan a uno agotado. Váyase a descansar. No puede llegar tan fatigado a La Habana. Si necesita algo yo estaré cerca, en el camarote 13.

Lo último que vio Martínez fue la sonrisa obsequiosa de la negra y el destello de las piedras del collar. Después no podría recordar cómo se había puesto de pie, recorrido un tramo de cubierta, luego un dédalo de pasillos y llegado a su camarote, donde se desnudó y quedó dormido inmediatamente.

Soñó con que volvía a cubierta y encontraba a María Vera conversando con María de los Dolores. Su discípula espiritual iba de hábito pero este se había tornado azul. *Ella me ha dicho que este color es el mejor para La Causa.* Entonces aparecía el capellán conduciendo una piara de cerdos que más bien parecían jabalíes por su pelambre hirsuta, sus largos colmillos y miradas feroces. Poco a poco los animales iban saltando la baranda y caían al mar pero no se hundían, sino que nadaban en grupo. *Van a Cuba, tienen cosas que hacer allá.* Mientras tanto, aparecía la familia que le había rechazado el pan. El hombre llevaba los lentes pero golpeaba con fuerza en un tambor que tenía colgado al cuello. *No queremos pan, queremos justicia*, cantaba su esmirriada esposa y la niña miraba al asustado Manuel con furia, los ojos le brillaban y se confundían con los destellos del collar de María de los Dolores. El hombre seguía golpeando el instrumento y Martínez sentía que el dolor de cabeza crecía en sus sienes.

Despertó sobresaltado, llamaban a la puerta con insistencia. Era un camarero.

—Padre, me manda el capellán. Está muy preocupado porque no lo vio ayer, ni en la capilla, ni en ninguna de las comidas. ¿Está enfermo? ¿Necesita algo?

El clérigo aturdido, no atinaba a hablar, por fin pudo indicar con la mano su negativa para ambas interrogantes. De su sueño apenas parecía real el fuerte dolor de cabeza.

—¿Qué día es hoy?

—Miércoles. Dese prisa porque hoy el desayuno se servirá a las siete. Ya estamos próximos a La Habana, esperamos atracar cerca de las once.

Había dormido dos días enteros. Se duchó y se puso una sotana limpia. Al contacto con el agua el dolor de cabeza desapareció. Desayunó con mucho apetito y regresó al camarote para ordenar su escaso equipaje. En el pasillo se topó con el camarero que lo había despertado.

—Por favor ¿Conoce a la pasajera María de los Dolores Triana?

—No, padre, no he oído hablar de ella, quizá viaje en otra clase.

—Es fácil de notarla, es una mujer negra, de más que mediana edad.

—Lo siento, en este viaje no he visto a ningún pasajero negro.

El presbítero procuró hacer memoria.

—Si no me equivoco, ella me dijo que tenía un camarote, el número 13.

El camarero lo miró con sorpresa.

—No es posible, padre. En este barco no hay camarote 13. La mayoría de los pasajeros rechazan tomar uno con ese número que consideran de mal agüero y aunque eso no es más que una superstición, la Empresa decidió numerarlos saltando esa cifra —le mostró la hilera de puertas— mire, del 12 salta al 14.

Martínez entró en su compartimiento. No todo era sueño. Allí estaba para demostrarlo la Oración del Justo Juez, copiada con una letra grande y esmerada, como la que enseñaban las monjas en sus colegios. La puso en la valija, junto con la navaja de afeitar y otros objetos y la cerró.

Cuando el barco entró en la bahía divisó en seguida la torre del viejo convento de san Francisco y más lejos, el edificio plateresco de la Telefónica y la cúpula del Capitolio que él no recordaba haber visto terminada. Sintió inquietud. Al descender la escalerilla del barco abandonaba el último trozo de España, para poner los pies en una isla donde quizá transcurriera su existencia hasta el fin.

El oficial de migración no lo miró con demasiada simpatía.

—Pasaporte, por favor.

Le entregó el documento y junto con él la carta del obispado y los papeles que lo acreditaban como residente en Cuba, obtenidos varios años atrás.

El funcionario revisó con cierta desconfianza el conjunto.

—Usted es de los que vienen huyendo, ¿verdad?

—Yo no huyo de nadie – replicó Manuel molesto– vengo a continuar mi labor pastoral después de acompañar unos años a mi familia.

El hombre parecía un poco incómodo, pero selló el pasaporte y se lo devolvió con el resto de los documentos.

—En cuanto le sea posible vaya a la Dirección de Migración con una carta de su obispo para que le renueven los papeles. Buenos días. El siguiente…

Cuando fue a salir de la terminal de pasajeros, vio como otro oficial de migración conducía al hombre de la barba, su esposa con el bebé pegado al pecho y la niña. Los colocaron en un rincón, junto a otros pasajeros de tercera. Debían esperar un lanchón que los condujera al campamento de Tiscornia, donde permanecerían detenidos hasta que alguien los reclamara o se les deportaría si no eran elegibles para recibir la condición de refugiados.

Era ya mediodía. Martínez, deslumbrado por la intensa luz, se sintió aturdido a la salida, entre el vocerío de los mozos que se ofrecían para cargar los equipajes, los reclamos de los choferes de alquiler y los que anunciaban hoteles baratos, de los de cama y desayuno, para los recién llegados.

Decidió tomar un auto hasta la cercana estación de ferrocarril. Lo mejor era dirigirse cuanto antes a Matanzas. Entonces lo abordó una extraña pareja que enarbolaba entre gritos de entusiasmo un cartel que decía: «Bienvenido, padre Manuel».

De María de los Dolores no había ni rastros.

INFORME DESDE EL INFIERNO

1

Dr. Armando de Córdova y Quesada
Director propietario

Sanatorio de Enfermedades Nerviosas y Mentales «Doctor Córdova»

Marianao, La Habana

Paciente: Manuel Martínez Pérez   Lugar de nacimiento: España
Edad: 49
Ocupación: Sacerdote católico
Diagnóstico de entrada: Psicosis maníaco depresiva

—ANTECEDENTES
Se estableció en Cuba en 1921, con 25 años de edad, procedente de España, donde estudió en el Seminario de León. Refiere de su período como seminarista algunos episodios asociados con frustraciones que motivaron aparentes crisis maníacas o períodos depresivos. En algunos casos estas tuvieron como preludio visiones de tipo místico que ocasionaron represiones por parte de sus superiores y la burla de sus compañeros. No recibió tratamiento.

En 1928 nos fue remitido por el Hospital San Francisco de Paula, a sugerencia del obispo de Matanzas, donde servía, con una crisis cuyos síntomas resultaban casi idénticos a los que señaló Kraepelin para describir la psicosis maníaco depresiva. Fue tratado con tabletas de Veronal, reposo y sesiones de diálogo.

Salió del país en 1929. Dejó de tomar el medicamento. No volvió a recibir asistencia facultativa.

—EVOLUCIÓN
Permaneció en España alrededor de una década, residió la mayor parte del tiempo con sus padres, que son aldeanos pobres con escasas letras. Realizó su labor religiosa de manera esporádica, como asistente de su hermano sacerdote o del párroco de la aldea.

Asegura que en los primeros tiempos se sintió bien con los suyos, pero al proclamarse la República y comenzar las primeras persecuciones contra la Iglesia comenzó a tener accesos de pánico, pesadillas, visiones, recuerda particularmente la que consideraba más terrible: las monjas sacadas de sus sepulcros y paseadas por las calles, que volvían una y otra vez a su mente, aunque él no viera directamente estos hechos. Tuvo etapas de compensación en los que el afecto de la familia y los servicios que prestaba como cura, le procuraron algún alivio. Al iniciarse la Guerra Civil y ocurrir nuevas violencias contra los católicos: asaltos a templos, incendios, secuestros, asesinatos, volvieron a alternarse los episodios de manía con otros de abulia, casi parálisis física, descuido de los hábitos higiénicos, melancolía. Tampoco esta vez recibió tratamiento facultativo.

La invitación a venir a Cuba fue un motivo de alegría. Aun preocupado por sus parientes, alejarse de la guerra fue motivo de alivio.

Asegura que fue bien acogido por el nuevo obispo de Matanzas, quien pagó parte de su viaje. Este le ofreció un destino estable en una parroquia del territorio y se interesó en lo que Martínez llama «La Causa» que consiste en una serie de apariciones de la Virgen, de Jesús como un niño o de un Ángel, a una señorita matancera llamada María Vera, fallecida en 1928. Martínez se considera un abanderado de esa causa, para lograr que los obispos reconozcan como legítimas esas visiones y los reclamos sobrenaturales o advertencias que contienen para Cuba y los difundan, además de propiciar la beatificación de la visionaria. El reconoce que los que apoyan el asunto son muy pocos y que aunque su obispo mostró inicialmente cierto interés, la presión para enterrarlo todo del nuncio Monseñor Caruana y de otros obispos, han impedido que el asunto avance. Ese resultado negativo que no era el que esperaba lo condujo a un nuevo estado mórbido.

De sus palabras se puede colegir que resultaron agravantes, los roces sufridos con dos personas que lo ayudaron a retornar a Cuba y fueron hasta hace poco dirigidas espiritualmente por él: Sofía Valdés y Juan Dalmau. Describe a la primera como una mujer devota pero llena de rasgos infantiles, que escribe continuamente textos desatinados sobre supuestas visiones y, sin más consulta, los da a conocer al público, con la ayuda de Dalmau, un hombre bueno y trabajador, pero también visionario y que con su indisciplina y su conducta bizarra ha contribuido a que la llamada Causa sea considerada por los mitrados y buena parte del clero como «cosa de locos».

También fue para él muy traumático lo ocurrido en torno a la exhumación de los restos de la señorita Vera. Él había acordado con la hermana de ella, Elvira, que sus restos permanecerían sin tocar, en la tumba, hasta que La Causa fuera reconocida y se procediera a la ceremonia religiosa de trasladarlos como se hace con los que se van a declarar santos. Pero los parientes que se consideraban coherederos del terreno en el cementerio, exigieron su exhumación inmediata y traslado a un osario, para permitir el trabajo de los constructores a los que habían encargado un panteón más ambicioso. Manuel acompañó a Elvira al cementerio, estaba convencido de que el cuerpo de la vidente, como dice él que es habitual en los santos, estaría idéntico, incorrupto, a pesar de los años que llevaba de enterrada. Sin embargo, cuando los sepultureros abrieron el ataúd, asegura haber visto que por un instante la difunta apareció tal y como era y vestida con su hábito religioso, aunque con la piel muy oscurecida, pero solo por unos segundos, porque, al contacto con el aire, se desintegró inmediatamente y solo quedaron a la vista huesos, jirones de la ropa y polvo. Declara que eso fue obra del diablo, para estorbar La Causa, al sustraerles la evidencia de un cuerpo incorrupto. Además, terminó asociando esta exhumación, hecha sin todos los requisitos de la liturgia católica, con la profanación de las criptas en templos de España y esto generó en él sentimientos de miedo, de culpa y una sensación persecutoria centrada en la figura del Demonio o Espíritu maligno, por el que muchas veces se siente poseído y pierde el control de sus acciones.

A pesar de las contrariedades, se consagró a difundir La Causa, copió a mano o mecanografió centenares de páginas de la autobiografía de la Vera, así como escritos del padre Pastor Bauzá, primer defensor de la Causa y formó con ellos un expediente. Él, Sofía y Juan, se dedicaron a visitar sacerdotes, frailes, personas influyentes, para difundir este asunto y recabar su apoyo. Recibió rechazos y hasta burlas, dice, por parte de los padres paúles, que fueron enemigos de este asunto desde el principio y no quieren volver a oír hablar de él, y también de los jesuitas, que lo recibieron en su residencia de la calle Reina con cortesía y prometieron estudiar los papeles, pero después rindieron un informe muy negativo al arzobispo de La Habana, monseñor Ruiz.

Insiste en que el diablo lo rondaba desde que él se acercó a María pero que se abrió paso hasta él en el barco en el que regresaba de España y que lo hizo en la figura de una mujer negra, ataviada de azul y con un collar de gemas rutilantes, que lo abordó en la cubierta, cuando él era presa de un acceso de melancolía y le habló de manera hipnótica, además de repetirle al oído oraciones que parecían católicas pero que se emplean popularmente para conjuros mágicos y hechicería. Le hizo tomar varios vasos de algo semejante al agua pero que le dio un gran sueño y lo hizo dormir dos días. Desde entonces siente con frecuencia al Maligno en su interior y éste, si él se descuida, lo hace actuar «como energúmeno».

En la etapa más reciente sufrió dos frustraciones que él valora como muy grandes, la primera que su benefactor, el obispo de Matanzas no solo le reprochó el descuido de sus obligaciones como sacerdote por dedicarse casi únicamente a su labor de propaganda de La Causa, sino que le ordenó abandonar esta, pues estaba colocándolo a él y a la diócesis en una situación «ridícula».

Por otra parte, Manuel se enteró de que los obispos de Cuba se reunirían en conferencia en Camagüey y allá viajó, apoyado por dos sacerdotes amigos de aquella región: Amaro, párroco de Nuevitas y Miguel Becerril, encargado de la parroquia de Nuestra Señora de la Soledad en la ciudad capital. Estos le acompañaron hasta el palacio episcopal y aunque el secretario del prelado local, el padre Basulto, les había prometido interceder con los reunidos para que lo escucharan diez minutos, tal cosa no se obtuvo y cuando llegaron allí, el portero estaba impuesto de no dejarlos subir. Sus acompañantes quisieron impedir un escándalo y le indicaron que fuera prudente pero Martínez perdió los estribos, quiso pasar a la fuerza, gritó ofensas y amenazas bajo los balcones para que los mitrados lo oyeran, hasta que sus amigos lograron llevárselo a rastras.

Logró con esto un efecto contraproducente, los reunidos no solo se negaron a verle y escucharle, sino que decidieron en conjunto, rechazar de plano el asunto de las visiones y proscribirlo en toda la Isla. Indignado, en plena fase maníaca, el paciente retornó a Matanzas, recogió sus escasas propiedades y renunció a su parroquia. Se trasladó a La Habana, con el propósito de irse a España, de lo que temporalmente lo disuadió el padre Alfredo Llaguno, superior del Hospital de Paula, quien lo remitió a mi cuidado.

—CONCLUSIONES

Es fácil confirmar el diagnóstico anterior de psicosis maníaco depresiva, que se ha agravado, tal y como describen los libros, por la llegada a la mediana edad, cuando arraiga más en la persona y la deteriora, sobre todo en los casos que, como este, no siguen tratamiento alguno.

El paciente sufrió experiencias traumáticas relacionadas con la guerra en España, particularmente lo afectó la intensa sensación de miedo que allí han sufrido los religiosos. Es explicable además que alguien muy sensible a las frustraciones y que de su ocupación ha derivado una especie de manía religiosa, no solo se sienta agredido por sus colegas y aun por sus colaboradores, sino que crea percibir que es poseído por fuerzas malignas que pretenden echar abajo lo que él defiende.

En su crisis maníaca hay fuertes rasgos de paranoia. Cuando lo recibimos estaba en plena fase delirante, violenta, agresiva hacia los demás y hacia su persona (trataba de desgarrarse la piel o abrirse la cabeza con las paredes, para «sacar al diablo»). Fue necesario inmovilizarlo con la camisa de fuerza y administrarle hasta tres sesiones de tratamiento electro convulsivo. Después, cedida la violencia, se le ha recetado Prometazina – un nuevo sedante de uso menos riesgoso que el Veronal- reposo, baños tibios relajantes y dieta sana, sin café, vino ni otros estimulantes.

Cuando no está en una de las fases agudas de su enfermedad, el paciente es una persona con apreciable cultura, de trato amable y muy sensible a las bellezas de la naturaleza y el arte. Es sinceramente religioso y ello le veda la vida acomodada y rutinaria que muchos de sus colegas adoptan con facilidad. Es impresionable para las cuestiones ligadas a lo sobrenatural, sean benéficas o malignas y la fantasía domina sus facultades con frecuencia.

Me resultó llamativa la frase que gritaba cuando llegó presa de un acceso de violencia al sanatorio, mientras los enfermeros pretendían reducirlo, repetía: «Al infierno, sí, pero en tus brazos, Madre mía».

La fe religiosa puede conciliar en una persona los mayores opuestos: el Demonio y la Virgen, el mal extremo y el sumo bien. Por eso ella, según se mire, puede facilitar el restablecimiento del paciente o la pérdida definitiva de la razón.

2

Los amplios y sombreados claustros del convento Nuestra Señora de la Merced, eran los más hermosos de La Habana, pensaba el padre Manuel mientras caminaba por ellos, lástima que estuvieran emponzoñados todavía, al igual que sus celdas y recibidores, por todas las infamias que allí se elaboraron contra el padre Pastor, en primer término y también contra María y él mismo. Casi ninguno de aquellos malvados estaba ya aquí, unos andaban dispersos por el mundo, otros habían muerto, al parecer en paz, sin olvidar aquellos habían perecido de manera atroz durante la Guerra Civil. De los enemigos visibles de La Causa solo permanecía acá el padre Chaurrondo. Precisamente ese que lo había mandado a llamar.

Un novicio de corta estatura y bizco por más señas era el que lo conducía con aire oficioso, hasta que llegó a una puerta que estaba entrejunta, se asomó, anunció su presencia y le indicó que pasara. Más que marcharse, al parecer se evaporó, pues Martínez entró solo en aquella habitación, ocupada casi toda por un gran escritorio cargado de libros y carpetas, dos estantes encristalados con un contenido semejante, tres mecedoras, una cómoda de sacristía y las paredes cubiertas de cuadros: un pequeño *Ecce Homo*, que parecía muy antiguo, a juzgar por lo oscurecidas que estaban las figuras del Redentor y los guardias romanos; un san Vicente de Paúl, quizá copiado por una mano no muy diestra de algún original francés y, en sitio de honor, un gran retrato del propio ocupante de la pieza, sentado en un butacón episcopal con impecable sotana negra. El parecido era asombroso, aunque la obra no era una copia de la realidad, pues el sacerdote parecía flotar entre libros y cuadros, como si el modelo, junto con un pedazo de la habitación, hubieran sido levantados en el aire y colocados en la pared para ser contemplados más al detalle por los visitantes.

—Buenos días, padre Manuel. Parece que le ha gustado el retrato...

—Buenos días le dé Dios. Pues sí, me ha llamado la atención esa pintura, parece usted un canónigo o un cardenal elector.

—Tendría que darle las gracias, pero me parece que viniendo de usted no es exactamente un elogio…

Martínez no respondió. El novicio apareció fugazmente con una bandeja y sendas tazas de café. La infusión estaba todavía humeante y exhalaba un fuerte aroma, el adecuado para aquellas antiquísimas tazas de porcelana inglesa, adornadas con escenas de cacería y volutas azules sobre un fondo crema. Efectivamente, el hijo de la Misión vivía como un obispo de los buenos tiempos.

—Perdone que lo haya mandado a llamar a través del padre Llaguno, sé que él le tiene mucho aprecio y por cierto, él sí ha llegado a canónigo a pesar de su juventud…

—Así es. Tiene muchos méritos – señaló con vaguedad Manuel, que comenzaba ya a sentirse inquieto…

—En primer lugar quiero pedirle que me perdone. Creo que nos vimos una sola vez, hará veinte años y la ocasión no era la más adecuada para acercarnos. Usted sabe que nunca he sido amigo de lo que ustedes llaman La Causa, pero aunque no me crea, siempre aprecié y respeté al padre Pastor, un hombre valioso, a pesar de ciertos extravíos por aquellos años. Sé que algunos le hicieron la vida imposible, cometieron verdaderas indignidades de las que ya deben haber dado cuenta ante Dios, pero yo no estaba entre ellos. Si me enviaron allí a despedirlo era porque quizá mi presencia le resultara menos ingrata que otras, solo que él ya estaba muy herido y juzgó mal mis intenciones…

El visitante no tuvo que esforzarse para recordar aquella desagradable mañana hacía dos décadas, con el venerable servidor llevado a pie, como para escarnio público, hasta el muelle y recibiendo allí el beso de Judas, mientras él nada podía hacer para ahorrarle la humillación en sus últimos minutos en la Isla donde había hecho tanto bien. Tuvo que esforzarse por destejer el nudo que tenía en la garganta para responder.

—No soy hombre de rencores y aunque pensamos muy distinto, yo lo respeto a usted. Pero sería bueno que se lo hiciera saber al propio padre Pastor, quien probablemente percibió esos y otros hechos de manera diferente…

—Quizá debí hacerlo hace mucho, pero solo tardíamente lo he pensado. *Mea culpa*. Y ya el reverendo padre no puede escucharme porque ha pasado a la casa del Padre.

La noticia hirió a Martínez como una descarga eléctrica. Con la mano temblorosa depositó la taza en una mesa auxiliar por temor a que se rompiera.

—¿Ha muerto? ¿Lo fusilaron los anarquistas? Dios mío…-se llevó ambas manos a las sienes. Un aguijón parecía abrirse paso entre ellas. La voz le temblaba y una lágrima amenazaba con brotar, pero no quería llorar delante de ese hombre. Bajó las manos, se forzó a erguir el torso y endureció la voz.- ¿Muerto?- repitió.

—Sí, pero no tuvo que pasar por esas amarguras que usted imagina. No corrió la suerte de varios de nuestros hermanos. La casa de Paredes de Nava quedó en territorio de los nacionales. Los pocos que estaban allí: un padre muy anciano, el cocinero, Pastor, no fueron molestados. Claro que los mortificaron las pocas noticias que venían de Madrid y otras zonas del bando republicano: incendios, destrucción, fusilamientos y la larga carestía en que no llegaron a tener más que un par de coles de la huerta para poner en la mesa. Pero ese santo varón murió en paz, estaba muy feliz en aquel sitio y tenía mucha ilusión con concluir la reparación de la vieja iglesia de san Francisco cuando llegaran tiempos mejores para España.

La irritación inicial y la dolorosa sorpresa fueron cediendo pronto a una tristeza tranquila. Él podía dar fe de la paz y las ilusiones de aquel valioso sacerdote en sus últimos años. Entre otras cosas había mostrado su enorme capacidad para perdonar y olvidar.

—Sí, así vivía allá. Yo lo visité en aquel lugar tranquilo, a donde lo mandaron para apartarlo, pero nuestra Madre Milagrosa lo protegió hasta el fin.

—Descanse en paz —sentenció Chaurrondo—. Personas muy devotas, especialmente fieles de cierta edad que fueron sus hijos espirituales han mandado a decir misas por el descanso de su alma. Aquí en la casa estamos celebrando las gregorianas, pero además casi cada día hay otras en diferentes templos de La Habana y Matanzas. Si gusta celebrar alguna en su parroquia actual, háganoslo saber, para recogerlas en el ramillete espiritual que se le está preparando…

En ese momento irrumpió en la pieza un hombre que quizá no tuviera aún los cincuenta años, pero de rostro demacrado, pálido bajo la barba de varios días. Estaba desgreñado y sucio, sus ropas medio harapientas despedían el mismo olor de los mendigos, pero a diferencia de estos, no tenía la humildad ni la discreción esperables. Sin disculparse pasó ante Martínez, a quien apenas miró de soslayo y se dirigió a Chaurrondo, al que mostró un paquete plano envuelto en un papel de estraza cubierto de suciedad como sus vestiduras.

—Traigo algo para ti.

—¿Qué es? – preguntó Chaurrondo, con interés pero sin mucha sorpresa.

—Un cuadro. Mi mejor obra. Nadie ha visto una cosa igual.

Y el intruso desenvolvió la pintura y lanzó con descuido el envoltorio al suelo.

—¿Cómo se llama?

—«Cristo y los discípulos de Emaús». No tienes más que mirarla, tú que eres experto en esas cosas de la Biblia. Yo he pintado muchísimos santos y Cristos, pero nada como esto. Ahí puse toda mi vida. Ni siquiera quiero exhibirla. Pensé en ti porque sabes apreciar estas cosas. Aquí estará mejor que en el comedor de la viuda de algún comerciante ladrón.

El navarro contempló la obra. Parecía admirado. Martínez, en cambio, solo veía tres monigotes, pintados, a como diera lugar, con largos brochazos. Era imposible precisar los contornos, pues parecía que una lluvia constante cayera sobre las figuras y las derritiera como si fueran barras de azúcar. Encima, un tema tan sagrado se mostraba con unos colores luctuosos, pardos con algo de blanco y un amarillo fúnebre. Aquello era indigno de una casa religiosa. Nada dijo pero su rostro era muy expresivo. El artista sorprendió su mirada y con expresión burlona se dirigió a Chaurrondo.

—Parece que no le gusta mi obra. Seguramente prefiere los adefesios de Domenech o de Valderrama.

—Compórtate, Fidelio, que el gusto es cosa de cada cual. A mí me parece muy bien, pero creo que no has venido a donarla. ¿Cuánto quieres por ella?

—Pues dame más que por las anteriores, porque esta es la mejor y es una excelente inversión, en un tiempo valdrá muchísimo…

—No lo dudo, quizá pueda darte algo y dentro de un tiempo…

—Muy gracioso, yo no tengo ni para pagar el cuarto y comer, y la gente se aprovecha.

—Sabes que siempre he sido justo contigo. A ver…-rebuscó en una gaveta del escritorio y extrajo unos billetes-. Tu Cristo vale mucho, seguro, pero yo solo tengo ahora cien pesos. Si te conviene…

El pintor miró un par de veces los billetes en manos del religioso, fue a decir algo, pero prefirió alargar la mano hacia ellos.

—Vale mucho más, pero yo estoy apurado y además tú sabrás valorarlo mejor que los otros. Gracias, reverendo padre, y buenos días.

Del mismo modo que había llegado desapareció.

Chaurrondo puso el cuadro sobre la cómoda, sencillamente apoyado en la pared. Parecía fascinado. Tuvo que hacer un esfuerzo para volver por fin el rostro hacia el visitante.

—Es una maravilla. Una de las mejores cosas que he visto del arte nuevo en Cuba. Como las pinturas de Portocarrero y Mariano que encargué para la capilla del Castillo del Príncipe hace poco, o mejor, me parece más íntima, más espiritual…

—No sé de arte. A mí me parece muy extraña, como todas esas pinturas modernas que están de moda en España y aquí. No creo que nadie pueda rezar ni meditar delante un cuadro como ese y además ¡cien pesos! Con eso se sostienen cinco familias pobres por una semana…

—Cuidado con reaccionar como Judas frente al ungüento que derramó la pecadora para ungir a Jesús. Ese artista es muy pobre y lo que yo pueda darle siempre será poco, la gente no lo aprecia, está enfermo de tuberculosis y temo que no vivirá mucho. Dentro de unos años sus obras no parecerán raras, sino las adecuadas a estos tiempos y quizá hasta despierten la devoción de alguna gente.

El visitante se incorporó para marcharse. Chaurrondo lo acompañó. Ahora tenía un tono más íntimo que incluía tutearlo. Martínez apenas podía disimular su incomodidad.

—Me ha dado mucha alegría que vinieras. No quería que te enteraras del tránsito de Pastor por bocas extrañas. Él te apreciaba muchísimo y yo sé que no eres uno de esos curas que parecen funcionarios del gobierno. Somos muy diferentes, pero no tenemos que ser enemigos, ni siquiera extraños. Si quieres colaborar con las misiones parroquiales, o con la Obra del Preso, si te apetece echarme una mano con las confesiones en el Príncipe o en el Hospital de las Católicas eres bienvenido. Cuida tu salud, las cosas de Dios vienen con paz y alegría, lo que nos quita el sueño, eso sí viene del diablo. Eres piadoso, vives con austeridad, hay muchos que aprecian en Matanzas tus buenas obras y Llaguno, a pesar de sus aires de canónigo y sus pomposas reuniones con la Damas Isabelinas, procura cuidarte y te recomienda. Fuerzas, hombre, ánimo, que hay mucho que hacer en Cuba.

Ya en el zaguán, antes de abrir el portón, lo abrazó.

—Te quiero, hermano, no creas otra cosa. Dentro de un tiempo quiero escribir un libro, no un ensayo, sino una sencilla cronología de los hechos de La Causa, es un fenómeno curioso en la historia eclesiástica de este país. No pretendo hablar mal de sus partidarios: María, Pastor y tú mismo han sido gente muy valiosa. Solo que en ella se han cruzado cosas muy raras, entre otras, asuntos de España y de Cuba, modos de pensar, violencias, actos heroicos. Ha sacado lo mejor y lo peor de muchas personas.

Volvió a abrazarlo.

—Me ha comentado Llaguno que tal vez te quedes acá. Eso sería muy bueno, aunque Matanzas lamente perderte. Y no te olvides de llamar para anotar los sufragios por el alma de Pastor.

Martínez hizo el largo trayecto desde la zona del Puerto hasta la Víbora en tranvía. Intentó reflexionar sobre la visita, pero todo le parecía tan raro como aquel cuadro.

Cuando llegó a Paula, todavía no había regresado el capellán de sus clases en el Seminario. Faltaba media hora para el almuerzo. Se dirigió a la parroquia y oró unos minutos rodeado por el silencio del templo, cerrado al público. Le pareció que Pastor le hablaba, aunque no pudiera discernir las palabras. El maestro espiritual de María ya estaba en paz y se la enviaba a él desde lo alto. En la semana siguiente celebró una misa cada día por el eterno descanso de su alma y también con la intención secreta de arrancar la suya de las garras del demonio.

Unos días después, el muy ilustre canónigo Alfredo Llaguno y Canals le hizo saber que el vicario general Padre Arcadio Marinas, con la venia de Su Eminencia el Cardenal Manuel Arteaga y Betancourt, se había dignado aceptar su incardinación en la arquidiócesis. En espera de un destino de más importancia, le pedían que fuera vicario cooperador del padre Montaña en la parroquia de San Nicolás. El obispo de Matanzas no podría inconveniente alguno a su traslado.

3

En septiembre de 1948 Elvira estaba más viva que nunca. Había perdido de peso, hasta parecía auténticamente delgada y, a pesar de sus quejas por los dolores artríticos, se desplazaba sin bastón por la casa.

Decidió que la misa en memoria de María se celebraría ese año en la capilla de La Milagrosa y no en la Catedral como había sido costumbre. *Le debo eso.* El día antes de la ceremonia quiso que le lavaran el cabello con agua de lluvia reposada en el aljibe. Ya se extendía más abajo de la cintura y a las muchachas les tomó dos horas desenredarlo con un peine para caballos. A pesar de sus protestas no se lo dejaron suelto, sino que se lo recogieron en un gran rodete en la nuca y lo sujetaron con unas peinetas, mientras ella gritaba que parecía una criada gallega.

Elegir el atuendo para la salida tomó el resto de la jornada. Tras muchas pruebas se decantó por un vestido negro de moaré, largo hasta los tobillos, que había estado de moda treinta años antes, una mantilla española para cubrirse cabeza y hombros y un quitasol perlado con remates de encaje y borlas en el mango, no muy agujereado por las polillas.

Antes del amanecer del día 8 hizo traer un ramo de rosas color té y emprendieron el camino al templo. Elvira, en su vieja silla de ruedas, dirigía el camino con el abanico que llevaba en la mano diestra, porque en la siniestra tenía un rosario de cuentas como garbanzos, enrollado a la muñeca.

Adelina empujaba la silla mientras Florinda, a su derecha, debía llevar el mismo paso sin dejar de sostener el quitasol sobre su cabeza. Cuando la mujer se distraía, la señorita le propinaba un buen pellizco en el costado para que alejara los rayos de luz de su cara.

En el templo, hizo colocar las flores en un búcaro bien desempolvado, ante la imagen de Nuestra Señora y se ubicó muy cerca del comulgatorio, a la derecha, con un reclinatorio delante, aunque ella ya no podía arrodillarse. Don Cleofás obedecía con toda la velocidad que le permitían sus piernas. *El pobre, hasta él está viejo. Se cae a pedazos como esta capilla que cerrarán cualquier día.* Desde aquel sitio escuchó la misa con toda unción, aunque no respondía a las frases del celebrante. Sabía que esos paúles no eran los mismos de otros tiempos pero tenía muy clara su posición. *Yo no le hablo a esos zoquetes ni en misa.*

Celebróse en paz la misa y como no era de comunión general no tuvo la dama que recibir cosa alguna de manos de alguien que debía ser tan bergante como sus predecesores y, todavía después de la bendición, permaneció en su sitio en severa meditación.

Al concluir, encendió una vela, echó una moneda de níquel en la alcancía e indicó a su cortejo que era hora de recoger los bártulos.

A punto de salir, mientras procuraba poner en su sitio la mantilla, se le aproximó el sacristán:

—Señorita, qué gusto volver a verla. Se mantiene su merced idéntica a la que venía acá, allá por el año 1908.

El carmín de los labios de Elvira se frunció como un sangriento signo de interrogación. ¿Qué se traería ese bufón?

—Es que no le pasa el tiempo por encima. Pero dígame en confianza, Elvirita, ¿qué edad tiene usted?

Ahora los labios carmesíes se tornaron una especie de pico de oca:

—¡Si me cuentas qué hiciste con el filtro de loza que te robaste de casa de los Lamar, te digo la edad que tengo, zopenco!

La puerta se cerró tras ellas con un golpe ominoso.

4

FRAGMENTO DE LA CARTA DEL P. AMARO RODRÍGUEZ SANROMÁN AL P. MARTÍNEZ, JULIO DE 1949.

«Gracias a la Providencia no han faltado recursos para terminar la reconstrucción del templo. Ya tiene reparados los techos, carpintería nueva, una ampliación que ha permitido tener casa parroquial más decente y salón para la catequesis. Se parece muy poco al que recibí a mi llegada, que no se había desplomado por favor divino. Claro, la proximidad al mar es una bendición para los que gustamos de su cercanía, pero una amenaza para las construcciones, porque el salitre oxida el hierro, aún el que está en los interiores y nunca se concluyen los trabajos para preservar el edificio de sus efectos indeseables.

Miguelito, que tiene mucha más experiencia que yo en eso de las reparaciones, pues asumió antes una enorme en su parroquia, me ha aconsejado y apoyado muchísimo. Con permiso del Obispo, me trasladó la antigua pila bautismal de allá, que es sólida y sencilla, porque unos benefactores lo animaron a construir una capilla para el baptisterio y eso incluyó una pila nueva.

También he podido echar a andar la escuela parroquial, algo de que estaba muy necesitada la ciudad porque no tenía demasiadas aulas públicas y así pueden estudiar niños que de otro modo nadie hubiera atendido. Obtener los permisos, pasar por las inspecciones, dotarla adecuadamente, ha sido tarea para gigantes, pero mucha gente de este pueblo me ha apoyado, con cien pesos o con un centavo, ofreciendo materiales o trabajo personal. No puedo quejarme ni de los políticos locales, ni de los comerciantes, ni aun de los masones. En cuanto vieron que yo no venía a dormir siestas ni a engordar el bolsillo, no solo han apoyado mis empeños, sino que me buscan como mediador en las causas para el bien común.

Ahora andamos en la quijotada de dotar al lugar del acueducto que nunca ha tenido y como la ciudad ha crecido no es posible depender sólo de algunos aljibes y pozos salobres. Varios alcaldes han fracasado en su reclamo a las altas autoridades y otros sencillamente olvidaron el asunto. Ahora, reunidas «las fuerzas vivas» hemos organizado una campaña para que los esfuerzos no caigan en saco roto.

Por cierto, el presidente de la República estuvo por acá, a visitar algo relacionado con el puerto. Cuando supe que estaba por allí, decidí hablarle del asunto personalmente. Estaba acompañado por el gobernador de la provincia, un ministro, el alcalde de acá y unos periodistas. Fue el alcalde quien me presentó y le habló de las obras de la escuela. Por educación, el «ilustre visitante» me saludó y me felicitó por hacer «cosas tan útiles». No tenía – y no tengo- mucha fe en ese personajillo, que hace rato olvidó sus luchas juveniles para sanear el país y ahora vive cómodamente explotando su imagen de hombre activo y moderno, que pone primeras piedras en todas las obras y después no se apura en llevarlas a feliz término.

De todos modos, aproveché que estaba ante testigos y le hablé con toda la elocuencia que pude sobre la necesidad de su apoyo para construir el acueducto. El me respondió con una de esas frases de político marrullero: «Claro, claro, me encargaré de consultarlo y ver si es factible…». Sabes que yo tengo «tabla» para hablar con ese tipo de gente cuando se les necesita para el bien de los menos afortunados, pero esa mañana parece que estaban por el suelo mis disposiciones como diplomático y le repliqué por lo claro que esperaba que efectivamente nos apoyara, porque así lo obligaba su cargo, que no era posible vivir de promesas y primera piedras y que en todo caso, tiempo más o menos, lo haríamos con el esfuerzo local, porque los presidentes iban y venían pero los pueblos seguían en su sitio.

Los que me rodeaban quedaron en una pieza, el alcalde, si hubiera podido, me hubiera lanzado al agua. El doctor Prío me miró como si yo fuera un criado respondón y me dijo: «No se olvide que está hablando con el Presidente de la República». Ya yo estaba lanzado así que, sin pensarlo, le repliqué: «Y usted está hablando con el párroco de Nuevitas». Mi respuesta se ha divulgado por todas partes y la gente se ríe del cura atrevido, pero muchos están ya arrimando el hombro para que el acueducto se haga realidad.

Seguramente ya te habrás enterado allá del fallecimiento del arzobispo Zubizarreta y que en su lugar ha sido nombrado monseñor Pérez Serantes para ocupar la sede primada de Cuba. Para esta diócesis designaron a un sacerdote catalán bastante joven llamado Carlos Riu Anglés. Lo consagraron en marzo y tomó posesión inmediatamente. Su llegada a Camagüey no fue muy gratificante. Serantes es un hombre carismático y muy misionero que se hizo querer por pobres y ricos, de trato llano, yo mismo lo vi de veraneo acá, bañarse en el mar junto con las familias, con un pañuelo anudado en la cabeza y participar como uno más en los guateques que se celebraban después de los bautizos y bodas colectivas en cualquier finca de la zona. Riu es muy diferente, serio, retraído y hecho a los antiguos modos de los obispos españoles que hemos conocido. Al clero en general no le agradó que los obligara a permanecer de pie ante él en su despacho cuando iban a consultarle algo y que hiciera desaparecer los bancos de los corredores del obispado para evitar que en ellos formaran tertulias.

Para colmo, un grupo de miembros influyentes de la feligresía hizo una campaña pública para rechazar al obispo español y reclamar que se nombrara a un sacerdote cubano – aunque el candidato que proponían quizá tuviera por único mérito haber nacido en la ciudad y no quiero extenderme en materia peligrosa- así que hubo cartas en la prensa y hasta gritos hostiles en algunas de las primeras ceremonias que presidió.

Lo único que lograron fue que él se sintiera prevenido contra casi todos y se aislara con sus escasos colaboradores en el palacio episcopal, aseado y embellecido pero que ahora parece un museo desierto. Trata con unas pocas familias fieles y confunde el protocolo de su cargo con la frialdad afectiva. Sin embargo, ha demostrado tener dotes de organizador y en el poco tiempo que lleva en su sede ha acelerado varias obras benéficas, aumentado la presencia de congregaciones religiosas en la diócesis y pretende traer acá la Obra de las Misiones Parroquiales.

Yo lo fui a ver para invitarlo a nuestra parroquia a confirmar a un grupo de muchachos, procedentes de la catequesis y de la escuela parroquial. Pasé por alto sus maneras de príncipe y logramos acordar una fecha. Cuando vino quedó impresionado con la obra del templo, con la escuela, con el alto número de confirmandos y con las buenas relaciones que yo tenía con las autoridades. Me dijo que le recordaba los tiempos en que él había logrado algo semejante en su parroquia de Banes. Así que todo quedó igual y no tengo que temer que estorbe cosa alguna de mis proyectos acá.

Sigo preocupado por tu salud. No te agobies con los asuntos de La Causa. Ya sabes de sobra que el tiempo de Dios no es el de los hombres y solo Él sabrá cuándo ciertas cosas podrán hacerse públicas y aceptadas. Me parece bien que copies y divulgues los escritos de María y que trates de ganar adeptos, pero no te sientas desanimado con el fracaso. Si solo algunos de nosotros estamos orando en toda Cuba por ella, eso Dios lo tendrá en cuenta.

No pretendas que las personas que den más de lo que pueden, si Sofía sigue con sus escritos infantiles y sus caprichos, o si Dalmau – a quien recibí hace poco cuando vino a hacer una gestión de trabajo en Pastelillo y me pareció hombre de bien y generoso, pero harto simple en materia religiosa- se empeña en esas visiones apocalípticas, tu papel es guiarlos con paciencia, moderar sus ansias de protagonismo público. No intentes convertirlos en imágenes idénticas a María, porque ella, como cualquier persona, era única y nadie puede sustituirla.

La vida me ha enseñado que cualquier empeño, por importante que sea, tiene que ir acompañado de otras ocupaciones, pues los que centran su vida en intentar una sola cosa, se enferman y hasta mueren cuando los resultados no favorecen sus esfuerzos. Dedica unas horas cada día a pedir por las intenciones de N.S. Milagrosa y a propagar con algún escrito o contactos personales sus designios, pero deberías, además de cumplir a secas tus deberes en la parroquia con una misa diaria, algunos bautizos y visitas a enfermos, empeñarte en otros modos de servicio a los demás. Estoy seguro que en ese barrio de Los Sitios que es tu vecindario hay jóvenes que necesitan encarrilar sus vidas, ancianos que viven en condiciones de abandono, gente aglomerada en cuarterías y cuyas carencias, que nadie remedia, los arrojan en brazos del diablo. Hasta reunir viejas y darles algunas meditaciones con el rosario es un bien que haces porque se sentirán escuchadas y motivadas.

Lo que necesitas, con perdón del difunto doctor Córdova, no es Fenergan para adormecerte, sino actividad para que encauces bien tus energías. Aunque tengas prevenciones con los paúles podrías colaborar con la Obra de las Misiones Parroquiales, o con cualquier empeño de tu vicaría…y sobre todo, no juzgues a la gente únicamente por la actitud que toman ante La Causa, sea obispo, sacerdote o laico, algún valor tendrán y estamos obligados por caridad a ver en ellos a nuestros prójimos, pero además, por sanidad mental, no hay que hacer de los que no nos siguen en algo unos enemigos, porque después nos sentiremos rodeados de ellos y de allí vendrán las crisis nerviosas y los tormentos infernales.

Cuando quieras puedes venir unos días por acá. Miguelito se quedó con deseos de conversar contigo y a mí me sucede lo mismo. El padre Mercader, superior de los salesianos en esta diócesis, nos ha oído hablar de ti y quiere conocerte. Sé que tu primer viaje, cuando nos cerraron las puertas del palacio episcopal en la cara, fue poco afortunado, pero ahora estarías en visita privada y nadie te molestará. Hasta unos baños de mar te vendrían bien para desintoxicar el organismo. No tienes más que avisarnos…

5

La jornada del padre Martínez comenzaba cada día a las cuatro de la madrugada, aunque fuera domingo. Después de salpicarse la cara con agua fría y preparar un café más bien claro, bajaba al despacho parroquial y se sentaba ante la máquina de escribir hasta las cinco y treinta en que debía despertar al padre Montaña, abrir la puerta a la cocinera, leer el oficio del día en el breviario y disponerse para la misa matutina. Aquel tiempo era precioso para trabajar por La Causa.

Había aprendido a escribir con dos dedos en una vieja Underwood que se empleaba para rellenar las certificaciones del archivo parroquial. Gracias a la maravillosa invención del papel carbón podía dejar listos en poco tiempo aquellos folletos que contenían un saludo cordial al destinatario, una breve pero ferviente apología de La Causa y la invitación a leer los documentos anexos en un plazo cercano y a contactar por teléfono o personalmente al presbítero para abundar en el asunto. En caso de que pasadas dos semanas este gesto no se produjera, el propio Manuel iría a visitarlo. Las páginas restantes estaban ocupadas por una especie de cronología de los hechos de La Causa, desde la primera visión de María en 1908 hasta la actualidad. Las promesas y advertencias de la Virgen ocupaban una página independiente, así como una reflexión que el padre Pastor había escrito originalmente para encabezar la Vida de Sor María.

Esta era la hora que el sacerdote prefería. Trabajaba casi toda ella rodeado por el silencio, que se iba quebrando después de las cinco con los primeros pregones del panadero, el lechero, el chino verdulero, después escuchaba los saludos de esporádicos transeúntes que se dirigían al trabajo y algunas amas de casa tempraneras abrían sus puertas, escoba en mano, para barrer el umbral y arrojar un balde de agua a la calle.

Era un barrio de gente humilde, alguna de ella tan escandalosa y mal educada como en cualquier ciudad española, pero también abundaban las personas afectuosas y dispuestas a echar una mano a quien lo necesitara. Por esas calles: Sitios, Tenerife, Condesa, Peñalver, podía pasear con su vieja sotana de color desvaído sin temer burlas ni agresiones. Parecía un mundo aparte, mentalmente muy lejos de la pretenciosa calzada de Reina que estaba apenas a tres pasos. Era una pequeña ciudad dentro de la grande, donde se sentía a gusto, tanto al celebrar la misa del amanecer ante mujeres silenciosas y casi centenarias, como al llevar unas pesetas de socorro a una viuda o la extremaunción al más querido de los albañiles de la zona.

Después del desayuno y vencidos los pequeños encargos del día, tenía hasta mediodía para salir, entonces sí, más allá de los límites del barrio, a repartir los folletos. Ocuparía en ello hasta la hora de almuerzo, porque la cocinera se impacientaba si los sacerdotes no bendecían la mesa justo a las doce, para hacer ella el fregado a toda velocidad e irse a trabajar a otra parte. Solo se concedía media hora de descanso tras la comida y, salvo que lloviera o alguien lo reclamara de urgencia, volvía a sus rutas de distribución, hasta avanzada la tarde, cuando retornaba, sediento y con los pies inflamados, pero a tiempo para el rosario y el Ángelus.

Quizá Pastor y Amaro tenían razón con aquello de dejar a la Providencia una parte del destino de La Causa y emplear la mayor parte de su tiempo en las obligaciones de su condición sacerdotal, pero una voz interior lo impelía a no entregar toda la responsabilidad ni siquiera al Todopoderoso. El había sido devuelto a este país por algo y ese algo era impedir que se apagara la pequeña llama de la única bujía que había quedado encendida tras el alejamiento de Pastor y la muerte de María. Que en buena hora otros se ocuparan de restaurar templos, se volcaran en las Misiones Parroquiales, o asesoraran a la Acción Católica. Su encomienda en esta vida estaba clara y ninguna decepción haría que la echase a un lado.

No era tarea grata la que traía entre manos. En la mayoría de las parroquias tenía que dejar el folleto con el sacristán o el archivero y prácticamente nadie lo contactaba en los días siguientes. Cuando esto lo obligaba a realizar las visitas para comprobar la lectura, el resultado era desolador. Si el templo al que iba estaba a cargo de un compatriota lo recibían la primera vez, ansiosos por saber si tenía noticias de

España, si había leído las declaraciones de monseñor Vicente Tarancón, el díscolo obispo de Solsona, o se extendían en amargas consideraciones sobre el cardenal Arteaga que no aquilataba demasiado los valores del clero español a la hora de elegir candidatos para el cabildo catedralicio, a diferencia de sus respetables antecesores de los buenos tiempos. En el caso de los párrocos cubanos, podían ofrecerle una butaca, agua y café, pero casi siempre estaban apurados, sobre todo cuando comenzaba a hablarles de sanaciones milagrosas, reclamos urgentes de conversión y fenómenos apocalípticos que amenazaban a la Isla si no se respetaban los designios celestiales. Todos prometían que apenas pasara la fiesta parroquial, el novenario del patrón o las primeras comuniones de los niños de la catequesis, se dedicarían a tan provechosa lectura y lo llamarían para recabar más información. Casi nunca lo hacían.

Una parte de los folletos la había destinado para que sus colaboradores, Sofía y Juan, los entregaran a asociaciones religiosas y fieles prominentes. Ellos habían puesto un empeño enorme en la tarea.

La pequeña e incansable Sofía, con sus más de sesenta años a cuestas, salía fielmente de su casa del Vedado cada mañana, en autobús, en tranvía o en carro de alquiler, para hacerlos llegar a las que llamaba «personas clave». Su pertenencia a muy variadas entidades piadosas: Damas Isabelinas, Hijas de María Inmaculada, Damas de Acción Católica, así como los patronatos de varios asilos y casas de salud, más su extensa red de relaciones entre familias respetables y pudientes, le abrían muchas puertas.

A veces, cuando el padre Manuel lograba llegar en plena canícula a su hogar de la calle 12 en el Vedado ella lo recibía con desatados accesos de entusiasmo en los que alzaba sus brazos al cielo y taconeaba con sus pequeños zapatos mientras gritaba: «¡El Niñito Jesús me ha acompañado. Lo hemos logrado!» Y, aun antes de ofrecer al visitante un vaso de agua, comenzaba desenvolver una larga lista de destinatarios que habían recibido de sus manos el folleto que cambiaría sus vidas. La relación parecía tomada de una crónica social de Pablo Álvarez de Cañas: Leticia de Arriba y Álvaro, marquesa de Tiedra, Celia de Cárdenas de Morales, la marquesa de la Real Proclamación,

Isabelita Falla de Suero, Juan Emilio Friguls, cronista de la página religiosa del *Diario de la Marina*, José María Chacón y Calvo – ese profesor gordo y extraño, pero que es conde de Casa Bayona y gran devoto. La simple enumeración de los favorecidos podía tomar varios minutos.

De hecho, aquella mujer parecía compensar su escasa estatura con una falta absoluta de timidez y hasta de discreción. Había asistido a un recital de la Orquesta de Cámara de La Habana en la Casa Cultural de Católicas. Apenas se escuchó el acorde final, subió sin pedir permiso al escenario y declaró tener un aviso urgente lo que dejó a la nutrida concurrencia clavada en sus asientos, aprovechó entonces para arengar al público sobre la urgencia de atender a los reclamos de la Milagrosa y mientras estos dudaban entre el asombro y el deseo de escapar, pudo repartir varios folletos entre los músicos y los espectadores de las dos primeras filas. Eso le había valido una seria amonestación en su corte de las Damas Isabelinas, donde la Gran Regente, con gesto avinagrado le reclamó «no mezclar las cosas», pero ella era indetenible.

No dudó en traspasar las puertas del mismísimo Palacio Presidencial – fue una ocurrencia de última hora, comentaría después al Padre, porque estaba cerca, poniendo el impreso en manos de la señora María Teresa Velasco de González Gordon. Sencillamente subió la escalinata y traspasó la puerta norte. En el vestíbulo trató de detenerla un guardia, pero ella aseguró que conocía a la Primera Dama y que necesitaba entregarle algo con urgencia. Una solícita secretaria le aseguró que la señora Tarrero no estaba en el edificio y ella le dejó el sobre con una nota donde le pedía que leyera atentamente su importante contenido y que le rogaba compartirlo con su piadosa suegra Regla Socarrás y, si no era mucho pedir, con su esposo el Primer Mandatario.

Martínez no sabía si estos empeños tendrían algo de fructífero pero tenía que aceptar que el fervor apostólico de Sofía se asemejaba con frecuencia al atrevimiento de san Pablo en el Areópago ateniense. Especialmente no olvidaría la ocasión en que ella decidió imitar a las mártires de Roma y se dirigió al Lyceum, aquella guarida de mujeres liberales, anticlericales y filo-comunistas y pidió hablar con la directiva. Solo pudo encontrar a aquella hora, cuando concluía la inauguración de una muestra de libros británicos, a tres de aquellas intelectuales: Piedad de la Maza, Vicentina Antuña y María Teresa Freyre de Andrade. La hicieron pasar a la Dirección y allí ella les expuso «con palabras que no eran suyas porque antes había implorado la ayuda del Niñito» la importancia de su misión.

En el primer momento intentaron disuadirla con los pretextos habituales: que si esa era una institución laica, allí no se hablaba de asuntos religiosos porque se respetaban las creencias de cada cual, etc…pero ella insistió en que si querían bien a Cuba no solo debían ocuparse de plantas ornamentales, exposiciones de arte de vanguardia y libros sin sustancia, sino atender a las urgencias del destino del país. Después de intentar en vano que rezaran junto con ella un Ave María para que las almas de las socias se abrieran al llamado divino, dejó un par de folletos sobre el escritorio. *Para la biblioteca. ¿No dicen ustedes que están por la libertad de pensamiento y sin censura? Pues no oculten esto.* María Teresa la acompañó a la puerta con mucha cortesía, pero antes de que se cerrara la puerta del despacho a sus espaldas escuchó comentar a la tal Piedad: *Es un caso evidente de locura religiosa.* «Sí, loca por Dios, y a mucha honra» había pensado.

Aquella conducta, pensaba Manuel, más bizarra que la suya propia, podía crear dificultades. La Causa, confiada a seres profanos, podía convertirse en motivo de burlas, lo más grave que podía ocurrir en este país tan proclive al chiste fácil y a la befa de todo lo sagrado y tal cosa ayudaría a los adversarios dentro de la jerarquía eclesial a echarla a un lado con más facilidad.

Por su parte, el buen Juan, en su calidad de experimentado inspector de ferrocarriles que pasaba buena parte de su tiempo recorriendo el país, se encargaba de hacer llegar los folletos a los sitios menos pensados. Había logrado motivar al nuevo arzobispo de Santiago, quien no solo los leyó, sino que se interesó por los testimonios autobiográficos de María y prometió conversar el asunto con otros mitrados.

Mas no siempre su capacidad de discernimiento lo acompañaba en su labor. En una ocasión debió apearse del tren en un pequeño poblado en la región limítrofe entre Camagüey y Victoria de las Tunas. Mientras remontaba una calle polvorienta en busca de una fonda para almorzar, topó con una casa de madera de aspecto añejo que tenía en el portal un letrero que rezaba «Asociación fraternal El Buen Pastor». Le llamó la atención que en su interior, además de una especie de escenario y muchas sillas, hubiera un gran cuadro que representaba a Jesús apacentando ovejas. Sin más, se dirigió a un anciano que ordenaba los muebles, le habló de su misión y le dejó un folleto para que fuera leído por los asociados. El anciano lo recibió con alegría y le pidió que volviera por allí cuando pudiera.

Unos meses después, Dalmau debió retornar a la región oriental y decidió llegar a aquel pueblo e indagar cómo había recibido el texto la tal Asociación. De nuevo se encontró con el anciano quien, apenas lo divisó en el umbral corrió hacia él y le echó los brazos al cuello.

—Hermano, lo estábamos esperando. Leímos el folleto y lo meditamos. Desde entonces, hemos incluido a María en las plegarias. Es un espíritu de mucha luz. De hecho, sería maravilloso que pudiera ser nuestro espíritu guía. Aunque los que tienen facultades aquí dicen que está muy elevada y es difícil comunicarse con ella. Pero no hay nada imposible en la vida espiritual. En El Zanjón abrieron hace poco un centro nuevo y los muy pretenciosos dicen que ya se han comunicado con Santa Teresa, como si ellos tuvieran el desarrollo que hace falta...

Juan se marchó haciéndose cruces por haber sido tan incauto de alentar la práctica espiritista, tan arraigada en aquella región y que, para escándalo del clero, muchos simultaneaban con las devociones católicas.

Que le ocurrieran cosas así era propio de esa naturaleza inocente que no podía comprender las asechanzas del mundo, hasta el punto de que su esposa y sus hijos lo abandonaron y ahora mal vivía en un pequeño apartamento de la calle Industria, comiendo en fondas y enviando su uniformes a un chino lavandero de la calle Águila.

En su parroquia de Monserrate no era tenido en mucho aprecio. El padre Lobato, un cura franquista hasta la médula, tozudo y dominante, lo reconocía porque cada mes entregaba parte de su salario a la comunidad, pero en las confesiones lo mandaba a callar cuando comenzaba a relatar sus visiones, en las que abundaban rayos que abrían la techumbre del templo, demonios que se estrellaban contra sus muros y corazones sangrantes sobre las cabezas de los fieles tibios. *Vaya y busque a su mujer, haga que regrese y ocúpese de sus hijos, que la soledad le está tornando el cerebro y parará en Mazorra.* Le tenía terminantemente prohibido hacer ciertas penitencias públicas en el templo, en las que entraba de rodillas por la senda central en la misa de domingo, con los brazos en alto, llorando y pidiendo misericordia para Cuba. Para los muchachos de la Juventud Católica era sencillamente un tonto con el que divertirse un rato. *A ver, Juan, cuéntanos qué viste esta semana…*

Manuel no podía olvidar que había podido retornar a Cuba gracias a ellos. Desde que lo recibieron en el puerto supo que traerían dificultades con su infantilismo y su conducta excéntrica, pero sería una grave falta de caridad abandonarlos sin más. En último caso, ¿dónde podría encontrar otros colaboradores tan fieles si se alejaba de estos?

6

Elvira prefería hacer su vida dentro de la casa, o más exactamente en su cuarto, donde permanecía la mayor parte del día y toda la noche. Había ido decorándolo a su manera. En la parte trasera de la cama colgaba el retrato de María que antes estuvo en la sala. Era una compañía que necesitaba. Ahora podía hablarle sin el riesgo de recibir respuestas ásperas. Lo mismo podía comentarle asuntos familiares -*Tu querido sobrino dice que se retira de la política y asqueado...después de comerse el dulce*- que zozobras domésticas – *Ahora sí que está difícil la cosa. Terminaremos desayunando con agua caliente como los chinos-*. Puntualmente la invitaba a rezar cada noche y le daba los buenos días apenas saltaba de la cama. Ya no había discusiones, ahora era su familiar más querido, quizá la única.

En la gaveta de la mesa de noche, junto a las píldoras para el corazón, tenía un cuaderno donde anotaba cosas que le parecían importantes o curiosas. Dividía en él su vida según los períodos presidenciales. Había comenzado en tiempos de Machado. Después de una serie de entradas insultantes fechadas entre junio y julio de 1933, había una del 13 de agosto: «Se fue, pero la harina y el boniato se quedan». A fines de año había puesto con letras enormes que cubrían toda una página: «Más de lo mismo». La deposición de Miguel Mariano la motivó a rectificar un refrán: «Hijo de gato no siempre caza ratones». No esperó mucho para dedicar esta acotación a Laredo Bru: «Es como un chayote, no hace daño, pero es absolutamente insípido».

El regreso de Batista en 1940 no la hizo más bondadosa: «Ahora se envaselina el cabello, parece un ratón que ha salido de una olla de manteca...o de palmacristi». La elección del presidente Grau con su «jornada gloriosa» había motivado la penúltima entrada en aquellos anales que Tácito le hubiera envidiado: «Era profesor de Fisiología, así que sabe cómo funcionan las cosas por dentro. Habla extraño. Ha convertido el disparate en un arma política». La última decía: «Racionaron el jabón. Paulina y Nena Coll deben estarse dando baños de espuma. Pobre Cuba».

La señorita había hecho saber a sus parientes y conocidos que apenas salía una o dos veces al año por razones médicas o religiosas, y solo recibía a ciertos íntimos, por lo que su solaz eran la lectura y la música. Como sus medios económicos eran limitados, agradecía que le enviaran los volúmenes de los que quisieran deshacerse, así como los discos de los que ya se habían hartado, pues ahora el viejo gramófono había sido sustituido por un tocadiscos pequeño y resabioso que le había llevado el ex senador para congraciarse el día de su santo.

La campaña dio frutos muy rápido, no solo libros que algunas señoras consideraban ya como de la temporada pasada, fuera *Grand Hotel* de Vicki Baum o *La buena tierra* de Pearl S. Buck, sino volúmenes de rostro serio y reflexiones indigestas, lo que incluía *La importancia de vivir* de Lin Yutang y esa novedad insoportable que era *Los cuatro gigantes del alma* del Dr. Emilio Mira y López. *Ese podría curarle la locura al padre Martínez. A lo mejor deja en paz La Causa, porque Mira es ateo, pero quizá deje de ser simpático y se convierta en un cura pedante.* Con *La roca de Patmos* de Alberto Lamar Schweyer que le había hecho llegar una parienta del autor, fallecido hacía poco, tuvo menos piedad: *Es un libro vulgar de arriba abajo. Qué mente tan sucia, como que fue machadista.*

Un amable joven de La Habana había sido el mensajero que puso en sus manos un volumen dedicado: *La zafra*, que en la primera página, con esmerados caracteres en tinta verde, ponía: *Para Elvirita, en memoria de aquella fiesta que fue una de las mejores cosas de nuestra juventud, con toda la admiración de, Agustín Acosta.* Debajo, ella anotó sin remilgos: *Es un hombre muy culto y dice verdades como templos, pero la poesía no es para eso. Lo mejor suyo es* **Ala***, el resto...es política.*

Pasaba las mañanas sumergida en las intrigas de los habitantes de aquel singular hotel berlinés, ubicado en la Avenida bajo los tilos, o entraba en un hogar pobre de China, a tiempo para ver echar la única hoja de té en la escudilla de agua hirviente, mientras la emperatriz se sumía en los sopores del opio, si es que no se decidía a acompañar a Mr. Poirot a una excavación en Mesopotamia, que era en realidad un pretexto para averiguar el misterioso asesinato de Louise Leidner, tan bella como falta de decoro. Alguien le había remitido, seguramente por error, una traducción pirata de *El amante de Lady Chatterley*. Fue el único libro que dejó a medias. Nada anotó de él, apenas comentó a María y en voz no muy alta: *Es muy tarde para saber de esas cosas que uno se ha perdido en la vida.*

Con los discos tampoco le había ido mal, lo mismo llegaron a sus manos viejas placas de gramófono que incluían canciones melancólicas o rumbosas de María Teresa Vera, o los danzones *El dragón chino, El cometa Halley* y *El cadete constitucional,* con ese silbato que hacía reír a Adelina, pero también arribaban grabaciones extranjeras, gracias a ellas pudo tararear *Summertime* junto a Billie Holiday y producir su propia versión de *Over the rainbow* dejando en segundo plano a Judy Garland, cuya interpretación consideraba demasiado aniñada.

Era evidente que algunos viejos melómanos la hacían depositaria de cosas raras que seguramente les habían obsequiado amigos o parientes ignorantes o habían comprado por error. Así pudo conocer una «Danza de los siete velos» de *Salomé* compuesta por un Strauss que no era el de los valses, pero le pareció muy sugerente y sensual.

Pasó una semana acompañada por un álbum con varias placas de 78 revoluciones que contenía un ballet ruso llamado *Petrushka*, le gustaba mucho ese tema de la feria en el que la orquesta imitaba un organillo, pero la conmovían especialmente los acordes finales que parecían una amenaza demoníaca. *Me producen la misma sensación que cuando recuerdo el sueño del hombre del traje azul,* se atrevió a escribir en el reverso de la cubierta.

Sin embargo, la joya de su colección fue un álbum que le hicieron llegar los herederos de un dandy matancero, cosmopolita y sodomita, que había dilapidado su hacienda de Coliseo en largas estancias entre París y Niza, en las que alternaba los palcos en la Grand Opera con las fiestas privadas con ostras y champaña. Contenía dos discos del sello Polydor, con el prometedor título *Bolero*, interpretado por la Orquesta de Conciertos Lamoureux, bajo la dirección de su autor, Maurice Ravel.

Elvira decidió escucharlo una tarde de julio. Colocó la primera de las placas y de ella, tras el habitual ruido de freidera, salía, muy bajo, un tema musical, lento, como si fuera el preludio de algo, pero ese algo nunca llegaba, porque el tema, punteado en las cuerdas, subrayado por la percusión, una y otra vez, iba aumentando la velocidad y el volumen de manera casi imperceptible. Era como la música que haría falta para un encantamiento. Aunque algo se perdía al concluir muy pronto la placa y tener que quitarla para poner la siguiente.

Al concluir la segunda no volvió a su butaca, sino que volvió a escuchar toda la obra de pie, moviendo sus brazos en el aire y percutiendo con los pies en el suelo, pero clavada en un solo sitio. Parecía una sacerdotisa de Cibeles empeñada en una danza estática en honor de la diosa madre.

Una especie de temblor la poseía cuando avanzó la última placa. Lanzó a un rincón las chinelas, subió a la cama y de un puntapié despejó la superficie de la mesa de noche, que convirtió en su breve pedestal. Mientras la orquesta insistía en aquel tema, cada vez más acelerado, ahora subrayado por los arcos en las cuerdas y con el tambor detrás, cada vez más audible, ella elevaba los brazos al cielo, los retorcía para acompañar las contracciones del torso, las cada vez mayores flexiones de rodillas y hasta las elevaciones en éxtasis sobre las puntas de los pies.

Cada vez que el director marcaba un tiempo más fuerte, ella se estremecía más, como quien recibe un viento titánico y cuando, por fin, el motivo vino a resolverse en una coda desatada, intentó ella traducir el torbellino con un giro en el sitio y perdió pie, en lo que Ravel hacía desde lo invisible el gesto de cierre, ella lanzó un grito sobrehumano y cayó con la mitad del cuerpo sobre la cama y la otra desparramada por el suelo.

Al oír el estruendo, Adelina aventó como pudo la olla de quimbombó con carne y corrió al cuarto. Fue ella quien lanzó el segundo grito cuando vio que la anciana tenía un golpe en el lado izquierdo de la cara que incluía una magulladura sangrante en la frente y semicerrado el ojo correspondiente. Lo peor era que parecía haber perdido la razón.

—Era como la sardana aquella – repetía Elvira- el mismo espíritu. He sentido el Absoluto, nada menos que el Absoluto.
La sirvienta no quería saber de danzas rituales, ni de memorias de san Jorge, mucho menos de delirios extáticos e hizo llamar al sobrino médico.

Milagrosamente no se había quebrado hueso alguno y las lesiones eran de hielo y árnica, pero, por si acaso, le secuestraron el *Bolero*. Ciertas experiencias artísticas eran muy peligrosas a su edad.

Cuando pudo estar al fin a solas, ella se volvió hacia el retrato de la cabecera: *No me mires así. Desde aquella romería no había vuelto a sentir lo mismo. Tú tienes tus visiones y tu Causa, lo mío es el arte. Y no frunzas la boca, que eso te envejece muchísimo.*

7

Al entrar en el Palacio Cardenalicio, con Sofía sujeta de su brazo, el padre Manuel no las tenía todas consigo. La idea de pedir la audiencia había sido iniciativa de su colaboradora. Al principio a él le pareció más atinado acompañarla para intentar frenar alguna imprudencia. Ahora no estaba tan seguro de salir airoso de aquel encuentro.

Alrededor de un mes antes había sabido por una carta de Amaro que monseñor Pérez Serantes veía con buenos ojos la solicitud para que la Causa fuera reconsiderada en la próxima reunión de la Conferencia Episcopal. Por su parte, Trabadelo le había hecho saber que el obispo de Matanzas tampoco era adverso y aunque parecía indeciso, seguramente apoyaría a quienes defendieran el asunto en aquel encuentro. Sabía que no podía contar con el apoyo de los mitrados de Cienfuegos y Camagüey e ignoraba lo que pudiera pensar el de Pinar del Río, pero si se podía obtener el voto favorable del prelado habanero, la batalla estaba medio ganada.

Mientras procuraban vencer la gran escalera hacia las estancias del prelado Martínez pensaba que, a diferencia de muchos sacerdotes españoles y al menos un par de obispos, a él no le resultaba particularmente detestable el cardenal. Su rápido ascenso hacia la mitra, primero, y hacia el capelo después no había sido muy diferente del que experimentaban algunos en su tierra. Si era de los que creían que la dignidad religiosa se debía manifestar como elegancia principesca, protocolo regio y un aire distante que solo atenuaba cuando estaba en compañía de sus parientes y colaboradores muy cercanos, eso era lo que sucedía con buena parte de los obispos que él había conocido.

En su favor había que decir que jamás se permitía groserías, ni con la gente más rústica. Aunque amaba el incienso y los resplandores del oro, el mármol y la púrpura, vivía con visible austeridad. Si bien poseía una bien amueblada alcoba en este edificio, con frecuencia prefería pernoctar en el seminario o entre los huérfanos acogidos en la Granja Delfín de Lawton. Por demás, regía la arquidiócesis con dinamismo y promovía muchas obras piadosas y benéficas. Quizá lo peor era el grupo que le rodeaba: gente sin luz propia que procuraba ampararse en su brillo para medrar, prebendados vanidosos, parientes llenos de ambiciones, ansiosos por frecuentar los círculos más altos de la sociedad y hasta de ganar influencias políticas a costa suya. Era una especie de perla valiosa, pero encerrada en una concha indigna de ella.

Temblorosos por la fatiga y por la expectación llamaron a la puerta de la Secretaría. Les abrió monseñor Raúl del Valle en persona.

—Buenas tardes, ¿qué desean? – les dijo con una corrección que tenía un dejo de hostilidad.

—Tenemos una audiencia a las cuatro con Su Eminencia —contestó con viveza Sofía.

Con aire de dudas, el secretario fue hacia el escritorio y consultó un gran libro forrado en cuero rojo.

—Pero aquí dice que asistirían la señora Elodia Sorzano y la señorita Valdés.

—La señorita Valdés soy yo, una servidora y la señora Sorzano está indispuesta —replicó Sofía con viveza-. Me acompaña en cambio el reverendo padre Manuel Martínez, guía espiritual y asesor nuestro.

Ni las palabras de la devota dama, ni la mirada que echó al cura acompañante tranquilizaron al secretario. Quizá intuía la estrategia de Sofía, quien había solicitado la audiencia en nombre de una gran benefactora, porque no se atreverían a negársela, sobre todo cuando ciertos proyectos cardenalicios estaban urgidos de sustanciosas donaciones. Temía, con fundamento, que si avisaba la venida de ellos para hablar de La Causa, hallarían las puertas cerradas.

El monseñor, por fin, los hizo pasar a su oficina y los invitó a sentarse. Desapareció tras una cortina, mientras ellos contemplaban a través del gran balcón el aspecto del puerto al atardecer, cuando el sol doraba las piedras del Morro y las vecinas alturas de Casablanca. Regresó al instante.

—Su Eminencia los recibirá dentro de unos minutos. Se les ruega que sean breves, porque tiene un día muy ocupado. Síganme.

Martínez creía soñar cuando comenzó a atravesar una serie de pequeños salones amueblados de manera muy semejante. En cada uno de ellos había unas butacas –estilo Luis XV o algo así– en torno a una pequeña mesa, una cómoda con candelabros y alguna imagen religiosa. El enlosado estaba cubierto por una alfombra y una pieza quedaba separada de la otra por una cortina con baldaquín. La diferencia radicaba en el color predominante: en uno señoreaba un austero gris plata, en otro brillaban los dorados en muebles y cortinas, el siguiente estaba dominado por el rojo púrpura y el último era de un verde tierno. Ni los obispos de León o de Astorga se permitían algo semejante.

Martínez tuvo tiempo de observar la sotana impecable, los zapatos brillantes y hasta el rostro bien rasurado del monseñor, quien se detuvo al llegar al salón verde. Sus gestos eran perfectamente mecánicos.

—Por favor, tomen asiento y aguarden un instante.

Manuel tuvo que reconocer que se sentía nervioso, en cambio, Sofía parecía perfectamente dueña de sí misma. Tras diez largos minutos, la cortina se abrió como en un teatro y apareció el cardenal, precedido por su secretario, quien, considerando innecesarias las presentaciones, presenció en silencio el saludo ceremonial en el que los visitantes besaron el anillo cardenalicio mientras hacían una genuflexión y desapareció sin comentarios.

El arzobispo parecía un poco fatigado y comenzaban a notarse en su rostro y en el temblor ligero pero perceptible de sus manos, los estragos de la vejez. Tendría ya más de setenta años y aunque no había perdido el gran porte de aristócrata camagüeyano, algo en él comenzaba a debilitarse. Contempló un instante a los visitantes, como tratando de ubicarlos bien en su memoria y por fin se dirigió a Sofía.

—Hija, esperábamos que la señora Sorzano la acompañara.

—Así deseábamos, Eminencia, pero el hombre propone y Dios dispone. Hubiéramos querido comentarle sobre algunas iniciativas de las Damas Católicas y entregarle ambas estos pequeños obsequios para sus obras de caridad. Pero nuestra hermana Elodia está algo indispuesta, por lo que me he tomado la libertad de hacerme acompañar por el padre Martínez, a quien Su Eminencia sin duda conoce.

El purpurado hizo un gesto de asentimiento y aguardó con paciencia, aunque en el fondo de sus ojos se traslucía un mínimo signo de contrariedad. Sofía abrió su cartera de piel que alguna vez había sido elegante pero se había deformado a causa de cargar en ella tantos folletos, extrajo con cuidado dos cheques y se los entregó al arzobispo, que les dedicó una brevísima mirada y los dejó sobre la mesa.

—Son solo una muestra de nuestro deseo de colaborar con sus proyectos.

Hizo una pausa, contempló al anciano y comenzó a hablar con más velocidad. Estaba sentada en el borde de su asiento. Manuel contempló con cierta ironía los pies que no le llegaban al suelo y que tenía la costumbre de mecer mientras hablaba, como una niña impaciente.

—No quiero tomarle mucho tiempo hablándole de las mejoras que queremos introducir en la Casa Cultural de Católicas, ni en la ampliación del sanatorio del Cerro, que debe comenzar el año próximo, Dios mediante, si acabamos de reunir todos los recursos. Pero usted ya conoce esos planes. Desde luego, le consultaríamos con tiempo, para acordar una fecha para la bendición de las nuevas obras.

El cardenal asintió y comenzó a aferrarse a los brazos de butaca. La entrevista parecía que iba a finalizar. Ambos visitantes se dieron cuenta y Sofía aceleró el ritmo de sus piernas y antes de que el anfitrión fuera a pronunciar algún comentario conclusivo, retomó la palabra con viveza.

—Hay otro asunto del que queremos hablarle. Seguramente ya conoce algo sobre lo que llamamos La Causa, que está asociada con las revelaciones divinas que a partir de 1908 recibió la señorita María Carolina Vera Sáenz, luego religiosa profesa con el nombre de Sor María de Jesús.

En los siguientes quince minutos, sin atender a que las expresiones del Eminentísimo pasaron de la sorpresa a la resignación y de ahí a una visible impaciencia, ella hizo una síntesis de los mensajes recibidos por María a través de la Virgen Milagrosa, de su Divino Niño y hasta por un ángel, el mismísimo Gabriel y cómo la portadora de ese cúmulo de gracias había sufrido como otra Catalina Labouré intentos de silenciarla, calumnias, abandono. Tras su marcha a la casa del Padre en 1928 había quedado en Cuba un pequeño grupo de fieles negados a permitir que aquella llama se apagara. Lamentablemente, los obispos, mal informados por algunos consejeros poco escrupulosos, habían ignorado primero el asunto y luego, lo habían desestimado en una reunión celebrada hacía pocos años en Camagüey. Ahora parecía que las cosas cambiaban a favor de los designios divinos y algunos miembros de la jerarquía, como el distinguido arzobispo de Santiago, se mostraban favorables a volver a revisar ese expediente.

Algo brilló en los ojos de Arteaga cuando escuchó nombrar a Pérez Serantes. Entre ellos había escasas simpatías y si eso venía acompañado por un asunto molesto y poco prometedor, significaba que esa reunión tomaba un rumbo ingrato y era preciso ponerle fin. Extendió la diestra hacia el timbre que había ante él en la mesa, pero se contuvo al notar el perceptible sobresalto de ambos visitantes. No quería ser grosero con ellos y retiró rápidamente la mano. Sofía aprovechó para abrir la cartera de nuevo y extraer un folleto que tendió al mitrado, mientras retomaba su discurso.

—Sé que debe haber uno en su cancillería, pero le doy este por si no ha podido verlo. Necesitamos que la jerarquía reconozca públicamente la invitación de Nuestra Señora a la conversión y la oración y que se repare la injusticia con María, es tiempo ya de abrir su proceso de beatificación...

Martínez se dio cuenta que Sofía comenzaba a ir más allá de lo acordado entre ellos. Con la entrega del folleto ya estaba bien, pero ahora había entrado en calor y se lanzaba a una atrevida admonición. Eso podía ser contraproducente. No se le ocurrió otra cosa que darle un golpecito en el brazo. La mujer le dedicó una breve mirada como si no lo conociera, se puso de pie y comenzó a gesticular mientras daba pequeños pasos. Ya no se dirigía al cardenal sino a algún invisible interlocutor en las alturas.

—El Divino Niño me lo ha avisado y yo lo tengo escrito. Si los obispos de Cuba aprueban La Causa y reconocen la santidad de las profecías de María, Cuba se verá libre de la impiedad, de la masonería, de los ataques a la Iglesia y Cristo reinará. Pero si se resisten, vendrá una tempestad sobre la Isla. Lloverá sangre y habrá muchos mártires. Hay que elegir entre la causa de la Virgen y la del Demonio, que trabaja en la sombra para nuestra perdición. Ocurrirá como en

España y los obispos que hoy están satisfechos, sufrirán prisión y zozobras.

El cardenal parecía francamente asustado y se había asido a la cruz pectoral que llevaba, donde refulgían esmeraldas y diamantes. Sofía era indetenible.

—Pero La Causa y María triunfarán. Yo sido he trasladada en una visión hacia el futuro y he estado en la Basílica de San Pedro. Allí se celebrará la canonización de María. Su retrato presidirá la ceremonia. El papa, en medio de los cardenales, la declarará santa y sobre Cuba lloverán las rosas.

El arzobispo estaba sobrecogido, apenas atinó a aprovechar un instante de silencio de la vidente, que había vuelto a sentarse y preguntó con voz temblorosa.

—¿Y dice usted que vio canonizarla? ¿Que el Sumo Pontífice la proclamaba santa?

—Así es, Eminencia.

—Pero si ni siquiera hay un proceso abierto y Su Santidad Pío XII es muy estricto...

—No, Eminencia, el que yo vi no era Pío XII, sino Pío XIII...

El cardenal también había cambiado el tono. Ahora su rostro estaba dominado por una perceptible ironía.

—Así que ya conoce al siguiente sucesor de Pedro. Qué curioso...

El timbre resonó con fuerza exagerada. Reapareció monseñor Del Valle, mientras el cardenal se ponía de pie sin ayuda, trazaba en el aire el signo de la cruz y desaparecía con premura tras la cortina.

Martínez no había podido pronunciar una palabra y mientras bajaban la escalera seguía sin poder hacerlo. La entrevista, tan prometedora, había fracasado y todo por aquellos delirios infantiles.

—Así que Pío XIII. ¡Qué cosas se te ocurren, Sofía!

—Yo lo vi, así como lo digo...

—Y traía un cartel colgado al cuello con el nombre, supongo...

La dama tomó un aire ofendido y se soltó de su brazo. Hizo un gesto a uno de los choferes de alquiler que aguardaban frente al palacio, subió al coche con altivez y cerró con estruendo la portezuela, sin despedirse. Martínez se quedó un momento parado en medio de la calle.

Mientras recorría a pie el largo trayecto hasta San Nicolás comprobó que tenía un fuerte dolor de cabeza.

8

ACTA DE LA REUNIÓN DE LA CONFERENCIA EPISCOPAL CUBANA, CELEBRADA EL 20 DE MARZO DE 1950 EN EL PALACIO CARDENALICIO. FRAGMENTO HALLADO EN EL ARCHIVO DE LA CANCILLERÍA DEL ARZOBISPADO DE LA HABANA.

[...] después de concluir el debate sobre el completamiento de las ramas de la Acción Católica Cubana con un acuerdo conjunto para su armónico funcionamiento en todas las diócesis del país, el RP. Marinas, secretario *pro tempore,* aclara que después de haber agotado los puntos previstos en la agenda, se concede la palabra al I.R. Monseñor Pérez Serantes, arzobispo de Santiago de Cuba, que tiene una solicitud para sus hermanos en el episcopado. Este explica cómo algunos sacerdotes y laicos muy fieles a la Santa Iglesia le han expuesto varias veces, de manera verbal o por escrito, los admirables sucesos ocurridos en Matanzas a partir de 1908 en que Nuestra Señora Milagrosa sanó a la devota María Vera de su parálisis y le reveló en diversas apariciones su deseos de que todos los fieles de Cuba, con los obispos a su cabeza, atendieran al mensaje de su Hijo y mostraran con la oración y la penitencia su conversión, de lo que derivarían grandes gracias. Que María, luego de pronunciar votos como Hija de la Caridad en el mundo, llevó vida ejemplar y fue muy caritativa y hasta se le atribuye algún milagro, hasta su tránsito en 1928, precisamente el día de la Virgen de la Caridad. Él considera que eso que algunos devotos fieles conocen ya como «La Causa de la Virgen» y lo que María aseguró que Nuestra Señora llamaba «el reverso de la Medalla Milagrosa», no es la propuesta de una devoción nueva, sino la propagación de una valiosa muestra de piedad, que está en sintonía con las visiones de la religiosa Catalina Labouré, recientemente canonizada por Su Santidad Pío XII. Que, por tanto, él solicita de su hermano el obispo de Matanzas que considere la apertura del proceso diocesano para la beatificación de Sor María de Jesús Vera, a la vez que reclama de los miembros de la Conferencia su apoyo para discernir, de manera independiente del proceso, el material existente sobre las revelaciones, con el fin de hacerlas públicas y con ello fomentar la devoción a la Medalla y a través de ella a Nuestra Señora, algo muy necesario en este país donde florecen como la cizaña el ateísmo, el liberalismo, el comunismo, el divorcio y otros males, habida cuenta de los maravillosos efectos espirituales que para Portugal y el mundo tuvieron las apariciones de Fátima, tan semejantes a estas.

Después pide la palabra el I.R. Mons. Martín Villaverde, obispo de Matanzas, quien comienza por asegurar que tales sucesos ocurrieron durante el episcopado de su ilustre antecesor el I.R. Monseñor Severiano Saínz quien, al parecer, escuchó y meditó los reclamos de algunos cercanos a la llamada «Causa» como el RP Pedro Pastor Bauzá de la Congregación de la Misión, así como del RP Manuel Martínez, pero tomó la decisión de dejarla a un lado, según le ha referido el secretario del obispado RP. Trabadelo, por la división que estos sucesos ocasionaban tanto en dicha congregación como en la de las Hijas de la Caridad, así como el parecer negativo de hombres sabios y sensatos como el antiguo obispo de La Habana I. R. Mons. Pedro González Estrada, su sucesor el I.R. Monseñor Ruiz, así como el nuncio apostólico Monseñor Caruana.

Continúa que él no tiene objeción de disponer la instrucción de un expediente y que se tome declaración bajo juramento a los testigos que aún viven, procediendo con discreción y cautela, así como reuniendo los escritos de María y otras noticias, pero que considera que no debe pronunciarse la Conferencia sobre las apariciones y advertencias hasta que no se posea más material, pues algunos de los defensores de la Causa como el citado padre Martínez, así como los laicos Sofía Valdés y Juan Dalmau, se manifiestan con frecuencia de manera pueril y a veces trastornados por sus obsesiones sobre estos hechos, de un modo más semejante a la locura que a la recta devoción y eso pudiera ser contraproducente.

El Emmo. Cardenal Arteaga solicita la venia del auditorio y señala que recientemente recibió en audiencia a la Srta. Valdés y al RP Martínez, ahora incardinado en La Habana. Que el segundo nada dijo, pero que la dama, a quien él conoce por su pertenencia a diversas organizaciones piadosas, donde se manifiesta como una persona devota y muy caritativa, cuando se refiere a la materia que aquí se trata se comporta de manera desatinada, presume de visiones absurdas y aunque de su boca no sale cosa alguna contraria a las doctrinas de la Iglesia, tiene ocurrencias extravagantes como la visión que refirió en la audiencia en que ella fue trasladada en espíritu a la Basílica de San Pedro donde presenció la canonización de María por un pontífice inexistente llamado Pío XIII porque es algo que debe ocurrir en el futuro. Reclama prudencia de sus hermanos, para evitar que la difusión pública de las supuestas visiones se mezcle con los delirios de sus adeptos y sea ocasión de escándalo y división dentro de la Iglesia que sirva de argumento a sus enemigos para combatirla.

Pide intervenir el I.R. Mons. Carlos Riu Anglés, obispo de Camagüey. Asegura que él ha escuchado a dos respetables sacerdotes de su diócesis hablar a favor de dicha Causa, de manera juiciosa y argumentada, que en modo alguno denota locura, pero que le preocupan los disgustos y desunión que de la difusión de esos supuestos milagros puedan provenir, lo que dificultaría, por ejemplo, la excelente labor que en su diócesis realizan las hijas de Santa Luisa de Marillac en el Asilo Amparo de la Niñez, pues tiene entendido que algunas de esas religiosas fueron hasta alejadas de Cuba por su afección a María y sus visiones, lo que habría que evitar y si dicha Causa procedía de la voluntad divina, encontraría por sí misma camino recto para mostrarse a todos, pero si no lo era, se olvidaría como tantos fenómenos semejantes en España y otras naciones cristianas.

Reclama la palabra el I.R. Mons. Martínez Dalmau, obispo de Cienfuegos. Este desea apoyar las sabias palabras del Emmo. Cardenal cuando se refiere a las visiones absurdas de la señorita Valdés y tiene conocimiento por el R.P. Couce, secretario de su obispado, que algo semejante ocurre con las del RP Martínez, que más de una vez le han llevado a ser tratado por su locura en un manicomio. Ruega a sus hermanos en el episcopado que no saquen a la luz, más aún, que desautoricen tales delirios que no son dignos de una Iglesia que ha crecido y madurado en Cuba, que ya tiene una Acción Católica que debe ser la admiración de muchas naciones de América, una enseñanza católica consolidada y posee, incluso, saludable influencia en la vida pública. Reclama que se recuerden las ideas de un sacerdote y patriota venerable como el padre Félix Varela contra la superstición y el fanatismo, porque promover tales infundios, puede desatar tristes campañas contra la jerarquía eclesial y los católicos practicantes acusándolos de superchería. A la vez, señala como un signo de la Providencia que sucesivos representantes del Santo Padre en Cuba, primero Monseñor Caruana, luego Mons. Taffi, fueron adversos a la tal «Causa» y que ellos, además de su discreción personal debían actuar según las normas de la Santa Sede, por lo que sería muy mal negocio presentar a la curia romana un expediente de ese talante, que con seguridad sería desestimado…

Interrumpe su intervención Mons. Pérez Serantes con la frase: «Y eso lo dices tú que sabes hacer muy buenos negocios». Se produce confusión en el auditorio, hablan varios a la vez, hay algunas risas, hasta que el Emmo. Cardenal solicita orden y respeto para quien tiene la palabra. El secretario *pro tempore* devuelve la palabra al obispo de Cienfuegos, este dice que no desea extenderse que es decisión del hermano obispo de Matanzas abrir o no la causa pero que él pide se desestime cualquier promoción pública de ella, más aún, reclama que se publique en la prensa una nota dejando claro que este Colegio no tiene relación alguna con los promotores.

Solicita intervenir el I.R Monseñor Alfredo Müller, obispo auxiliar de La Habana, quien asegura que en lo personal y según las informaciones que ha tenido considera a Sor María Vera una mujer piadosa y no desestimaría que se estudiara su vida con imparcialidad, por todo el tiempo que eso tome, para ver si es materia de un proceso de beatificación y tal cosa es únicamente asunto de la diócesis de Matanzas, pero que está de acuerdo con el Emmo Cardenal en que los que actualmente reclaman la publicidad y acatamiento de las revelaciones de la Milagrosa, lo hacen de manera desatinada y peligrosa y no ve mal que la Conferencia publique una nota, breve, de tono moderado y con mucha caridad desautorice al RP. Martínez, a Sofía y otros implicados, quizá sin llamarlos por su nombre, para evitar escándalos innecesarios.

Se pronuncia después el I.R. Mons. Díaz y Cía, obispo de Pinar del Río, simplemente para apoyar la moción de Mons. Müller.

El secretario *pro tempore* ruega al auditorio que se abrevien las intervenciones sobre el tema, pues la sesión se ha prolongado y es necesario concluirla en unos minutos, para ir a almorzar y de ese modo respetar los horarios de la agenda del día.

Mons. Dalmau pide que el asunto de la apertura de la causa se deje sencillamente a la decisión de quien compete, que es únicamente Mons. Martín Villaverde, pero que se someta a votación inmediatamente la pertinencia de redactar una nota pública.

Como hay consenso para la votación se procede a ella y se obtienen 6 votos a favor y una abstención, considerando como tal el voto del I.R. Monseñor Pérez Serantes, que se ha ausentado de la sala.

Monseñor del Valle propone redactar junto con Mons. Marinas la minuta de la nota pública para someterla al día siguiente al consenso de los señores obispos antes de marcharse.

Se levanta la sesión que se reanudará, Dios mediante, a las cuatro de la tarde.

9

Al llegar al comedor, el padre Montaña lo esperaba con un periódico abierto. No había tocado el café y la inquietud no lo dejaba tranquilo en su sitio. Empujó con torpeza la cesta de pan y la azucarera para desplegar el impreso en el centro de la mesa. *Mira esto.* Era el *Diario de la Marina.* Martínez se inclinó sobre la página católica. Sus lentes ya resultaban insuficientes. Además del santoral del día y del anuncio del próximo viaje a Roma del cardenal Arteaga, había una exhortación suscrita por este, en nombre de los obispos del país:

Se trata, pues, de comunicaros que el Episcopado Nacional ha considerado detenidamente cierto movimiento que se viene realizando desde hace años, por algunas personas, en el que figura el nombre de una fallecida que fue fervorosa católica y el de un anciano sacerdote que vive en Europa. El Episcopado no autoriza a ningún sacerdote ni a ningún fiel católico para propagar o ayudar de cualquier modo ese movimiento; antes, por el contrario, lo prohíbe terminantemente.

Por si los lectores del añejo diario no estuvieran lo suficientemente avisados, se les ofrecía un consejo absolutamente desinteresado:

Nuestro consejo a todos lo que de buena fe creen hacer algo agradable a Dios apoyados en el movimiento denominado **La Causa***, o se creen inspirados de lo alto o poseedores de revelaciones o mandatos divinos o misiones especiales en la Iglesia, es que abandonen toda actividad relativa al asunto, puesto que los Prelados en común así lo desean; esforzándose en cambio por adelantar en el camino de la perfección espiritual por los medios abundantes que la Iglesia comunica por sus vías ordinarias. Amplio campo da para santificarse a los Religiosos el sublime trípode de los votos, practicados en cualquiera comunidad donde vivan, y a los laicos a sobrellevar pacientemente los trabajos y penalidades de que ninguna vida humana escapa.*

Todo el trabajo realizado en un par de años había sido inútil, ni los expedientes celosamente difundidos, ni la incómoda visita al Cardenal, ni el ferviente peregrinar de Sofía y Dalmau. Las buenas intenciones de monseñor Pérez Serantes habían sido desoídas. Los enemigos de la Causa triunfaban una vez más. Martínez alzó los brazos al cielo con un grito:

—¡Ay, Justo Juez! ¿Por qué permites esto?

Entonces se le hizo visible la mujer del barco con su traje azul marino, con aquellas oraciones y vasos de agua a los que él no había dado crédito. *Ni los caballos me alcancen, ni los espías me miren, ni me encuentren. Tu sangre me bañe, tu manto me cubra, tu mano me bendiga, tu poder me oculte...* El demonio actuaba otra vez.

La taza de café con leche que tenía delante se había volcado y además de formar un pardo islote en el mantel color hueso con pastores y ovejas bordados, el líquido goteaba sobre su sotana hasta engendrar una gran mancha húmeda que al contacto con la piel producía una nítida sensación de asco. Al levantarse derribó la silla.

—Cálmate – reclamaba, todavía más asustado, el párroco-. Después de cambiarte y tranquilizar esos nervios debías ir un momento al arzobispado y hablar con el padre Marinas, antes de que vayas a quedar en una situación insostenible.

Manuel no lo escuchaba. Tras el escrito estaba la mueca del energúmeno, la carcajada demoníaca. Y aún si lo atendiera, ¿qué razones daría él al venerable Vicario y secretario *pro tempore* si ambos parecían habitar en mundos muy distintos?

10

Al entrar en el zaguán de la vieja casona de Habana y Chacón el padre Martínez no las tenía todas consigo. Aunque se había lavado después del desayuno y sustituido la sotana, era como si la mancha del café con leche se hubiera impregnado en su ánimo. Apenas respondió al saludo del viejo portero, un paisano con el que siempre charlaba un par de minutos.

Ya en el claustro evitó cuidadosamente a sus colegas que conversaban en parejas o pequeños grupos dispersos por los corredores. Estaba harto de aduladores, tejedores de chismes, correveidiles oficiosos y hasta maricas sofisticados que ascendían en la escala burocrática gracias a oscuras logias. Algunos debieron notar su contrariedad, cuando se detuvo solo a mitad de camino. Sentía el primer síntoma de la crisis: tenía puestos los anteojos del diablo. Era algo que había escuchado hacía muchísimos años en un cuento popular español: los lentes fabricados en el infierno que hacían que quien se los calara viera a través de las cosas o de la gente y descubriera solo su lado peor. Cuando él comenzaba a mirar a través de ellos el mundo era porque estaba poseído por el mal espíritu. *Madre mía, que no me vuelva loco otra vez, asísteme.*

Procuró llenarse de valor y aproximarse a la oficina del Vicario. En sus días de seminarista pensó que al recibir las sagradas órdenes concluirían los tiempos de recibir palabras ásperas y reconvenciones de alguien. Pero lo que había sufrido primero en su hogar y luego en sus años de estudiante parecía multiplicarse en su vida de sacerdote. A pesar de ser austero, casto, fiel cumplidor de sus obligaciones, las críticas se multiplicaban en boca de vicarios, secretarios de cámara, obispos y hermanos en el sacerdocio: si dijiste tal cosa, si pensaste tal otra, si defendiste o no tal causa.

Era una auténtica policía de las almas, con sus leyes, sus interrogatorios y su listado de penas, mucho más rebuscadas y crueles que recibir palmetazos, quedarse sin cenar o limpiar letrinas. Aquellos juicios lo devolvían a la infancia: debía mostrar compunción, no replicar y aceptar con humildad la penitencia, y como entonces, se llenaba de un fuerte sentimiento de impotencia, de una rabia mezclada con desesperación que costaba mucho vencer para no golpearse contra las paredes, lanzar objetos y gritar sinrazones a los cuatro vientos, porque entonces los castigos serían más fuertes y duraderos.

A través del cristal de la puerta divisó al Vicario en su escritorio. Monseñor Arcadio Marinas, Camarero Secreto de Su Santidad, antiguo Secretario de Cámara del obispo anterior, hacía juego perfectamente con el mobiliario de aquella habitación y con la casa en su conjunto. Con ellos compartía la solidez, la antigüedad, la discreción y la capacidad para guardar muchísimos secretos. Tenía unos pocos años menos que él pero había sabido ganar esa respetabilidad de los viejos criados, sustentada en una fidelidad incondicional a sus superiores, especialmente porque había sacrificado toda opinión propia para convencerse de que era más práctico creer siempre lo mismo que aquellos que tenía por encima y no habría problemas de conciencia para ejecutar con prontitud y a la perfección lo que ellos le ordenaran.

Ese hombre prematuramente envejecido que se afanaba encorvado sobre un grupo de legajos, era una pieza clave de la curia habanera. Muy probablemente pasar de la intimidad del trabajo con monseñor Ruiz a esta oficina, lo que la mayoría consideraría una promoción, había sido doloroso para él, al descubrir que el nuevo secretario escogido por Su Eminencia era un joven con más estudios y relaciones sociales que él, pero sin una gota de experiencia y ansioso de poder y notoriedad que se valía de su posición para ampliar la red de relaciones, lo mismo en los salones de los grandes hacendados y comerciantes que en las *soirées* del Palacio Presidencial.

Manuel, todavía indeciso, descubrió que el monseñor lo había divisado, se había puesto de pie y le hacía señas para que empujara la puerta. La pieza tenía el frescor de los sitios ligeramente húmedos, nunca castigados por el sol y tenía olor a muebles y papeles antiguos. El vicario le sonrió y le indicó que tomara asiento.

—¡Dichosos los ojos, padre Martínez! Usted nos honra poco con sus visitas. ¿En qué puedo servirle?

Quizá el visitante se había preparado para todo, menos para una sucesión de frases retóricas y prefirió permanecer callado un par de segundos, antes de aventurarse.

—Vengo porque vi publicada esa nota en el *Diario de la Marina*.

—Ah, por la nota de aclaración de la Conferencia Episcopal –aquella falsa inocencia era irritante, aunque se tratara de un vicio profesional–. Sí, ha salido publicada a instancias de los señores obispos –parecía que él, un simple secretario *pro tempore*, un humildísimo escriba, no tuviera que ver con aquello– pero verá que fue redactada con el ánimo de evitar confusiones entre los fieles, sin propósito alguno de dejar en evidencia a nadie…

—Aunque buena parte del país sepa a quienes se están refiriendo y encima amenazados con penas canónicas, sencillamente por defender lo que viene del mismísimo Dios.

El vicario decidió mostrar otro de sus rostros, hizo desaparecer el del funcionario acogedor para convertirse en el superior severo.

—Reverendo padre, me permito recordarle que solo el papa, el colegio cardenalicio y los obispos tiene la potestad de decidir qué cosa viene de Dios y su deber es acatar lo que ellos como jerarquía de la Iglesia decidan. Esas revelaciones que usted y sus seguidores defienden pudieran ser auténticas, como las de la Virgen de la Salette o los milagros del Cristo de Limpias, pero hasta que ellos no se pronuncien positivamente tendrá que tener la humildad y la obediencia de santa Bernadette o la de los pastorcitos de Fátima.

Manuel había bajado la cabeza, no porque estuviera avergonzado, ni convencido, sino porque volvía a escuchar lo mismo que le habían repetido durante casi treinta años. Se sentía víctima de una conspiración destinada a borrar la memoria de María y de la Causa toda. No le preocupaba su futuro, fuera este retornar a España, o ser encerrado en un manicomio de acá. Sencillamente quería escapar. Algo debió intuir Marinas, porque comenzó a hablar con un tono más suave.

—Padre, lo vengo observando desde hace mucho tiempo. Sé que antes de venir acá, su obispo monseñor Saínz, que en gloria esté, tenía una excelente opinión de usted y algo semejante piensa alguien tan sabio como monseñor Martín Villaverde. Ambos le han visto vivir en pobreza, dedicar muchas horas a la oración y la meditación ante el Santísimo Sacramento, nunca ha frecuentado malas compañías ni sitios dudosos. A diferencia de ciertos pastores no ama el dinero, ni los honores. Se diría que busca su salvación y la de otros muchos, pero se ha empeñado con obcecación en ese asunto de las revelaciones, hasta el punto de perder los vínculos con la realidad, se mueve peligrosamente entre el cielo y el infierno, cree tener fuerzas para tratar con lo sobrenatural y entonces descuida muchas cosas: sus obligaciones como sacerdote, la obediencia a su obispo y lo que es peor, su propia salud, porque esos delirios se la quebrantan y, si sigue como va, perderá la razón definitivamente. Si usted conoce de teología mística, recuerde que nadie es tan fuerte para vencer al diablo si no se arma de humildad y obediencia. Trabaje en los deberes de cada día, vénzase a sí mismo, pida al Señor que ilumine el entendimiento de sus superiores para que puedan conocer mejor y defender la voluntad divina.

El vicario se detuvo y vio como el visitante se ponía de pie, pero como falto de fuerzas, se desplomaba en el asiento y comenzaba a llorar sin disimulo. Para esto no estaba preparado Marinas. Sus visitantes eran habitualmente más taimados y cínicos que sentimentales.

—Reverendo –dijo mientras le alcanzaba una hoja de Kleenex para que se enjugara el rostro— esto no debe ser motivo de tristeza. Sepa que apreciamos su servicio y quiero ofrecerle algo que será bueno para usted y una apreciable ayuda para nosotros. Tanto el padre Montaña como nuestro amigo monseñor Llaguno, han pedido en días recientes que se le procure un destino estable pues lleva tantos años de sacerdocio como simple cooperador.

En este momento tengo algo que ofrecerle. Está vacante el destino de capellán de la Quinta de Salud de la Asociación de Dependientes. Sus obligaciones no serán demasiadas: la misa diaria, confesar a los enfermos o trabajadores que lo soliciten, administrar los sacramentos, rezar los responsos de difuntos y el Centro le proveerá una asignación decorosa, una vivienda decente y cubrirá muchas de sus necesidades personales. Simpatizará muchísimo con los ejecutivos, en su mayoría son compatriotas suyos, muy religiosos y con una generosidad probada. Tendrá tiempo y holgura económica para dedicarse a sus estudios y reflexiones. Si me contesta afirmativamente, prepararé los documentos para que los firme cuanto antes el Cardenal y en una semana aproximadamente podrá tomar posesión.

Martínez temblaba. Se había secado las lágrimas y ahora no podía disimular la sorpresa. Había llegado hasta ese lugar para recibir una reprimenda e iba a salir de él con un camino para encauzar su vida. Esa capellanía era lo mejor que podía sucederle, ya se conocía lo suficiente para saber que él no podría manejar una parroquia grande y complicada, pero se sentiría a gusto en un destino más simple, poco envidiado, que le daría muchísima libertad. Aceptó sin reservas y prometió regresar la semana siguiente para recibir instrucciones.

Cuando fue a marcharse, Marinas se puso de pie, le estrechó la mano y lo acompañó hasta la puerta.

—En esa capilla no se sentirá solo. Habría muchísima gente a la que atender y hacer el bien. Pero si alguna vez se siente solo, no dude en venir aquí. Aunque usted no lo crea tiene amigos y no solo el padre Montaña o Llaguno. Lo recibiré con mucho gusto.

Manuel salió con una sonrisa de la oficina. Los anteojos del diablo habían desaparecido. El sol de mediodía hacía más atractivo el patio del obispado. Aún las pajareras con pinzones, canarios y hasta una aislada, con un viejo cardenal aletargado, le parecieron muy hermosas.

11

Tras descender del tren en la vieja estación de Camagüey, Martínez no tuvo que recorrer muchas cuadras para llegar a una plazoleta bastante exigua, dominada por un templo edificado con ladrillos del siglo XVIII, que tenía una torre monumental y paredes desconchadas de un pardo verdoso. Estaba justo en el corazón de la ciudad y decían que era una parroquia muy próspera.

Como las puertas del templo estaban cerradas, torció hacia su lateral derecho y llamó en la casa parroquial. Al instante le abrió la puerta el mismísimo padre Miguelito y se fundieron en un abrazo.

Una ocasión como aquella merecía celebrarse de manera especial y el anfitrión había encargado el almuerzo a una fonda del vecino Callejón de la Magdalena que el dueño se encargó de servir con largueza, además de negarse a cobrarlo. El propio párroco con ayuda del huésped fue disponiendo en la mesa aquellas delicias de la comida criolla: arroz blanco brillante y desgranado, frijoles negros olorosos a comino y aceite de oliva, picadillo en una espesa salsa de tomate rodeado por trozos de ñame hervido y aguacate cortado en pequeños dados y aderezado con sal, vinagre y unos dientes de ajo. Aunque en aquella austera residencia parroquial solo se servían postres ciertos domingos y en Navidad, la gaceñiga que el visitante había adquirido a su llegada hizo las veces de plato final.

El padre Miguelito no tenía enemigos. Llevaba casi veinte años en la parroquia y cumplía con rigor sus deberes, desde la misa del amanecer hasta el rosario vespertino, sin olvidar las horas que pasaba en el confesionario, aunque no hubiera un alma viviente en el templo o las temperaturas bordearan los treinta grados. Estaba pronto para ir junto a un enfermo a cualquier hora y era de los escasos párrocos que seguía al pie de la letra la disposición de visitar una vez al año cada una de las casas del territorio parroquial, no importaba si eran de familias católicas, o de judíos, negros brujos o comunistas connotados, él llamaba a cada puerta y entraba donde se lo permitieran. Según cierto rumor lo había hecho hasta en cierto prostíbulo, de donde salió hablando maravillas de las atenciones y generosidad de las muchachas, aunque sin llegar a darse cuenta de la ocupación de aquellas.

Nuestra Señora de la Soledad era una parroquia importante, justo en el centro de la ciudad y la frecuentaban varias de las familias más acomodadas del territorio. Algunos feligreses habían sido muy generosos y financiaron tanto una gran remodelación del edificio como un órgano nuevo traído desde Europa, sin embargo, el sacerdote seguía viviendo en una pobreza que asombraba a la mayoría de los devotos. Habitualmente se le veía con una sotana raída por más de un sitio, un par de zapatos que empleaba hasta que se deshacían contra los adoquines y un paraguas viejo.

Su madre lo ayudó en los asuntos domésticos hasta la hora de su muerte y comentaban que, como no disponía de recursos para el servicio fúnebre, debió alquilar por años una esquina de la fachada del templo a un expendio de flores, en pago de los pocos pesos que le adelantaron para costear un entierro de tercera. No solo tenía días para ofrecer desayunos gratuitos a los menesterosos, sino que era inútil regalarle artículos personales, porque con seguridad él los daría al primer necesitado que llamara a la puerta. Eso explicaba el que se sintiera uno más entre los pobres, frecuentara las cuarterías y ciudadelas y jamás temiera aventurarse en los barrios más bajos.

Para los entendidos, era un pésimo predicador pero un buen catequista. Se apegaba a lo elemental de la doctrina sin muchas ínfulas intelectuales. Sin embargo era un excelente impulsor de las buenas campañas de los Caballeros de Colón y la Acción Católica. Tras su proverbial mansedumbre se alojaba una tozudez notable. El dueño de una emisora radial ubicada frente al templo reclamaba con frecuencia que el tañido frecuente de las campanas prácticamente anulaba sus emisiones, el cura se disculpaba, pero las echaba al vuelo cada vez que era necesario.

Precisamente alguien así tendría que simpatizar con La Causa, de la que Miguelito había escuchado por primera vez gracias a Amaro, poco después de la muerte de María y había leído con avidez las notas del padre Pastor y el folleto de la Vida. A diario ofrecía la misa por la propagación de los mandatos de la Milagrosa y por que la piadosa dama fuera elevada a los altares e igual los incluía en las intenciones secretas del rosario que rezaba en privado antes de ir a dormir. Si el obispo Riu Anglés era refractario a tal entusiasmo, no lo era el padre Basulto, su secretario, y el párroco avivaba su entusiasmo y el del propio Amaro, quien además de sus empresas sociales, ganaba adeptos para la sagrada empresa entre las mujeres más piadosas de Nuevitas.

Después de la gaceñiga y el café, se sentaron en las mecedoras junto a una ventana abierta hacia la calle Estrada Palma. La ciudad parecía recogida en sí misma para la siesta.

—Supe de tus problemas de salud y le he pedido muchísimo a la Santísima Virgen, para que te dé fuerzas y paciencia.

—No quiero recordar ciertos días que he pasado...

—Lo que importa es que ya estás bien. No pienses en los horrores de España, ni en los problemas en que acá nos ponen. El diablo nos prueba, pero nada puede si Dios no lo permite.

—He visto tantas cosas que a veces parece que Dios mismo me quitara la razón para que no caiga en el infierno.

—Pero también nos da la razón para tener discernimiento del bien y el mal. Hay que poner voluntad para no caer en esas oscuridades y a la vez atarse fuerte al manto de nuestra Madre.

—Es así, pero cuando uno tropieza con el obispo que no quiere entender, con el intrigante, o con el que pretende ayudarte y no hace más que torcer las cosas, me exaspero.

—Tienes un carácter recio, un poco parecido al de Amaro, pero con más imaginación. Necesitas dominarla y recordar que parte del trabajo no lo haces tú, sino la Providencia. Confía y deja que ella haga lo suyo.

Como era de esperar, también acá había llegado la prensa con la nota de la Conferencia Episcopal y Miguelito la había leído cien veces, con pesar, pero eso no le había mellado las esperanzas.

—No estoy de acuerdo con el documento, pero no hay que gritarlo a los cuatro vientos, porque eso sería desafiarlos y faltaríamos a la obediencia. Hicimos lo posible para que conocieran y comprendieran esa riqueza espiritual, pero están ciegos, un día Dios les arrancará la venda de los ojos.

—Espero que no sea ya demasiado tarde, para ellos, para nosotros y hasta para este país.

La conversación se fue por otros rumbos: las recientes tandas de ejercicios espirituales en el santuario del Cobre, el crecimiento de la Acción Católica y la pendiente por la que rodaba ya el gobierno del Dr. Prío. Los pronósticos eran sombríos.

—Le ha permitido regresar a Batista. Un día de estos amanecemos otra vez con el ejército fuera de los cuarteles y dando palmacristi a los que se atrevan a protestar – advirtió Miguelito.

—Tienes razón. El presidente actual es perverso pero débil, está hundido en el fango y no verá venir el golpe.

Antes de pronunciar la última palabra se había puesto en pie. Su expresión y tono de voz cambiaron. Parecía recordar algo muy lejano.

—El otro Machado… sí, vendrá Batista. Levantará ese ídolo de Martí gigantesco y en torno crecerá un mar de sangre. Hasta la Iglesia llorará como en España. María lo avisó y no la escucharon. Sentirán que el cielo cae sobre ellos, querrán esconderse y no hallarán dónde…

—Pero eso será el apocalipsis, Dios nos libre…

Miguelito estaba asustado con aquel acceso visionario y procuró evitar que su invitado se excitara más. Lo llevó, casi de la mano, al templo, cerrado a esas horas, y rezaron una Salve ante el altar de la Inmaculada. Al concluir, Martínez se fijó en la gran imagen del Cristo de Limpias que presidía un retablo de la nave izquierda.

—El obispo Ruiz visitó Limpias y comprobó que, efectivamente, la santa imagen volvía los ojos hacia quienes le imploraban y, aunque había entrado en el santuario como escéptico, salió creyendo. Publicó una circular a su regreso y apoyó a la señora Encarnación Canut para establecer una capilla bajo esa advocación en una casa de la calle Corrales. Sin embargo, él mismo, como su antecesor González Estrada, fue impermeable a las gracias de La Causa. ¿Quién los entiende?

El párroco quería evitar a toda costa una recaída y además él era muy devoto del milagroso Cristo, por eso se había empeñado personalmente en adquirir la imagen y levantarle un retablo digno.

—Los designios de Dios son insondables para los hombres. Quizá pudiéramos rogar al Santo Cristo de Limpias que ayude al triunfo de la causa de su Madre en Cuba y evitar más sangre...

Martínez lo miró con los ojos todavía extraviados.

—Puede que tengas razón. A él también rogaremos.

12

En el pequeño tren que lo llevaba a Nuevitas, Manuel paladeaba las horas pasadas en Camagüey. Decididamente le agradaba esa ciudad con sus calles estrechas y retorcidas que podría colocarse, con todo derecho, en el mismo corazón de España. Todavía disfrutaba el almuerzo criollo y la conversación con Miguelito. Dios había concedido al párroco de La Soledad muchos dones. Él hubiera deseado especialmente para sí esa paz espiritual inquebrantable que podía resistir todos los asedios del mal. Lástima que en su caso ésta solo se lograba por brevísimos períodos antes de volver al combate agónico con las fuerzas del Enemigo.

Amaro le había telefoneado la noche anterior. Se disculpaba por no poder ir a esperarlo a la estación. Tenía una reunión muy importante. Le aconsejaba dirigirse directamente a la casa parroquial. Allí lo atenderían hasta su llegada a mediodía.

A mitad de la mañana ya subía la empinada calle que lo llevaría al templo. Una sacristana de más que mediana edad que era también ama de llaves y cocinera, lo acogió con una sonrisa. El reverendo Amaro no tardaría en regresar y si demoraba, tal cosa no debería preocuparle, porque ella, además de mostrarle su habitación, podía ofrecerle un refresco, café o algo más sólido, mientras vigilaba un enorme pargo que se asaba en el horno de carbón.

Manuel se fue al templo y estuvo varios minutos orando ante el Santísimo. La morena Virgen de la Caridad le sonreía desde su peana, mientras los tres Juanes dividían sus fuerzas entre la brega con los remos para no naufragar en aquel mar encrespado y la contemplación de la Señora que debía aplacar las olas. Esta brevísima visita a sus amigos era un regalo venido de lo alto en medio de las zozobras recientes. Un soplo fresco, como ese aire oloroso a salitre que penetraba en el edificio y lo colmaba de una sensación de bienestar, subrayada por el piar de los gorriones en los árboles del parque.

Retornó después a la casa parroquial, ocupó una mecedora en el recibidor, hojeó las páginas de un diario local y se dispuso a esperar.

Pasada la una de la tarde, apareció el amigo. Grandes manchas de sudor marcaban la sotana y la boina de fieltro venía torcida. Era una temeridad andar a mediodía por esas calles empinadas. Después de los abrazos y de beberse dos enormes vasos de agua se dejó caer en una mecedora frente a la de Manuel y le explicó que venía de una reunión de la Asociación de Campesinos.

Era un asunto viejo e incómodo. En Santa Lucía, una zona del municipio formada por gigantescas haciendas, se había instalado un grupo de trabajadores rurales sin tierra. Unos firmaron —o más exactamente marcaron con una cruz, porque no sabían escribir— contratos de aparcería con ciertos terratenientes, otros sencillamente ocuparon franjas baldías de terreno y las cultivaron. Los propietarios locales los trataban con muy poca consideración y sobre ellos pesaba la amenaza continua del desalojo.

El asunto se había agravado en los últimos tiempos cuando una compañía norteamericana, el *King Ranch*, había aparecido en la zona, interesada en comprar grandes fincas que se unieran con las que poseían en la zona norte de Las Tunas. Varios de los propietarios estaban interesados en vender pero los yanquis no entendían de aparceros ni de «precaristas», querían tomar posesión de lo suyo solo después de que las autoridades, orden judicial mediante, sacaran de allí, así fuera a sangre y fuego, a todos los intrusos.

—¿Y qué puedes hacer tú en ese asunto?

—Me enteré de ese problema hace pocos años, cuando vino a verme el presidente de la Asociación Campesina en Santa Lucía, Sabino Pupo, un hombre de escasas letras pero con muchas luces naturales. Necesitaba que alguien respetado por el gobierno lo escuchara y le diera apoyo. Vi que lo que defendía era justo. Él y quienes lo seguían se habían asentado en tierras ociosas, las habían hecho producir, muchos de ellos habían pagado tributos leoninos a los terratenientes. Si sencillamente la zona pasaba al control norteamericano estos tomarían cada pulgada de terreno y no tendrían contemplación con las familias. Por una pequeña cantidad de dinero la Guardia Rural los arrojaría de allí sin compasión.

Aquel hombre tenía madera de líder, habló con el alcalde de aquí, fue a Camagüey y se entrevistó con el gobernador. En La Habana intentó reunirse con el Presidente y este no lo recibió. Apenas pudo tener encuentros con el ministro de Agricultura y con el premier Tony Varona. Ellos dijeron que hablarían con Prío, que buscarían un acuerdo... y le dieron la espalda.

El negocio era de gran vuelo e iba a alimentar a toda una tropa de abogados, notarios, registradores de la propiedad, agrimensores e intermediarios que aguardaban sustanciales comisiones. Nadie quería que el asunto se frustrara y menos para complacer a unos guajiros muertos de hambre que estaban donde no debían.

Martínez pensó que todo aquello se parecía a las disputas por la tierra en grandes zonas del campo español, que casi siempre terminaban de forma trágica con los caciques enviando pistoleros para eliminar a los campesinos más rebeldes. Por un tiempo, la tortilla se viró durante la República y en muchas zonas los que no tenían que perder más que su alma colgaron a los dueños de fincas de un árbol, ocuparon las tierras, incendiaron las grandes mansiones. La tierra, esa gran ansia de los hombres desde los tiempos de Abraham, o más atrás, desde la expulsión de Adán y Eva del Paraíso. Aquella que debía dar vida, causaba demasiadas muertes.

Amaro apuraba el tercer vaso de agua ante la mirada impaciente de doña Encarnita, la sacristana que quería servir el almuerzo a toda costa para que no le interrumpieran la «Novela de las 2» o se quedaría sin saber si revelaban el nombre del padre de aquel pobre muchacho...

El párroco terminó de abanicarse con la boina y continuó su relato. Los hacendados pensaron que el asunto podía solucionarse muy fácilmente, con el soborno, como es costumbre en todas partes. Ofrecieron a Sabino un cheque en blanco para que fijara la cantidad de dinero necesaria para rehacer su vida lejos de acá o una finca de cincuenta caballerías que pondrían a su nombre, si disolvía la asociación. Para sorpresa de los señores —*yo siempre supe que un hombre así no tenía precio*— se negó a todo. Habló con periodistas. Los comunistas lanzaron una campaña contra la venta al *King Ranch*. Alguien de la oposición llegó a hablar de ello en la Cámara y se temió que fuera impugnarse el traspaso a partir de alguna interpretación interesada de la nueva Constitución. Sencillamente, unos sicarios fueron y mataron a Pupo.

—Lo velamos en el Sindicato de Marinos y yo ofrecí una misa en la parroquia que se celebró con el templo lleno de guardias. Me quisieron advertir para que no asistiera al entierro. Insistían en que ese no era asunto mío, pero sí lo era y allí estuve. Las pocas veces que la Iglesia no se inclina del lado de los poderosos, intentan marginarla, encerrarla en los templos. Llegaron a decirme que podía alcanzarme un tiro escapado pero yo he permanecido fiel al asunto.

—De eso iba tu reunión de hoy. ¿Y qué han logrado?

—Lamentablemente, en estos litigios los ricos pueden esperar, para eso poseen millones y la ley de su parte, los pobres no, porque tienen que comer todos los días. La muerte de Sabino debilitó la Asociación, muchos de sus seguidores no querían terminar como él y varios comenzaron a aceptar pequeñas cantidades por marcharse con sus familias. A los hombres jóvenes la promesa de trabajar como vaqueros con los del Norte por un salario especial comenzó a parecerles atractiva. El encuentro de hoy fue un caos. Solo unos pocos quieren seguir plantando cara. Acabarán disolviéndose. El dinero que viene de malas manos lo pudre todo y el hambre es mala consejera...

Por fin, cuando Encarnita estaba al borde de la alferecía porque de la radio salían ya los melosos acordes que anunciaban la novela, se fueron a la mesa. Dieron buena cuenta de aquel enorme pargo, acompañado por boniatos que se deshacían en el paladar, embebidos en la salsa de aceite, ajos y perejil. El anfitrión había refrescado una botella de vino Albariño que expulsaba del cuerpo el bochorno del mediodía. Concluyeron con un pudín de pan bien mechado de pasas y volvieron al recibidor para tomar el café.

La infusión quedó con un ligero sabor a cocimiento, pues hirvió en las brasas al menos un minuto, en tanto la sacristana no lograba alejarse del aparato gracias a las voces hipnóticas de la rica heredera y el bastardo, quienes rompían su compromiso en un diálogo lleno de adjetivos y suspiros, antes de que él anunciara que partía para un largo viaje por el mundo, que incluía Egipto y la India- lugares que debían ser poco costosos, pues él no tenía ni un centavo partido a la mitad- y sobre el desvanecimiento de la pobre millonaria caía, ominosa, la cortina musical conclusiva. Los sollozos de la doña eran profundos y llegaban hasta los conversadores.

—¿Doña Encarna, se le ha muerto alguien?

—Es que la desdichada Rita Teresa…—comenzó la sirvienta, pero se cortó de golpe al ver el rostro divertido de su patrón— Perdón, padre —y se enjugó lágrimas y mocos con el delantal antes de desaparecer.

—Para alguna gente, no solo la más sencilla, sino hasta jueces, abogados y propietarios, lo que ocurre en la radio es mucho más convincente y verídico que lo que pasa en la calle. Lloran por la muchacha abandonada, por ese joven que no sabe el nombre de su padre y hasta por la cocinera que lo crió con tanto amor. Pero les tienen sin cuidado los campesinos sin tierras, los empleados del gobierno que no cobran, las aulas sin maestros y la familia que se muere de hambre apenas a media cuadra de ellos. Esos asuntos quedan para la revista Bohemia. No sé si te has fijado que la sección «¡Arriba, corazones!» es lo más parecido a las novelas radiales. Y en su defecto, pues allí está la Iglesia, no para reclamar justicia, sino para dar dinero.

Después de una siesta, obligatoria porque en ese pueblo no era posible caminar por las calles antes de las cuatro de la tarde, Martínez acompañó a su amigo a la alcaldía, para indagar una vez más si habían llegado ciertos documentos de Obras Públicas. La respuesta de la apenada secretaria seguía siendo la misma: no habían arribado aún, quizá la semana próxima…

—Esa gente del gobierno cree que yo me voy a cansar – comentó Amaro al salir- Pero si tengo que ir a Camagüey y reclamar los planos, lo haré. Suponen que si demoran las cosas, sucederá como es habitual, que la gente seguirá en su inercia y olvidará el asunto. Nuevitas necesita ese acueducto y va a tenerlo, aunque sigamos con ese presidente cada vez más impresentable y con los gangsters controlando todos los contratos. No me voy a cansar, ni tengo miedo de las amenazas.

Más de una vez habían llegado anónimos a la parroquia, exigiéndole que no se metiera en asuntos de política, que dejara eso en manos «de la gente que tiene que manejarlos». En una ocasión una feligresa despavorida fue al confesionario a advertirle que se cuidara porque había escuchado a unos maleantes en su barrio decir que «su jefe» les había encargado «darle un susto» para que estuviera tranquilo. Quizá tirotearan la casa parroquial, o lo asaltaran en la calle. A lo mejor aparecía su cuerpo flotando en el mar aceitoso del puerto. Pero él no tenía miedo.

—Dios me libró de la Guerra Civil, pero me puso aquí, en otra guerra con menos sangre, pero con muchas lágrimas y que parece no acabar jamás. El día que no pueda más me regreso a España, pero no les daré el gusto de convertirme en el cura de los poderosos.

Manuel pensó en cuán diferentes eran Miguelito y Amaro, aunque ambos eran fieles a su ministerio y a lo que mandaba la Iglesia. Uno tan cercano a san Francisco de Asís, el otro imbuido por ese celo de justicia que hacía pensar en el profeta Elías, solo le hacía falta hacer bajar fuego del cielo... Eran dos buenos regalos de la Providencia para La Causa.

Después caminaron hacia un punto elevado donde había un pequeño parque. El anfitrión le mostró los dos islotes varados en el medio de la bahía, que llamaban Los Ballenatos. Las gaviotas descendían como saetas a la superficie del mar y volvían a su vuelo con un pez aún coleteando en su pico. Se sentaron en un banco a disfrutar de aquella paz. Al cabo de unos pocos minutos, Martínez no pudo evitar formular la pregunta.

—¿Ya leíste ese documento de los obispos?

—Sí. No te lo había comentado para no estropear el día. No me sorprende. El padre Ángel Hernández estuvo hace poco en Camagüey y comentó al padre Basulto que Monseñor Serantes había salido furioso de aquella reunión, donde la mayoría se había puesto de acuerdo antes para engavetar La Causa. Ni siquiera quisieron dar un plazo para leer lo textos que se les entregaron y decidir. Según unos, Arteaga no quiere problemas con los paúles, como tuvo en su día González Estrada, otros saben que el nuncio está en contra de ella y prefieren congraciarse con él y, desde luego, un intelectual «serio» como Martínez Dalmau no va a permitir que la sociedad se ría de él por apoyar «esas patrañas».

Manuel se sinceró con él. Le relató su visita al padre Marinas. Le daban un destino de capellán a cambio de estar quieto y no revolver el asunto. Todo parecía perdido. También él cuando no tuviera más fuerzas, o más exactamente esperanzas, retornaría a España.

—Mira, no debemos decir que todo está perdido. Los obispos son hombres, tienen obligaciones e intereses y ejercitan su derecho de vetar lo que no les parece bien. Pero no pueden impedir algo por siempre. El tiempo de la Iglesia quiere asemejarse al de Dios, por eso sus asuntos no duran años sino siglos. Recuerda que a Juana de Arco la mandó a quemar un tribunal eclesiástico por herética y bruja y tuvieron que pasar casi quinientos años para que la reconocieran santa y la declararan patrona de Francia. Aunque yo no sé – concluyó- si podremos durar tanto para ver el fin de ese asunto…

Martínez había tomado un aire sombrío y Amaro temió que tuviera uno de sus accesos.

—Si me quitan La Causa no sé qué podría hacer. Desde mi ordenación, llevo casi treinta años viviendo para ella y no logro que me escuchen. Ese vacío aquí es un tormento —y se golpeaba con el puño derecho cerrado el centro del pecho.

—La cuestión es más sencilla. La Causa es una sola, la de Dios. La otra es solo un reflejo, un anuncio de la mayor: indicar a la gente la venida del Reino y su justicia. Haz el bien, cumple con tus obligaciones y no estés triste, porque no te toca a ti saber cuáles son los caminos que allá arriba —y señaló al cielo lleno de gaviotas— trazaron para ese y otros asuntos. Haz tu parte y recibirás la paga que corresponde.

Aquellas palabras aliviaron algo al visitante, las había escuchado ya, detalle más, detalle menos, hacía años en boca del mismísimo Pastor y ahora, en pocas horas se las repetían de modo semejante Miguelito y Amaro. Todos ellos eran más sabios y equilibrados que él, habían mantenido a raya al diablo con su dedicación a los demás. La misma María había empleado más tiempo en su existencia en hacer la caridad a sus prójimos que en convencerlos de que era una enviada del

Cielo. Quizá debiera pasar años de silencio en su modesta capellanía, mientras la jerarquía recapacitaba o las situaciones mutaban favorablemente. Al ponerse de pie estaba más animado.

Cuando llegaron a la casa ya la novelera y agenciosa Encarnita se había marchado. Les había dejado en las brasas una olla con sopa de pollo y vegetales. Sobre la mesa había una hogaza de pan fresco y un plato con lonchas de jamón y queso blanco criollo. Una nota advertía que en la nevera quedaban restos del pudín y un tocinillo del cielo enviado por la familia Arrebola.

Comieron con buen humor y después salieron a contemplar las estrellas. El firmamento estaba despejado y las constelaciones se ofrecían nítidas y distantes a sus ojos. Pronto se irían a la cama porque Manuel tenía que levantarse al amanecer para tomar el tren a Camagüey y abordar a tiempo otro hacia La Habana. Entonces llegó un muchacho del vecindario, su padre lo enviaba cada noche con los periódicos, así el párroco podía leerlos sin necesidad de pagar suscripción.

Automáticamente, Amaro se apoderó de *El Camagüeyano* y alargó a su amigo el otro diario que era de circulación nacional, *El Mundo*. El párroco revisaba cada noche el periódico más importante de la provincia, esperaba encontrar alguna vez el titular: «Se iniciará la construcción del Acueducto de Nuevitas».

Martínez recorría, con mucho menos interés las páginas de aquel periódico, sin detenerse mucho en ninguna, pronto dejó atrás la primera plana con su editorial a propósito de una intervención del Dr. Eduardo Chibás ante el Senado contra la corrupción de la administración pública. Tampoco le interesaron las noticias sobre la guerra de Corea, ni el artículo que denunciaba los impulsos que daba la Unión Soviética a la fabricación de la bomba atómica. Saltó la retahíla de esquelas mortuorias enmarcadas en negro y el comentario entusiasta sobre el estreno de la película *Sansón y Dalila* con la bellísima Heddy Lamarr en el rol de la mujer peligrosa…La página católica no parecía muy prometedora. Monseñor Llaguno se había reunido en la Catedral con los caballeros y damas del Santo Sepulcro, el Cardenal había puesto la primera piedra de una fundación piadosa, en Belén hubo un encuentro de ex alumnos y allí, en una esquina, estaba agazapado como una serpiente, el texto de un aerograma, encabezado por el cintillo: CATÓLICOS CUBANOS RECLAMAN AL PAPA POR DECISIÓN EQUIVOCADA DE LOS OBISPOS.

Con un temblor creciente, Manuel leyó una y otra vez aquellas líneas que cada vez le parecían más catastróficas:

SS. Pío XII
Ciudad del Vaticano.
Santísimo Padre:
  Los que suscriben, católicos cubanos, reclamamos ante su augusta persona, del documento reciente de los obispos cubanos, donde rechazan y silencian las verídicas revelaciones recibidas por Sor María de Jesús Vera de la Santísima Virgen sobre gracias especiales para Cuba. Al negar con su escrito la autenticidad de ese regalo del Redentor, se han cerrado a esas gracias y con toda seguridad atraerán sobre esta Isla la ira del Cielo. Como ellos se han hecho sordos al Espíritu Santo, ponemos a sus pies nuestra inconformidad y le pedimos humildemente que tenga a bien reprenderlos para que abjuren de su error y libren a Cuba de los males que puedan venir a causa de su torpeza. Así nos lo ha comunicado la mismísima Virgen y su Divino Niño, por medio de diversas locuciones y signos sobrenaturales.
  Que el Señor bendiga por muchos años su pontificado…

Y debajo firmaban, con toda tranquilidad, la señorita Sofía Valdés Infante, el señor Juan Dalmau Treserra y además se habían atrevido a poner al lado: Presbítero Manuel Martínez Pérez, Asesor de La Causa.

El grito pudo escucharse en el parque. Amaro recogió el diario que su visitante arrojara y encontró al momento la razón del escándalo. Después de poner agua al fuego para preparar una tila a su amigo que no cesaba de temblar, gesticular y proferir palabras incoherentes, intentó razonar con él:

—Ese par de locos son muy peligrosos. Tienen buenas intenciones pero son capaces de hacer cualquier cosa para llamar la atención. El mensaje de los obispos no era bueno, pero esto es peor…así que «sordos al Espíritu», «su torpeza», esas palabritas les darán armas a ellos y a otros muchos para decir que además de orates, son indisciplinados, irrespetuosos. Con esto pueden enterrar La Causa por un siglo. Tienes que desligarte de ellos. Apenas llegues visita al padre Marinas, dile que estabas acá y nada supiste de ese aerograma, que no lo apruebas y si te obliga a ponerlo por escrito y publicarlo, hazlo, si no, perderás hasta el destino que te acaban de ofrecer. Paciencia y prudencia. Yo procuraré aclarar las cosas con el obispo de acá y voy a llamar a Trabadelo y a Hernández para que en Matanzas y Santiago sepan a qué atenerse, quizá lo haga también con Couce, aunque Dalmau siempre preferirá pensar lo peor. Pero en La Habana tendrás que defenderte solo y tomar la iniciativa, antes de que ciertos consejeros envenenen más al Cardenal. Ahora sí te digo que La Causa tendrá que esperar en la sombra un tiempo. Por favor, prudencia y cordura, Miguelito y yo rezaremos mucho por ti.

Esa noche Manuel no pudo pegar un ojo. Escuchó los grillos hasta muy avanzada la madrugada. Al amanecer tenía preparada su valija. Apenas aceptó un sorbo de café y emprendió el camino a la estación.

—Pronto lo olvidarán, no te preocupes. Este es un país de muy mala memoria, peor que la de España, que ya es mucho decir. Y alguna ventaja tiene que tener eso…Pero ve con tiento, el diablo no descansa.

13

El padre Martínez sostenía el platito en la mano izquierda y la cuchara en la diestra se mantenía suspendida en el aire. El arroz con leche tenía poca azúcar, los granos estaban duros y la lluvia de canela que habían dejado caer sobre él lo había acabado de convertir en algo repulsivo. Luchaba contra la absurda idea de estrellarlo contra el suelo o lanzarlo al rostro de su interlocutora. De todas maneras, se revolvía con visible incomodidad en el butacón Luis XV, desde allí podía ver las cortas piernas de Sofía, sentada frente a él, al borde del canapé, que se balanceaban más que de costumbre, a causa de su irritación. Junto a ella, Dalmau, vestido con su traje azul de inspector de ferrocarriles, tenía la cabeza inclinada, la boca abierta y a ratos parecía tomar algún apunte en la libreta que tenía desplegada sobre los muslos.

—El Reverendo no tiene derecho a protestar, porque nos dejó solos cuando más lo necesitábamos – dijo ella con hostilidad. Ni siquiera nos sugirió qué hacer cuando apareció ese escrito de los obispos. Se fue de viaje y no dejó las señas para localizarlo – respiró hondo y se pasó un pañuelo de encajes por el rostro, con lo que logró dispersar el arrebol de las mejillas. Manuel no pudo evitar pensar que parecía un payaso de feria.

Él no sentía la necesidad de justificarse. Habían obrado a sus espaldas. Ni siquiera fueron capaces de esperar unos días para que él conociera aquella respuesta, la aprobara y aceptara firmarla. Tanto atrevimiento era una muestra de inmadurez y egoísmo.

Sofía le quitó el platillo y la cuchara y llamó a gritos a la criada para que se los llevara. Era difícil saber qué era más irritante, si la furia infantil de ella o aquella imagen de adolescente bobalicón de su compañero que no dejaba de hacer garabatos en su cuaderno con aire de turbación.

—Yo hablaré con el padre Marinas. Procuraré que aplaque al Cardenal que a esta hora debe estar a punto de ordenar que frieguen los suelos con nosotros. Pero tienen que entender que las cosas en la Iglesia no funcionan así. Manténganse en silencio hasta que yo…

Esta vez fue Juan el que lo interrumpió.

—Pero hemos trabajado muchísimo. Eso no es justo. Además, en nuestras visiones...

—¡Déjense de visiones! – levantó la voz el sacerdote, al límite de su paciencia. Ya estoy harto de papas que no existen, corazones sangrantes que flotan en las naves de los templos, vírgenes que lloran por asuntos que solo ustedes entienden y niños Jesús que dictan el futuro con faltas de ortografía. Si quieren divertirse con eso háganlo solos, yo tendré que retractarme ahora de algo que no hice...

Ahora fue Sofía la que se irguió en su asiento, con la expresión más bien maligna de quien tiene argumentos de sobra para silenciar al contrario.

—No olvide, Su Merced – y arrastraba las palabras para que la ironía fuera más nítida- que nosotros le trajimos de España y con ello le evitamos muchas miserias y quizá la muerte. Y que desde entonces, hemos dedicado casi todo nuestro tiempo y dinero a sostener La Causa. Eso nos da derecho a tener opiniones de cómo conducirla y hasta a tomar decisiones de urgencia. De ingratitudes está lleno el camino de la vida.

Al ponerse de pie el cura casi derriba una lámpara que se atravesaba en su camino. La equilibró como pudo y estiró los pliegues de la sotana con incomodidad.

—Sí, voy a desautorizar ese documento en el obispado. El mal ya está hecho, pero no me arrastrarán con ustedes. Búsquense otro guía espiritual y no olviden que primero Pastor y luego la mismísima María me dejaron a cargo de La Causa, si intentan otra cosa absurda con ella la rechazaré ante todos. Tengan ustedes buenos días.

Como Sofía permanecía clavada en su asiento y la criada no aparecía, él mismo abrió la puerta y se marchó. Lo último que vio fue el traje azul del inspector. ¿En qué sueño había visto a alguien vestido con ese color inquietante?

Al día siguiente visitó al Vicario. Este, recién salido del desayuno con el Cardenal y el Secretario, parecía de excelente humor. Efectivamente, estaban al tanto del desdichado aerograma. Su Eminencia había confirmado con ello la idea que se hiciera de la señorita Valdés en aquella audiencia reciente. Además, Su Excelencia el Nuncio había llamado para protestar por eso que llamaba «obra de locos». Ya él había dado al correo diplomático un pliego con una puntillosa aclaración para el Cardenal Montini en la Secretaría de Estado. No habría sanciones. Sofía y Juan eran notorios desequilibrados y ya habían investigado que él no se encontraba en la ciudad cuando el escrito se pergeñó y remitió. Eso sí, tendría que firmar una pequeña declaración, que ya estaba lista, en la que desautorizaba ese documento y renunciaba a toda relación con esas personas, en bien de la «unidad y disciplina eclesial» y que en ese asunto acataba «por obediencia lo estipulado por los obispos del país». Una vez ese papel fuera revisado por Su Eminencia, sería cuidadosamente archivado en la Cancillería y él podría comenzar a disfrutar de su capellanía.

Al firmar aquel pliego, Manuel sabía que estaba ayudando a enterrar La Causa por muchos años, pero no podía hacer otra cosa. Quiso pensar que era Dios quien lo había conducido hasta ese inesperado desenlace y se preparó para un largo silencio.

14

—María... ¡María!
—¿Qué?
—¿Estás de mal humor?
—No. Como siempre...
—Pero, ¿estás feliz?
—Esa palabra no se usa acá. Estoy en paz.
—¿Te enteraste del escrito ese de los obispos?
—Claro que sí. Digno de ellos.
—¿Y del aerograma?
—También. Esos locos van a matar al Padre.
—El pobre, no descansa y tampoco avanza.
—No seas insolente.
—Es que me da lástima, pero eso de La Causa no progresa.
—¿Cómo va a progresar con una vieja retardada y un inspector de trenes que tiene agua en la cabeza?
—Y dicen que el Cardenal no los quiere.
—Supongo, pero yo ni aquí me meto con la jerarquía...
—Ahora harían más falta los milagros de la Virgen, porque el General regresó.
—Yo lo advertí y no me hicieron caso. Pobre Cuba.
—Tu sobrino no pierde las esperanzas de que lo llamen para algo.
—Si la cosa es de dar discursitos y echarse lo que encuentre en el bolsillo, seguro lo llaman.
—Cada día está más tacaño y su mujer, ridiculísima.
—Es que les has durado más de lo que calculaban.
—Tengo derecho a vivir todo lo que me dé la gana...
—No digas blasfemias. Será hasta que acá quieran...
—Es verdad, pero me indigna que me racionen hasta el tiempo.
—No les hagas caso.
—Claro que no, pero les reclamo con justicia, soy su tía.
—No te pongas a hacer locuras. Nada de subirte otra vez en la mesa de noche.

—Eso fue muy emocionante pero no lo voy a repetir. ¿Quieres mandar a decir algo al padre Manuel?

—No, porque ahora está tranquilo y lo último que necesita es un aviso desde acá que lo puede mandar derecho al manicomio, con lo impresionable que es.

—Le diré solamente que le mandas saludos.

—¡No te atrevas!

—Está bien. Quería preguntarte una cosita…

—Cuando usas ese tono me preocupo… ¿Qué quieres?

—¿Tú escuchas el Buzón de Clavelito?

—Ya estás diciendo imbecilidades. Solamente a ti se te ocurre hacer caso a ese guajiro ignorante que le canta a otros guajiros.

—Pues aquí yo creo que lo escucha hasta el padre Genaro y tiene mucho acierto.

—No blasfemes que no es lícito adivinar el futuro.

—Será así, pero en esta isla todos quieren saber lo que les viene encima.

—Pobrecitos…

—Bueno yo sí lo oigo, lo que quería era saber tu opinión. ¿Crees que el agua magnetizada me servirá para matar las babosas? Lo tienen invadido todo. Un día nos van a comer…

—El agua magnetizada es mierda…

—Ay, antes tú no eras grosera, supongo que no andes con malas compañías…

—Lo que hace falta es que uses agua limpia y le pongas un poco al bucarito que está debajo de mi retrato porque está lleno de gusarapos…

—Es que las muchachas ya no son tan jóvenes y se están poniendo vagas…Ellas también escuchan a Clavelito.

—Total, lo van a cerrar pronto.

—Ya ves, aquí nada dura, a no ser los gobiernos.

—Aguanten firme que lo del General no es juego.

—Lo sé. Ya están repartiendo palmacristi. Al periodista aquel que salvaste ya le dieron una dosis grande. Otra vez a punto de morirse.

—La gente no aprende.

—Ni las babosas tampoco. Aquí todo está al revés.
—Ya basta. Descansa.
—De acuerdo, saludos para mamá y papá y para el padre Pastor, si lo has visto.
—Ya te he dicho que no puedo hablar de las cosas de acá. No dejes de hacer que sacudan bien el retrato y le pongan agua limpia y flores frescas. Si se rompe perderás el contacto.
—Sí, lo del fluido espiritual.
—No sigas con eso...
—Bueno, descansa en paz que ya deben ser las seis y treinta y tengo que despertarme para el desayuno.

EL TERCER ÁNGEL

1

Cuando retornaba al hospital, el padre Manuel prefería entrar por la calzada Diez de Octubre. Se había acostumbrado a aquella ruta, quizá por la sensación de frescor que producía el sendero custodiado por palmas. Después de la reja monumental una ancha vía lo conducía hacia la capilla.

La Quinta había sido fundada a finales del siglo XIX. Estaba destinada a aquellos jóvenes que llegaban procedentes de la Península, solos y llenos de sueños y que acá servían como dependientes de comercio, con salarios reducidos y garantías mínimas para sobrevivir. Con el apoyo de varios prósperos comerciantes que no habían olvidado lo padecido en su juventud se fundó una asociación en cuya sede social de la calle Prado podían gozar de un poco de esparcimiento en sus escasas horas libres y de clases nocturnas que mejorarían su instrucción, aunque la obra mayor era esta quinta de salud para evitar que sudaran fiebres en la soledad de una trastienda y hasta murieran solos como tantas veces había ocurrido.

El establecimiento de salud había comenzado con un único pabellón de madera en medio de una quinta que adquirieron. Con el apoyo de poderosos benefactores se habían ido alzando otros edificios más notables para acoger los diversos servicios médicos. Cada uno estaba bautizado con el apellido del donante principal. Ya Martínez había dejado a su diestra el edificio Pérez y ahora pasaba ante el pabellón Zorrilla, de sabor colonial, mientras en la acera de enfrente se alzaba la pretenciosa mole neoclásica del García Tuñón, con sus columnas jónicas, que encerraba la unidad quirúrgica.

Después tomaría a la izquierda, hasta la capilla, una edificación moderna de mampostería con pisos de granito, que además del espacio sagrado de una sola nave con capacidad para unas doscientas personas y un altar cuyas peanas albergaban un gran crucifijo y una imagen de la Inmaculada Concepción, tenía una pequeña pieza para servir como sacristía y una confortable casa para el párroco.

Más allá había otros edificios, entre ellos el pabellón para los dementes, llamado Córdova en memoria del doctor que lo había organizado con métodos científicos tomando como modelo algunos de Estados Unidos. Manuel recordaba muy bien a aquel hombre amable y metódico que había procurado alejar de su mente tantos fantasmas con éxito discutible. Había muerto hacía pocos años y ahora era su sobrino Armando de Córdova y Castro quien regía, más bien a distancia, el recinto. El viejo portero del pabellón no se escondía demasiado para repetir: *No heredó del tío ni la buena educación ni la inteligencia, tuvo que conformarse con la levita y el sueldo.* Esa edificación era una de las más recientes del hospital y muy diferente de las otras, pues su arquitecto había diseñado una especie de residencia neocolonial con arcos de medio punto y un revoque exterior de color pardo que imitaba la textura de la piedra de cantería. Su vestíbulo principal, así como las habitaciones individuales eran claros y despejados, pero más allá estaban las piezas donde se aplicaban las sesiones de tratamiento electro convulsivo y las salas de aislamiento dotadas de sólidas rejas y gobernadas por esos seres siniestros y sin nombre que los pacientes denominaban Los Enfermeros, a los que él prefería evitar.

Desde que llegó por primera vez a este sitio, una mañana de verano de 1950, el país había cambiado muchísimo y él también. En la madrugada del 10 de marzo de 1952, Batista se había puesto- decían que a instancias de Martha, su segunda esposa- un viejo jacket de reglamento que le quedaba más bien estrecho -aunque en las fotos procurara ocultar el vientre- y se había dirigido al cuartel de Columbia, donde lo esperaban un grupo de amigotes, listos para un nuevo golpe de estado. Fue tarea harto difícil despertar a Prío durante una de sus resacas. Medio dormido, prometió armas a los estudiantes para resistir. Ellos se encerraron en la Universidad, mientras las calles de La Habana fueron llenándose de patrullas militares. Cuando enviaron a un emisario a inquirir por el cumplimiento de la promesa ya el presidente volaba hacia Miami.

El pueblo había recibido la asonada con asombrosa conformidad. Muchos decían que aquel mulato de carrera meteórica traería la moralidad y el orden a la República, acabaría con las pandillas que se batían a tiros en plena calle y con el latrocinio de los funcionarios públicos. Solo un grupo de estudiantes y algunos políticos habían clamado contra la suspensión de la Constitución. De hecho, pocas horas después de haberse posesionado el advenedizo de las estancias del Palacio Presidencial, habían comenzado a desfilar muchos notables para ofrecerle sus parabienes, entre ellos varios comerciantes españoles, algunos de ellos benefactores de la Quinta, un conocido intelectual que iba en nombre del Partido Comunista y hasta el mismísimo cardenal Arteaga, con la capa de ocasiones solemnes y capelo, había subido las marmóreas escaleras para estrechar las manos del «hombre fuerte», sostenido por su diligente secretario monseñor Del Valle.

En el Palacio Cardenalicio se murmuraba que Su Eminencia detestaba a aquel político arribista y violento, lo que era lógico porque sus simpatías habían estado siempre con el Partido Conservador, pero que Vicario y Secretario habían «cocinado» la visita, en una hora en que el Primer Mandatario andaba en busca de contactos que legitimaran su mezquina revolución y era el momento de ganar influencias en las altas esferas, que habían estado cerradas para la Iglesia desde los días en que el Ilustrísimo Ruiz llorara la huida de Machado.

Algunos de sus hermanos en el sacerdocio estaban disgustados, otros seguían su vida sin alterar las rutinas, unos pocos se sentían de plácemes como monseñor Llaguno, que había aceptado con júbilo el nombramiento como capellán de Palacio – una novedad, porque durante los gobiernos anteriores los presidentes, fueran creyentes o no, habían defendido el carácter laico del Estado- y se había implicado en las obras benéficas de la Primera Dama, a la que llamaba «una mujer devota, muy de su familia y preocupada por los pobres» y atravesaba con harta frecuencia el Salón de los Espejos para celebrar bautizos, confirmaciones, así como las fiestas de los santos patronos de la familia y allegados al presidente.

Después de los lamentables sucesos en torno al aerograma, Manuel había cumplido con la palabra empeñada ante el Vicario y no había vuelto a tener contacto con Sofía ni con Dalmau. Tampoco ellos, al parecer, querían verlo. El se había volcado totalmente en sus obligaciones y la Quinta era un mundo absorbente, día y noche, con su propia historia, sociedad y símbolos, donde los asuntos de la calle siempre llegaban en sordina. Recordaba con frecuencia a Pastor y procuraba como él servir en lo que tenía delante, aunque cada tarde ofrecía el rosario por las intenciones de la Virgen Milagrosa para Cuba y rogaba muchas veces en secreto a María para que intercediese por esta tierra infortunada.

Con él vivía Pancho, un huérfano al que la administración del hospital había prohijado. Le enseñaron poco más que las primeras letras porque era retardado y ahora se encargaba de limpiar el edificio, ordenar la sacristía, tañer la campana, llevar y traer recados y servir de acólito con un latín más bien bárbaro, reforzado por su tartamudez.

Hacía las labores de la casa en silencio. Tenía un verdadero culto por el orden de las cosas. Mantenía relucientes los pisos y el mobiliario y era capaz de calentar la comida nocturna que dejara lista la cocinera varias horas antes y de poner a diario la mesa sin que el orden de servilletas, cubiertos y vasos se alterara un milímetro. Había tomado un afecto profundo al sacerdote y velaba durante sus siestas para que nadie lo importunara; se asustaba al menor signo de indisposición que este manifestara y procuraba arrastrarlo hacia el facultativo de guardia para que le dieran un remedio.

Al principio, su eterna presencia pareció molesta a Manuel, después se resignó a ella y tras un par de años ya lo consideraba imprescindible. No había sido habitual en su existencia estar junto a alguien fiel y discreto que además le profesara un afecto tan constante. Era como tener al lado un ángel de la guarda, lento, tartamudo y eficiente.

Martínez se había llegado a convencer de que este sería el último destino de su existencia y a él se había apegado. Sabía que no llegaría a ser obispo, ni siquiera canónigo. Las parroquias de término estaban regidas por gente mucho más hábil, de esas que no tenían antecedentes de locura ni visiones del otro mundo.

No tenía sentido retornar a España. Su padre había muerto poco después del fin de la Guerra Civil, aunque en realidad se había ido desde mucho antes, cuando se le extravió la razón y sólo le quedó aquella inacabable cantilena: *Van dos cuervos, y dos curas y dos guardias civiles...pum, pum, pum, caen los curas, caen los guardias y los cuervos van volando, pum, pum* que parecía un grotesco resumen de la historia reciente de la Península.

Su madre lo había seguido un par de años después, agobiada por la carestía y la tristeza que rezumaban las cuatro paredes y todo el pueblo en torno a ella. Su hermano había llegado a ser párroco en Astorga, se escribían con frecuencia y cuando le era posible se valía de alguien de la Asociación de Dependientes que fuera por aquellas tierras para enviarle unos pocos dólares y algunas latas de leche condensada que endulzaran las parcas comidas que le permitía la economía de guerra impuesta por el Caudillo Franco, aunque el verdadero jefe era el mercado negro. *No regreses* —le insistía Santos en cada misiva— *tus nervios no resistirían la violencia que hay acá, ni esa carestía permanente. No sabes lo maravilloso que es tener un destino en Cuba, allá tienes paz y abundancia...*

Y aunque él no creía mucho en la engañosa paz de esta isla zarandeada por militares tanto como por huracanes y el asunto de la abundancia estaba mediado por la escandalosa mala distribución de los bienes, se había convencido de que era en ese sitio donde Dios lo quería hasta el fin de sus días, hasta que dijeran por él la misa de cuerpo presente en la capilla, antes de sepultarlo en el panteón de la Liga Sacerdotal, cuyas mensualidades pagaba religiosamente desde hacía un tiempo. Aquí acabaría de envejecer, aquí entregaría su último aliento y quizá, aunque fuera unos minutos antes, contemplaría nuevos tiempos, menos adversos para La Causa.

Se levantaba cada día cerca de las cinco de la madrugada y después de asearse, leía el breviario en el templo desierto. A las seis Pancho tañía la campana y la misa se celebraba puntualmente media hora después. Asistían algunos miembros del personal y los enfermos que estaban en condiciones de hacerlo. Desayunaba después, revisaba las solicitudes de confesiones, viático y extremaunciones para los pacientes en estado crítico y acudía a las salas para atenderlas, aunque en realidad siempre transitaba todas porque había aprendido que aun aquellos renuentes a la práctica religiosa, cuando veían una sotana en medio de su gravedad, tendían a reclamar auxilios espirituales inmediatos.

Almorzaba a las doce y después venía la siesta, durante la cual Pancho convertía la casa en un castillo inexpugnable. Por la tarde la campana volvía a tañer para el rosario de las cinco y tenía tiempo libre hasta la cena, tras la cual escuchaba las noticias en una radio que le habían regalado, antes de rezar la oración de completas e irse a descansar pasadas las nueve. Estos horarios se alteraban solo por la celebración de responsos y misas de difuntos en la capilla, así como por algunos bautizos y bodas efectuados allí por miembros de la Asociación y sus familiares, o las primeras comuniones de los niños de la escuela gratuita que funcionaba en un local anexo a la Quinta.

Los domingos había una sola misa a las siete y, salvo urgencias, tenía el día libre y podía salir a hacer algunas visitas, jugar una partida de tute con sus compatriotas en el palacio social del Paseo del Prado o sencillamente descansar. Aquello se parecía muchísimo al estado de beatitud, aunque él sabía de sobra que la perfección no era cosa de este mundo.

2

Aquel día no resultaba demasiado grato para el padre Amaro. Cuando llegó sofocado a la alcaldía, más por la indignación que por subir y bajar un par de lomas, descubrió que en la recepción la amable señora de cabellos teñidos de rubio y lentes para la miopía había sido sustituida por un individuo mal peinado y peor afeitado que no sabía dar las buenas horas. Lo había mirado de arriba abajo, con hostilidad antes de preguntarle qué deseaba.

—Vengo a ver al señor alcalde.
—El señor alcalde no recibe si no tiene cita.
—Hablaré con su secretaria.
—Aquella secretaria ya no trabaja aquí. Es secretario y ahora está muy ocupado. Vuelva luego para saber cuándo pueden recibirlo.

El sacerdote no era de los que se desanimaban fácilmente, sencillamente se dirigió a la escalera. El portero se puso en pie para detenerlo pero, en lo que lograba rodear el mostrador para seguirlo, ya el reverendo había vencido los escalones de cuatro en cuatro. El despacho que precedía a la oficina estaba vacío, de modo que pudo abrir la puerta por sí mismo y enfrentarse al funcionario.

El alcalde constitucional de Nuevitas era del Partido Auténtico, decían que su historial no era limpio, pero había procurado impulsar algunas obras para el pueblo y era cortés con quienes buscaban los recursos principales para ello. Tras el golpe de marzo, lo habían removido y designado a dedo a un cabo licenciado del ejército que sirvió después como sargento político a cualquiera que le pagara bien en tiempos de campañas. Hacía gala de su falta de interés en asuntos culturales, no sabía una gota de cívica y no parecía molestarle que le endosaran como mote el de Adoquín.

Al ver entrar aquella tromba con sotana a su guarida, el alcalde se incorporó pero, al hacerlo, dio un manotazo a un montón de carpetas que esperaban desde hacía mucho por su revisión y firma que cayeron al suelo y dispersaron papeles por toda la estancia.

—¿Cómo se atreve a entrar así, sin cita y sin llamar a la puerta?

—Pues me atrevo –replicó el Padre que procuraba sosegarse para no decir algo de lo que después tuviera que arrepentirse– porque no vengo a un asunto mío, ni siquiera de la Iglesia, sino del pueblo. Usted sabe que aquí hace falta con urgencia un acueducto, durante el gobierno anterior luchamos muchísimo por conseguir que aprobaran su construcción. Se hicieron los planos en Obras Públicas, se aprobó un presupuesto pequeñísimo que los vecinos incrementaron con una buena colecta, comenzaron los movimientos de tierra y ahora, después del... de la llegada del nuevo presidente, todo se ha paralizado.

—Porque esa obra estaba mal planificada y además los auténticos se robaron todo el presupuesto. Tomará tiempo prepararse para hacerlo como corresponde, además, hay otras prioridades antes que esa.

—¿Otras prioridades para quién?

—Basta ya, que yo no tengo que darle tantas explicaciones.

—Tendrá que dárselas al pueblo, sobre todo lo del presupuesto robado, que no es tan fácil de creer...

—Váyase ahora mismo. Usted no es más que el cura y debería estar encerrado en la iglesia dando misas y rezando, no metido en política. Y no crea que no sé que ha estado colaborando con los comunistas en ese asunto de las tierras vendidas a los americanos. Si me entero que participa en otra manifestación o coopera con elementos peligrosos me encargaré que el Tribunal de Urgencia lo juzgue como «extranjero pernicioso» y lo expulse del país.

Cuando el presbítero se sintió llamado extranjero le pareció recibir el peor de los agravios, algo se desató en su garganta y comenzó a vociferar contra el alcalde marrullero y los bribones que, amparados en el ejército, se habían apoderado de todo para poder robar mejor. De tal modo gritaba y gesticulaba que el alcalde retrocedió hasta topar con la pared, sudaba copiosamente. Pero su alivio llegó pronto cuando divisó tras las espaldas del intruso al portero con una pareja de la Guardia Rural.

—Perdón, excelencia, es que subió corriendo, sin autorización.

—Condúzcanlo –era el alcalde ahora quien vociferaba– llévenselo de aquí, que se encierre en la iglesia y la próxima vez que altere el orden lo llevan al cuartel detenido hasta que se le instruya causa.

Parece que no se ha dado cuenta de que aquí y en toda Cuba las cosas cambiaron. Y si no le gusta el gobierno del General que regrese a España que aquí es únicamente un estorbo.

De los dos guardias, uno era un campesino de mediana edad, obeso y brutal, el otro un joven que parecía novato en esas lides. Escoltaron al padre hasta la puerta de la casa parroquial. El campesino iba a comenzar a vomitar un discurso que parecía haber preparado como advertencia, pero el joven lo interrumpió:

—Puedes adelantarte al cuartel, así no tienes que almorzar frío, dile que me guarden lo que me corresponde. Yo me encargo aquí, él no irá a ninguna parte.

Mientras el otro se alejaba el joven miró a los lados, fijó un instante la vista en el suelo y le dijo con un aire que parecía más de súplica que de reconvención:

—Padre, todo esto me da mucha pena, porque mi familia le está muy agradecida. Usted visitó mi casa cuando mi mujer estaba a punto parir y yo no tenía trabajo. Con el dinero que nos dejó pudimos mandar a hacer la cuna y comprar unas sábanas y pañales. Todo el mundo sabe que usted se preocupa por el pueblo más que muchos que nacieron aquí mismo, pero tenga cuidado. Ahora manda el ejército y si lo ven como un estorbo lo menos que le puede pasar en que lo pongan preso y lo boten del país, lo menos, porque hay quien acaba peor y no podré ayudarle. Siga haciendo sus buenas obras, pero no trate con enemigos del gobierno, ni se le ocurra aparecer en manifestaciones no permitidas, ni huelgas, ni protestas…porque…–se diría que el guardia tenía escalofríos– porque podría sucederle algo muy malo. Y, buenos días.

Amaro cerró la puerta. Lanzó la boina sobre el sofá y se llevó las manos a la cabeza. Sin darse cuenta cómo comenzó a llorar. Al verlo, la sacristana casi deja caer la sopera. Ese día no almorzó y suspendió las visitas previstas. Por primera vez se había sentido extranjero y, más aún, comenzaba a comprender que sus días acá estaban contados. Todos los años que cumpliera habían caído de una sola vez sobre él. No tenía fuerzas para enfrentar las nuevas circunstancias de esta desdichada isla.

3

RECORTE DE LA REVISTA *CARTELES*
CONVERSACIÓN CON LA HERMANA DE LA SANTA.
POR G. CAIN

Matanzas es una ciudad que guarda secretos muy notables, entre ellos la existencia de María Carolina Vera Sáenz, quien desde joven fue extremadamente devota, tuvo muchísimas visiones del cielo y del infierno que describió en su *Vida*, todavía inédita. Curada prodigiosamente de su invalidez el Domingo de Pascua de 1908, algunos viejos matanceros dicen que hizo verdaderos milagros como el de resucitar a un periodista asesinado por porristas en tiempos de Machado y desaparecer después del escenario del crimen volando por los cielos. Fallecida en 1928, la Iglesia no ha querido saber de esa santa cubana, ni se ha podido dar a la luz sus escritos alucinados. Una amiga nos ha permitido llegar hasta su hermana Elvira que es también un personaje singular, para conversar con ella unos minutos.

—¿Cómo se siente ser hermana de una santa?

—Mientras ella vivió fue un poco incómodo, porque siempre fui diferente. Ahora, cada una está en su sitio y nos llevamos muy bien.

—¿Por qué la Iglesia no la ha aceptado entre los santos canonizados?

—No lo sé, porque a ella no le faltaba nada para estar entre ellos. Quizá porque a veces tenía la lengua un poco dura y criticó a gente notable cada vez que descubría sus tejemanejes...

—Han pasado más de veinte años de su fallecimiento, pero los obispos escribieron una carta en la que siguen sin aceptarla.

—Ellos se ocupan de los problemas que les interesan: de política, de dinero, de celebraciones ruidosas, ¿por qué iba a interesarles una señorita de Matanzas, que fue religiosa en su casa y dicen que habló con La Milagrosa?

—¿Pero no podrían interesarse si leen esos cuadernos de su *Vida*?

—No, ellos no leen, porque son unos zoquetes…
—¿Y usted, no se ha ocupado de difundir su vida y milagros?
—No, para mí es mi hermana, es una santa y basta, porque Dios no necesita permiso de nadie para hacer lo que quiere y no voy a perder tiempo tratando de convencer a sordos y carcamales.
—¿No ha habido alguien que pudiera ayudar en eso?
—Estuvo el Padre Pastor, su confesor, que trató de que se conocieran mejor sus hechos, pero a sus superiores les molestó y lo botaron de Cuba. Tuvo que ir a España donde murió hace unos años. Entonces La Causa, como le llaman algunos, quedó a cargo del padre Martínez, que es un hombre casi santo, pero está muy malo de los nervios, quizá porque así lo sujeta mejor el diablo y él se buscó unos ayudantes que eran locos de remate y acabaron con todo…
—¿Echa mucho de menos a su hermana?
—Para nada, yo hablo con ella todos los días.
—¿Se siente sola en esta casa donde ha vivido toda la vida?
—No. Me acompaña una muchacha, Adelina, bueno, no tan muchacha porque le han pasado los años… la otra, Florinda, me dejó hace poco para irse con un guardia de esos de Batista. Pero además tengo mi música.
—Me han comentado que no solo escucha discos a diario y canta, sino que le gusta danzar.
—Yo no pude, por razones familiares ir a muchas fiestas en mi juventud, apenas bailé un par de veces, entre ellas un baile catalán llamado sardana que nunca se me ha olvidado. A veces escucho un disco que me obliga a hacer algo así como cantar con el cuerpo.
—Una amiga me ha contado que lo intentó hasta con el *Bolero* de Ravel…
—Ese bolero casi me mata, pero también lo he hecho con *Sueño de amor* de Liszt, con *El cisne* de Saint Saëns y hasta con la «Mazurca de las sombrillas» de *Luisa Fernanda*.
—¡Entonces puede bailar de todo como Isadora Duncan!
—No tanto, hace poco me regalaron un disco rarísimo de un ruso, es un ballet, pero suena raro… Se llama algo así como *El rito de*

primavera. Me motivó pero es muy peligroso, por poco me rompo la crisma...

—Tiene muchísimo que contar. ¿Por qué no escribe sus memorias?

—He visto muchísimas cosas en mi vida, algunas de ellas sería peligrosísimo sacarlas a la luz. A lo mejor los matanceros se molestan tanto que me tiran al San Juan. Mis recuerdos se mueren conmigo.

—Por cierto ¿puede decirnos su edad?

—No.

—La gente se asombra con sus cabellos tan largos, ¿cuándo piensa cortárselos?

—Cuando se vaya Batista.

—¿Cómo dijo?

—Ya lo oíste, muchacho, que no estás para nada sordo...

—¿Quiere decir algo más?

—Claro que sí, que me des los veinte pesos prometidos por este interviú y no serás tan cicatero de descontar este *Peter* que me trajiste para endulzarme.

—Desde luego, aquí están.

—Gracias, joven, un saludo para todos los lectores y lectoras de *Carteles*. Aquí hay Elvira para rato.

El texto está acompañado por dos fotos de la entrevistada. Una es un *close up* del rostro donde se destacan unos labios pintados a lo Mae West acompañados por cejas más bien mefistofélicas, rodeados por grandes mechas de su cabellera hirsuta que le dan el aspecto de Medusa lista para la batalla. En la segunda imagen, ella muerde con fruición una gran barra de chocolate.

4

—Estoy cansado – dijo el padre Amaro después de tomar dos vasos de agua y apurar hasta el fondo la taza de café.

—Estoy cansado – repitió, mientras procuraba acomodarse en la mecedora frente a Miguelito.

No se refería al hecho de que se había levantado a mitad de la noche para no perder el primer tren hacia Camagüey, ni porque había hecho a pie el trayecto desde la estación hasta la Casa de Gobierno en la calle Cisneros, sólo para enterarse por un guardia que «el Doctor» nunca llegaba antes de las nueve.

Había desayunado justo enfrente, en una fonda llamada «El Chorrito» donde le habían servido leche, pan caliente con mantequilla y un café acabado de colar con un aroma que lo reconfortó. La dependienta que le sirvió lo había visto cruzar la calle contrariado.

—Desayune bien, padre, porque si tiene que hacer un trámite allí enfrente, mejor es que vaya cómodo y con paciencia.

Tenía razón. A las ocho llegó la secretaria del Gobernador y le permitió dejar el duro banco del vestíbulo y acomodarse en una butaca de la antecámara. Era una mujer todavía joven, con cabellos oxigenados, ropa de corte moderno y zapatos norteamericanos. Después de colocar unas flores frescas en un pequeño búcaro, ordenar documentos sobre su escritorio y hacer desfilar innumerables lápices por el sacapuntas, comprobó la cita en una agenda que tenía un llamativo forro en color vino.

—Exacto. Tiene la primera cita. Lo atenderá apenas llegue.

Solo a las nueve y veinte un empleado obsequioso abrió la puerta para dejar pasar al más bien obeso gobernador, de traje impecable y bigote bien recortado, que conversaba con otro individuo de reducida estatura y voz aflautada.

—Buenos días –dijo el funcionario mirando a medias al sacerdote e indicándole que no se pusiera de pie, antes de saludar con un poco más de efusión a la secretaria e indicarle que tenía algo importante que tratar con su acompañante. Ambos desaparecieron en la oficina contigua. La mujer descubrió la expresión incómoda de Amaro mientras telefoneaba para que trajeran a «los doctores» agua fría y café.

—¿También usted desea?
—¿Qué cosa?
—Una tacita de café.
—No, gracias.
—Enseguida van a atenderlo, es que el Doctor está hablando con su concuño, el Dr. Xiques, son asuntos de familia.

En realidad, el concuño salió de la oficina apenas quince minutos después, pero ya aguardaba para entrar el Jefe de la Policía, por razones de fuerza mayor y cuando este se marchó, más bien contrariado, apareció un hacendado de traje blanco y sombrero panamá que conminó a la secretaria a que lo anunciara inmediatamente.

—Es el señor Felipe de la Hoz, un gran hacendado. Están organizando la Feria Ganadera de Guáimaro. Dicen que vienen el Presidente y la Primera Dama.

La noticia no atemperó mucho la irritación del párroco quien, por fin, pudo ser recibido cerca de las once.

Detrás de su escritorio de caoba estilo renacimiento español, sobre el que había una carpeta, una escribanía, muchas plumas y una foto con su esposa e hijos en un marco de plata, Eduardo Zayas Bazán Recio tenía un aspecto más bien mayestático. Quizá no se debiera a su muy reciente investidura como gobernador, sino a que formaba parte de una familia que por siglos había formado parte de la aristocracia local. En modo alguno sus modales podían recordar a los del advenedizo alcalde nuevitero y los vulgares matones que lo rodeaban. Era un hombre refinado, sin duda hábil para los negocios, incluida la política. La bondad que algunos le atribuían tenía que ver con su delicadeza y repugnancia por la violencia, pero en modo alguno con la disposición para arriesgar algo por los demás.

Amaro procuró contar con paciencia y humildad los avatares de los habitantes de Nuevitas para llegar a tener un acueducto. El gobernador lo escuchó con atención.

—¿Y en qué punto quedaron las gestiones?

—Los planos ya estaban aprobados en Obras Públicas y el gobierno anunció que ya tenía el presupuesto.

—Bueno, el gobierno anterior... con esa gente nunca se podía estar seguro de nada...

—Es cierto, pero con el alcalde actual, a pesar de que es nuevitero, es como si no quisiera tener agua corriente en su casa y en la de los demás.

—Y quiere usted que yo lo llame para ver si cambia de opinión.

—Eso no estaría de más, pero para serle franco, ya he aprendido que aquí como en España, si usted quiere resolver algo local tiene que apelar a las autoridades más altas. Si pudiera convencer al General de la utilidad de la obra y cuánto se lo agradecería el pueblo...

El asunto no parecía entusiasmar al Doctor, quien tomó una pluma del escritorio, intentó hacer un garabato con ella en un cuaderno de memorandos, pero apenas tenía tinta y la lanzó a un lado con lo que logró derramar el contenido de su taza sobre la carpeta. Aunque tenía un intercomunicador llamó a voces a su secretaria como si estuviera a punto de naufragar. Cuando la muchacha hizo desaparecer toda huella del estropicio, él respiró profundo, se enjugó la frente con un pañuelo de hilo inmaculado y dijo al cura con cierto aire de resignación:

—Supongo que ha escuchado que hicimos gestiones con el Dr. Fidel Barreto, Ministro de Agricultura, para que invite de nuestra parte al Presidente y la Primera Dama a la Feria Ganadera. Los hacendados y yo tenemos varios asuntos que queremos conversar con él. Él tiene buenos amigos por acá, entre ellos mi suegro, y no dudaría que aceptara. Pero nunca se puede estar seguro de que venga, quizá a última hora envíe a Barreto, junto con su secretario personal Acosta Rubio, que es camagüeyano. En caso de encontrarlo, yo le hablaría del asunto...

Amaro no podía disimular su irritación por estar perdiendo el tiempo. El gobernador lo advirtió en seguida.

—Mire, padre, yo soy de familia católica y educado por los jesuitas. Siempre he respetado a los sacerdotes, pero además no solo sé las buenas obras que lleva años haciendo en Nuevitas –¡lástima que no pueda ser el alcalde!–, sino que viene recomendado por un verdadero santo, el reverendo Miguel Becerril, quien le pidió a mi madre esta cita. Por eso le debo una explicación más clara, que usted guardará como un secreto de confesión. El General me nombró para este cargo, sabe que yo le serviré con seriedad y honradez y que puedo influir sobre la gente más decente de esta provincia para que hagan lo mismo pero yo no soy uno de sus íntimos. El hecho de que yo le pida algo no lo obliga a nada y puedo solicitarlo al Ministro de Obras Públicas, pero este debe tener una larga lista de recomendados por gente más cercana al poder verdadero. Efectivamente, si el General asiste a la Feria, yo le doy mi palabra de decirle que el acueducto es algo muy urgente para Nuevitas, más aún, lo invitaría a que pusiera la primera piedra. Pero no le garantizo que eso llegue a buen fin. Sin embargo, me llama la atención que usted tenga una vía mucho más directa que la mía y no la emplee. Me refiero a su obispo. El Ilustrísimo y Reverendísimo Carlos Riu Anglés, fue párroco de Banes y sus obras sociales allí le ganaron la simpatía de Batista, siempre empeñado en honrar el sitio que lo vio nacer, hasta se afirma que eso le garantizó cierto apoyo para ser elevado a la dignidad episcopal. Estoy seguro de que si él le habla, y puede hacerlo, será mucho más efectivo que si lo hiciera yo.

Amaro bajó las escaleras con la sensación de haber arado en el mar. Cuando salió a la acera, deslumbrado por la luz del mediodía, escuchó que lo llamaban desde la fonda.

—Venga, padre, que acabo de colar café, lo invito.

Más que el café, aromático y tonificante, agradeció el vaso de agua helada que lo relajó un poco.

—Creo que no ha salido muy contento de allí…

—Mi fuerte no es la política…

—Mire, no sé lo que vino a pedir, pero va a lograrlo. Pídalo con fe a la Virgencita de la Caridad y lo conseguirá aunque todos los hombres del mundo lo estorben. Haga su esfuerzo y recuerde que ella aplaca cualquier tempestad.

Ella tenía algo familiar, pero a la vez no recordaba dónde podía haber visto, o mejor, escuchado a la dependienta.

—¿Cómo es su nombre?

—Caridad me puso mi madre, que siempre fue devota de la Señora del Cobre. ¿Quiere más café? ¿No? Entonces vaya a donde Dios lo envía que conseguirá lo que necesita.

Necesitaba un almuerzo en paz, una siesta y sobre todo, apartarse de ese mundo de la política que nunca sería capaz de comprender pero a la irritación había sucedido la sorpresa. El obispado estaba a pocas cuadras de allí y decidió hacer la gestión completa antes de retornar a Nuevitas.

El padre Basulto lo recibió con la amabilidad de siempre. Amaro no las tenía todas consigo con aquel secretario de grandes pretensiones sociales, del que se contaban un par de cosas inconvenientes, pero era mejor dejar que Dios lo juzgara y aprovechar ahora sus buenos oficios para llegar al obispo.

—Siempre eres bienvenido, pero esta hora no es muy adecuada. Monseñor está a punto de almorzar para descansar un rato, porque después va a una celebración en el asilo Amparo de la Niñez y a inspeccionar las obras del colegio teresiano de Saratoga.

—Está bien, pero no perderá nada si me recibe cinco minutos, dile que es urgente.

Un instante después cruzaba los corredores del palacio episcopal, ahora desiertos, porque el Ilustrísimo detestaba los corros en los pasillos, tanto como las visitas inoportunas y las tertulias no convocadas por él. Los que estaban fuera de su estrecho círculo de colaboradores eran evaluados siempre con severidad aunque no sin justicia.

—Ave María purísima.

—Sin pecado concebida –respondió de no muy buen humor el prelado–. Adelante, padre. ¿Qué le trae por acá con tanta premura?

El cura se dio cuenta de que el tono de la voz era justo el que correspondía a quien había hecho retirar las butacas y mecedoras de su despacho. La mayoría comentaba que era un gesto anticuado de un catalán que no podía avenirse con el carácter confianzudo de los cubanos, él prefería pensar que era la decisión de un hombre tímido e introvertido que veía en cada visitante alguien a quien había que reducir a punta de protocolo.

Amaro procuró resumir en el menor número de palabras posible las gestiones para lograr un acueducto en Nuevitas, lo logrado en tiempos del defenestrado mandatario Prío, los obstáculos actuales y los resultados de la reciente visita al gobernador. Cuando concluyó creyó percibir un destello irónico en la mirada del obispo.

—Así que el gobernador lo mandó a que me pidiera que me encargara yo de interceder por el acueducto. Vaya, en este país las cosas siguen estando al revés. Las autoridades civiles no pueden o no quieren hacer lo suyo y delegan en las religiosas. Un día yo le voy a pedir al doctor Zayas Bazán que escriba una carta pastoral o se ocupe de las rentas de las Madres Reparadoras…Pero vayamos a lo que corresponde, no crea usted que yo voy a asistir personalmente a esa Feria Ganadera así venga el Emperador del Japón. En todo caso, si el presidente viene, mandaré como enviado personal al padre Basulto que se las pinta para esos actos sociales, pero él no lograría nada de particular con el General, aunque se dedique a bendecir durante todo el día a la Primera Dama y a sus hijos. Pero tranquilícese, yo voy a llamarlo personalmente, me tomará dos o tres días localizarlo, conozco a su secretario Acosta, que nació a dos puertas de aquí y ha necesitado alguna vez apoyo para gestiones en la curia habanera. Le plantearé el asunto y tal vez logre sacarlo del estancamiento. Claro que esto me va a costar algo, los favores políticos nunca se hacen por estricta caridad.

—Gracias, Ilustrísima…

—No me dé las gracias. Ya le he dicho otras veces que yo aprecio su trabajo, pero hoy le digo que ojalá todos los que vinieran a esta oficina me molestaran pidiendo para sus fieles y no para sí mismos. Lo habitual es que la gente trabaje *pro domo sua*. Así que le he dado mi palabra, lo otro es confiar en la Providencia. Y, vaya con Dios, que estoy muy apurado…

Amaro almorzó muy poco en la mesa de Miguelito, aunque alabó las empanadillas de carne, mechadas de alcaparras y aceitunas que llevó una feligresa y un dulce de grosellas enviado desde la quinta «Los Claveles» por la familia Moya.

—Estoy cansado – dijo al levantarse de la mesa, tras apurar la enésima taza de café del día.

—Acuéstate un rato antes de regresar.

—No es ese tipo de cansancio. Es algo mayor. Estoy fatigado no de luchar por mi parroquia, sino de tener que pedir como favores cosas que son obligación de las autoridades. Y si ya estoy acostumbrado a políticos ladrones y a funcionarios ineficientes, lo peor es ese miedo que hay en el ambiente. La gente se mete en su casa y ya no quiere reclamar sus derechos por miedo a que la detengan, la encierren sin causa y hasta la torturen. Hay violencia en todas partes, en el ayuntamiento, en las calles, en las escuelas y uno se siente vigilado en todos los sitios, hasta en misa. Más de una vez he salido y he notado un par de guardias haciéndose los distraídos, pero a todas luces siguiéndome. Ya no se trata de acueducto sí o acueducto no. A lo mejor lo construyen porque Batista encuentra que es buena propaganda y gana muchos adeptos. Es que no se puede vivir entre el miedo y la súplica. Hasta los poderosos se miden para hacer algo porque temen irritar a quien esté por encima de ellos. Yo soporté los duros tiempos de Machado y a otros parecidos que vinieron después, en algún momento pensé que habíamos tocado el fondo con el cinismo y la impiedad de los auténticos, pero esto es mucho peor. Y, créeme, por primera vez me he sentido viejo e incapaz. No sé cuanto más resista pero quiero regresar a España y que me den un pequeño destino, una capilla mísera, en un sitio tranquilo frente al mar, hasta el día de mi muerte.

Miguelito lo miró, fue a decir algo pero no supo qué. Sencillamente lo abrazó. Al apartarse el visitante descubrió que por su mejilla izquierda corría una lágrima.

El acueducto se construyó. El propio presidente Batista viajó expresamente a Nuevitas para poner la primera piedra. En el séquito lo acompañaba el obispo de la diócesis. El párroco estuvo presente y recibió los parabienes de los ciudadanos y hasta del alcalde, por su insistencia. Le entregaron un pergamino de Ciudadano Distinguido. Sin embargo, ya no estaba en la localidad cuando se inauguró.

Se marchó en 1957 después de la manifestación de los colegiales el 20 de mayo, cuando la policía golpeó a varios en el parque y él mismo fue detenido por dar refugio a algunos en el templo. Comenzaban a aparecer los primeros muertos en solares yermos, o entre los manglares.

    Esta vez fue un avión, un ruidoso e incómodo Viscount, el que se lo llevó de la Isla. Llevaba en su equipaje el ejemplar de *Carteles* con la entrevista a Elvira. *Todo está corrupto allá. Hasta La Causa.*

    Encontró en Málaga el rincón que buscaba. A veces, en las tardes, miraba el mar y se decía que eran las mismas aguas que bañaban Nuevitas. En su antigua parroquia habían colocado una tarja junto a la puerta principal para agradecer sus empeños, pero él había decidido no retornar, quizá porque no confiaba en el tiempo futuro.

5

En la casa de Condesa 168 todo respiraba sosiego y pulcritud, lo mismo los vetustos muebles de la sala con protectores para los brazos tejidos a crochet que la litografía del Sagrado Corazón frente a la puerta de la calle, siempre con un vaso de flores frescas debajo. Todo tenía el sabor de un pasado que se resistía a morir, como su dueña.

Hacía poco menos de una década que el padre Montaña había animado a Martínez a visitar a Antonia. *Es una mujer que vive en lo sobrenatural.* Aquél, agobiado por los desacuerdos con Sofía había replicado: *Estoy de brujas hasta la coronilla.* Pero hasta el tímido y siempre ortodoxo monseñor Müller recomendaba a aquella mujer que pasaba casi la mitad de cada año ingresada en la clínica La Purísima del Vedado. *Es una mujer muy piadosa que no puede morir* le habían repetido quienes la conocían. Pasaba por momentos extremos de gravedad. Más de cinco veces había recibido la extremaunción y siempre parecía regresar en el último instante a este valle de lágrimas, humilde, conforme y dispuesta a escuchar a quien quisiera confiarle sus cuitas.

Desde la primera visita Manuel se sintió cómodo con ella. Había temido encontrarse con una beata fantasiosa y dominante como Sofía e incluso con alguna tosca imitación de María, sin embargo solo encontró a una mujer trigueña, demacrada y aparentemente débil, pero que parecía incapaz de borrar la sonrisa de su cara y jamás trataba de imponerse a su interlocutor. Bastó con tenerla delante, con su vestido modesto pero sin una mancha y el pelo recogido con una peineta, para entender de una manera misteriosa que su sola presencia inspiraba tranquilidad y confianza, como ciertas imágenes de santos, hasta el punto de que una vez que se estaba con ella, se perdía toda noción de tiempo.

Su historia no parecía tener hechos demasiado interesantes. Su salud había sido frágil desde la juventud, por eso, aunque los recursos dejados por sus padres habían sido más que limitados, tanto ella como su hermana menor, Soledad, habían tomado dos grandes decisiones: conservar la casa, porque ninguna de las dos iba a casarse y ella sería el refugio imprescindible hasta la hora de la muerte y pagar cada mes los recibos de asociadas a la quinta de salud, aunque tuvieran que prescindir de ciertos gustos, porque allí tendría Antonia la mejor atención posible.

Fueran fiebres reumáticas u otro trastorno cardíaco, los médicos no entendían como podía recuperarse de cada crisis. *Yo no puedo decidir nada. Me moriré cuando Dios quiera.* Y retornaba a la casa cuando ya sus deudos habían encargado paños de luto y misas gregorianas. Algunos se habían decepcionado con aquella solterona que aseguraba no haber tenido jamás una visión, ni escuchado siquiera voces celestiales, apenas tenía sueños, pero eran tranquilos y hermosos, sin detalles apocalípticos y eso los hacía aparecer como ingenuos.

El sacerdote no esperó mucho para contarle de La Causa. Los sufrimientos de María, las intrigas de los padres de la Misión, la expulsión de Pastor, la oposición de los obispos, el flaco servicio prestado por sus enloquecidos colaboradores y hasta las crisis de locura que aquellas cosas le habían provocado durante años. Ella no dejaba de sonreír, con cierta timidez, pero sin perder una palabra y después intervenía, sin gestos teatrales ni ojos vueltos al cielo, sino mirando a los del visitante con aire persuasivo.

—Yo no he estudiado teología, ni mística como usted, pero además no creo ser santa. En todo caso en esta historia quien debería ir a los altares es mi hermana Soledad porque ha dedicado su vida a cuidarme y los milagros los hace ella cada día para sostener esta casa, sencillamente por amor. Cuando era joven y el médico me dijo que tenía una enfermedad grave, que viviría poco y dependería de alguien mientras respirara, estuve dos días llorando y después me vino una gran tranquilidad. Solo Dios sabía cuánto me quedaba en este mundo y por tanto debía conformarme con su voluntad. Lo único que he hecho es darle gracias por cada jornada en que veo el amanecer y me permite hacer un pequeño gesto bueno hacia mi prójimo. No puedo visitar enfermos y muy raramente sobran diez centavos para limosnas, aún llevarme a misa pone en problemas a Soledad. Lo único que me queda es escuchar a quien lo necesita y decirle algo que lo ayude.

Aquel día Manuel le confió sus pesadillas más recientes. La Causa parecía enterrada después del rechazo de los obispos. Los colaboradores iban desapareciendo: Dios había llamado a Pastor, ahora Amaro, seriamente herido por los horrores de la política había retornado a España, Miguelito no cesaba de orar pero no se sentía capaz de levantar su voz para remover las conciencias. Mientras tanto Sofía y Juan continuaban con sus locuras. Él mismo, se examinaba una y otra vez y se hallaba insuficiente para tal misión.

Había aceptado aquella capellanía y la había servido fielmente, a cambio de callar, de vivir una vida chata y placentera como los curas que tanto había criticado, se sentía poco menos que un saduceo, aprovechándose de las cosas santas para tener una existencia acomodada, mientras el país ardía.

Justo al fondo del hospital, en la Calzada de Buenos Aires, habían aparecido dos estudiantes muertos, con señales de haber sido torturados. María había predicho los tormentos que vendrían si las advertencias de la Virgen Milagrosa no eran escuchadas y cómo podía él ver con malos ojos a los monseñores Del Valle o Llaguno, porque colaboraban con las celebraciones del tirano, si él también callaba para no tener problemas. Y, para colmo, el rostro de María se le estaba desdibujando en la memoria, apenas lograba recordarlo, era como un castigo por su infidelidad.

—No sé si sabe que yo me eduqué en La Inmaculada, mis padres no eran ricos, pero quisieron darnos una buena educación, hasta donde pudieron. Allí nos enseñaron muchas cosas útiles: ortografía, aritmética, bordado, un poco de música, sin embargo lo que más recuerdo son las clases de catecismo de una religiosa buenísima, sor Flora Ugarriza. Ella tenía que preparamos para la primera comunión y por tanto obligarnos a memorizar las respuestas al texto de Doctrina, para que pudiéramos pasar el examen cuando vinieran los padres. Aquello no era interesante para un grupo de niñas inquietas, sin embargo, ella reservaba los minutos finales de la clase para contarnos la vida de algún santo o comentarnos un pasaje del Evangelio y hasta para relatarnos su propia vida. Venía de una familia acomodada pero había dejado todas las comodidades y hasta un pretendiente que ella decía con cierta picardía «que no era feo», para servir a los pobres, a los leprosos, a los niños abandonados y sin embargo no se sentía una heroína: *Santo es todo el que vive conforme al amor de Dios y esos grandes gestos que nos cuentan de ellos no son suyos, se los dio Él cuando los necesitaron.* Alguna vez que me vio triste porque no había podido obtener el premio escolar para el que me había preparado con mucho esfuerzo me consoló: *Si sabes que te preparaste, ya tienes el premio, es la tranquilidad de haber cumplido con lo que debías, si se nos diera todo lo que creemos merecer seríamos gente mimada y soberbia, incapaces de ayudar a nadie.*

Entonces llegó Soledad con una bandeja, traía el reconstituyente con un vaso de agua para su hermana y una jícara pulida y humeante que alcanzó al sacerdote. Este lo apuró en dos tragos con ansiedad. Cuando la hermana se retiró como había llegado, en silencio, Antonia continuó.

—No sé porque lo distraigo con cuentos de vieja. Usted, permítame decirlo, no necesita lecciones porque harto ha vivido y servido, lo que le hace falta es darse cuenta que hay que tener paciencia para hacer bien las cosas. Recuerde que a los doce apóstoles los escogió el mismísimo Cristo y les dio lecciones por tres años, los resultados no parecían demasiado buenos: uno lo traicionó, otro lo negó tres veces y eso que ya lo había designado como primer papa, murmuraban unos de otros y la mayoría se escondió cuando estaba en la cruz y después fueron grandes santos, justo cuando el Espíritu vino sobre ellos, es decir cuando correspondía que lo fueran.

No se acuse de servir bien en la Quinta, esa es su responsabilidad y desde allí puede aliviar muchos dolores y si tiene momentos de paz y hasta de alegría, dé gracias por ellos, porque nadie soporta únicamente la cruz a cada minuto. El tiempo de Dios no es como el nuestro, porque Él es eterno. Los políticos son los que esperan oportunidades, coyunturas que los favorezcan, los que sirven al Padre saben que algún día él les indicará qué hacer.

Por alguna razón la Virgen habló a María y le advirtió esas cosas, han pasado más de cuarenta años y eso es mucho para una vida humana pero en la eternidad no es ni un segundo. Sin la voluntad de Cristo no pueden cumplirse ni las advertencias de su Madre. Él sabrá lo que es mejor para Cuba. Y, en cuanto a usted, haga como nos decía sor Flora cuando nos graduamos: *No pretendan hacer grandes cosas, porque si no les salen, se desanimarán y hasta les flaqueará la fe, sencillamente conviertan su casa, o el sitio donde estén, en un pedacito de cielo, hagan felices a los que les rodean, que no se sientan desamparados y ustedes recibirán esa felicidad multiplicada.* Y puedo darle fe de que es verdad, yo lo he sentido.

Eran las doce. Soledad parecía inquieta porque la enferma debía almorzar y descansar un par de horas. El sacerdote se despidió. Esa vez no se impacientó con la calma del ómnibus y cuando se apeó cerca de la Quinta le pareció que aquel día de verano no resultaba demasiado agobiante.

6

—Así que usted, reverendo padre –y el Estudiante marcaba cada sílaba con manifiesta ironía– cree firmemente en la existencia del Diablo.

—Así es –replicó terminante Martínez– porque así lo afirma la Iglesia en su Catecismo, porque lo dice la Sagrada Escritura y lo confirman muchos santos. Pero además, después de haber conocido a su merced, ya no me queda duda alguna.

El huésped, con su inagotable sofística, ponía a prueba la paciencia del sacerdote. Estaba allí desde la semana anterior. Antes lo había llamado a su oficina el administrador de la Quinta. Se necesitaba un gran favor de él, acoger por unos días en su casa al hijo de un gran benefactor del Centro, un estudiante universitario, miembro de la Acción Católica, que tenía ciertos «problemas con el gobierno» a consecuencia de los cuales lo habían herido a sedal en un muslo.

La lesión no era grave, pero ingresar oficialmente en este hospital o en cualquier otro, público o privado, podía ser para él una verdadera condena a muerte tal y como estaban las cosas. La residencia del capellán era el último lugar donde lo buscarían, se le podría presentar como un ahijado procedente de Matanzas que convalecía de una cirugía ortopédica y facilitaría las curas necesarias sin levantar sospechas. Era un acto de caridad, le recalcaron, y la familia quedaría eternamente agradecida. A Manuel le pareció el asunto harto peligroso, pero como seguía sintiéndose mal en su interior por su neutralidad ante el gobierno, aceptó. *Esto hubiera sido una tarea para Amaro, yo me manejo muy mal con los asuntos políticos y los de Cuba son más enredados que los de España, lo que ya es mucho decir...*

Al General no parecían quedarle en la Isla muchos partidarios. Además del puñado de alzados en las lomas de Oriente, había una vasta red de conspiradores clandestinos en las ciudades, eran seres invisibles de todas las capas de la sociedad: torcedores de tabaco, comerciantes, abogados, médicos, maestros, sacerdotes y lumpen, todos mezclados con el único objetivo de arrojar de su sitial al Indio, que ahora se hacía rendir culto en los altares de santeros y en las bóvedas espirituales, como alguien con poderes divinos.

Obligarlo a marcharse, por aire o por mar, era casi el único punto en la agenda de la mayoría de los ciudadanos y la Iglesia no se quedaba atrás: era asunto sabido que la sacristía del Santuario de la Caridad era tan propicia para los conspiradores, gracias a su párroco Boza Masvidal, como lo era la del Espíritu Santo por las innegables simpatías hacia los rebeldes del poeta navarro Gaztelu. Y en cuanto a los miembros de las diferentes ramas de las Juventudes de Acción Católica no parecía ya que sus juntas, debates, retiros espirituales, estudios de Doctrina Social o sesiones cinematográficas tuvieran otra razón que hacer que el tirano se largara. De modo que lo que se le pedía era mínimo comparado con lo que otros hacían.

Sin embargo, el peligro estaba a la vista. Hacía unos meses un grupo de estudiantes universitarios había asaltado el Palacio Presidencial. El señor presidente había podido escapar de la encerrona, quizá nunca sabría a cuál de sus oscuros dioses agradecerlo. Varios de los participantes en la acción habían logrado escabullirse. Algunos penetraron en el vecino templo del Santo Ángel por la escalera lateral que daba a la Avenida de las Misiones y allí se les facilitó la huida por el ala contraria, hacia las estrechas y empinadas callejuelas de la Loma del Ángel, donde era tan difícil que se desplazaran los carros de la policía. No hubo pruebas para culpar de ello al párroco pero el gobierno se vengó pocos días después al ocupar y confiscar la escuela parroquial anexa para destinarla a guarnición de los custodios de Palacio.

Había un fuerte rumor de que uno de los conjurados había logrado ser admitido en la residencia cardenalicia pero una posible delación, había conducido hasta allí en horas de la noche a un puñado de policías sedientos de sangre, según algunos, hasta el mismo Batista se había hecho presente para capturar al enemigo. El Cardenal, el mismo que poco antes hubiera visitado al Indeseable para felicitarlo por salir ileso del atentado, se había negado a permitir el registro en su casa, protegida por la inmunidad que le concedía su capelo. El asilado logró escapar por una de las tantas puertas del viejo edificio, pero un guardia furioso le había asestado un culatazo en el rostro al anciano prelado.

Era difícil considerar qué había sido más lamentable, si la escena de radionovela protagonizada por la Primera Dama, quien se arrodilló junto al lecho del cardenal, en la clínica donde se recuperaba, para rogarle el perdón para su esposo o la tonta engañifa forjada por Marinas y Del Valle, al alimón: un documento enviado *urbi et orbi* y reproducido por la prensa oficial, en el que desmentían sin vergüenza alguna el asunto y aseguraban que Su Eminencia había tenido un mal sueño en el que creyó percibir ladrones en su habitación y al levantarse despavorido tropezó con un perchero que le causó la herida de marras en el rostro. No sentían una gota de pudor al hacer desaparecer todo motivo político y hasta el atropello a una autoridad de la Iglesia y convertir a la primera figura del episcopado cubano en un viejo demente, aunque muy pocos les creyeron, salvo aquello de que en el antiguo Seminario había entrado una pandilla de ladrones, lo que era bastante exacto.

Estaba claro que quienes estaban listos para liquidar a un cardenal no se detendrían ante un cura, por español que fuera, cosa que sabía y advertía desde la embajada ibérica don Pablo de Lojendio, marqués de Vellisca, quien ya había tenido que abrir más de una vez sus puertas para amparar a compatriotas del secuestro y la muerte segura. Quizá Amaro había tenido todas sus razones para marcharse a tiempo.

Apenas unas horas después de dar su conformidad llamaron a la puerta. No eran mucho más de las nueve y en alguna radio cercana se escuchaba a Celia Cruz cantando *Burundanga*. El administrador se apartó de la luz de la entrada e hizo señas a un auto del que bajó, cojeando, un joven de unos 25 años, con una pequeña valija. Apenas el Estudiante subió el escalón de acceso a la casa, auto e introductor desaparecieron en silencio.

Manuel apresuró al joven para que entrara e hizo que Pancho atrancara bien la puerta. El recién llegado era trigueño, de modales elegantes pero con una desenvoltura quizá excesiva. En vez de saludar con tono agradecido al anfitrión o de pedir su bendición y orar con él para alejar todo mal, había puesto su valija en manos de Pancho, le había tendido la diestra con desenfado a Martínez y apenas este atinó a decir dos palabras lo interrumpió.

—¡Vaya! Un padrecito español…Eso sí es sorpresa. Nunca pensé en hospedarme en una sacristía y amparado por un gallego. Tendré que cambiar mis puntos de vista en la Acción Católica sobre la necesidad social de sustituir a los extranjeros por vocaciones criollas…

Más bien amoscado, el clérigo lo llevó hasta el rincón, vedado a la vista de los intrusos, donde se le habían dispuesto una cama, una mesa de noche y un pequeño escritorio con su silla. El recién llegado abrió su valija y extrajo de ella un cepillo de dientes, varios útiles de afeitado, unas pocas prendas de ropa interior y seis pijamas idénticas. Manuel no pudo dejar de mirar con curiosidad aquellas piezas confeccionadas con una franela donde se destacaban pequeños payasos que hacían malabares con estrellas doradas sobre un fondo rosa.

—Es un asunto familiar. Mi madre, desde que puedo recordarlo, va cada año a una tienda de la calle Muralla y compra una pieza entera de tela para pijamas infantiles y manda a confeccionar a la medida una docena de ellos. Creo que he logrado avanzar con los payasos, porque hubo años de elefantes voladores, otros con huevos de pascua y hasta uno con el Pato Donald que no es lo más aconsejable para tener felices sueños.

Durante una semana, siempre al amanecer, se hacía presente un cirujano que sin muchas palabras curaba al huésped, apuraba la taza de café que Pancho le tendía y se marchaba sin despedirse. En la última visita dejó claro que aquella era una herida superficial, que había sido suficientemente tratada pero requería de cierto reposo, si sangraba o tenía algún otro contratiempo podrían localizarlo personalmente en el cercano pabellón García Tuñón y que, sobre todo, se cuidara de la «contaminación ambiental» y no asomara la cabeza a la calle.

Quienes enviaron al joven se habían cuidado de ofrecer datos exactos sobre su vida y relaciones, sin embargo, dos días después de su llegada, gracias a su verba inagotable parecía quedar muy poco por saber de él. Capturaba a Martínez cada vez que pasaba cerca de su cama y si no lograba retenerlo mucho tiempo, hablaba con Pancho o más bien lo hacía destinatario de su discurso porque el otro, ocupado en la limpieza o en la cocina, no le respondía una palabra. Aún si estaba solo, no dejaba por ello de hablar con los ojos vueltos al techo.

Así supo Manuel que tenía su hogar en el elegante reparto La Sierra, que su padre era un comerciante de relativa fortuna y su madre una señora con aspiraciones sociales más o menos satisfechas. Eran feligreses de la parroquia San Agustín y habían pretendido que estudiara en la Universidad Santo Tomás de Villanueva, pero él, siempre en contradicción con los sueños familiares, se había decantado por la Facultad de Derecho en la Universidad Nacional.

—Sería muy tedioso, si no fuera por mi propio plan de lecturas y por las tánganas estudiantiles. No ingresé en la Agrupación Católica Universitaria, con esos «abelarditos» que aspiran a la alta burocracia apoyados por argucias jesuíticas. Mi corazón está con las Juventudes de Acción Católica, siempre es un placer colaborar con esos sueños locos de Rubén Darío Rumbaut –el psiquiatra ideal para los católicos, porque no desdeña la poesía junto a la prosa de Freud– o esos reformadores sociales impenitentes como Valdespino, Vivero y Angelito del Cerro. Prefiero una hora con la gorda Penichet o esa niña sabihonda del cine que es Gina Preval, que participar en una recepción de Doña Leticia de Arriba, Marquesa de Tiedra, que seguro hace poner agua bendita en su caviar para alejar al demonio de la maledicencia de sus reuniones. No se preocupe, que si en mi parroquia el padre Spiralli me considera un peligroso discípulo de Kropotkin y Malatesta y para mi profesor el Dr. Morales Gómez, la única voz que vale la pena escuchar en el ámbito decadente de la Plaza Cadenas, soy una mente valiosa pero desordenada, mis amigos me consideran disparatado y divertido, aunque lleno de buenas intenciones…

Gracias a aquel discurso inagotable lleno de locuras, que le recordaba las largas peroraciones que alguna vez le impuso en sus consultas el Dr. Armando de Córdova, iba conociendo jirones de la vida y costumbres del huésped, como que acostumbraba a dormir con su perro labrador, al que una vez paseó por todo el barrio con un traje hecho de la misma tela de sus pijamas, o que se había ido a París por tres meses a un curso de historia medieval en La Sorbona y a estudiar las obras maestras menos conocidas del Louvre. *Solo la gente vulgar va hasta allá para dedicarse a la Mona Lisa y a la Victoria de Samotracia, pero se les escapan los encantos del San Juan Bautista andrógino de Leonardo.*

Había vivido ese tiempo en una buhardilla cerca de la iglesia del Sacré Coeur de Montmartre, a la que nunca entró porque la parecía una auténtica falta de ortografía en el paisaje. Todo ese tiempo se había alimentado con croissants atrasados y un salchichón de contenido indescifrable. Como muestra de lo que había aprendido trajo un ejemplar de segunda mano de *Humanismo integral* de Maritain que nunca había leído de tapa a tapa pero que consultaba con frecuencia como si se tratara de un libro de oráculos.

A su regreso había decidido entrar en política, pero no había partido que le complaciera y además las reuniones para preparar tácticas y estrategias, con sus interminables debates lo aburrían. De todas las consignas enarboladas por los opositores al gobierno la única que le parecía satisfactoria por lo concreta era «¡Abajo Batista!» – y la repetía en voz tan alta que Pancho, espantado, comenzaba a cerrar todas las ventanas.

Claro que sabía modificarla a gusto, adornarla y darle toques de erudición histórica. Así en un cine debate en la sala del Palacio Cardenalicio, mientras el angelical Walfredo Piñera se apoyaba en *Milagro en Milán* para disertar con tono blando sobre cristianismo y justicia social, él no pudo evitar ponerse de pie y animar la reunión con el grito: *¡El Indio es el Anticristo. Bendito sea quien lo mate!* mientras se encargaba de desatar una lluvia de chispas al introducir una placa de metal en el tomacorrientes más cercano. El público salió de la sala a empellones y codazos y tuvieron excomulgado cosa de un mes al chistoso profeta.

En cuanto a la herida, se había debido a una algarada callejera de la que hubiera podido escurrirse ileso por la esquina más cercana, pero cuando sus amigos ya estaban a buen recaudo, a él se le ocurrió detenerse a mirar, junto a una perseguidora a un guardia joven, de corta estatura, evidentemente venido del campo, de esos que se enrolaban en la policía a cambio de vivienda barata, rancho diario y uniforme con botas brillosas y no tuvo mejor idea que colocar sus manos en torno a la boca como amplificadores y gritarle: *¡Fuera los guajiros policías, a trabajar con los bueyes!*. No se sorprendió demasiado cuando el aludido, ni corto ni perezoso, desenfundó la pistola de reglamento y le hizo un disparo que, si hubiera tenido mejor puntería lo hubiera mandado directo al responsorio final. El dolor que sintió no era superior a la satisfacción de verse asistido por sus camaradas que lo llevaron a un sitio seguro, donde un estudiante de Medicina le hizo la primera cura, lo cual lo había conducido a la vez, hasta la casa de este cura, seguramente franquista y hasta carlista, pero que era una bella persona con quien daba gusto conversar y etc, etc…

Más incómodo resultaba cuando el joven, después de consultar por un par de minutos su manoseado *Humanismo integral*, lo echaba a un lado y tomaba la Sagrada Escritura, de la que derivaba una serie de supuestas dudas que anotaba cuidadosamente en un memorando para fulminarlo con ellas cuando él retornara de sus obligaciones. Muchas veces no había colgado en la percha su teja cuando ya salía del rincón esa voz que nunca se sabía si hablaba en serio:

—Padrecito, ya sabemos cómo pecaban los habitantes de Sodoma, ¿pero cuál era la falta de los que vivían en Gomorra?

Como los niños, jamás aceptaba un «No sé» por respuesta y así, lo mismo pretendía saber por qué Abraham había visto tres hombres en el encinar de Mambré, aunque el autor del Génesis se refería a uno solo, que inquiría cómo ciertos ángeles habían podido engendrar gigantes con las hijas de los hombres, si eran seres espirituales por lo que muy probablemente no tenían sexo. Pasó tres días pretendiendo discutir con él las contradicciones entre la salvación por la fe enunciada por San Pablo y la salvación por las obras preconizada en la Epístola de Santiago. Era peor que sufrir un examen de Sagrada Escritura y uno de Apologética simultáneamente.

Ahora se empeñaba nada menos que con el diablo: Si Dios es omnisciente, ¿no sabía de antemano que un grupo de ángeles se rebelaría contra su autoridad o hubo un defecto al crearlos? ¿Por qué la Escritura lo llama repetidas veces «Príncipe de este mundo» lo que significa que tiene autoridad sobre los hombres? ¿Existe realmente el Demonio, también conocido como Lucifer, Luzbel, Behemot, Asmodeo, o es un símbolo para representar el mal cuyas razones no pueden ser entendidas por los hombres y por tanto no es un tentador externo, sino la expresión de la mala elección entre el bien y el mal?

—Mire, don Manuel, cuando yo estaba en la catequesis, resulta que el Diablo existía y estaba por todas partes, parece que el infierno le quedaba estrecho. Nos decían que él nos inducía a hacer cosas malas, fuera hurtar dinero de la casa, escaparnos de la escuela o levantar la falda a las niñas para ver qué tenían debajo. En mi libro de misa había una ilustración en la que había un agujero en el suelo del que brotaba uno con alas de murciélago y empuñando un tridente, para ensartar en él a un niño que no había dicho todas sus faltas en la confesión. Sin embargo, nuestro asesor en la Acción Católica, el padre Arango, chasquea los labios cuando le pregunto sobre el Tentador y me habla de la diferencia entre realidad objetiva y realidad subjetiva, sobre la psicología del mal y otros asuntos muy bien tratados por teólogos belgas y holandeses que parece que tienen manga más ancha que los españoles. Para mis colegas el infierno es la metáfora de una realidad espiritual más bien confusa. Y yo no sé qué pensar, pero si uno considera lo que ha sucedido en el mundo de Nerón acá y especialmente asuntos recientes como el exterminio de los judíos por los alemanes, los tormentos que narran los prófugos de la Cortina de Hierro en celdas policiales o en campos de trabajo, o, para no ir más lejos, las ocurrencias de Ventura, Calviño y Carratalá, uno se pregunta si es que el libre albedrío humano tiene defectos de origen o si Dios, creyendo ingobernable este mundo se lo entregó al Demonio, como hizo con Job, hasta que decida aparecer, como en ese libro, solo cuando ya esté harto de quejas…

A Martínez aquellas inquisiciones sobre el demonio le resultaban en sí mismas demoníacas –valga la redundancia. Él como otros muchos, no solo cumplía escrupulosamente el precepto de no tomar el nombre de Dios en vano, sino que voluntariamente lo extendía al Maligno. Hablar sobre él le parecía un modo de invocarlo, de hacerlo más cercano de lo que debía estar. No había olvidado al energúmeno que lo atacó en Matanzas, ni las visiones del abismo durante sus crisis de locura, ni esos hechos o sueños que tanto lo habían desvelado como el encuentro con la mujer del traje azul en el barco. Las propias experiencias de María le resultaban muy cercanas.

—Algunos teólogos modernos se toman ciertas libertades para explicar las verdades de fe y en vez de aclararlas confunden a sus seguidores –dijo– puede usted, señor Estudiante, darle el nombre que guste, decir que es objetivo o subjetivo, pero Él está allí, como señala la Escritura. Otra cosa es pensar que siempre se manifiesta con rostro de chivo, alas de murciélago y olor a azufre. Los hombres nos ocupamos mucho de las apariencias, de modo que alguien con ese aspecto no sería confiable. Para unos tendrá el aspecto de una mujer hermosa, para otros el de un sabio que puede responder todas las preguntas y en algunos casos será un político exitoso al que las masas le venden su alma porque promete un paraíso aquí y ahora. No es más fuerte que Dios, pero él le ha dado un tiempo en el mundo para probarlo, antes de la Parusía.

—Sabias palabras, padrecito, muy cercanas a lo que yo pienso, porque lo de la «existencia subjetiva» del padre Arango nos deja en la luna de Valencia y hay que recordar que en el *Fausto* de Goethe, cuando el protagonista pretende reducirlo más o menos a esa condición, el mismísimo Mefistófeles le advierte: «A menos que te dé una patada en la canilla». Eso es exactamente un argumento persuasivo.

Otros días se ocupaba del Apocalipsis, empeñado, por una parte en contextualizarlo en los días en que fue escrito y, a la vez, recontextualizarlo en las circunstancias actuales.

—Si lo consideramos únicamente como una alegoría de los tormentos de los cristianos en los días de Domiciano, más que profecía sería un libro histórico redactado en clave, para que solo fuese comprendido por los iniciados. Pero si es parte de la revelación bíblica, su sentido tiene que ser múltiple. Para los predicadores de los siglos XVI y XVII el Anticristo no era ya algún oscuro heresiarca enfrentado al apóstol Juan, sino Lutero, Calvino y sus principales seguidores. Hoy no hay problema alguno para ver en él a los líderes totalitarios del pasado reciente como Hitler, Mussolini y Stalin, porque creo que a Batista, a pesar de todas sus picardías, le quedaría demasiado grande el sayo. Europa puede dar fe del paso de los jinetes con sus huellas de enfermedad, muerte, devastación, carestía y Japón vio literalmente llover fuego del cielo, uno que parece que no se va a extinguir. Otras cosas siguen mostrándose oscuras, como este pasaje del capítulo octavo que he marcado:

Tocó el tercer Ángel... Entonces cayó del cielo una estrella grande, ardiendo como una antorcha. Cayó sobre la tercera parte de los ríos y sobre los manantiales de agua.
La estrella se llama Ajenjo. La tercera parte de las aguas se convirtió en ajenjo, y mucha gente murió por las aguas, que se habían vuelto amargas.

Aunque conocía el pasaje de sobra, pues estaba incluido en las perícopas del Misal y era de esos que evadía comentar si debía pronunciar un sermón, nunca había meditado particularmente sobre su sentido, pero acudió a su memoria un recuerdo familiar.

—Para un pueblo, especialmente si vive de la agricultura y la ganadería, las aguas son muy importantes. Poseer fuentes de agua limpias, no amargas ni salobres, es una bendición del cielo. Eso lo sabían los israelitas tanto como lo saben los labradores en mi tierra. Una de las cosas que hacía un enemigo era echarte un perro envenenado en tu pozo. Tal vez por eso, en distintas épocas envenenar las aguas era la expresión máxima de la hostilidad. Escuché en la escuela que antes de que los Reyes Católicos expulsaran a los judíos, el pueblo bajo los acusaba, entre otras cosas, de envenenar las aguas de los cristianos, acusaciones parecidas hubo después contra los liberales, los anarquistas, los comunistas. Eran medidas ciegas de exterminio, como esas bombas de Japón que usted ha citado, que literalmente lo envenenaron todo y por las que han perecido, sin distinción, inocentes y culpables.

—Lo llamativo –interrumpió el huésped– es que se da el nombre de Ajenjo a la estrella, tomado de una planta conocida desde la Antigüedad por médicos y herbolarios, por lo amargo de su zumo y porque la ingestión de las bebidas preparadas con este puede producir la locura y la muerte a largo plazo. Fueron Baudelaire y sus discípulos quienes pusieron de moda en Francia el licor de ajenjo, que estaba legalmente prohibido. No hay que olvidar que el poeta de *Las flores del mal* era un transgresor, capaz de compadecerse y hasta de admirar a Satanás y encontraba especial placer en vivir a contracorriente, hasta su lamentable fin. Hay un cuadro de Picasso, *La bebedora de ajenjo,* en el cual una misteriosa mujer, envejecida pero con cierto atractivo para el espectador, completa su degradación bebiendo el líquido verdoso que la enviará al hospital. Lo de las aguas envenenadas es un dato excelente, pero el hecho de que sea un veneno a largo plazo y de apariencia gustosa y adictiva para algunos hace pensar en esas ideas que embrujan a las multitudes y bajo su embriaguez se apartan del bien para colaborar con muchos crímenes, así que el efecto de la estrella podría traducirse en esas alucinaciones colectivas que producen el nacionalismo, el fanatismo religioso o filosófico, el amor al poder y al dinero o el deslumbramiento por ciertos caudillos...

—Con lo que el daño físico y el del alma van parejos...

—Como dice mi colega en la abogacía, el poeta José Lezama Lima, a quien casi nadie conoce, al «ser para la muerte» del filósofo alemán Heidegger hay que oponer el «ser para la resurrección». Líbrenos Dios de las aguas contaminadas por el ajenjo, aunque en Cuba se traduciría como una borrachera de aguardiente de larga resaca...

—O como el payaso que juega con las estrellas –terció Manuel, casi sin saber lo que decía–.

—Efectivamente, mis pijamas están pobladas de pequeños tiranos ignorantes e irresponsables. Tal vez sean mi uniforme de profeta.

Un mediodía, cuando Martínez retornaba de confesar a las religiosas del Servicio Doméstico, se enteró por Pancho de que el huésped se había marchado. Un auto se había detenido a media mañana junto a la capilla y una mujer —que él, torpemente, describió como rubia, de cabellos largos y muy hermosa— sentada en la parte trasera, indicó al chofer que entrara en la casa, tomara la valija ya lista del Estudiante y ayudara a este, aun en pijama, a subir al vehículo, que partió sin un solo adiós. El cura estaba aliviado y confundido a la vez.

Sobre la mesa del comedor había una nota, garabateada en rojo sobre una página de memorando: «Gracias, padrecito, rece por mí para que no me alcance el veneno de la estrella. Le dejo una última duda para que me la responda la próxima vez:¿Qué dice ese librito que, una vez comido, provoca dolores de barriga en Apocalipsis 10, 10?». Decididamente el Estudiante tenía un raro sentido del humor.

7

En la primavera de 1958 las raíces de las plantas del jardín invadieron la casa de la calle Manzano. Los largos tentáculos ocuparon la galería y cubrieron casi totalmente las pulidas losas catalanas pobladas por torres y cabezas con yelmos. Desde allí fueron extendiéndose por una parte hacia la saleta, donde llegaron a trepar hasta el aparato de la radio y lo devoraron, por otra, se aproximaron al comedor y removieron de su sitio el macizo marco de la puerta.

En la habitación de Elvira no lograron penetrar, gracias a que Adelina batalló con ellas dos días y dos noches, machete en mano, aunque ya no tenía los arrestos de otros tiempos. Desde su cama, Elvira les lanzaba agua bendita con un atomizador de *Flit* y rezaba en voz alta la oración de santa Marta para alejar la Tarasca.

A fines de mayo, después de las primeras lluvias, comenzaron a deslizarse sobre las raíces centenares de caracoles. Eran más grandes de lo habitual y con un colorido más bien nauseabundo. Dejaban un rastro mucilaginoso a su paso que pronto se extendió lo mismo a las cepillos del cabello, al ejemplar del *Diario de la Marina* recién llegado y hasta a la cubierta del disco *Loving you* de Elvis Presley, lo que fue, quizá, la causa de que la voz del ídolo de Memphis se volviera pastosa al cantar *True love*. Al principio los recogían a escobazos y los quemaban en medio del patio. Luego los abandonaron a su suerte, cuando descubrieron que no solo secaban las raíces, sino que se devoraban unos a otros.

El último apareció en junio, el día de san Bonifacio, dentro de una antigua sopera inglesa donde se arrojaban los viejos recibos del alquiler. Para esa fecha Elvira había hecho llamar a los inspectores de salubridad, a los bomberos y a la guardia rural, pero ninguno consideró que el asunto fuera de su competencia. Entonces pidió auxilio al obispado para que practicara un exorcismo. Monseñor Martín parecía muy ocupado con asuntos políticos y envió, en cambio, al padre Trabadelo quien le habló del Apóstol de los frisones, de su valentía al talar el árbol que era centro de la idolatría, leyó dos o tres oraciones en latín, encomendó la casa al Sagrado Corazón – que tenía una expresión más fatigada que de costumbre- y aceptó un café que tuvo buen cuidado de no tomarse. Al parecer él no sabía de lides con el diablo.

Elvira decidió concluir por donde debía haber comenzado y se dirigió a María.

—María…María… ¡María!

—¡Basta, que no estoy sorda! Y si lo parezco, quítame un poco de telarañas, que así nadie se comunica bien.

—Hacemos lo que podemos. Esta casa se viene abajo.

—¿Esta casa, dices, o más bien es el país completo?

—Yo hablo de lo que veo, hace años que no salgo ni a la puerta…

—Mejor así, porque no te gustaría lo que vieras.

—Ayúdame, que esas raíces y esas babosas me tienen atormentada.

—Esa casa es muy antigua y no da más, por eso se impone la vida nueva.

—Vaya, no se me había ocurrido mirarlo así, pero me voy a fracturar la cadera.

—Ya va siendo hora de reunirnos…

—Por Dios, María, que no me gustan esas gracias…

—Es la verdad. Eres la única de los hermanos que no ha venido con nosotros. Mamá está preocupada…

—Nada más faltaba que ya me hubieran preparado el silloncito para sentarme en penitencia… No me gustaría volver a las mismas. Y por ahora no voy, que me quedan muchas cosas por ver…

—No seas terca. Te quedarás sola y te comerán las babosas…

—¡Ay, qué miedo!

—No seas insolente…

—Ya veo que eres la misma de siempre. Supongo que Dios te guarda, pero en un closet, porque no te soporta…

—No tiene sentido hablar contigo, tienes la cabeza cada vez más dura.

—Está bien, nunca estuvimos muy de acuerdo. Por cierto, estuvo por acá el padre Trabadelo.

—Ese sigue en las mismas, ni fu ni fa, le cogerá del día del Juicio revolviendo papeles.
—Es que no quiere problemas y menos ahora que al obispo lo están vigilando porque dicen que conspira contra Batista... ¿Y con ese mulato ignorante qué va a pasar?
—Elvira, ni aquí hablamos de esas cosas...Cuídate tú y no estés haciendo comentarios, recuerda que cuando Machado pasamos nuestros sustos...
—Si al menos me dijeras lo que viene después...
—Después, pues... Mira, ocúpate de lo tuyo, que no se nos permite estar anunciando el futuro... Si llegas hasta allí ya verás...
—Claro que voy a llegar hasta allí, no seas fresca, pero no parece que sea muy bueno.
—Hay opiniones, pero, mejor que me calle...
—Sí, como Lengualisa...
—Ah, la Rita Montaner esa. Llegó hace poco, mucho ruido...yo me mantengo lejos.
—Ondinita se murió hace unos días, me contaron que estaba abrazada a la estampa de la Milagrosa que le diste y que te estuvo llamando hasta el preciso momento...
—Yo sé todo eso, ¡angelito!, pero no tienes que contarlo como si fuera una novela de Félix B. Caignet.
—Hoy estás insoportable. ¿Quieres mandar a decir algo al Padre Martínez por si alguna vez pasa por acá?
—No. El padre Pastor dice que lo deje conducirse en su camino. Ha empezado a olvidar mi cara y otras cosas.
—Quizá esté más feliz así en La Habana. Si es que alguien puede estar feliz con este desastre...
—Ya basta. Compórtate con dignidad. Acá te esperamos.
—Pues esperen sentados.
—Te vas a condenar por deslenguada, después no digas que no te lo advertí...y haz que quiten las telarañas, me deprimen.

8

Martínez lleva dos horas en el escritorio de la sacristía. A través de la puerta que comunica con la casa escucha a Pancho trajinar en la cocina. Pronto estará listo el almuerzo. La ventana lo comunica con el exterior. Pasan los autos, muy lentamente, como es reglamentario, pasan dos hombres comentando que han salido tales y tales números en la lotería. La sirena de un carro de patrullas se hace oír en la Calzada de Buenos Aires. Y la carta no progresa. Escribe a Amaro, pero ya ha desechado tres borradores, convertidos en ásperas bolas dentro de la papelera que tiene a su lado. Hay cosas que no se deben decir, otras no sabe cómo escribirlas. Dicen que en cualquier oficina de correos hay una persona invisible, que abre las cartas con vapor de agua y lee cada misiva, solo deja pasar las inocentes, porque las que pueden ser conflictivas pasan a la policía secreta y también las muy raras, las que no se entienden. El padre Gaztelu comentó el otro día que había sabido, por vía reservada, que el propio Piedra, director del Buró de Investigaciones tuvo en su escritorio una esquela escrita por el abogado José Lezama Lima a su amigo Pepe Rodríguez Feo porque contenía un fragmento de su poema «Dador» que confundieron con un mensaje en clave y aunque aplicaron todos los códigos, hasta los alemanes, no llegaron a conclusión alguna. Es peligroso escribir muy claro, mucho peor es redactar oscuro.

No pudo evitar contarle que fue en marzo al Palacio Cardenalicio, donde estaba reunida la Conferencia de Obispos. Y, apenas avanzó por el vestíbulo, casi tropezó con Sofía Valdés acompañada por Leticia de Arriba, la incómoda marquesa de Tiedra. Al verlo, la vieja mística dio un saltito acompañado por una morisqueta, lo que fue advertido por la hidalga, que para sacarla del susto tomó las riendas y se dirigió a él: *Buenos días, padre, siempre es un placer saludar al alto clero*, lo cual no dejaba de ser una insolencia, pero como aún así la otra no reaccionaba, hizo una seña a su chofer que estaba a las puertas y desapareció. La pequeña vidente dejó escapar una especie de sollozo y le dijo de carrerilla: *Aunque estemos distanciados, nunca he dejado de rezar por usted y si alguna vez puedo volver a serle útil, no tiene más que llamarme, yo no tengo rencores* y él no pudo menos que abrazarla, darle las gracias y hasta enviarle saludos al bueno de Dalmau que dicen que anda como alma en pena – el padre Lobato, su párroco, *dixit*-. Y eso no está mal contarlo.

Pero es más difícil explicar que él estaba allí para dirigirse a la última planta, la más reservada, porque allí los mitrados de la Isla tejían y destejían como Penélope un mensaje destinado a decir y no decir la crítica situación del país; a reclamar y no reclamar al Hombre Fuerte que renunciara y no renunciara; a culpar y a disculpar a unos y otros y a tratar de quedar bien, con las fuerzas vivas, con sus feligreses y con la historia. Lo que urdía Serantes, lo deshilaba Dalmau, lo que conformaba Díaz le producía escozores a Riu y Su Eminencia, más bien alelado, dirigía unas miradas implorantes al nuncio Centoz y otras a los obligados secretarios Marinas y del Valle, pero a nada se decidía porque sabía lo que duele un culatazo, sobre todo si es de esos que luego se convierte en perchero y sirven para que lo llamen a uno viejo demente.

Aunque los diligentes amanuenses echaban continuamente agua fría y aire en el caldero, brotaban chispas y lo que parecía casi logrado a las once, a las doce andaba en pañales y además continuamente interrumpidos por sucesivos embajadores. A la señora marquesa y a la insignificante Sofía las habían despedido en un corredor, por más que vinieran en nombre de las Damas Católicas, fueran o no madres de familia; menos miramientos hubo con los jóvenes de la JAC, la JOC y la JUC, a los que no dejaron siquiera poner el pie en el ascensor, por temor a que arrastraran a sus espaldas las sombras de policías secretos.

Pero fue preciso abrir las puertas, no del cónclave, sino del vecino despacho, al respetable Julio Iglesias de la Torre, porque venía de Palacio y quería advertir, prevenir, aconsejar, a los pies de Sus Ilustrísimas, que no buscaran los cuatro pies al gato, que el Indio podía ser mal enemigo y que además, no perdieran tiempo con algo que ningún medio de comunicación podría publicar y, después de escuchado por un intermediario y habérsele dado a besar el anillo del Cardenal, mientras este contemplaba las vigas del techo, se marchó quién sabe si a Palacio a contar los resultados de su gestión o a su casa de Biltmore a almorzar en paz o a contar los millones de su fortuna antes de ponerlos a buen recaudo.

A él, el cansado y bastante nervioso Manuel, le dieron el mismo trato que a los jóvenes cuasi incendiarios. En el vestíbulo ante el ascensor un ayudante de secretaría, con impecable sotana negra y boca en forma de corazón, le cerró el paso sin necesidad de espada flamígera. No era posible distraer a los prelados, ellos no querían saber de videntes, ni de profecías, ni de causa alguna, ningún anuncio celestial los sacaría de ese empeño vital en esta hora decisiva, tendría que marcharse y dedicarse en casa a invocar al Espíritu Santo para que viniera sobre ellos...Lo que hacía pensar que en este instante no abundaba la divina inspiración sobre el venerable colegio. Pero no había remedio y fuese.

El resultado fue un documento tan insípido como el agua de panales que no dejó complacido a ninguno de los firmantes – unos le hubieran puesto más sal, otros más azúcar y alguno le hubiera añadido un ají picante- mucho menos Al Que Más Alumbra que se encargó de censurar inmediatamente a todo lo que ya no estuviera censurado, ni a la oposición, harta ya de paños tibios. Se obtuvo una Comisión de la Concordia, que por no incordiar nada hizo, y hubo promesas de un nuevo gabinete ministerial de notables. Por fin, todo quedó como estaba.

Después intentó contarle lo que había escuchado, que por esos días había aparecido en Altahabana el cuerpo de Sergio González, el ex condiscípulo de Raúl del Valle en el Seminario, que se había escapado escandalosamente del Castillo del Príncipe y había sido uno de los directores de aquella terrible Noche de las Cien Bombas en la Navidad pasada. Lo habían detenido, casi podía decirse secuestrado y, a pesar de las gestiones del Secretario y el mismísimo Cardenal, la policía no había dado razón de su paradero, hasta que abandonaron el cadáver...

Quizá eso fue lo que hizo que cuando lo abordó el padre Belarmino García Feito en un pasillo del Arzobispado y le dio a leer aquella carta que exigía con meridiana claridad la renuncia del Mulato Lindo, él firmó, sin pensar en las consecuencias, con una estilográfica cargada de tinta roja que alguien le alcanzó y que le dejó manchas en los dedos y en la sotana blanca nueva por muchos días.

No era un secreto que su antiguo obispo, Martín Villaverde, vigilado desde hacía tiempo por la policía matancera, había solicitado una audiencia con el Dictador y así, ante su cara sorprendida que se iba transformando en la de una furia, le pedía que renunciara por el bien de todos. Y que un par de días después, en la sede de la Nunciatura, Centoz había acogido a Boza y a otros colaboradores de la oposición para redactar una declaración todavía más terminante, pero esa parecía secuestrada, porque nadie la había visto.

Comentó muy de pasada, porque eso ya lo sabía el destinatario, el tránsito de SS Pío XII después de una más que larga agonía y la elección del Patriarca de Venecia, ese anciano gordo y de frágil salud que había adoptado el nombre de Juan XXIII y que muchos comentaban que tendría un pontificado brevísimo, porque lo consideraban como un papa de transición pues no aparecía alguien de la talla del difunto.

Quizá no debió escribir que Sofía tendría que seguir esperando por ese Pío XIII que había visto en aquella inoportuna revelación y mucho menos que Su Eminencia Arteaga había asistido al cónclave, pero el viaje le había resultado agotador y se comentaba que ya estaba definitivamente chocho, por lo que los de su círculo estaban de plácemes pues podían manejarlo a su antojo. Qué horror, no solo el censor de correos, sino hasta el SIM tomaría buena nota del asunto.

Y leído todo esto al final de la mañana, dentro de la aparente tranquilidad de la Quinta de Dependientes, volvía a parecerle, como en las redacciones anteriores, todo inconveniente y muy peligroso, hasta esa despedida, pidiéndole que rezara por él y por Cuba y eso que no se había referido al Estudiante, porque ya hubiera sido el colmo.

Escribir cartas que sobrevivan a todas las censuras es imposible.

Otro pliego hecho una bola cayó en la papelera. De nuevo tenía manchas en las manos.

9

El Estudiante reapareció una mañana a mediados de diciembre. Esta vez llegó solo, a pie, sin una gota de sigilo. Como la puerta de la casa no estaba cerrada en firme, entró sin llamar y le dio un susto mortal a Pancho que estaba distraído en la cocina.

—¿Puedes servirle una taza de leche al diablo que tiene gastritis?

Después de quebrar dos vasos y dejar escapar una cucharilla por el desagüe del fregadero, el muchacho le puso la colación en la mesa del comedor y allí lo encontró Martínez cuando regresaba de misa.

—Aquí estoy padrecito, otra vez de huésped, espero que por poco tiempo. No estoy herido, ni tengo el temor de perjudicarlo. Ahora está usted tan complicado como yo al firmar esa carta del venerable clero. Supongo que andará con cuidado si no quiere terminar albergado en la Quinta Estación, dicen que allí el servicio no es bueno…

Escandalizado, Manuel corrió a cerrar las ventanas. Con toda parsimonia el visitante concluyó su tardío desayuno y pidió que le prepararan la cama.

—Llevo dos noches sin dormir y apenas pude pasar por casa, así que no traigo ni el pijama adecuado. A lo mejor me tiene que prestar una sotana vieja para cambiarme.

El párroco apenas podía ocultar su irritación por aquella invasión no prevista, pero no le parecía correcto echarlo a calle y menos en aquellos días donde la vida de alguien valía tan poco para las autoridades. Tuvo que sacudir al sirviente que temblaba y ponía en peligro el resto de la vajilla sana para que comprendiera que debía hacer la cama al intruso y estirar el menú del almuerzo.

Esta vez el recién llegado no traía el *Humanismo integral* de Maritain, sino una edición popular, con la cubierta rasgada, de *El hombre rebelde* de Albert Camus. Lo que no había variado era su insufrible cháchara apenas dejaba a un lado el libro.

—Lo del humanismo integral sonaba muy bien en el libro de Maritain, pero cuando me uní al Movimiento Humanista me di cuenta enseguida de que no irán a ninguna parte. Las conferencias y debates son un verdadero tedio. Si tuviera que elegir entre Pepín Rivero y José Ignacio Lasaga, escogería al segundo, pero preferiría no tener que escoger. Además lo mezclan todo, la socialdemocracia chilena, el socialismo cristiano, el personalismo de Mounier y hasta el compromiso existencial de Merleau Ponty. Con eso quieren quitar a Batista para gobernar a este país con encíclicas. Un desastre. Por eso prefiero a Camus, que no es cristiano, pero su explicación de la rebelión metafísica que debe preceder a la rebelión histórica es mucho más adecuada. Se desmarca con mucha sinceridad del comunismo, ya se conocen los frutos que puede dar ese árbol envenenado, reconoce como superior el anarquismo: el individualismo solidario contra la sociedad de masas...

—Y también la quema de conventos –casi gritó Martínez exasperado– las bombas en las plazas, atar a ciudadanos decentes a la parte trasera de un carro y arrastrarlos, eso cuando no están desenterrando muertos y bailando con ellos por las calles… ¡Eres un inconsciente!

—Se equivoca Su Reverencia, yo me he referido, como Camus, al movimiento libertario filosóficamente y usted me viene con esa versión española que es una mezcla de Medioevo, verbena y cuadro de Goya. En esta isla tropical no puede ocurrir nada semejante, la gente filosofa media hora y después tiene que irse a dormir una siesta en su hamaca o tal vez desintoxicarse con una tarde de compras en el Ten Cents o en Sears. No se alarme demasiado, usted mismo no es un católico convencional, ha vivido a contrapelo toda su vida, en vez de ser un servidor al pie de la letra, como muchísimos de sus compatriotas, ha seguido el camino de los místicos, los iluminados, los que no toleran la intromisión jerárquica, ni el dominio de hábitos centenarios, y ¿con qué ha tropezado? Con las jerarquías que lo quitan del medio, con el escándalo de los servidores de ellas que están muy bien con sus cadenas y no soportan que alguien no lo esté y con esa realidad de allá afuera, a la que no puede ignorar, llámese Grau, el viejito Don Cosme y hasta el premier García Montes, para no invocar al Gran Demonio en esta casa. Y no me hable de catolicismo en abstracto, porque habría que diferenciar el catolicismo de los Rivero, guiados espiritualmente por Rubinos, del círculo cardenalicio que tiene cierta gracia criolla para capear con elegancia todos los toros que pasen por su lado y todavía quedarían el de los muchachos de la Agrupación Católica Universitaria, que son jesuitas vestidos por J. Vallés y el de los más descamisados federados de la Acción Católica que quieren lanzar a Quien Sabemos a toda costa, aunque no tengan un paraguas para la lluvia que vendrá después. Y en un pequeño islote, los solitarios como usted, defendiendo La Causa, lo que después de todo es otra forma de rebeldía metafísica y a la vez un camino a la santidad… No sé si usted logre que los obispos acepten las visiones de María, ni que aplaudan el magisterio del padre Pastor y mucho menos que Roma los beatifique, pero, a lo mejor, en todo esto, el santo es usted, aunque demoremos en tenerlo en los altares…

Manuel bendecía la cantidad de obligaciones que pesaban sobre él para escapar por unas horas de aquellos discursos interminables y peligrosos, porque cuando consideraba después en la memoria algunos pasajes de ellos, encontraba granos de verdad, mezclados con muchas paradojas caprichosas y constataciones inquietantes.

Aunque abandonar la Quinta era cada vez más peligroso, había algo de alivio cuando salía a la Calzada de Buenos Aires, para sustituir al capellán del Servicio Doméstico, o al de las Adoratrices de la Preciosa Sangre, enclaustradas en la vieja casona de los Marqueses de Pinar del Río, protegida por dos leones de mármol. A veces iba mucho más allá por la Calzada del Cerro, hasta la parroquia de El Salvador del Mundo, para asentar una boda o un bautismo en su archivo parroquial. Sin olvidar sus visitas a Antonia, en su hogar de la calle Condesa o durante sus frecuentes ingresos en la clínica del Vedado.

A su lista de visitas frecuentes se había añadido una casa muy cercana a la Quinta, habitada por una mujer devota, caritativa y muy enérgica, soltera como su hermano mayor Danilo, un abogado cuya clientela se había extinguido hacía más de veinte años. Mientras el jurista se lamentaba de que hubieran pasado los buenos tiempos del derecho en Cuba, aquellos de los patricios sabios y cristianos como González Llorente y Aramburo, la hermana se volcaba al servicio de la Iglesia, inspirada por el retrato de Pío XII que no sería desplazado de su lugar por ningún otro pontífice, porque tenía carácter, lo que ella admiraba por encima de todas las cosas.

En aquel palacio, que se remontaba a los tiempos en que la familia Zuasnábar importaba «piezas de ébano» de África, con la venia de su amigo, el gentil Marqués de Someruelos, al que ellos ayudaron a edificar la parroquia del Cerro. La moda del medio siglo anterior no había entrado en aquel caserón, servido por dos negras viejas y silenciosas, así lo demostraban el mobiliario con espaldares de medallón que ocupaba la sala, los retratos de los antepasados pintados por Escobar y la gran lámpara cocuyera traída de Viena por la abuela y un par de mesas auxiliares cargadas de retratos. El retrato del pontífice, con ser más tardío, no desentonaba en el conjunto, más aún, su bendición parecía contribuir a dar un aire de eternidad a la residencia, sustraída del ruido callejero por un mínimo jardín delantero.

Allí había almorzado un par de veces el sacerdote y disfrutaba de la conversación de Ofelia, que parecía conocer a casi todo el mundo en La Habana, aunque sus contactos se extendían a buena parte del mundo católico de la Isla, tanto como de la comida, fuese tasajo, albóndigas o un gran pargo asado con salsa de almendras, servidos en fuentes y soperas que ocupaban aquella mesa desde los tiempos en que recibían a los Marqueses de la Gratitud, a los que ellos seguían refiriéndose como «nuestros vecinos los Arango».

La señorita siempre le daba algo para sus obras de caridad y se había hecho cargo del aseo y restauración de los manteles y paños litúrgicos de la capilla de la Quinta. Asistida por sus criadas, sabía sustituir un ruedo de encajes, zurcir con hilos invisibles un corporal muy usado o devolver la blancura a purificadores y manípulos manchados por una larga estancia en una cómoda de sacristía.

Al principio Martínez pensó que era una excelente discípula para La Causa, pero la dama, con toda franqueza declinó el asunto. *Padre, eso de visiones y cosas místicas a mí me pone muy nerviosa y entonces duermo mal y al otro día no sirvo para nada. Yo quiero ganarme el cielo ayudando a los necesitados, sirviendo a la Iglesia y a Nuestro Santo Padre. Que sea el mismo Dios quien disponga de esas cosas ocultas.* El mismísimo pontífice, desde su retrato que era desempolvado y abrillantado cada día por las criadas, podría aprobar tales palabras.

Doña Ofelia entregaba cada día más limosnas que las que una persona juiciosa consideraría prudente. Su rigurosa administración de la casa permitía que no faltara en ella no solo lo necesario sino algunos detalles agradables para complacer al hermano que adoraba. Cuando ellos descansaran en paz esa casa y lo que ella contuviera pasarían a la propiedad del Convento del Servicio Doméstico, tal y como estipulaba el testamento que habían protocolizado en la notaría del doctor Gelabert, con la condición de que en memoria suya continuaran la costumbre de enviar cada año veinte dólares al Vaticano como contribución al óbolo de san Pedro y que alimentaran a los gatos que ellos criaban con profusión.

Aunque quizá lo mejor de ella era que sabía escuchar y que tenía el don del consejo. *No se haga ilusiones con los hombres de la curia, debajo de la sotana de un canónigo hay lo mismo que tienen los demás hombres. Sea prudente y respetuoso pero ocúpese de lo suyo que por eso es que le exigirán en el Juicio.*

Alguna vez le había contado de su infancia, del aspecto que tenía su madre la noche que la vio salir rumbo al baile que la nobleza ofrecía en el palacio de los condes de Fernandina a la infanta Eulalia de Borbón. *Mis padres nunca se procuraron un título, pero nadie iba a desairar a vecinos tan notables. Y ella se vistió para la ocasión de blanco, salpicado por antiquísimos encajes de Brujas. Por toda la casa se desparramó el olor de aquella esencia francesa que por entonces valía un doblón la onza.*

También recordaba la foto suya que pusieron en *El Fígaro* cuando cumplió quince años, acompañada por una nota laudatoria del Conde Kostia. *Mire, estos muebles donde estamos sentados, los ocuparon alguna vez Julián del Casal, Manuel Serafín Pichardo, el pobre René López y, más recientemente, Gustavo Sánchez Galarraga, quien nos recitó su poema a la Virgen de la Caridad, con el que ahuyentó de su hogar a las fieras que iban a saquearlo porque su padre era un magistrado machadista. Esos eran tiempos donde la poesía todavía tenía su efecto, a los políticos de ahora los hubiera dejado tan frescos...ya no tienen una gota de clase.*

Mientras tanto, una larga mancha de humedad descendía por el muro y borraba con su persistencia toda una sección de la centenaria cenefa.

—Ármese de paciencia con su huésped. Es por pocos días, se lo digo yo. Las cosas cambiarán y él se irá. Claro que usted corre peligro, lo corremos todos, pero no se preocupe demasiado. En este país casi nunca tocan a los curas, gritan muchísimo contra ellos, pero esto no es España, sea por respeto o por superstición, no les ponen la mano encima. Venga, si gusta, a cenar en Nochebuena, a las siete, porque ya somos viejos y las muchachas no se tienen en pie más allá de las diez, como que tienen setenta cumplidos. Vaya en paz, yo sigo rezando por sus intenciones.

Antes de llamar a la puerta de su casa pudo escuchar con claridad el ruido que hacía Pancho con los cacharros en la cocina. Nada alteraba tanto al joven retardado como la presencia de un intruso que además vagaba por la casa y registraba a gusto cada rincón. Su protesta más efectiva era una sinfonía de cacerolas, acompañada por el inevitable retardo del almuerzo, aunque este se compusiera sencillamente de arroz blanco, huevos fritos y malangas hervidas.

Tardó en abrir la puerta y Martínez descubrió que primero había tenido que apartar una vieja escoba con las cerdas llenas de granos de sal. Pero el viejo conjuro contra los huéspedes indeseables no hacía efecto en el Estudiante quien, despatarrado en su lecho, hojeaba uno de los expedientes de la Causa que el padre había comenzado a mecanografiar y repartir de nuevo, obedeciendo a un imperativo interior, aunque sabía los riesgos que corría.

—No está nada mal. No sabe la jurisprudencia española que se perdió a otro Juan de Solórzano. El problema no es de argumentos sino de sensibilidad. Ya sabemos que la jerarquía está en la luna de Valencia y no creo que hombres tan sensibles como Andrés Domingo Morales del Castillo o Santiaguito Rey tengan tiempo para dialogar con usted sobre esas inspiradas páginas, debería probar con la Primera Dama, a lo mejor designa a una de sus amigas, por ejemplo a Delfina

Llaneza de Robaina o a Lolita Mendizábal de Argüelles, si es que no se le ocurre delegar en un poeta tan fino como Gastón Baquero que es de la confianza de la familia Rivero e íntimo de quien sabemos…

—Usted es un maleducado y un insolente, se hace pasar por católico y se burla de las cosas más santas – Manuel estaba rojo de ira y a punto de enviar a aquel dudoso estudiante al medio de la calle, aunque allí lo estuviera esperando el mismísimo Pilar García con sus hombres.

—No se enoje, padrecito, no era más que un chascarrillo para relajarnos, porque como dice Jorge Mañach, en este país nos hemos dramatizado, hasta el choteo está en crisis y, con él, una importante válvula de escape para nuestras tragedias tropicales. He leído, con más atención de la que piensa, estas páginas, cada vez siento más admiración por María, que no era una beata al uso, sino una mujer fuerte, las experiencias espirituales que vivió hubieran hecho creer que no podía entender el mundo que la rodeaba, pero la energía que puso frente a sus adversarios los paúles y hasta el modo en que asumió las amenazas gubernamentales tras su «milagro del periodista», la hacen muy especial. Sabía hablar con la Virgen y con su ángel, pero también descubrir las trampas del demonio. Ahora es muy fácil compararla con la beata Labouré, pero creo que solo tienen en común la devoción a la Medalla Milagrosa – *Mire*, enseñó a su anfitrión una pequeña que traía al cuello sujeta por una cadenilla de oro. *Cómo no va a ser uno devoto de ella si estos días se parecen a los de Francia por la época de la Comuna.* En esa matancera nada era común, hizo votos religiosos pero permaneció en su casa, obedecía a sus confesores pero no sentía temor por las autoridades masculinas y les echaba en cara los pecados a sus enemigos. La pusieron al margen, la condenaron casi a morir de hambre y siguió haciendo lo que sentía que le mandaba el cielo, sin el apoyo de la familia y siempre al borde de ser acusada de herejía…

—Más que al borde. Cuando las reuniones en su casa –terció Manuel, más calmado– nos llamaron «alumbrados» es decir quietistas o dejados y eso era una herejía muy antigua por la que la Inquisición había quemado gente en España y en otros lugares, solo que en Matanzas no tenían cómo encendernos hogueras…

—Ya ve usted y, sin embargo, ella, como la Santa de Ávila, pudo exclamar al morir que lo hacía como hija de la Iglesia. Entre ellas hay cosas en común, especialmente ese carácter bravío que no se pliega a los juicios de padres, hermanos y hasta nuncios apostólicos.

Pancho, algo más sereno, anunciaba que el almuerzo estaba listo. Después de lavarse las manos, el Estudiante dijo al cura, apenas este bendijo la mesa.

—Perdóneme, padre, porque mis bromas lo ofendieron y yo no tengo derecho a molestar a quien me ha recibido con tanta generosidad. Continúe con su misión, pero fíjese que para que le escuchen tendrá que producirse el gran cambio. Se irá el funesto Indio y esas fuerzas jóvenes y creativas de la Iglesia podrán concentrarse en renovarla a través de las corrientes más sanas. Hoy ni Rumbaut, ni Rubio Padilla, ni la Penichet, pueden escucharle. Una parte de usted mismo está con los sacerdotes que protestan por los desafueros en este pedacito del mundo que nos duele a todos. Después, hallará gente lista para escuchar esos anuncios proféticos, tenga fe en eso, ya estamos en los dolores de parto, pronto va a amanecer. Desde luego, no deje de creer en el Diablo, quizá su mejor estrategia es persuadir a la gente de que no existe, para campear a sus anchas, y… sírvame un par de huevos, que esta charla me ha dado mucho apetito.

10

Tal y como había prometido, el sacerdote fue a cenar en Nochebuena a casa de los Zuasnábar. El pavo asado estaba algo más que moreno y reseco, porque una de las sirvientas se había quedado dormida mientras aguardaba junto al horno. Ofelia hizo aparecer una botella de Marqués de Riscal para acompañarlo. Para el postre había un gran turrón de mazapán almendrado en forma de cerdito asado, al que rodeaban círculos concéntricos de higos, dátiles y albaricoques secos. Las nueces se cascaban con un húsar de madera que se mantenía en pie con aire marcial en la vecina credencia.

Danilo tenía un aire más melancólico que de costumbre. Después de evocar una vez más las fiestas que el rector Berriel ofrecía a inicios del siglo en su casa de la calle San Lázaro, con motivo de su santo, a las que eran invitados todos los alumnos de la Universidad y donde los brindis se pronunciaban en latín, quedó amodorrado con un trozo del dulce lechoncillo en la mano.

Ofelia estaba más animada y no solo escanció un par de copas de vino a su invitado, sino que las acompañó con historias chistosas de su adolescencia, como aquella cena, en la Navidad de 19… a la que asistió el librero Madiedo, por entonces pretendiente de su hermana mayor, un hombre solemne, de voz engolada y modales sofisticados, por lo que ella se permitió esconderse tras una cortina y lanzarle desde allí, con muy buena puntería almendras confitadas, lo que le valió que la enviaran a dormir antes de las nueve de la noche.

Cuando terminaron de cenar pasaron a las mecedoras de la saleta. Gracias a Dios, «las muchachas» estaban lo suficientemente despiertas para trasladar una botella de sidra y las correspondientes copas sin accidentes, aunque las fuentes parecían conducidas por un mar encrespado.

—Las pobres, ya están demasiado viejas. Se han quedado sordas y se duermen hasta de pie. Pero llevan toda una vida en esta casa y es una obra de caridad dejarlas aquí – susurró a Manuel cuando se retiraron.

Ofelia se empeñó en encender el aparato de televisión comprado hacía poco, por si había noticias del nuevo papa. En cambio, además de unos cuantos comerciales, noticias vagas sobre los rebeldes en Oriente y un teatral saludo a la Nación del Dr. Rivero Agüero, presidente electo, pudieron contemplar el suceso ocurrido hacía unos minutos: la bendición del monumental Cristo que se alzaba en tierras de Casablanca, casi al borde de la bahía. Allí estaban, como si nada más ocurriera en el país, el Gran Intruso y la Primera Dama. *Él no es católico de verdad y hasta hizo que imprimieran esas postales donde la gente ignorante ve detrás de él la sombra de un indio... y ella, que Dios me perdone, es una trepadora y una hipócrita.* Pero las cámaras mostraban ahora la macilenta figura del Cardenal, hisopo en mano para asperjar al monumento y a los presentes, entre vacilaciones y temblores, conducido por los infaltables monseñores Marinas, Del Valle y Llaguno.

Al final, la imagen se congelaba en el momento en que el purpurado retornaba a su coche, pero vacilaba antes de entrar en él con el rostro marcado por el estupor. *Él ya no sabe lo que está haciendo, pero esos que lo rodean sí. Es una vergüenza que se presten a una farsa así, cuando hasta los sacerdotes están pidiendo al mulato ese que renuncie.* Manuel habría jurado que el omnipresente retrato de Pío XII —había muchos iguales en distintas partes de la casa, hasta en el baño— sin abandonar su aire adusto, había hecho sobresalir su diestra del cuadro para rubricar aquellas palabras.

Martínez se marchó temprano. Celebraría la misa de Navidad al amanecer y debía estar despejado. La Quinta estaba en silencio, solo estaba allí el personal imprescindible, que había compartido una cena especial enviada por el Centro de Dependientes. Los enfermos dormían y quizá en algún recibidor alguien brindaba todavía en voz baja, pero los ánimos no estaban para fiestas.

Pancho se había dormido esperándolo en una butaca de la sala. Por él supo que el Estudiante se había marchado sobre las siete, según él para cenar en familia y cumplir sus deberes religiosos. Uno de estos días —había dicho— retornaría con regalos traídos por Santa Claus. Ese sí que no perdía el buen humor ni en un naufragio.

Después de rezar el rosario, Manuel se acostó. No se escuchaban los habituales cohetes porque el gobierno los había prohibido, si acaso algo de música o voces lejanas, pero separadas por grandes intervalos de silencio. Una ausencia de ruidos que iba alimentando ese temor inexplicable que lo invadía. Comenzó a rezar en voz baja las letanías del Sagrado Corazón y antes de concluirlas se quedó dormido.

En sueños vio a María que estaba con él en Casablanca y le enseñaba el Cristo gigantesco. Ella lo miraba con indignación y le decía: *Ese no es Cristo, lo han levantado como un engaño, es Martí* y la escultura se transformaba hasta convertirse en el monumento de la Plaza Cívica. *No han dejado lugar para Dios y serán castigados*. Entonces llegaban policías y comenzaban a disparar. El auto, con el Cardenal y los monseñores dentro, caía estrepitosamente a las aguas del puerto mientras ellos dos iban volando hasta la otra orilla, la del Malecón. Allí María desaparecía y él no lograba recordar cómo volver a la Quinta. Entonces un vigilante se le acercaba y le decía que se había perdido el monumento a Martí y que él debía ser el culpable, porque todas las personas estaban recogidas en sus casas. No es Martí repetía él con angustia y el otro le replicaba que él cumplía órdenes y se lo llevaría a la estación más cercana. Entonces el faro del Morro los iluminaba y descubría que el guardia era aquel energúmeno que lo había agredido hacía tantos años.

Despertó cerca de las cuatro y media de la madrugada, empapado en sudor. No estaba seguro si había gritado, pero tenía sabor a cobre en la boca y las piernas flojas. Se echó agua en la cara y preparó la cafetera. Quizá el vino y el mazapán combinados le habían producido los hervores que abrasaban su estómago.

Solo unos pocos trabajadores y contados vecinos asistieron a la misa del alba, aunque era de precepto. No hubo sermón, pero, tras la bendición, Martínez leyó la «Oración por la paz» que había escrito el obispo de Pinar del Río y pidió a los asistentes que rezaran por Cuba, especialmente en aquellas jornadas. La capilla se vació muy rápido.

11

El capellán era uno de los habitantes de la ciudad y de la Isla que no estaban de ánimo para celebrar la Navidad y mucho menos para despedir con fiestas el año que concluía. En la capilla se atenía a lo estrictamente litúrgico y se dedicó de lleno a atender los requerimientos espirituales de los hospitalizados. Pasó muchas horas en los pabellones, escuchando confesiones y administrando sacramentos.

Al final de una jornada muy difícil una anciana solitaria, corroída por un cáncer de páncreas, le dijo: *Para morir en paz solo me faltaría saber que mi hijo está bien, dicen que está escondido y ni yo puedo saber dónde. Ni siquiera haría falta que lo viera, bastaría con saber que está a salvo de la policía. Por favor, vaya al santuario de la Caridad y pregunte al padre Boza por este nombre.* Y le extendió un papelillo muy doblado y mugriento.

Manuel no simpatizaba con aquel clérigo camagüeyano de quien se decían maravillas por su erudición, su infatigable labor pastoral y hasta sus méritos como capellán de los *scouts*. Era un activo opositor del gobierno y, durante la huelga de abril, la sacristía de su parroquia en la calle Salud ofreció refugio y primeros auxilios a los que huían de la represión policial. Se comentaba que pertenecía al Movimiento 26 de Julio y que los muros del templo callaban muchas acciones conspirativas.

Quizá todo eso estuviera bien en una situación desesperada, pero Martínez rechazaba los aires aristocráticos, las actitudes de suficiencia y su condescendiente mirada de criollo orgulloso hacia el clero español. Era como un cardenal Arteaga joven, salpicado por el fervor organizativo de Robert Baden Powell y con mucho del aventurerismo del Errol Flynn de *Contra todas las banderas*. Sin embargo, se impuso ir a verlo, lo obligaba la compasión hacia aquella desdichada y la necesidad de vencer su propio orgullo.

Encontró al sacerdote listo para dirigirse a la Nunciatura, con la sotana tan impecable como los zapatos de buena marca. La carpeta de cuero que llevaba bajo el brazo le daba un aire de protonotario apostólico o algo así. Tras los saludos de rigor, él sencillamente le tendió una arrugada tira de papel donde la anciana había escrito el nombre de su hijo.

—¿Sabe usted quién es?

Boza lo miró con desconfianza, como si sus lentes fueran una lupa. Vaciló y un momento después se decidió a responder con laconismo estudiado.

—Sí

—He confesado a su madre en la Quinta de Dependientes. Está moribunda, dice el facultativo que tal vez no viva más de dos días. Ella necesita saber, no dónde está su hijo, sino que no corre peligro de caer en manos de la policía. Como comprenderá, si usted sabe algo, debe decírmelo porque es asunto de caridad cristiana.

Su interlocutor volvió a mirarlo de hito en hito. Por aquellos días no podía confiarse en nadie, aunque llevara sotana, había delatores en todas partes, unos lo hacían por voluntad propia, otros chantajeados por la policía. Mas el clérigo viejo y tozudo que tenía delante podía ser algo rústico y bastante loco, pero no un delator, ya sabía que había pedido al padre García Feito firmar la carta de los sacerdotes que pedían la renuncia del Presidente.

—Está bien. Diga a su madre que su hijo parece fuera de peligro.

—¿Así y ya, sin más detalles?

—Padre, saber mucho en estos días es peligroso, aumenta la cruz sobre nuestros hombros, pero yo confío en su discreción. Para su conocimiento, ese joven, laborioso y cristiano, cuya vida estaba en riesgo, ha sido recibido como huésped por el embajador español don Pablo de Lojendio. De su residencia no podrá sacarlo la policía, a pesar de las excelentes relaciones que usted conoce entre Batista y Franco. Esperamos que la situación no dure mucho, porque lo más complicado sería sacarlos a él y a otros en situación semejante hacia la Península, aun bajo protección diplomática.

—Con eso basta. Perdón por ocuparle su tiempo.

—El tiempo que se emplee por Dios y por Cuba no se ha perdido.

—Cuba es también mi país, reverendo padre, y aquí quiero vivir y morir –respondió Manuel y lo abrazó.

Esa misma mañana volvió a la habitación de la anciana y cuando quedó a solas con ella pudo decirle que su hijo estaba en un sitio donde la policía no podría llegar hasta él, podía considerarse a salvo, solo que era imposible que viniera a abrazarla.

—Alabado sea Dios, padre, usted me ha hecho un regalo grandísimo. Ya me puedo ir con la Virgencita y le voy a pedir que le conceda lo que usted le pida. Feliz Navidad para usted que se la merece, yo voy a descansar en paz...

La señora falleció en la madrugada. Lo supo por una sobrina, la única que se ocupaba de ella. Llamó a su puerta al amanecer para pedir que le rezara un responso en la capilla antes de que trasladaran el cadáver y le entregó un rosario rústico de cuentas grandes y negras.

—Por muchos años ella rezó con él, pedía por sus hijos y por toda la familia. Ya ve, murió en mis brazos después de un último rosario, que aunque tocaban los misterios dolorosos, ella quiso rezar los gozosos, agradecida por su gestión y porque ya ella iba a descansar de estas tristezas en un sitio mejor. Me encomendó expresamente que se lo entregara en su nombre.

Desde entonces él rezaría con ese rosario, que llevaba consigo en el bolsillo derecho de la sotana. Era el recuerdo de la única buena acción que creía haber hecho en aquel ambiente donde el demonio parecía dominar casi todo.

12

Despertó aturdido. Abrió los ojos lo suficiente para saber que no estaba en su cama, sino en un cuarto del pabellón de dementes. Volvió a cerrarlos porque su cabeza parecía arder. A través de la puerta abierta podía ver el escritorio de la enfermera negra y obesa en el pasillo, quien, sin atender a dolores ajenos, escuchaba a Benny Moré en un aparato de radio que tenía escondido en alguna parte. *¡Ay Tana, la Maricutana!* Ella contorsionaba el torso al ritmo de la Banda Gigante, aunque con un ojo vigilaba la entrada para descubrir a tiempo si aparecía la supervisora. Dos hombres invisibles conversaban cerca y a la letra picante del canto se superponían los retazos de frases en una polifonía vertiginosa.

—No tenía cara... podía ser cualquiera: frente, párpados, boca, todo aplastado y con esas costras de sangre...

—Dicen que había unos explosivos al lado...

—Así es. Los de la patrulla los recogieron antes de traer el cuerpo para acá. Pero dicen tantas cosas...

—Y no tenía documentos encima...

—Por la ropa parecía un hombre joven, esas camisas floreadas de Miami no las usan los viejos. Pero te digo, podía ser cualquiera...

—El cura tropezó con él. Iba por Buenos Aires. Sus gritos fueron los que hicieron salir a los vecinos y alguno llamó a la policía.

—No se gana para sustos...

—Fíjate que el susto lo hizo reaccionar extraño. Dicen que se arrodilló al lado de él, e intentó pasarle un pañuelo por la cara...

—Dice Fedora que tenía sangre en las manos, en la ropa, y seguía agarrado a ese pañuelo hasta que se lo quitaron. Repetía que era un estudiante, que si él hubiera llegado antes...Hubo que sedarlo.

—Vaya usted a saber. Pasan cosas muy raras.

—Esto no parece Navidad. Uno ni descansa...

—¿Hasta cuándo, Dios mío?

Y la tal Fedora, dale que dale con Radio Progreso y el Bárbaro del Ritmo en la Discoteca Partagás, hasta que el hombre de los pantalones de batahola y el bastoncito tuvo que ceder su lugar a Celia Cruz y la Sonora Matancera en «Burundanga», lo que llevó a Fedora al delirio, en tanto se incorporó al canto como voz segunda de la sonera, a la vez que sacudía el torso con una agitación paroxística.

Pancho llegó a las ocho y su presencia muda acalló rumores y motivó que la radio se silenciara en el fondo de una gaveta. Ayudado por él, Manuel pudo incorporarse, lavarse el rostro y los brazos, despojarse de la ropa manchada y vestir de limpio, aunque al dolor de cabeza se incorporaron unos vértigos. Fedora y el resto de los enfermeros lo contemplaban con impertinente curiosidad pero sin implicarse. Paso a paso, el muchacho lo llevó hasta la casa y, en contra de lo habitual, cerró la puerta con llave, lo sentó en una butaca y cayó en otra enfrente donde comenzó a llorar con grandes hipos.

—Lo sé, Pancho, fui muy desconsiderado contigo. Te dejé solo, en vez de darte tranquilidad como necesitas te he metido en este problema. Pero yo salí solo cinco minutos para disculparme con Ofelia y decirle que no iría a cenar el 31, que lo pasaría aquí contigo. Quería ser agradecido con ella y desearle que terminara segura y en paz este año desdichado. Pero el hombre propone y Dios dispone...o a saber quién dispone estos horrores.

Ese día no pudo celebrar misa. Su compañero le hizo una sopa de gallina y lo obligó a guardar cama. A mediodía apareció un joven médico, lo auscultó, le chequeó la tensión arterial. No había que temer un infarto pero sí un acceso de depresión nerviosa. Le puso una inyección para dormirlo y le recomendó no salir de casa hasta el año próximo.

—Total, padre, ya queda poco de este y no hay nada que ver por allí...

Se durmió en seguida. En el sueño veía que lo llevaban sujeto al pabellón de dementes y que la tal Fedora se reía a carcajadas de él, porque no quería bailar con ella encima del escritorio y repetía el estribillo a grandes voces: *¡Ay Tana, la Maricutana!* Después dos enfermeros lo llevaban a una sala enorme como un templo y fría porque en realidad era el Instituto de Medicina Legal. Lo recibía el Dr. Lancís, su director, aunque jamás lo había visto sabía que era él, con sus lentes de aro dorado y una varilla en la mano, con la que descubría un cadáver que yacía en una camilla. Él y sus acompañantes le preguntaban: «¿Es este, es este?». Pero él no podía responder, porque no se atrevía a mirar, sabía que era el cadáver de la calzada y aunque el rostro estaba irreconocible creía que era El Estudiante que no había podido llegar a la Quinta para refugiarse de nuevo. En un momento determinado el Dr. Lancís se convertía en el padre Marinas. *Padre Martínez, usted se ha metido en demasiados problemas. Tendré que informarle al Presidente.*

Después sólo había oscuridad y él estaba en el cementerio de Matanzas para acompañar a Elvira a la exhumación de María. Había anochecido y la hermana era invisible, solo había un sepulturero con una palmatoria que le decía: *Mírela de una vez y dígame si es ella, porque yo tengo que irme.* Él contemplaba el hábito raído, los huesos medio dispersos en torno, pero el rostro de María estaba intacto, porque seguía vivo y lo miraba con irritación: *¿Qué has hecho, Manuel? El mundo arde y tú haciendo visitas. Sigue así y no podré salvarte del fuego.* Entonces el sepulturero trataba de empujarlo hacia la fosa, para dejarlo allí enterrado junto a ella. En el fondo el fuego brotaba ya con llamas rojas.

Su propio grito lo despertó. Pancho lo miraba con ojos bovinos y le tendía una taza de pasiflora para sosegarlo. Ya había amanecido. A través de una ventana se veían los jardines de la Quinta. Trabajadores y pacientes iban por sus senderos como si anduvieran por los Campos Elíseos, tal era su aparente paz y olvido. ¿Qué sucedía realmente afuera? En realidad no quería recordar.

¡Ay Tana, la Maricutana!

13

DE LA LIBRETA DE NOTAS DE ELVIRA.

Los caracoles más fuertes y veloces son los que viven menos. Con los políticos sucede justo lo contrario.
....
María me habla desde el retrato. Adelina me dice que no es verdad porque las almas que gozan de la presencia de Dios no la abandonan para ocuparse de las cosas de este mundo. Yo le replico que como Dios está en todas partes, ella puede hacerlo sin moverse de su lugar. Después he pensado que esta casa entera y hasta la Isla pueden estar dentro del reino de Dios, aunque un poco descuidadas.
....
El Corazón de Jesús no ha vuelto a visitarme en sueños. ¿Estará ya demasiado harto de peticiones o lo habrá espantado el café que cada vez es peor en esta casa?
....
Leí en una *Bohemia* que ciertas provincias romanas ahorraban del tesoro local haciendo tallar estatuas de emperadores con cabezas removibles, de modo que una vez muerto o destronado uno, bastaba con encargar solo otra testa. Algo así podría haberse hecho acá, evitaríamos la invasión de monumentos para gente bastante parecida e insignificante.
....
Una vecina muy metiche ha comentado que la familia Vera está hace años en decadencia, que sus miembros ya no son como los de antes. Con pesar tengo que darle la razón. Hasta principios de este siglo eran más bien toscos, pero honrados, austeros y vivían la vida patriarcal con cierta grandeza. Después se contaminaron con los males modernos, mi sobrino entró en la baja política y otros pretendieron ser lo que no eran y se arruinaron alegremente. Hace rato que estamos «venidos a menos». Pero, al menos en esta casa, nos estamos hundiendo

—así mismo, porque los pisos ceden, socavados por las raíces— con mucha dignidad. Como en una tragedia griega…
....

La religión peligra cuando se vuelve un espectáculo. Si la Primera Dama inaugura ese Cristo gigantesco junto al puerto, que se bendice en una ceremonia presidida por viejos autómatas, eso nada aporta a la fe. En todo caso se hace notoria la relación de esa dinastía de tiranos con los sacerdotes del culto oficial, como en Egipto. Un nuevo gobierno podría derribar la figura con un rayo. Es un monumento a la complicidad y al miedo.
....

María era muy conservadora con las cosas de la religión, pero tenía fe en que el cielo produjera un cambio radical en Cuba y su gente. Yo, con mi religión personal de Dios adentro y el arte para celebrarlo, soy más liberal en el culto, pero me cuesta creer que un día lo que nos rodea será distinto. De todos modos no podré llegar a ver si sus profecías se cumplen o no.
....

Batista tiene que irse. No tiene más remedio. Dicen que la gente ha bajado al Indio de sus altares y le han apagado las luces. Se escapará de manera deslucida. Lo preocupante es quién va a sustituirlo en la torpe veneración de la gente.
....

Adelina dice que ha sentido pasos en la casa por la madrugada. Yo también los percibí en noches recientes. Yo no tengo el pánico de ella, pero me he preguntado si es posible que sea María. ¿Los muertos regresan? ¿Hay almas que vagan? He rociado agua bendita en el umbral y en la puerta del fondo. Ya nada pregunto al retrato porque se ha quedado mudo. Tenemos demasiados miedos para poder aceptar con serenidad lo incomprensible.
....

Los que creen que este país tiene por referente a Martí o a Maceo, están equivocados. Esos son nombres que invocan los políticos para adornar sus discursos. En realidad nos representa mejor la comparsa del Alacrán –o la de los Componedores de Batea–. Delante podría ir el Benny, dirigiendo con su bastoncito y Celia Cruz, vestida como la Virgen de Regla cantando «Burundanga». *Songo le dio a Borondongo, Borondongo le dio a Bernabé...* es exactamente la mecánica de nuestra historia y sobre Cuba no para de llover burundanga. Aquí no hay procesiones sino congas para el santo que conviene.

14

Eran más de las ocho cuando llegó el aviso de Soledad. Antonia había sido internada con urgencia en La Purísima. Ahora parecía que había llegado el fin. No era una noche como para andar en la calle pero la enferma había pedido que fuera el padre Manuel quien le llevara el Viático. Ella, además, necesitaba decirle algo antes de morir.

Martínez había pensado quedarse en casa y cenar con Pancho para despedir el Año Viejo, aunque el nuevo no se anunciaba muy prometedor. Su experiencia reciente le había quitado todo deseo de salidas nocturnas. En sus sueños seguía viendo el cadáver sin rostro, o era torturado por policías que le exigían decir el paradero del Estudiante. Pero no podía negarse al llamado de Antonia. Tranquilizó como pudo al muchacho que había comenzado a gritar apenas supo que el padre pasaría la noche fuera, oró un instante ante el sagrario, puso un par de hostias en el porta viático y salió, por la interminable avenida de palmas, a la Calzada Diez de Octubre.

Aunque las casas estaban iluminadas y de su interior salían las voces de los televisores o las radios, había pocos transeúntes. Un viejo Ford, con un chofer inquieto y lacónico lo llevó hasta la calle Quince en el Vedado. La puerta principal de La Purísima estaba cerrada. Debió dirigirse hacia la entrada lateral de urgencias. Un enfermero, con no muy buenos modos, llamó a la habitación de la enferma y por fin, tras hablar con la acompañante, le franqueó el paso.

Después de varias horas de agitación, los médicos habían decidido sedar a Antonia. Ahora dormía con el rostro vuelto hacia la pared. Soledad le pidió que se quedara con la paciente un rato para poder ir al baño y tomar algo en la cafetería. Llevaba demasiado tiempo junto a su hermana y estaba deshecha. No porque las crisis fueran frecuentes se acostumbraba a la idea de que una de ellas podía ser la última, decía entre sollozos. El sacerdote procuró tranquilizarla y le aseguró que él velaría el tiempo que fuera necesario.

Apartó cucharas, frascos de medicamentos y una caja de servilletas de la mesa de noche y colocó en su centro el porta viático y una pequeña vela que encendió sobre un platillo. Se acomodó en una butaca junto a ella y comenzó a desgranar los misterios gloriosos del rosario en voz muy baja. La respiración de la paciente era casi imperceptible. A través de la ventana entreabierta llegaba algún jirón de música, el ladrido lejano de los perros o el ronquido de un auto apresurado. El silencio en el interior del sanatorio era casi absoluto.

Cuando Soledad retornó, eran más de las once. La hermana se instaló en la otra butaca disponible y juntos rezaron casi en un murmullo una Salve y las letanías de la Virgen. Antonia seguía sin despertar.

A las doce escucharon el estallido de algunos cohetes y bengalas y unos lejanos tiros al aire. Una hora después pasaron varias perseguidoras a toda velocidad, con las sirenas ululando.

—Señor, haz que el año que comienza traiga la paz a Cuba– dijo Manuel

—Así sea– exclamó Soledad y se persignó.

Después vino el silencio y, sin procurarlo, se quedaron dormidos. El reloj Baby Ben de la mesita marcaba las cuatro y veinte cuando escucharon un quejido de Antonia.

—Hermana, estírame este brazo que lo tengo acalambrado y dame un poquito de agua.

Antes de acercarle el vaso a los labios, la acompañante la incorporó y agregó dos almohadones tras su espalda, para evitar que se ahogara. La enferma bebió con avidez y entonces reparó en la presencia del Padre.

—Yo sabía que usted vendría. Gracias.

Manuel aprovechó que su amiga estuviera despierta y lúcida y pidió a Soledad que saliera un segundo al pasillo para escuchar su confesión, que fue brevísima. Había conocido pocas almas tan delicadas como aquella y a la vez tan firmes para diferenciar sus faltas de temores, aprensiones y escrúpulos. Tras pronunciar la absolución, hizo regresar a la hermana, rezaron un Pater Noster y le administró la comunión.

Antonia estuvo unos minutos recogida en silencio y después comenzó a hablar.

—Padre, tengo que contarle algo. Hace dos noches tuve un sueño muy especial. Yo iba a visitar a mi antiguo colegio La Inmaculada. Caminaba por el parque Maceo, pero no llegué a cruzar la calle. El parque estaba todo iluminado y muchísima gente andaba por él. Se veían muy felices, parecían personas vivas pero se comportaban como si fueran los bienaventurados. Ninguno me hablaba, solo miraban algo que brillaba mucho que estaba en el sitio que habitualmente ocupa la fuente. Entonces topé con mi maestra, sor Flora Ugarriza, que en paz descanse. No se veía como era al fin de su vida, sino por los años en que me dio clases. Ella me decía: *Ve y mira, porque una cosa ha cambiado.*
Efectivamente, fui hacia donde se dirigían todos y en aquel sitio había una especie de urna grande de un cristal muy limpio, muy transparente, que brillaba con los rayos que salían de las manos de una Virgen Milagrosa colocada allí. *Es un favor del cielo para la nueva Cuba*, me dijo la religiosa. *Hay que aprovechar esas gracias para que no se pierdan.* Entonces yo me sentí muy preocupada y le pregunté cómo podía hacerse eso. Me dijo, apoya tus manos en el cristal con toda tu fe y recibe esa luz y luego abraza a cada uno de los que anda por el parque. Yo sentí mucha angustia y le dije que era imposible llegar hasta cada una de las personas en aquella muchedumbre. Pero ella me replicó: *Para Dios no hay nada imposible. Comienza y abre bien tu corazón y tus brazos.* Yo me apoyé en la urna y a través de mis manos me entró un gran fuego en el pecho como si fuera la quemadura del sol en verano y después me dirigí a la gente y, no sé cómo, todos a la vez vinieron a estrecharse conmigo. La imagen brillaba mucho y no hacía falta encender las farolas del parque. Nadie tenía miedo, pero yo, de repente sentía una aprensión muy grande: *¿Y si vienen las perseguidoras, qué nos hará la policía?* Entonces sor Flora me dijo: *Toma la Medalla Milagrosa para que te olvides del miedo. Falta poco tiempo. Habrá unos minutos de dolor y luego vendrá el gozo.* Del lado del mar vino una brisa muy fuerte y con ella comenzaron a llover sobre nosotros unas rosas pequeñas y pálidas…

En ese momento entró un joven interno. A pesar de haber pasado la noche de guardia parecía fresco y no dejaba de sonreír, ni siquiera mientras consultaba la tablilla a los pies de la cama.

—¿Cómo ha pasado la noche, doña Antonia?

—He descansado y me siento mejor, gracias, ah…y feliz año nuevo, hijo.

—Feliz también para usted, señorita y para sus acompañantes y lo será más cuando les dé el regalo que les traigo.

—¿Un regalo? –inquirió Antonia al verlo solo con la tablilla en la mano.

—Sí, es una noticia que creo que va a gustarles: Anoche se fue Batista. Nos libramos de él.

Por un minuto la enferma, el sacerdote y la hermana se contemplaron perplejos. No podía ser una broma desagradable. El interno sonreía todavía más.

—Cuesta creerlo, pero ya lo anunciaron algunas emisoras…

Como para corroborar sus palabras, parecía amanecer más temprano. Comenzaban a abrirse las ventanas del barrio y de ellas salían las voces: *Se fue Batista, se fue Batista*…Unos llamaban a los vecinos, otros sencillamente gritaban al aire. A lo lejos se escuchaban nuevos disparos, pero las perseguidoras habían desaparecido y la calle se iba llenando de gente eufórica.

—He vivido para verlo, gracias Dios mío – exclamó Antonia.

Después de rezar juntos y congratularse por un rato, Soledad advirtió al padre.

—Regrese a su casa. Vaya en un auto de alquiler, no espere por un ómnibus. Y no salga hoy. En los últimos días de Machado, él mismo o vaya usted a saber quién, dio la noticia de su muerte y la gente se lanzó al Prado, frente al Capitolio, a festejar, entonces el ejército los ametralló, fue una trampa. Así que espere a confirmarlo. Antonia y yo estaremos bien aquí.

Al salir de la clínica, Manuel vio la calle llena de gente, jóvenes, viejos, blancos, negros. No parecían agresivos sino sencillamente felices.

—Padre, se fue esa bestia –le dijo el chofer del auto que pudo detener y que resultó ser español y miembro del Centro de Dependientes.

La violencia en las calles era mínima. En Línea la gente rompía a mandarriazos los mojones de granito que decían Avenida General Batista. Un grupo, en la calle L, quebraba las puertas de la mansión de Andrés Domingo Morales del Castillo, *El Cubano Honorable,* que había escapado en la noche junto con el dictador. En la Rampa, eran los parquímetros los objetos de la furia popular, así como en Infanta no quedó una valla de las que tenían retratos del Indio, o del presidente «electo» Rivero Agüero.

La Quinta en su interior parecía tranquila. No había rastros de los médicos y empleados adictos al antiguo régimen. En el portal del pabellón Zorrilla había un grupo que brindaba con sidra en vasos de papel y gritaba: *Hoy sí que es Navidad.* Después de felicitar a Pancho que estaba ojeroso y confuso, fue hasta el teléfono público más cercano a la capilla y llamó a Ofelia. Ella y su hermano habían cenado solos, pero el desayuno era más jubiloso.

—Yo se lo pedí a Pío XII, padre, y me lo concedió, es otro milagro suyo. Al fin vuelve la decencia a este país. Venga cuando todo se calme. Se han quedado sin abrir casi todos los turrones.

Venciendo cierta aprensión interior llamó también a Sofía. La inquieta vidente era menos optimista.

—Sí, se fue ese hombre, pero no sabemos lo que se nos viene encima. Recuerde que María vio un baño de sangre antes de la lluvia de rosas.

—Pero eso ya pasó. Y el monumento a Martí lo dejaron sin terminar. Además nadie quiere congregarse en esa plaza vacía y castigada por el sol. A lo mejor ahora la abandonan.

—Yo no estaría tan segura, con tantos recursos como tiene el diablo…

Martínez creía que en una jornada como aquella el Maligno parecía fuera de lugar pero aquella última frase lo dejó con mal sabor. Por la tarde supo que grupos armados habían asaltado las estaciones de policía, algunos oficiales de estas o del Buró de Investigaciones, acusados de torturadores, habían sido fusilados, a la vez se emprendía la febril búsqueda de los delatores, a los que no esperaba mejor suerte. Quizá el sueño de Antonia no iba a cumplirse todavía.

15

FRAGMENTOS DE UN REPORTAJE TELEVISIVO HALLADOS EN LOS ARCHIVOS DEL CANAL 12 S.A.

Lata oxidada que contiene un rollo de película Kodak en estado precario. Tiene un marbete donde todavía puede leerse:
 Matanzas. 7 de enero de 1959. Periodista: Lisandro Otero. Para el Noticiero de las 12.

A consecuencia del calor y la humedad, la mayor parte de la cinta quedó inservible. Han podido rescatarse unos pocos *rushes*.

Matanzas. Parque de la Libertad. De noche.

La cámara recorre el parque abarrotado por la multitud y luego se enfoca en la fachada del Palacio Municipal. Aparece en el balcón central Fidel Castro, rodeado por hombres con uniforme del Ejército Rebelde, se distingue detrás a Monseñor Martín Villaverde y a una mujer joven que pudiera ser Carilda Oliver.

El audio original está dañado.

....

Final del acto.

El discurso concluye. Se ve a multitud, como grandes islotes de cuerpos, iluminados a medias por las farolas del parque, que aplauden por unos instantes y comienzan a marcharse.

No hay sonido.

....

Entrevistas

La cámara se detiene en una anciana en una silla de ruedas con el rostro extrañamente embadurnado de blanco, como una máscara kabuki y con los labios intensamente delineados en tono oscuro. El rostro está rodeado de cabellos larguísimos y sin peinar que descienden por sus hombros y da la impresión de que llegan hasta sus pies. Tiene en la mano diestra una banderita cubana que agita de forma intermitente.

Voz del periodista: ¿Y por qué vino usted esta noche?

Elvira: Porque quería verlo con mis propios ojos

VP: Usted fue entrevistada hace pocos años para la revista *Carteles* por Cabrera Infante, ¿no es así?

Elvira: Así mismo, muchacho.

VP: Y usted le dijo que se cortaría el cabello cuando se fuera Batista.

Elvira: Lo dije, es verdad...

VP: ¿Y cuándo va a hacerlo?

Elvira (con una expresión de picardía tuerce los ojos y los labios): Bueno, voy a esperar un poquito, no sea que este nuevo me salga parecido a Batista.

Una anciana negra empuja a toda velocidad la silla de ruedas fuera del alcance de la cámara, mientras se escucha la voz de la entrevistada que comienza a cantar:

—*Cata-catapún, catapún, pún, candela,*
arza pa'rriba, polichinela,
cata-catapún, catapún, catapún
como los muñecos en el pim, pam, pum.

Sin que se deje de oír el canto, irrumpe ante el lente el doctor Vera Verdura, el ex senador. Canoso, encorvado, habla con agitación:

Dr. Vera: No le haga caso. Es muy anciana. Mi familia y yo estamos felices por el retorno de la libertad. Ahora hay que restablecer el orden, volver a la democracia y reorganizar los partidos, con las personas que tenemos experiencia...

La cinta se corta irremediablemente.

EL AGUJERO DEL SILENCIO

1

La noche va cayendo desde los árboles del Parque Central y coloca grandes rayas pardas sobre los transeúntes. Delante del monumento a José Martí se han dispuesto los atriles de la banda y frente a ella, en un orden más bien caótico, muchísimas sillas de tijera. Una, bastante alejada de los músicos, está ocupada por el padre Manuel Martínez, que procura a la vez secarse el sudor que le empapa el rostro y mantener en equilibrio sobre su regazo el montón de expedientes de La Causa que distribuye por estos días a todo católico que quiera recibirlo antes de que llegue el fin de los tiempos. A la izquierda de la estatua hay una enorme pantalla de cine.

Justo a las seis y treinta, sube al podio, seco y ceremonioso, Gonzalo Roig abre sin urgencias la partitura, empuña la batuta y comienza a ejecutarse el Himno Nacional. Inmediatamente la pantalla se ilumina y, sin más, el público contempla la entrada de los rebeldes en La Habana; luego al doctor Castro pronunciando un discurso en la terraza norte del Palacio Presidencial; después recorriendo el campamento militar de Columbia, antes de descender de un jeep ante las puertas encristaladas del Hotel Habana Hilton y saludar a los curiosos allí congregados.

Se suceden imágenes en las montañas. Pasa un arria de mulos cargados de café. Unos niños marchan por un trillo rumbo a una escuela en cuya puerta se lee «Gracias Fidel». Varios campesinos miran con estupor los pergaminos de propiedad que acaban de entregarles. Hay una fugaz imagen de la Virgen de la Caridad que recorre de noche la ciudad dentro de una urna, bajo una llovizna persistente, rumbo a la Plaza Cívica.

Concluye la música y Roig entrega la batuta con cierta acritud otro músico y se aleja ostensiblemente del podio.

Con los primeros acordes de «La Internacional» la pantalla se ilumina de nuevo. Las cámara captan la llegada al aeropuerto de Rancho Boyeros del Gran Enviado, quien después de recibir un ramo de flores, todas rojas, besa en ambas mejillas al Dr. Castro quien no puede ocultar cierta repugnancia. Luego ambos, rodeados por muchísimos escoltas, colocan una gran ofrenda ante la propia estatua del Parque Central. En ella, sobre un fondo de extrañas rosas blancas hay un continente americano todo bordado con clavelones rojos. Apenas se han marchado, un grupo de estudiantes procura destrozar la corona, entonces una turba furiosa los ataca. Comienzan a disparar desde las azoteas del Centro Asturiano y la Manzana de Gómez.

La pantalla entra en penumbras y se perciben sombras borrosas, es un foso de La Cabaña antes del amanecer. Las luces delanteras de un camión alumbran a un hombre con los ojos vendados y amordazado ante un muro. La descarga no se escucha, pero el hombre cae lentamente hacia adelante. Después hay una vista de una sala encristalada del aeropuerto: los que se marchan tienen gafas de sol y pañuelos en las manos. Los parientes que están afuera pasan las manos por el cristal como para acariciarlos por última vez. Junto a la puerta de salida un aduanero decomisa con aire de rutina una medalla de la Virgen Milagrosa porque tiene algo sospechoso.

Por fin el lente se abre a una vista panorámica de la Plaza Cívica, el Doctor que ahora se llama Comandante habla a la multitud y a cada instante esta aplaude y vocifera. Entonces una ola enorme penetra por el lado derecho de la pantalla, golpea al monumento del Gran Pensante y lo arranca de sus bases. Los que están en la tribuna y una parte del público que se aferra a la estatua son arrastrados por la ola hacia el mar, donde suben y bajan a capricho del temporal. «La Internacional» cesa y la película se corta abruptamente.

Una parte del público comienza a gritar y abuchear y los milicianos que estaban ocultos tras los árboles cargan contra ellos. Mientras se escuchan los primeros disparos el maestro Roig recupera la batuta y ataca la contradanza de *Cecilia Valdés*.

Martínez huye. Sus expedientes caen al suelo y los papeles se dispersan por todo el parque. Corre desatinadamente por la calle Neptuno estorbado por la sotana, hasta que de un establecimiento comercial cuya cortina metálica está cayendo como un telón de guillotina, sobresale una mano que lo sujeta y lo arrastra al interior.

Cuando logra recuperarse algo del pánico y acostumbrar sus ojos a la oscuridad descubre que está frente al Estudiante y extrañamente rodeado de cuadros y figuras de bulto singulares: vírgenes negras con mantos azules junto a san Lázaros casi desnudos y escoltados por perros callejeros; la Mano Poderosa con los santos auxiliadores en cada dedo; san Cristóbal apoyado en una especie de palma coronada por un gallo y también nimbos, potencias, corazones de plata y de cobre traspasados por puñales, sin olvidar al Gran Ojo que rasga las nubes y una santa Teresa desorbitada rodeada de pájaros que parecen cuervos.

—Bienvenido al paraíso de los sencillos. Ahora puedo retribuirle su hospitalidad.

Aunque Manuel tuviera que aceptar que había sido rescatado oportunamente, el ambiente del establecimiento se le antojaba maligno y se hacía más agobiante por la sarcástica tranquilidad de su antiguo huésped.

—¿Pero qué hace usted aquí?

—Eso mismo podría preguntarle yo, Reverendo.

—Salí a repartir unos documentos de La Causa y se me ocurrió descansar un rato en el Parque. Pensé que la música me haría bien, pero pusieron una película rarísima y comenzó el alboroto... ¿Dónde ha estado todo este tiempo que ni siquiera ha tenido la delicadeza de hacerme saber que estaba vivo?

—Padrecito, usted y yo rezamos todos los días aquello de «perdona nuestras deudas, así como nosotros perdonamos...» así que sabrá disculpar mi falta de delicadeza y mi olvido de las normas del *Manual de urbanidad y buenas maneras* de Carreño. Después que el Indio puso mar por medio había muchas cosas que hacer: matriculé Filosofía y Letras, ayudé un poco a Valdespino en Hacienda, me fui a una Zona de Desarrollo Agrario, pero no resulté muy útil y regresé al mes.

Las reuniones del Movimiento Humanista eran un tedio, apoyar la organización de los debates en el Estadio de la Tropical durante el Congreso Católico fue más movido... pero el hombre propone y Mikoyan dispone. Varios de mis colegas padecen ahora las incomodidades de ser huéspedes en ciertas embajadas, que son más pasables, desde luego, que la pensión de La Cabaña, donde te mandan a formar parte de la Iglesia triunfante o de la purgante, sin muchos trámites. Mis padres ya pudieron tomar el vuelo de la Pan American y reanudan sus partidas de canasta en Miami. Yo he querido quedarme un poco más a ver qué pasa...

—Dado el camino que están tomando las cosas quizá debería acompañarlos.

—Creo que muchísima gente le daría la razón, hasta ese nuevo obispo suyo, Monseñor Evelio Díaz, que es un hombre bueno y partidario de la paz, pero al que le faltan dos cosas: la majestad del Cardenal, aunque eso, por ahora, no es tan útil, e imaginación, lo que sí es imprescindible: un día se preocupa por el destino de la Universidad de Villanueva y otro defiende la Reforma Agraria y además cree que ha hecho un gesto magistral de diplomacia al sentarse junto al Primer Ministro en la Cena Martiana, que antes era cosa de masones, pero ahora es una mezcla de todo, como si eso fuera a ayudarle a conjurar con la *Divini Redemptoris* los avances de Nikita, Blas Roca y compañía. Quizá no ha tenido tiempo de dilucidar, como intentamos nosotros hace un par de años, cuál es el librito al que se refiere el Apocalipsis, que tras ser comido produce dolor en las entrañas. Pudiera ser el «Manifiesto Comunista» que aquí están imprimiendo por miles los del periódico *Hoy*, pero quizá lo peor no sea la teoría alemana, ni la tosca adaptación rusa, sino la versión tropical que vayan a endosarnos a ritmo de mambo.

Por momentos Manuel dejaba de atender a la inagotable cháchara del joven y procuraba escuchar los ruidos del exterior. Hacía un rato que no se oían los tiros y las carreras y gritos habían sido sustituidos por el tráfico habitual de los transeúntes.

—Debo marcharme...

—De acuerdo, pero déjeme atisbar, no sea que caiga en una celada diabólica.

El Estudiante alzó un poco más la cortina y exploró con la mirada la calle.

—Todo en paz, salga ahora, padre y váyase directo a casa. La vida nocturna de esta ciudad es más interesante que la de Miami, pero tiene sus peligros.

—Gracias…por cierto…usted nunca me ha dicho su nombre.

—La curiosidad convirtió a la mujer de Lot en una estatua de sal. Un día lo sabrá y no le aportará mucho. Salga ya y que estos santos criollos lo protejan.

La cortina metálica cayó tras él con un golpe seco. Anduvo un tramo aturdido, no dejaba de preguntarse qué hacía aquel muchacho en ese almacén de santos pervertidos, miraba, como si buscara respuestas, las vidrieras iluminadas, pero, antes de llegar a Galiano, atinó a hacer señas a un auto de alquiler.

Al llegar a la Quinta escuchó a un vendedor de periódicos que voceaba: «Firman tratado comercial con la Unión Soviética» y «Detenidos los saboteadores de la visita del camarada Mikoyan». Nada se decía del extraño filme, ni siquiera del concierto de la banda.

2

El doctor Zuasnábar falleció el 24 de marzo, día del arcángel Gabriel. Aunque eran tiempos difíciles Ofelia preparó su velatorio de manera impecable, según las tradiciones inmemoriales de la familia. Ordenó colocar un crespón en la verja de entrada y la sala se vació de parte de su mobiliario para hacer sitio al ataúd, discreto pero elegante. Como mandaba la Iglesia, proscribió las ofrendas florales, salvo un puñado de rosas del patio, colocadas en un vaso sencillo, junto al tapiz de la Virgen Dolorosa, desplegado como un estandarte tras la cabecera del sarcófago, mientras dos reclinatorios barrocos velaban el lado opuesto. Todas las sillas, butacas y mecedoras se colocaron junto a los muros del recinto. Ella misma abría la puerta y recibía a los que llegaban, mientras «las muchachas», ataviadas con uniformes negros, los reglamentarios de luto que les quedaban ya demasiado angostos, se afanaban con las fuentes de galletas, queso, croquetas, que serían servidas como colación de medianoche junto a las infaltables tazas de chocolate La Estrella.

Aunque asistieron vecinos, colegas del finado y gente de Iglesia, los asientos resultaron demasiados. Cuando llegó Manuel a las ocho, ya el padre Marinas, después de transmitir sus condolencias y las del Cardenal, imposibilitado de asistir «por razones de salud que usted conoce», se disponía a pronunciar el primer responso. Más tarde arribaron el doctor José Gorrín, acompañado por su esposa Dulce María Müller y su cuñado Francisco; el doctor Heymann con su hija Margarita; el jesuita Fernando Arango, en nombre de todos los descendientes de don Francisco de Arango y Parreño. Como en una crónica de Julián del Casal, no faltaron ni el Marqués de Aguas Claras, ni el Conde de Lagunillas, ni don José María Chacón y Calvo, Conde de Casa Bayona y Justicia Mayor de Santa María del Rosario y, desde luego, la infaltable doña Leticia de Arriba.

Una vez que el Vicario concluyó el responso y pronunció —por delegación— la bendición papal, se despidió con grandes prisas porque «andar por las calles a esta hora, sobre todo un sacerdote, es harto peligroso». La Madre Superiora del convento del Servicio

Doméstico y el resto de las mujeres se congregaron en torno al féretro para rezar el rosario y las letanías. Los hombres se dispusieron en círculo en el otro extremo de la sala.

Martínez, que habló muy poco, observaba los rostros preocupados de los asistentes, no importaba si se referían a ellos mismos o a sus colegas que habían solicitado a toda prisa su jubilación como catedráticos de Derecho o sencillamente habían renunciado presionados por los estudiantes que tenían al revés la Colina, o por la detención del hijo de Pancho Müller, allí presente, cuando protestaba por el descaro del tal ruso, verdugo de Hungría, que ahora venía a imponer su terror en la Isla.

Unos creían que se trataba de calenturas pasajeras, que en unos días o meses se disiparían «porque nadie soporta *esto* por mucho tiempo», otros temían que todo derivara en una guerra civil como la española, aunque Chacón quisiera argumentar que eran situaciones distintas y no le parecía que los cubanos pudieran llegar a esos extremos dada la idiosincrasia insular.

El doctor Heymann refirió su desencuentro con un juez de la Sala de lo Penal, que pretendió impedirle pronunciar un alegato de defensa si no se quitaba la gran cruz pectoral que acostumbraba a llevar sobre la toga. El asunto no había llegado a más por la intervención de otros letrados pero sentía a su alrededor de una oleada antirreligiosa y «si esto sigue así acabarán encerrando a los cristianos en mazmorras y arrastrando a los curas y a las monjas», tras lo cual miró de reojo al padre Martínez, palideció y le pidió disculpas.

El Conde de Lagunillas parecía ausente de la conversación y cerca las diez se durmió con la barbilla hundida en el pecho. Doña Leticia comentó con malignidad: *Seguro está soñando con las cazuelas griegas esas que ya no puede comprarse desde que controlaron los dólares*.

Muy pocos probaron las delicias tradicionales de la familia porque comenzaron a marcharse antes de las once. Algunos se despedían con más efusión que otros porque ya tenían reservados sus billetes rumbo a Madrid, a New York o a cualquier otra parte. Era por poco tiempo, decían, aunque no parecían demasiado convencidos. Martínez y

Arango se quedaron un poco más pero tampoco podían pasar la noche. Ofelia hizo que les sirvieran chocolate y les obligó a probar la galantina que con tanta devoción prepararon las fámulas.

—No se preocupen por mí. Yo estoy bien, me tocó cerrar los ojos a mis padres, a mis abuelos, a mi hermana mayor, porque la otra, la esposa de Madiedo, tomó el portante con él apenas esto se puso raro. La noche será larga, pero con el favor de Dios, yo soy fuerte y sé que esto es lo mejor que pudo pasar. Danilo ya no vivía aquí y ahora, sino en sus recuerdos y cada vez era más dolorosa la distancia entre sus memorias felices y la realidad. Yo no me voy a ir a ninguna parte, aunque mi hermana y sobrinas me reclamen desde el Norte. Si allá voy a terminar en uno de esos *homes* donde los viejos ni siquiera entienden a los cuidadores, me muero en mi casa, en mi cama o en un asilo de monjas que recen por mí. Mucha gente ha perdido la voluntad y hasta la razón con estas cosas, pero yo soy fuerte y voy a resistir sin tantas quejas.

Manuel se sorprendió cuando el padre Arango se brindó a acompañarlo hasta la Quinta. Para él, como para buena parte del clero diocesano en España y Cuba, los jesuitas eran mundo aparte, algo así como la aristocracia castrense y además, este en particular, hijo de gran familia y prometedor guía de la Acción Católica, estaba demasiado lejos del mundo de un pobre capellán español.

—No se preocupe, son apenas un par de cuadras...

—No es molestia, padre, es bastante temprano y yo no regreso esta noche a Villa San José, me quedaré en casa de la familia que es también a dos pasos.

Se despidieron en la verja de la Quinta.

—¡Qué mujer tan admirable es Ofelia! – dijo el hijo de Loyola.

—Es cierto, me recuerda a ciertas mujeres españolas en aquellos días revueltos de la guerra.

—Cuando tantos piensan en escapar, ella decide quedarse y seguir sirviendo a la Iglesia. Es un ejemplo hasta para nosotros...

—Es verdad, la entiendo porque yo tampoco quiero irme. Si me van a arrastrar que lo hagan en Cuba, que he vivido más años aquí que en León.

—Los caminos de Dios son muy diferentes de los nuestros... ya sabremos lo que nos toca. Y buenas noches, Reverendo, fue un placer conocerle, ya me habían hablado de usted y de La Causa. En la bonanza hemos estado demasiado separados, ahora tenemos que unirnos en la tribulación.

—Buenas noches y encomiéndeme en sus oraciones. Un día le hablaré un poco de esa Causa que me ha traído hasta acá.

Los milicianos que hacían guardia a la entrada del hospital miraron con desconfianza a los dos hombres de sotana pero dejaron pasar sin dificultad al capellán y hasta respondieron a su saludo.

3

Manuel caminaba hacia la catedral con la misma sensación que lo acompañaba desde hacía varios meses: no comprendía lo que le rodeaba, hasta el punto de sentirse absolutamente un extraño apenas ponía un pie fuera de la capilla.

Como muchísimas personas se alegraba —por ejemplo— de que aquella excelente enfermera del pabellón Avelino pudiera salir del solar donde convivía con seis parientes más en una pieza angosta, pero a la vez le dolía verla ocupar el chalet de una querida feligresa que se marchaba hecha un mar de lágrimas para proteger a su hijo que había sido acosado por una turba enfurecida en la Universidad por declararse enemigo de la presencia soviética en Cuba y luego expulsado del centro.

Desde niño había escuchado en su hogar los reclamos de tierras por los campesinos y consideraba justa la Reforma Agraria, esa que en su día había pedido, con riesgo de su vida, el padre Amaro y que hacía poco habían aplaudido tantos obispos, sacerdotes y laicos. Aunque detestaba el caciquismo y la prepotencia de los que habían nacido en cuna de oro, no podía ver con tranquilidad que la expropiación de los ricos estuviera acompañada de humillaciones, insultos y una vigilancia tal sobre ellos que equivalía a encerrarlos en una cárcel invisible. Además, aunque él se había arriesgado para arrancar a un joven de las garras de los verdugos de la policía de Batista, se preguntaba cómo, año y medio después, todavía no se detenía la cruenta maquinaria de muerte en La Cabaña, donde ahora se disparaba contra algunos que habían colaborado en la lucha contra el dictador.

¿Sería, acaso, que el bien solo podía lograrse a través de la violencia y que esta se reproducía de modo que llegaba a dominarlo todo, como ocurriera en aquella fallida República española? ¿Es que no había modo de hacer justicia según la conciencia cristiana y respetando la dignidad del otro, sino según esa «lucha de clases» de la que empezaban a hablar tantos acá, en la que era necesario acabar no solo con viejas estructuras de poder, sino exactamente con toda persona que no estuviera con los métodos preconizados por ese Stalin, quien desde el infierno parecía seguir haciendo harto daño?

Como le habían indicado, llamó a la puerta del archivo parroquial, junto al Palacio Cardenalicio. Le abrió el viejo oficinista con aire de misterio y lo hizo pasar a un salón contiguo.

Según le informó, allí deberían revestirse los sacerdotes que participarían en la misa por el Día del Párroco, pues la sacristía estaba reservada para el Cardenal, los obispos y los canónigos. Ya se habían colocado albas y estolas muchos de sus conocidos. Saludó al padre García Feito, antes de que este se enzarzara en un aparte con Gaztelu. Más lejos Lobato y Gayol hacían algo semejante. Todos los rostros traducían un marcado disgusto.

Vio llegar al padre Sardiñas. Aún traía puesta su sotana verde olivo y en los hombros las charreteras de comandante, ganadas como capellán del Ejército Rebelde. El Cardenal había creado para él la parroquia de Cristo Rey. Estaba solo y parecía triste, de un lado lo tironeaban las nuevas autoridades cada vez más vinculadas al comunismo, por otro lo aislaba un buen número de hermanos en el presbiterado, cada vez más adversos al nuevo orden. Martínez fue y lo abrazó, aunque eso le costara que varios de sus compatriotas presentes lo miraran sin mucha caridad.

El cortejo entró en la nave del templo con extrema puntualidad. La majestad del órgano, las voces del coro, las columnas de humo que brotaban de los incensarios parecieron acallar el rumor de los asistentes, pero no hacía falta ser demasiado agudo para descubrir que la intranquilidad poseía a la mayoría de los que ocupaban el recinto.

Tanto Marinas como Del Valle disimulaban muy poco su nerviosismo. Ayudaron al Cardenal a instalarse bajo el dosel y ocuparon, uno a su diestra y otro a su siniestra, dos banquetas más bajas para escoltarle. Los canónigos parecían confusos a la hora de dirigirse a sus asientos en el coro, mientras que los sacerdotes murmuraban y hacían señas mientras se ubicaban en los primeros bancos de la nave central. Ni siquiera el arzobispo coadjutor Evelio Díaz, quien presidía la celebración, ni sus flamantes auxiliares, el aristocrático José Maximino Domínguez y el *scout* Boza Masvidal parecían tener demasiada seguridad en sí mismos.

No era necesario ser un experto en liturgia para descubrir que la eucaristía celebrada en honor de san Juan María Vianney, el santo cura de Ars y patrono de todos los párrocos, a pesar de atuendos pontificales, derroche de incienso y entonaciones gregorianas para los textos, se estaba celebrando con cierta descuidada premura, desde el Introito *Os justi meditabur sapientiam* hasta el evangelio *secundum Lucam* donde al lector le temblaba significativamente la voz y perdía el ritmo al entonar: *Et vos estote parati, quia qua hora non putatis, Filius hominis veniet.*

Después se hizo un silencio, roto por varias toses y rumores dispersos entre los asistentes. Monseñor Díaz, mientras tanto, había ocupado el púlpito. Al parecer no había tiempo para el santo del día, porque el prelado, tras calarse los lentes, abrió una carpeta y comenzó a leer, con voz más bien desapasionada, aquella Circular Colectiva que los obispos de la Isla habían firmado dos días antes.

Era evidente que el texto ya se había filtrado, como era habitual, a varios feligreses y también a muchísimas personas hostiles a la Iglesia. Los primeros párrafos, que eran como la fundamentación doctrinal del documento, fueron escuchados con expectación, pero, a partir de la mitad, cuando se escuchó lo del «creciente avance del comunismo en nuestra patria» comenzó el desorden.

Desde diversos lugares del templo se escuchaban aplausos sostenidos, voces que gritaban: «Cuba sí, Rusia no», «Fuera el comunismo», «Cuba para Cristo». Martínez observó que había un grupo de bancos al centro de la nave y otros en el extremo trasero, cuyos asistentes iban a contracorriente de los demás y aprovechaban los raros instantes de silencio o la disminución de las voces para gritar por su parte: «Traición, traición, el que traiciona al pobre traiciona a Cristo», «Fuera los obispos aliados de los ricos», «Cristo era socialista» y luego, como si se les hubieran agotado los argumentos, comenzaron los alaridos de «Paredón, paredón para los curas», «Paredón para los traidores».

El Coadjutor, interrumpió un instante la lectura y los ánimos parecieron calmarse. Así pudo aproximarse al final del texto: «La Iglesia está hoy y estará siempre en favor de los humildes, pero no está ni estará jamás con el comunismo». Nuevos aplausos, nuevos gritos de rechazo. Y después un silencio nada devoto. El auditorio entero respiraba incomodidad, salvo el Cardenal, con la mirada perdida de quien ni siquiera sabía que aparecía como el primero de los firmantes del texto. Manuel vio como quienes ocupaban los bancos de la oposición se iban marchando ostensiblemente. Ya nada tenían que hacer allí.

La ceremonia continuó, bien apegada al misal y a marchas forzadas. Tras la bendición solemne, Marinas y Del Valle, sostuvieron al Cardenal, uno por cada brazo, y lo hicieron desaparecer. La procesión de los clérigos tomó la senda central para salir a la plaza y torcer hacia el Palacio, pero al llegar al atrio una muchedumbre enfurecida los rechazó. Los acólitos y varios clérigos retrocedieron mientras otros quedaron rodeados por la multitud. Los gritos de «Traidores, gusanos» y «Paredón, paredón» se multiplicaban.

Entonces el padre Sardiñas salió de su puesto en la fila, se adelantó y gritó a las primeras filas de vociferantes que esa era una ceremonia religiosa, que allí no se había cometido ningún delito y que debían apartarse y dejar el paso libre. Muchos callaron y lo hicieron, pero otros se mantuvieron allí con talante agresivo. Algunos esgrimían palos. Entonces la gran puerta del templo se cerró tras las espaldas del conciliador capellán y en el interior comenzó un verdadero pandemonio: grupos de fieles procuraban huir por la puerta lateral de la capilla de Loreto hacia la calle Tejadillo, otros corrían rumbo a la salida del archivo parroquial, pero pronto esas vías quedaron clausuradas al descubrir que los sitiadores se habían apostado en el exterior. Súplicas, lamentaciones, empellones, tacones quebrados y mantillas torcidas, la histeria subía de punto.

Alguien dijo que el Coadjutor había llamado a la policía para ayudar a evacuar el edificio, pero esta tardó más de una hora. El calor de agosto acabó de cobrarse las fuerzas y el ánimo de los encerrados. Por fin, después de la una, aparecieron los agentes del orden e hicieron salir a los feligreses por un estrecho sendero que acordonaron en la plaza, aunque la multitud seguía libre de vituperarles a gusto, mientras los sacerdotes, después de lanzar los ornamentos de cualquier modo, salían por el Palacio para ganar rápido la Avenida del Puerto, aunque se vieron estorbados por una riña tumultuaria entre jóvenes de la Acción Católica y un grupo de parqueadores de coches a los que alguien había instruido para hostilizarlos.

Cuando se hubo vaciado el templo, la policía condujo al Coadjutor a la Primera Estación, bajo la acusación de «alteración del orden público».

Martínez, aturdido, fue uno de los últimos en salir, cuando ya la zona se había despejado. Se sentía sofocado y débil. No se le ocurrió otra cosa que sentarse en el Parque de los Filósofos. Estaba solo allí, si se descontaba la figura sedente de José de la Luz y Caballero. *El único que está tranquilo hoy en La Habana* – pensó Manuel. El resplandor de mediodía lo castigaba aun en la estrecha franja de sombra donde se ubicaba su banco. Por un momento pensó en Miguelito, hacía meses que no tenía noticias suyas. Se preguntó si habría leído ese documento hoy en su parroquia y qué le habría sucedido después. Demoraría en saberlo. Ahora hubiera necesitado la presencia de Amaro, su fuerza y equilibrio para poder formular un juicio sobre lo que estaba viviendo.

Cada uno de los participantes en el suceso tenía su verdad: quienes redactaron el texto, quienes se sintieron complacidos con él, pero también quienes lo rechazaron, aunque lo hicieran de manera torpe y hasta brutal. Y ahora, después de cortado cualquier puente entre las partes, ¿habría que plantearse las cosas como allá: milicianos contra nacionales, requetés frente a comunistas? Cristo había advertido sobre las dificultades que tendrían los opulentos para entrar en el Reino de los Cielos y había llamado bienaventurados a los hambrientos y desamparados, pero de algún modo, por el camino, los ricos habían encontrado un modo de entenderse con los cristianos y los pobres, a sabiendas o no, tomaban la imagen del enemigo. En este mundo era imposible colocar la balanza en el fiel, quizá porque el Príncipe que lo dominaba se había encargado de confundir a unos y otros. A su espalda, del otro lado de la bahía, el Cristo le enviaba su bendición pero tampoco tenía respuestas.

Cerca de las dos de la tarde la debilidad vino a vencerlo. Se incorporó con mucho esfuerzo y se dirigió a la vecina calle Chacón. Entró en el primer establecimiento que vio, una especie de café que llevaba el pomposo nombre de «La República de Cuba». Ordenó un emparedado y una gaseosa. La sombra, el aire impulsado por el ventilador del techo y el refresco helado bajando por su garganta, vinieron a relajarlo. Debía concluir su misión del día.

Cuando vino a cobrarle el camarero, antes de tomar el billete se quedó mirándolo.

—La cosa se ha puesto mala para ustedes, padrecito, va a tener que regresar a la Península.

—Este es mi país – replicó el sacerdote- He vivido más años aquí que allá. Que se vayan los que no pueden vivir en paz.

Un par de minutos después estaba ante la casona del arzobispado. Un empleado acudió a su toque, lo miró con cara de sorpresa, pero, gracias a la sotana, pudo pasar. Monseñor Díaz había sido puesto ya en libertad. Estaba en la planta alta.

El prelado ocupaba una mecedora en el corredor. Acababa de tomar café y parecía fatigado. Saludó a Martínez sin mucho entusiasmo.

—Padre, ¿todavía no se ha ido a casa?

—Necesitaba verle, Ilustrísimo.

—¿También usted está preocupado?

—Lo estoy, Monseñor, pero no piense que pretendo liar los bártulos…Yo estuve en medio de la Guerra Civil y sé a qué atenerme.

—Entonces…

—Sé que Su Merced ha pasado por una jornada difícil y hasta se lo han llevado a comisaría, me alegra que por poco tiempo. ¿Le han respetado?

—No me puedo quejar demasiado, aquí todavía un obispo es un obispo…

—Pero vendrán tiempos peores.

—¿Profeta de desgracias?

—No exactamente. Desde hace más de treinta años he advertido a sus antecesores que la Santísima Virgen reveló a María Vera los designios de la Providencia para Cuba y que si no eran escuchados los reclamos de su santa Causa, ocurrirían estas cosas y otras peores…

—Querido padre, no creo que sea el momento para esto…

—Siento decirle que no lo hay mejor. Muchas veces me han repetido esa frase y los obispos no escuchan, ni los vicarios, ni los religiosos, ni la Acción Católica, cada cual va por su camino. Dicen servir a la Iglesia, pero hay muchísimos que no tienen fe, actúan como oficinistas, ignoran las advertencias del cielo o se mofan de ellas…

—Por favor. Yo he recibido el expediente que me envió. Algo he leído, pero comprenda que hay urgencias mayores…

—Acuérdese de Fátima o un día el sol podría caer sobre esta isla.

—¡Para Apocalipsis estamos! Otro día podríamos hablar con más calma, pero debo advertirle que no puedo ocuparme en estas circunstancias de asuntos que los que me precedieron, más cercanos a los asuntos que refiere, no los consideraron dignos de atención. No creo que sea yo el llamado a dar solución a una causa ya olvidada. Vaya y rece en buena hora a Nuestra Madre porque no necesita usted de los relatos de una visionaria para implorar paz y sensatez para Cuba.

—Cuando las cosas se hagan irremediables no olvide que la Providencia me hizo advertirle.

—Váyase en paz. Tengo dolor de cabeza y…

Díaz se llevó las manos a las sienes. Estaba agobiado y no se aliviaría con las trompetas de la cólera divina.

Al salir del palacio arzobispal, el sacerdote encontró las calles casi desiertas. Subió por Chacón hasta Monserrate y contempló por un instante la mole blanca del Palacio Presidencial, ese al que ya no tenían acceso ni Llaguno, ni Marinas, ni el mismísimo Arzobispo.

Una máquina de alquiler lo llevó hasta la Quinta. Ahora era Manuel quien tenía dolor de cabeza y callaba ante el incesante parloteo del chofer que comentaba a su modo los sucesos de la catedral. Cuando llegó a su casa encontró que habían escrito con carbón sobre la fachada: TRAIDOR.

4

—*Ab insidiis diaboli, libera nos, Domine… A morte perpetua, libera nos, Domine.*

Aquel 16 de abril de 1961 no iba a olvidarlo: desde el asalto a la sede de los Caballeros Católicos hasta la extraña y providencial intervención del Estudiante. Era, además, el quincuagésimo cuarto aniversario de que María recibiera el milagro que le permitió volver a andar.

Habían pasado ocho meses desde los sucesos de la catedral y desde entonces, ni él ni el resto de la Iglesia cubana habían tenido paz. A cada pastoral de los obispos sobre el peligro comunista seguían escándalos en los templos, daba lo mismo que su lectura ocurriera en La Habana, Santiago de Cuba o Camagüey. Monseñor Martín Villaverde había muerto en noviembre anterior, lleno de angustia por la hostilidad de aquel gobierno nacido de un movimiento que él mismo había apoyado. Ya el padre Trabadelo había tomado el camino del exilio voluntario, lo mismo que el vicario Marinas y otros muchos.

La figura a tono con los tiempos era un sacerdote indisciplinado y enloquecido, al que las autoridades facilitaban sus arengas en plazas públicas y tenía abiertos los micrófonos de los medios oficiales, Germán Lence, un nuevo Savonarola, acusaba a los obispos de traicionar a Cristo y de vivir como millonarios, a la vez que ofendía reiteradamente a las congregaciones religiosas, al profesorado de los colegios católicos, a los líderes de la Acción Católica.

Arrastraba tras de sí huestes de gente trastornada que se dedicaba a interrumpir las misas con vivas a los dirigentes del Estado y a cantar el Himno Nacional en los momentos menos oportunos. Algunos como los padres Arrechea y Gaztelu, que al inicio se habían alineado con tan mala compañía, comenzaban a distanciarse. Estaba claro que los comunistas necesitaban de ellos solo un apoyo coyuntural, cuando se impusieran, echarían a un lado hasta al histérico predicador, porque impondrían el ateísmo.

Hacía un par de días alguien había incendiado la tienda El Encanto. Mientras los bomberos procuraban extinguir las llamas, turbas enfurecidas habían rodeado la vecina parroquia de Monserrate y vociferaban pidiendo paredón para su párroco, el padre Lobato, al que consideraban culpable del siniestro.

Ni siquiera pudo despertar a Pancho que se había quedado dormido en el sofá mientras lo esperaba. Dos recios toques en la puerta lo sobresaltaron. Cuando abrió, la luz de la fachada le permitió distinguir al administrador del hospital acompañado por dos milicianos con armas largas.

—Lo hemos estado esperando desde temprano. Creíamos que se había marchado.

—¿Qué sucede? No tengo ninguna razón para irme.

—Nadie se lo pide, pero parece que no sabe que desde hace varias horas este país está en pie de guerra y estamos a punto de ser atacados por los yanquis, además somos un país socialista y tenemos que defendernos del imperialismo y de los que lo apoyan aquí adentro.

—No entiendo –dijo Manuel, asombrado por el cambio de aquel hombre, habitualmente obsequioso con él, que ahora mudaba su carácter así como había trocado el saco y la corbata por un uniforme de miliciano que le venía harto grande, hasta el punto de que sus manos casi desaparecían bajo los puños de la camisa azul– ¿Qué tiene que ver eso conmigo?

El funcionario parecía incómodo, como si recitara un papel que otro le hubiera escrito apresuradamente. Los milicianos sencillamente permanecían firmes y silenciosos.

—Tenemos la orden de poner bajo custodia todos los templos, para que los enemigos no puedan valerse de ellos. Ellos permanecerán en la capilla hasta que esta situación termine. Usted puede quedarse dentro de su casa, no salga hasta que se le indique…ah, y no puede tocar la campana bajo ningún concepto…

Martínez fue a abrirles el templo. Trasladó el copón con las formas consagradas a su habitación para evitar que el sagrario fuera profanado. Se ofreció para traer unas mantas a los ocupantes y hacerles café.

Le pareció que aquel par de muchachos estaban tan asustados como él y que agradecían aquel gesto, pero el administrador fue tajante:

—Ellos tienen órdenes de no aceptar nada de...de...bueno, quiero decir, nosotros nos encargamos de traerles avituallamiento y comida. No se moleste. Buenas noches.

Los muchachos se acomodaron como pudieron en los bancos del templo y un momento después el funcionario regresó escoltado por dos enfermeros con mantas, sábanas, y una cantina con alimentos. El sacerdote no se había acostado cuando escuchó un nuevo toque a la puerta, pero más discreto. Ahora el personaje había cambiado.

—Padre, usted dispense las molestias, pero estas son órdenes de arriba. No se crea que está preso, ni nada, porque no hay nada contra usted, que ha sido muy decente aquí con todos. Pero hay problemas con otros sacerdotes y por eso los vigilan hasta ver qué sucede. Si necesita comida o algo me avisa. Estamos para ayudarnos...

—Estoy bien abastecido, gracias y le digo lo mismo. Si algún enfermo o cualquier persona me necesita, aquí estoy.

A pesar de las negativas, al amanecer, Manuel hizo que Pancho llevara chocolate y galletas a los guardias. Por las ventanas se escuchaban los equipos de radio y televisión puestos a toda voz con un solo aviso. La invasión había comenzado. Jeeps del ejército y ambulancias marchaban a toda velocidad por las calles de la Quinta. Se decía que en los pabellones permanecían médicos y personal auxiliar retenidos. No había leche fresca, ni pan, ni era posible ir a una carnicería. Se sustentaron de sardinas, galletas, mayonesa y siguieron las noticias por la radio. Un par de trabajadores fueron a recibir en secreto la comunión. En la noche del día 19, cuando todo había concluido, los milicianos no quisieron irse sin despedirse y dar las gracias. El chocolate de Pancho era excelente. Martínez los bendijo y les deseó salud y paz para ellos y sus familias.

5

No es cierto que los hicieran descender del ómnibus a empellones. Ellos bajaron a toda velocidad, ansiosos por sentirse en espacio abierto, contemplar el cielo y envolverse en la luz. Manuel fue uno de los primeros. Se habían detenido frente al edificio de la terminal marítima y más allá del cordón policial y del muro del Malecón, el Covadonga imponía su presencia de cetáceo.

Un nutrido número de personas, impedido de acercarse al muelle, se había concentrado en la acera de enfrente. Algunos grupos oraban o cantaban en voz alta, pero era imposible escucharlos, porque en varios de los edificios cercanos habían colocado altoparlantes de los que salían himnos y marchas, mal sincronizados entre sí, de modo que, mientras las bocinas de la terminal lanzaban al aire las notas de «La Internacional», otras, enfrente se empeñaban en los compases del «Himno del 26 de Julio» y otra, un poco más alejada, intentaba imponer, con cierta timidez, el «Himno de la Alfabetización», mientras, aquí y allá, procuraban alzarse las voces con el cántico: «Tú reinarás». El resultado era una polifonía, agria y aturdidora.

Había un evidente desconcierto. Hombres con uniformes del Ejército Rebelde, de milicianos o vestidos de civil, corrían aquí y allá, trasmitiendo órdenes aparentemente contradictorias. Aquellos que los habían escoltado insistían en que se franqueara el paso a los detenidos para que se dirigieran al barco que debía zarpar, pero el cordón que impedía la entrada aseguraba tener órdenes de no permitirlo todavía.

Martínez contemplaba la multitud, donde muchos agitaban los brazos para saludar a un conocido o sencillamente para mostrar su simpatía por los que partían forzosamente. De pronto, descubrió en la primera fila a Sofía y a Dalmau, sostenían un cartel, como aquel día, hacía más de veinte años, cuando fueron a recibirlo allí mismo. No era posible leer lo que decía aquella cartulina azul pálido, pero ellos se veían más encogidos, más viejos, más patéticos. Alzó el brazo y los saludó. Los vio agitar los brazos, pero nunca supo si lo habían visto o si hacían lo mismo que el resto de los congregados.

Todo había comenzado en el asfixiante mes de agosto, la mañana en que, después de la misa matutina, una comisión llamó a la puerta de su casa. A pesar de tratarse en su mayoría de médicos y enfermeras, todos vestían camisas azules de tela áspera y pantalones verde olivo muy anchos y varios iban tocados con boinas, como si se encontraran en un campo de maniobras. No pudo evitar darse cuenta de que varios de ellos iban armados. El administrador servía otra vez de vocero de los designios oficiales. Aunque él los invitó a pasar a la casa, ellos prefirieron permanecer en el portal.

—Señor Manuel Martínez, usted se ha desempeñado hasta la fecha como capellán de este sanatorio. Le comunicamos que, a partir de este momento, como no somos ya una institución privada, sino una clínica mutualista, intervenida por el Estado y por ser el mismo, laico y socialista, no está permitida ninguna práctica religiosa dentro de él. Por lo que vamos a proceder a tomar posesión de este edificio. Puede llevarse los ornamentos de culto, que no son interés social y debe desalojar la casa cuanto antes. Si no tiene a dónde ir, aunque suponemos que su iglesia se encargue de eso, debe comunicarlo, para procurarle un alojamiento transitorio.

Manuel no podía sorprenderse demasiado con la escena. Había visto de cerca la intervención de los colegios religiosos y no olvidaba la pavorosa escena en el local de los Caballeros Católicos. Pero se aferraba a la idea de que su capilla no sería cerrada.

—Pero…esa decisión es apresurada…no es justo…

Aquella gruesa enfermera, que permanecía dos pasos más atrás, la que había servido en el pabellón de dementes y ahora gozaba de oficina propia junto a la dirección, porque representaba a las ORI, lo interrumpió a gritos:

—Usted no tiene ningún derecho a cuestionar una decisión del gobierno revolucionario. Porque es un extranjero, que fue cómplice de los dueños de esto y de los explotadores, mientras Batista asesinaba personas.

Martínez perdió la paciencia evangélica.

—Mientras Batista asesinaba personas, yo ocultaba en esa casa que ustedes ahora me quitan a un estudiante perseguido, cosa que sabe muy bien el señor administrador, aunque ahora parece no recordarlo, mientras que usted, como me consta, a pocas horas de que trajeran aquí el cadáver de uno de esos asesinados, que yo encontré en la calzada, se dedicaba a bailar «La Maricutana» con la radio a toda voz en su puesto de trabajo.

Los miembros de la comisión se miraron entre sí, pero la enfermera se dio cuenta que estaba en terreno peligroso y decidió pasar a la ofensiva.

—¡Cura de mierda, no vas a seguir envenenando a la gente con mentiras, ojalá que te dieran paredón o por lo menos te botaran de Cuba, gallego churroso!

Alguien atinó a hacerla callar y necesitaron un minuto, para restablecer su compostura como delegados del poder superior.

—Recoja y avísenos a la administración para revisar el edificio y recibir las llaves. Tiene veinticuatro horas.

—No gracias. Con una me basta. Pero tengo una preocupación.

Los interventores se miraron de nuevo con inquietud.

—Dígala.

—Yo me voy a otra parte, pero no puedo llevarme a Pancho, ¿qué será de él?

Esta vez intervino el viejo de civil que escribía en la libreta.

—No se preocupe, esta Revolución no desampara a ninguno de sus ciudadanos. Se le dará trabajo aquí mismo, se le procurará alojamiento adecuado y se le formará como un buen joven marxista y leninista. Ya no es asunto suyo.

Apenas se marcharon el sacerdote fue a la capilla. Se arrodilló ante el altar. Sus pensamientos revueltos no lo dejaban orar. Abrió el sagrario y pensó consumir las formas pero eran muchas. Cambió de idea y extrajo el copón, verificó que estuviera bien tapado y para mayor seguridad lo envolvió en un pequeño mantel limpio antes de colocarlo en un portafolio, donde depositó también un cáliz, varios corporales y purificadores, dos porta viáticos y la ampolleta de óleos consagrados.

Fijó los ojos en el crucifijo que presidía el altar. Era demasiado grande para desmontarlo y llevarlo él solo a alguna parte. Allí debería quedarse. Muy probablemente seguiría la suerte de tantas imágenes durante la Guerra Civil, o después de las recientes ocupaciones de colegios católicos, asilos u orfanatos. Sería profanada y destruida entre burlas. Así se renovaba la sagrada Pasión y él nada podría hacer ante ese designio superior a su entendimiento.

Dejó el sagrario con la puertecilla abierta y apagó la lamparilla que estaba a un costado. Se dirigió a la casa y puso en un maletín apenas un par de mudas de ropa interior, unos zapatos no muy gastados y dos sotanas, una blanca y una negra, el breviario, una Biblia, el ejemplar casi destruido de *La conversión de la Magdalena* que lo había acompañado por tantos años y, desde luego, los principales documentos de La Causa.

En una esquina de la sala, Pancho se había pegado a la pared y en medio de fuertes temblores se había ido deslizando, hasta quedar sentado en el suelo con la cabeza entre las manos. Era el momento más difícil.

—Pancho, tengo que irme. Contra la violencia uno puede únicamente confiar en Dios y rezar. No dejes de hacerlo nunca. Tú sabes que te quiero muchísimo, pero no sé qué va a pasar conmigo y no puedo meterte en esa aventura, porque sería muy peligroso para ti. Obedece y trabaja donde te pongan, pero no te olvides de las cosas que te he enseñado. Sé fuerte. Si todo esto pasa, prometo que vendré a verte. Ven, dame un abrazo y ayúdame a sacar estos maletines hasta la calzada.

Cuando salió al portal vio pasar al administrador y lo llamó.

—Ya me marcho. Aquí tiene las llaves, aunque adentro están las cosas de este muchacho. Cuando lo cambien de lugar háganlo con delicadeza, porque ustedes saben que es muy sensible.

—No se preocupe, voy a tratar personalmente de conseguirle trabajo aquí mismo y quizá sea posible pedir al Instituto de Reforma Urbana que se le reconozca esa casa como suya por haberla ocupado varios años, basta con dividirla de la capilla, que es parte del hospital.

—Supongo que quiera revisar lo que me llevo.

—No, yo sé que usted es una persona honesta y allí no hay nada de importancia estratégica…Entienda que esto no es algo personal, sino una decisión de más arriba, tomada en este momento complicado en que estamos en pie de guerra...

—Está bien. Antes de irme sólo quiero pedirle un favor.
El directivo pareció inquietarse, pero no tenía escapatoria.

—Dígame.

—Hace pocos años usted me trajo a un estudiante herido, para que le diera refugio en mi casa.

—Así fue.

—Alguna vez volvió después, pero nunca me dijo su nombre, argumentaba que era por seguridad. Hace poco volví a verlo y tampoco me lo dijo. Por favor, dígame como se llama ese joven.

Ahora el administrador sudaba copiosamente y parecía buscar las palabras para responder.

—Mire, si me hubiera hecho esa pregunta hace un año, le hubiera respondido con todo gusto. Era el hijo de un matrimonio amigo, que se había buscado una trifulca con la policía de Batista. Después estuvo vinculado a la Revolución, al principio, era un ciudadano más. Pero después se colocó en la oposición, en un grupo de católicos que organizaron un movimiento. Cuando los descubrieron, unos se asilaron en embajadas, otros salieron clandestinamente del país, pero a él lo detuvieron y lo encerraron en La Cabaña.

—Pudo decírmelo antes, para irlo a visitar.

—Lo siento, padre –en los ojos del funcionario había algo de conmoción– fue juzgado...y fusilado.

El sacerdote se sintió alcanzado por una llamarada infernal. Era la gota que colmaba la copa. Le rogó a Pancho que retornara a la casa y se dirigió solo hacia la salida. Pensó ir al arzobispado para entregar las especies sacramentales, pero no sabía qué estaría sucediendo allí, de modo que detuvo un auto de alquiler y dio las señas de la casa de Ofelia.

Cuando llegó a casa de la dama no pudo sino abrazarse a ella. Ambos lloraron. El cielo parecía caer sobre sus cabezas. Martínez le confió las hostias consagradas, el vaso del crisma y la ampolleta con los óleos. Ellas los colocó en una habitación, sobre una mesa, con una vela encendida y detrás la imagen de la Dolorosa. Si era posible debía llamar al párroco del Cerro, o a los padres claretianos de la Iglesia del Inmaculado Corazón, para que los buscaran. Si ninguno estuviera, era su responsabilidad conservarlos y asumir, como los primeros cristianos, funciones semejantes a las de un diácono: dar la comunión a quien viniera a solicitarla, bautizar a los niños, poner la unción a los agonizantes.

Ofelia le ofreció refugio en su casa, hasta que las cosas se calmaran o hasta que el arzobispo le diera otro destino. Manuel recordó la terrible historia del comerciante en Madrid al que las turbas destrozaron por ocultar un cura en su hogar y declinó.

—No quiero comprometerla más. Basta con que la haya hecho custodio de los sacramentos. Me voy a Paula, monseñor Llaguno me hospedará hasta que las cosas estén más claras.

En el apacible asilo de Paula lo recibió Monseñor Llaguno, acogedor como siempre y no demasiado preocupado.

—Esto es cosa de unos días, Manuelito. Los cubanos no son tan violentos, ni tan apasionados. Pasa una brisa y empiezan a pensar en otra cosa. Esto no se parece al asunto trágico de España.

Manuel no estaba tan convencido, pero la institución seguía funcionando más o menos como siempre y decidió esperar en ella.

El arzobispado andaba medio desvertebrado. Su Ilustrísima iba de sobresalto en sobresalto y el nuevo canciller, el padre Colmena, lograba hacer muy poco en el escritorio revuelto que le habían dejado sus antecesores y con la mente siempre ocupada por los gritos y revueltas de la calle. El grito de «¡Paredón para los curas!» le ponía los nervios de punta.

—Quédate y ayúdame con la parroquia. En el obispado me necesitan más que nunca.

—¿Y no tienes miedo a seguir saliendo así y que alguien se acuerde que eras el capellán de Palacio?

—No pienses que los energúmenos esos tienen un directorio eclesial a mano. Ellos le tiran piedras aleatoriamente a la sotana o al hábito que ven pasar. El padre Belarmino, o Gaztelu, con ser rojos, no están más libres que yo de un incidente de esos, el mismísimo loco escandaloso de Lence, si no lo reconocen a tiempo, puede ser linchado por los cultos habitantes de alguna cuartería. Quizá por eso Sardiñas sigue usando la sotana verde olivo, de lo contrario sería uno más. Monseñor Boza dedica mucho tiempo a su parroquia ahora que Villanueva cayó. Los ánimos del Arzobispo flaquean cuando sufre un nuevo percance. La intervención del Cementerio le ha llegado al alma. Modestamente, yo pongo un poco de cordura allá... mientras sea posible... Ahora hay que creer en la Providencia, más que nunca...

Así, aunque sobraban las vacantes en muchísimos templos habaneros, Manuel se convirtió en vicario provisional de san Francisco de Paula, hasta que el reverendo Colmena organizara su escritorio. Celebraba la misa matutina para las asiladas, los sacerdotes enfermos y un pequeño grupo de feligreses vecinos, cada vez más reducido. Por la tarde dirigía el rosario de las cinco para un grupo de mujeres, con los rostros casi ocultos bajo las espesas mantillas españolas, enlutadas y temerosas. Así fue hasta el 16 de septiembre.

Aquella tarde habían rezado los Misterios Dolorosos y comenzaba: *Angelus domini nuntiavit Mariae...* Se escuchó un gran golpe en la puerta principal del templo aunque estaba abierta. Inmediatamente comenzaron a entrar los milicianos. Las feligresas, de espaldas, apiñadas en los dos primeros bancos respondieron mecánicamente:

—*Et concepit de Spiritu Sancto.*

Los intrusos avanzaron por la senda principal y rodearon a Martínez. Uno de ellos revisó unas hojas estrujadas que traía en la mano.

—¿Tú eres el «Laguno» ese, no?

Manuel sintió que su última hora era llegada y decidió enfrentarla con dignidad.

—No, yo no soy monseñor Llaguno. Soy el presbítero Manuel Martínez, para servirle.

—Mira, gallego, no te hagas el vivo. Aquí no dice nada de Martínez y sabemos quién eres. «Laguno», o charco, o lo que sea, vienes con nosotros.

Un par de feligresas intentaron protegerlo en el momento en que dos milicianos lo sujetaban, uno por cada brazo, pero ellos las empujaron contra un banco y salieron a toda prisa. Así, todavía con el rosario en la mano, lo sacaron casi en vilo, pero, para su sorpresa no lo monta-

ron en un jeep, sino que lo hicieron caminar hacia un edificio vecino, la recién intervenida Villa Marista. En el vestíbulo, un hombre de civil ante un escritorio preguntó:
—¿Y éste?
—Es el cura de allí enfrente.
—¡Ah! El batistiano ese. Perfecto. Pónganlo con los otros.
Lo encerraron en una pieza sin muebles, donde ya había otros detenidos. Vio a dos religiosos pasionistas, que apenas alzaron los ojos del suelo. En el lado contrario de la pieza había dos salesianos, el más viejo procuraba animar al joven que lloraba. Ninguno le dio la bienvenida. Manuel apoyó la espalda en la pared que estaba sembrada de clavos a cierta altura, era evidente que habían arrancado de allí los cuadros o diplomas que la adornaban. Un instante después descubrió que sobre la puerta de entrada permanecía un pequeño crucifijo de madera, como una muda advertencia. Le tomó un tiempo incalculable tomar conciencia de que conservaba el rosario, que en algún momento, durante su detención, se había echado en el bolsillo. Lo extrajo. Al menos esa tarde Nuestra Señora no se quedaría sin sus oraciones.
—*Maria Mater gratiæ, Mater misericordiæ.*
Con un poco de retardo aquellas voces balbuceantes y perplejas atinaron a responderle.
—*Tu nos ab hoste protege et hora mortis suscipe.*
Pronto las voces se volvieron más firmes y llenaron la sala con el *Ave Maria, gratia plena, Dominus tecum...* hasta concluir el rezo. Entonces los prisioneros se acercaron. Para la mayoría era la primera vez que hablaban entre ellos.
Habían pasado las nueve cuando entraron unos guardias con unos platos de lata que contenían arroz y unos frijoles descoloridos, en una esquina dejaron un cántaro de aspecto sucio con agua. Solo Martínez y el más viejo de los salesianos comieron algo. Pidieron mantas para dormir y no las trajeron.
Al amanecer los hicieron poner en pie. Trajeron un vaso con café claro para que todos tomaran un sorbo y los hicieron salir con las manos en alto. Un ómnibus, de los que habitualmente trasladaban a los alumnos de los maristas, los esperaba en la entrada. Los dos pasionis-

tas se abrazaron apenas estuvieron dentro e hicieron la señal de la cruz. La sombra ominosa del paredón velaba los ojos de todos. Suspiraron de alivio cuando
divisaron la Avenida del Puerto y la mole del buque Covadonga junto al muelle.

Absorto en sus pensamientos, se sobresaltó cuando una figura femenina casi lo embistió. Era Ofelia, que había logrado cruzar el cordón de milicianos. Uno muy joven corría tras ella.

—Oiga, ciudadana, no puede pasar, venga conmigo.

—Respétame, vejigo, que puedes mi nieto. Estoy aquí por fuerza mayor. Ponte ahí, sin molestar, para que veas que no hago nada malo.

Ante palabras tan terminantes, el muchacho obedeció.

Seguía vestida de luto. Su atuendo negro solo se animaba con el medallón esmaltado que tenía la imagen del Sagrado Corazón de Jesús. Llevaba gafas oscuras que aumentaban la severidad de su rostro.

—Me enteré anoche muy tarde. Aquí en la Habana se sabe todo. No podía dejarlo ir sin despedirme, porque estoy muy agradecida de su compañía. Le he traído algo de comer porque imagino que lo va a necesitar.

Le alargó una bolsa que decía *Fin de Siglo* llena de pan y trozos de embutidos. Y extrajo de otra un recipiente casi esférico de brillo niquelado, adornado en la parte superior por unos pingüinos en altorrelieve.

—Tenga. Es un jigote. Nunca en mi familia hemos emprendido un viaje sin tomar uno. Lo hicieron para usted las muchachas al amanecer. Le va a hacer falta.

—Pero ¿cómo le devuelvo el recipiente?

—Quédese con él, o láncelo al mar. No estamos ahora para guardar cosas sin importancia. Ya nos volveremos a encontrar, acá, porque yo no me voy a ninguna parte, o en el cielo.

El miliciano interrumpió el abrazo. Otros lo reclamaban desde el cordón a gritos.

—Gracias, hijo, has hecho hoy una obra de caridad y Dios te la recompensará.

La dama desapareció entre la multitud en el mismo momento en que llegaba la orden de que los arribados recientemente en varios ómnibus abordaran el barco al momento. Martínez se sintió empujado por los que venían detrás y así, con la bolsa de papel y aquel cacharro en alto pasó bajo uno de los arcos de la Aduana, directo a la pasarela, porque ni él ni casi ninguno de los allí llevados tenían pasaportes o cosa alguna que chequear.

A punto de alcanzar el primer escalón, un oficial del Ejército Rebelde le dio el alto y preguntó qué llevaba en el recipiente. No esperó respuesta y lo destapó, de su interior salió una nubecilla de vapor proveniente del grasiento caldo de gallina donde flotaban, además de los fideos, porciones de carne y algunas almendras majadas.

—Vaya, gallego, te llevas la comida. Que te aproveche. Sigue.

Al poner un pie en la cubierta unos marineros le indicaron que no podía quedarse allí. Que el capitán disponía que descendieran directamente a las bodegas. Uno de ellos al verlo embarazado con su carga, lo acompañó y ayudó en el descenso.

Cuando sus ojos, encandilados todavía por el resol, se acostumbraron a la penumbra divisó la multitud que lo había precedido. Algunos llevaban allí al menos tres días. La escena parecía el preludio del Juicio Final. Muchísimos conocidos se acomodaban como podían en aquel espacio en penumbras, mal ventilado, donde algunos habían tendido ya las mantas que les enviara el Capitán para descansar de sustos y fatigas.

En un lugar descubría al padre Colmena, que ya nunca podría ordenar los papeles que yacían en su escritorio desde los días del padre Marinas, porque los milicianos había aparecido en la madrugada en su dormitorio, como una pesadilla, y habían tenido que alcanzarle la sotana para no llevárselo desnudo. Más allá, el padre Genaro Suárez contaba a quien quisiera escucharle que él perdonaba como mandara Cristo a quienes lo habían ofendido de palabra y obra, pero que nunca perdonaría los daños que aquellos bárbaros habían infligido a las vidrieras y otros ornamentos de la catedral, «su catedral», a la que había dedicado toda una vida.

El reverendo Rubinos ya no tenía exactamente el aire de satisfacción con que subía a su cátedra de Literatura en Belén, ni el obsequioso con que traspasaba las puertas del *Diario de la Marina,* ahora había adoptado una expresión hosca y no tenía deseos de hablar con sus hermanos jesuitas, la mayoría de los cuales, como una bandada de aves negras, se arracimaba en torno a la silla que ocupaba el padre Esteban Ribas, demacrado y con una pierna amputada a causa de la diabetes.

Más lejos, como si fueran sombras, vio al salesiano Mercader conversando con Basulto y nada menos que Miguelito. Por ellos sabría que allá en el lejano Camagüey las autoridades habían ocupado los templos y ordenado al clero abandonar el territorio. Muy pocos habían podido ocultarse. También el buen párroco de la Soledad había sido interrumpido en medio del rosario y tuvo la presencia de ánimo para consumir las formas del Santísimo antes de salir escoltado por fusiles. Él había subido hacía un par de días al barco, rezando el prefacio de la Santísima Trinidad:...*Domine Sancte, Pater onmipotens, aeterne Deus: Qui cum unigénito Filio tuo et Spiritu Sancto unus es Deus, unus es Dominus...*

Únicamente allí, en medio de aquellos rumores, Martínez pudo darse cuenta que los deportaban a España. Recordó con amargura que veinte años antes había llegado en un barco semejante, disponiendo de camarote y sitio en el comedor, ahora retornaba en una bodega, sin papeles ni equipaje, como un polizonte.

En ese momento se le acercó un joven jesuita, al que conocía de vista, el padre Villaverde.

—Padre, dicen que usted trae ahí una sopa. Le pido, por caridad, que me dé un poco. No es para mí, sino para el padre Ribas, que es diabético y hace horas que no come nada.

Manuel, automáticamente, le alcanzó el extraño recipiente. No había con qué servir el contenido. Gracias a un muchacho que parecía grumete obtuvieron unos vasos de lata y unas cucharas. Después que sirvieron al anciano, Manuel indicó que dividieran el resto entre los enfermos y los más débiles. Alguien incorporó de la manta a un viejísimo padre carmelita, con la mente perdida, que no cesaba de llamar a sus hermanos del convento, ni siquiera sabía dónde estaba; un lego pudo hacerle tragar algunas cucharadas, mientras los fideos se le escurrían por la barbilla.

Martínez apenas probó unos sorbos y pensó que aquel plato parecía elaborado no por las somnolientas viejas que servían en la casona del Cerro sino por verdaderos ángeles. La olla de los pingüinos parecía la alcuza de la viuda de Sarepta, porque alcanzó para que aun los jóvenes tomaran unas gotas. Solo Rubinos rechazó el alimento, estaba demasiado herido en su soberbia para pensar en comer y menos en aquel ambiente precario. Cuando no quedó ni rastro en el fondo, Manuel les alargó la bolsa con panes y embutidos a tres hermanos franciscanos que con extrema diligencia los cortaron en porciones muy pequeñas que casi alcanzaron para los allí reunidos. Un amigo de Miguelito, el padre Carlos Comas, que había hecho el largo trayecto desde Oriente, bendijo aquel renovado milagro «de los panes y los peces».

El generoso proveedor no dejaba de pensar que los tiempos de desgracia hacían milagros aun mayores que la multiplicación de la comida. En épocas normales era impensable que pudieran compartir juntos franciscanos vascos, carmelitas castellanos, escolapios catalanes. Y el orgulloso padre Ribas, fundador de los Caballeros Católicos y director de La Anunciata, amigo de gente influyente y poderosa, jamás hubiera necesitado del favor de un pobre cura diocesano para alimentarse. Decididamente, como lo había vivido también en su tierra, la iglesia perseguida era mucho más evangélica que la iglesia de los satisfechos y bien instalados.

Entonces volvió a su memoria el padre Pastor y aquel encuentro donde el religioso le había invitado a no insistir en cosas que se tornaban imposibles sino a servir en algo pequeño, en algo que hiciera bien a los otros, según los tiempos que corrieran. Cada uno de los que poblaban aquella bodega se había empeñado durante años en trabajar para su congregación, su templo, su colegio, como si fueran eternos y ni siquiera habían conseguido confraternizar. Se ignoraban unos a otros, rivalizaban en influencias y ponían su fe en lo que habían conseguido. Habían subido a este barco sin pasaportes, ni chequeras ni billetes de banco, no se habían podido llevar las imágenes que recaudaban muchas limosnas, ni sus pomposas revistas. Habían llegado a esa embarcación por la violencia de las autoridades y la limosna de la compañía naviera. Ya no eran personas importantes para la sociedad, sino sencillamente nadie, cuerpos que alguien consideraba desechables y que únicamente conservaban una sotana sucia y quizá la fe.

Cuando estaba a punto de oscurecer los dejaron subir a cubierta, para tomar aire y despedirse del país, porque el buque zarparía dentro un rato. La multitud había disminuido algo e iban dejando de escucharse los himnos que los altavoces difundían desde oficinas cercanas. Los congregados ahora cantaban «¡Tú reinarás!» y desde el Covadonga otras voces los secundaban.

Entonces se detuvo un jeep junto al edificio de la terminal y de él descendió el obispo Boza Masvidal, escoltado por policías. No traía cruz pectoral, ni solideo, sino una sencilla sotana blanca y había perdido los lentes. Los guardias se separaron de él en la puerta, donde lo aguardaba el Encargado de Negocios de España, quien de modo caballeresco y algo teatral, hizo una genuflexión y le besó el anillo. Entonces el prelado se volvió a la muchedumbre, pero dirigió su bendición hacia el sitio donde se agolpaban los guardias. Poco después de que llegara a cubierta, sonaron dos largos toques de silbato. El Covadonga iba a zarpar. Guiado por la embarcación del práctico, se alejaba de la orilla, rumbo a la boca del puerto. La oscuridad ayudaba a alejar La Habana de la vista. Martínez, como otros muchos, dejó de cantar para enjugarse las lágrimas. Habían salvado la vida, pero todo lo demás parecía perdido.

Algunas familias de católicos mexicanos aceptaron aglomerarse en ciertos camarotes, para dejar otros libres para los más enfermos, pero la gran mayoría, incluido el obispo, tuvo que permanecer en la bodega. No tenían jabón, ni podían afeitarse. Gracias al capitán se les permitía almorzar y algún café salía de la cocina. No había más y así pasarían diez jornadas. Cuando tocaron el puerto de New York, un pequeño grupo descendió y pidió asilo a las autoridades estadounidenses. La mayoría decidió seguir hasta España. Casi todos estaban convencidos de que aquello cambiaría muy pronto.

Una de las noches Manuel soñó que recorría la cubierta de un enorme barco, limpio, reluciente, casi transparente y que veía a María que le decía: «Esta es la catedral que has construido». Pero en aquel enorme espacio vacío irrumpía aquel matrimonio de republicanos con su hija, los prófugos de otro tiempo, estaban harapientos, sucios y con los ojos desorbitados por la furia, lo amenazaban. «No los socorriste —le dijo María— te ocupaste de lo que edificabas, no de los que debían ir dentro. Y ellos fueron ganados por el diablo. Esa gente desatará todo el mal que anuncié en mis profecías».

Martínez gritó y se despertó empapado en sudor. Los cinco padres paúles que dormían al lado se removieron en sus puestos. También a los de la Misión habían alcanzado las pesadillas. Él había recordado, por fin, el auténtico rostro de María.

Cuando el barco atracó en La Coruña, una multitud lo esperaba en el puerto. Funcionarios de inmigración y personal de la Cruz Roja subió al barco. Ellos entregaron a los delegados de las diversas congregaciones los religiosos que allí venían. Se ofreció alojamiento y comida a los diocesanos, así como ayuda para trasladarse a los que tenían familia en el país. Manuel rehuyó la prensa que haría de todo ese asunto un tema de folletín.

No tenía equipaje que mostrar a la Aduana. Echó a andar y en unos minutos estaba ante la fonda de Anreus. El posadero estaba junto a la puerta y lo reconoció. Había enviudado hacía años y el negocio lo atendía su hijo. Estaba al tanto de la noticias, así que le ofreció almuerzo gratis: otra vez el pulpo a la gallega, ahora sin el sabor a escasez y a guerra y un vino que le pareció excelente. El establecimiento se veía próspero y tenía un piso más con habitaciones de alquiler, pero Manuel no quiso pernoctar. Con el dinero que le había dado la Cruz Roja decidió irse en seguida en tren a Astorga, donde su hermano era párroco.

LA COMUNIÓN DE LOS SANTOS

La luz dorada del atardecer romano entraba por los ventanales del museo. El guardián había avisado a Martínez un par de veces que estaban a punto de cerrar. Él no lograba desprenderse de la poderosa pintura que tenía delante. Por fin había logrado encontrarse con *La Transfiguración* de Rafael.

Después de una primera ojeada general a la obra, que le había hecho olvidar todas las demás piezas de aquella inmensa colección, se había detenido en la parte superior del cuadro, donde un éxtasis profundo había levantado los pies de Cristo del suelo pedregoso del monte Tabor y lo hacía flotar entre el legislador Moisés y el profeta Elías. Un viento poderoso, el aliento de Dios Padre, agitaba sus túnicas, mientras Pedro, Santiago y Juan, yacían debajo, derribados por el terror. Si solo se hubiera conservado esa parte, ya hubiera sido una obra maestra. Mas, en la parte inferior, el artista, tal y como había descubierto hacía años en aquella página de revista que le llevara Amaro, había colocado una escena muy diferente: los otros discípulos enfrentaban a un endemoniado, a quien su familia procuraba apaciguar y retener. Ningún exorcismo parecía calmarlo. El poder maligno era más fuerte que la fe de ellos y esos brazos que se alzaban para indicar la escena en lo alto de la montaña – incluido el del poseso- advertían con claridad que solo Cristo podría arrojar el mal espíritu.

A lo largo de su vida había querido vivir la experiencia de la mística. El pobre barro del que estaba hecho lo hizo caer cada vez que exploraba esas manifestaciones excepcionales de encuentro con la Divinidad. Aunque quizá lo que había fallado era otra cosa, esa fe inquebrantable para enfrentar cada día al Señor de este Mundo. Como los discípulos, su terror no solo era ante lo más alto, sino también ante su opuesto: el enigma absoluto de las sinrazones del mal. En ese cuadro, lo comprobaba otra vez, estaba la clave de la vida espiritual. Hasta de eso había sido advertido antes, pero el Maligno era, por derecho propio, el trujamán de la Historia y lo había zarandeado acá y allá, no solo para que fuera incapaz de trasmitir a los demás las voces del cielo, sino para maniatarle de modo que viera cómo el mal se apoderaba de cada sitio por donde pasaba. Era el fracaso absoluto.

Solo una extraña sucesión de azares lo había conducido hasta allí. Ser confundido con monseñor Llaguno le había valido para que lo arrojaran como a Jonás en el vientre de aquel maloliente cetáceo. Pero ello había favorecido que, después de instalarse, más o menos precariamente en Astorga, cerca de su hermano, hubiera decidido trasladarse un fin de semana a Málaga, donde Amaro era párroco desde hacía un lustro. En su casa pudieron volver a encontrarse los amigos, incluido Miguelito.

Entonces, en medio de aquel banquete de mariscos con que el anfitrión celebraba que una extraña fortuna volviera a reunirlos, cada cual se refirió al mayor de los deseos que alentaban y querían satisfacer antes de que sus vidas acabaran de declinar. Amaro aseguró que cada día de su existencia echaba de menos al paisaje de Nuevitas, pero que no deseaba retornar a la Isla, sobre todo porque ya no se parecía a la que había conocido, le bastaba con residir, cuando las fuerzas le faltaran para regir una parroquia, en un ancianato que había localizado, sobre una elevación desde la que se podían divisar, de un lado el mar, del otro las montañas, como si estuviera en aquel puerto camagüeyano donde vivió los mejores años de su existencia. Allí quería concluirla.

Por su parte, Miguelito había decidido que la Providencia era generosa, porque al expulsarlo de su tierra le había abierto la posibilidad de cumplir un sueño que parecía imposible: visitar Tierra Santa y pisar los mismos lugares por donde caminara un día el Redentor. Y después de eso, sencillamente haría todas las gestiones posibles, por años si hiciera falta, hasta agotar la paciencia de las autoridades comunistas, para retornar a la parroquia que, por derecho, era suya y en la que serviría hasta morir.

En vano quisieron advertirle que trasladarse a Palestina era algo costoso para quien no tenía ni donde apoyar la cabeza y ni hablar de eso de retornar a donde cada vez querían menos curas, dado el empeño en extinguir la religión en plazo no dilatado. Él permanecía en sus trece, ya tenía lo principal, aseguraba y esgrimía un mapa de los Santos Lugares. Su inseparable camarada de destierro, el padre Comas, se había ofrecido para acompañarlo y con un centavo de aquí, dos pesetas de allá, de algún modo llegarían, bajo la protección de la Santísima Virgen.

Martínez pensó más. Llevaba muchas jornadas perplejo. Se sentía extraño en Astorga, a pesar de la cercanía de su hermano. Por mucho tiempo había vivido convencido de que pasaría el resto de sus días en Cuba, pero estaban intactas las heridas de los últimos meses. Sus ansias no estaban centradas en el quedarse, ni en el retornar, sino en el destino de La Causa: en Cuba no había quien quisiera o pudiera ocuparse de ella, él y sus amigos presentes envejecían, además de que el asunto no era del interés de los obispos españoles. En unos años, cuando sus vidas se extinguieran, los documentos que quedaban serían arrojados al fuego por cualquiera de sus sucesores y todo volvería al más absoluto olvido. Triste presagio.

Fue Amaro, quizá animado por el generoso brandy de la sobremesa quien propuso una solución salomónica: si a nadie interesaba ya en Cuba o en España lo relativo a la santa vida de María Vera y a sus revelaciones —algunas de las cuales andaban cumpliéndose de modo más bien terrible— había una instancia que sí debía y podía tomar cartas en el asunto: la Sacra Congregación de Ritos en Roma, última instancia para llevar a buen término procesos de beatificación y decisiones pontificias sobre revelaciones privadas. A sus dictados no había cardenal u obispo que pudiera oponerse.

Martínez tendría que viajar hasta Roma, entrevistarse con el Prefecto —que desde hacía unos meses, para mayor fortuna, era un cardenal español— y exponerle esa complicada historia que se trenzaba con la propia vida de la agitada Cuba y dejarle los documentos de La Causa que había dejado en Paula y hacía poco Llaguno le había hecho llegar a través de la embajada española. Después de eso, hecho lo último posible en el ámbito de las gestiones humanas, solo le quedaría rezar por el éxito de los trámites, celebrar misas, leer y procurarse algo de sosiego para envejecer como Dios manda. Dado que era sabido que cualquiera de esos procesos duraba como promedio cien años o más, sus próximas intercesiones serían directamente ante el Creador, instancia seguramente más agradable que todas las otras a las que había acudido a lo largo de su existencia.

A pesar de que todo el asunto le parecía muy superior a sus fuerzas, los argumentos eran incontestables. Un par de meses después abordaba un tren en León, que, gracias a la paciencia y a un par de trasbordos, le permitiría desembarcar en Roma del modo más barato y rápido posible. Llevaba en algún lugar muy protegido de su equipaje dos cartas: una, firmada por el nuevo obispo de Astorga, debía abrirle las puertas del Pensionado, una residencia para estudiantes y sacerdotes en la Vía Traspontina, donde encontraría los mejores precios y una envidiable cercanía al Vaticano; la otra había sido obtenida por Miguelito de uno de los Misioneros Claretianos expulsados en el Covadonga y estaba dirigida al cardenal Arcadio María Larraona, quien había comenzado su vida religiosa en esa familia religiosa antes de acceder a varios cargos en la Santa Sede, el último de los cuales lo ponía a la cabeza de aquella poderosa Congregación.

Una vez instalado en una pieza gris y amueblada con la austeridad de una celda conventual, pero dotada de una ventana desde la que se divisaba la cúpula de San Pedro, Manuel se aseó y cambió de sotana y sin esperar el desayuno —le bastó con un sorbo de buen café— descendió a la recepción donde le explicaron en un italiano bastante accesible y hasta le dibujaron un pequeño croquis del rumbo que debía seguir para su gestión.

Así, había arribado sin muchos tropiezos al Palazzo San Calixto a las nueve de la mañana, cuando las oficinas, quizá por el fresco otoñal, estaban todavía desiertas. El portero le envió donde un tercer secretario y este, que también era español, lo llevó directamente donde el secretario de cámara del purpurado. Este le ofreció nuevamente café y lo hizo aguardar en un saloncito tapizado de rojo, en cuyas paredes colgaban varios cuadros antiguos que representaban martirios de santos: había un desollamiento de San Bartolomé pintado con una eficacia quirúrgica y a su lado una Santa Lucía sostenida por dos ángeles mientras un tercero presentaba al Altísimo sus ojos en una bandeja de oro. En la pared de enfrente un tapiz estaba dedicado al tormento dado en una paila de aceite hirviente a Juan Evangelista, quien sobreviviría a él, listo para sufrir persecuciones y destierros hasta morir casi centenario. Aquel sitio de espera era muy elocuente.

Las puertas del cielo solo parecían abrirse para los que habían sufrido suficiente.

Eran más de las diez y treinta cuando el secretario vino a rescatarle. Recorrió con él un extenso pasillo y entró en oficinas que servían de antecámaras a otras, hasta llegar a una puerta cerrada, donde fue preciso llamar y esperar a que un clérigo macilento, de color ceroso y bizco, les franqueara la entrada.

Manuel no había visto de cerca muchos cardenales en su vida. Esperaba encontrarse con alguien delgado y de maneras refinadas como el cubano Arteaga, o todavía más imponente como aquel inquisidor de mirada penetrante pintado por el Greco, pero se encontró que en este caso la púrpura envolvía a un hombre de estatura que casi no llegaba a la media, con la mitad del rostro sonriente ocupada por unos enormes espejuelos. Su Eminencia le indicó una butaca ante el escritorio y despidió al asistente. En un instante leyó la carta y la dejó a un lado.

—Así que usted viene de Cuba. Uno de los expulsados por el gobierno. Cuénteme.

Cuba continuaba en las noticias. Era la primera vez que Su Eminencia se encontraba con uno de los clérigos arrojados de allá. Quería saber sobre lo ocurrido desde los inicios de aquel vendaval, los cambios en la conducta de las autoridades, la situación de los obispos, el modo en que los apresaron, la vida en el barco.

Pero como el visitante llevaba varios días entre preparativos y viaje, él mismo podría imponerle de lo más reciente: el gobierno cubano había aceptado emplazar en su territorio cohetes atómicos soviéticos apuntando hacia los Estados Unidos; el presidente de aquél país había calificado tal cosa como una amenaza. La prensa hablaba de preparativos para invadir la Isla, o, más sencillamente, de borrarla del mapa con un bombardeo sin precedentes. Otro Hiroshima, ahora en el Caribe.

El Santo Padre estaba muy preocupado, tanto que se había decidido a conservar el personal diplomático de la Nunciatura allá, por si era posible lograr alguna mediación, aunque eso los convirtiera en candidatos a mártires y había dicho a algunos íntimos que estaba redactando una exhortación apostólica a las potencias de este mundo para preservar la paz.

—En Cuba hay ya muchos mártires y es seguro que habrá más –aseguró Su Eminencia– tendremos que empeñarnos en sacarlos a la luz.

Martínez sintió que era el momento de exponer el asunto que le llevaba allí y procuró, con la elocuencia que reservaba para los sermones de las grandes fiestas, exponerle los hechos principales de la vida de sor María de Jesús, en el mundo María Carolina Vera, su milagrosa curación, las principales revelaciones que relató en el manuscrito de su *Vida,* las advertencias contenidas en ellas que ahora parecían cumplirse, los escollos que por décadas habían opuesto los miembros de la jerarquía para aceptar la veracidad de las visiones y todavía más para apoyar la apertura de un proceso de beatificación...

Larraona lo contemplaba con sorpresa a través de sus lentes parecidos a los ojos de un mochuelo cuando los hiere la luz del día. Esa no era la historia que esperaba, creía que le hablarían de monjas violentadas en la propia clausura, laicos llevados al paredón que morían entre vivas a Cristo Rey, sacerdotes que arriesgaron su vida para evitar que profanaran las Sagradas Formas, ancianos a punto de morir en la bodega de un barco, sin otra esperanza que llegar a algún sitio para exhalar su último suspiro y ser inhumados en tierra sagrada. Y alguien que había vivido muchas de esas cosas, uno de los que llevaba en el alma las huellas de ese martirio, venía con uno de esos embrollados casos de beatas videntes que conversaban con la Virgen y los ángeles como si fueran los vecinos de al lado y que en los pueblos ponían en vilo a párrocos y frailes al asegurar que tenían un mandato divino que le permitía juzgarlos y además anunciar su eterna condenación. Cuba estaba a punto de desaparecer del mapa y le depositaban en su escritorio un asunto como los había por centenares, venidos especialmente de España y América, atiborrando los archivos de la Congregación, excelentes para alimentar polillas y ratas.

—En una cosa estamos de acuerdo, padre. Ese país con su iglesia perseguida, necesitaría, entre otras cosas, algún santo o santa que sea un especial intercesor. Lo que, debo serle franco, no estoy seguro de que este sea el caso. Nadie cuestiona a un mártir, o a alguien, que habiendo sufrido mucho por causa de la fe, sobrevive por un tiempo para dar testimonio de su experiencia. Es más complicado pensar en una causa de alguien muy anterior a estos hechos, más aún si esta dejó escritos relacionados con revelaciones privadas que deben ser discernidas por hombres sabios para separar lo auténticamente unido a las enseñanzas de la Iglesia de los sueños y las ilusiones. Todavía es más grave tomar cartas en tal asunto, en tanto no se abrió un proceso diocesano en su momento y ahora no creo que haya obispo en Cuba que pueda dedicar tiempo a esto y si tampoco es de utilidad valerse del apoyo de las autoridades de las Hijas de la Caridad de San Vicente o el General de la Congregación de la Misión, poco puedo hacer…

A Manuel, el alma, exactamente, se le había caído a los pies. Se sintió el cuerpo agitado por un gran temblor y temió sufrir allí mismo uno de sus antiguos ataques. Se aferró a los brazos del sillón y pidió a la Virgen que alejara de él la locura y lo amparara. Un par de lágrimas se deslizaban ya por su rostro, rumbo a la barbilla. El Cardenal hizo sonar una campanilla y cuando apareció el asistente le encargó un vaso de agua y dos cafés, sustancia que en Roma, como en Cuba, parecía ser tenida por panacea universal.

Martínez se bebió todo el vaso de agua y apuró el café, oscuro y amargo, aunque en su estómago había ya un nudo ardiente, antes de preguntar:

—Entonces. ¿No hay ninguna esperanza?

—Los cristianos no deberíamos hacernos esa pregunta. Usted mismo sobrevivió contra toda esperanza y no precisamente gracias a la razón humana. Las razones de los hombres son sinrazones para Dios y viceversa. Claro que hay esperanzas. Leeré los documentos y encargaré a alguien de mi personal para que consulte a otros sacerdotes emigrados que pasan por Roma. Si es necesario escribiré al obispo de Matanzas. Tenga la tranquilidad de haber hecho justo lo necesario. Aquí cuidaremos de sus valiosos documentos y procuraremos encaminarlos según nuestras normas. Ya ha hecho todo lo posible por su parte, déjelo ahora en manos de Dios.

—Precisamente eso procuraba. Gracias por recibirme, Eminencia.

Se puso de pie y le alargó el voluminoso expediente, que el Prefecto colocó a un lado de la carpeta, junto a la correspondencia pendiente de responder o clasificar.

—Vuelva a su país y sirva allí. No creo que por ahora pueda retornar a Cuba. Me ha sido muy útil conversar con usted, padre. Sepa que informaré a Su Santidad de sus testimonios. Y no deje de confiar en la Providencia.

Su Eminencia tiró de nuevo de la campanilla e indicó al asistente que acompañara al sacerdote para que no se extraviara en el laberinto hasta la escalera. Cuando la puerta se hubo cerrado tras ellos contempló aquel fajo de papeles amarillentos que le habían dejado.

—Otra causa perdida – y suspiró.

Él mismo lo depositó en el tercer cajón de un mueble cercano donde yacían otros expedientes semejantes, para los que no parecía haber oportunidad ni tiempo.

Al salir del museo, Manuel siguió a lo largo de la interminable muralla vaticana, hasta aproximarse a la Plaza de San Pedro. Oscurecía temprano, pero a la basílica seguían entrando fieles y turistas, entre la masa de público que subía la escalinata se destacaban como manchas negras y pardas los hábitos de las religiosas. Pensó otra en vez en María y sintió que estaba demasiado lejos. Luego percibió que su razonamiento era absurdo: su cuerpo yacía en Cuba, pero su alma en el Paraíso estaba a la misma distancia de cualquier punto del globo terráqueo. Quizá eran el cansancio y la debilidad los que le velaban el entendimiento.

Se apresuró por la Vía della Conciliazione para llegar cuanto antes al Pensionado, necesitaba una sopa caliente y una cama. Retornaría a España al día siguiente. Alentaba muy pocas esperanzas sobre los resultados de la gestión que acababa de hacer. A pesar de la amabilidad externa del Cardenal, había descubierto muy pronto en su tono la distancia y la condescendencia con que otros muchos se habían defendido de sus solicitudes durante años.

Iba tan metido en sus pensamientos que tropezó aparatosamente con un transeúnte. Balbuceó una disculpa, mientras el joven del impermeable marrón recogía su boina y se la devolvía. Solo al extender la mano para recibirla miró su rostro: era el Estudiante, no cabían dudas. Intentó hablarle, pero éste, después de mirarlo un instante con aquella sonrisa cargada de ironía, se llevó el índice derecho a los labios, levantó el cuello de su abrigo y siguió su camino sin demasiada prisa.

Martínez sintió que su corazón se desbocaba y la respiración se le volvía irregular. Quizá el dolor de cabeza era el culpable de que viera todo cubierto por una capa de gris plomo. De sus recuerdos brotó una frase olvidada: *Hagas lo que hagas, al final siempre oirás la risa del diablo.* No recordaba quién la había dicho, ni en qué circunstancias, ni siquiera por qué ahora la traía a cuento.

A dos puertas de allí había una iglesia abierta. Decidió entrar antes de que las piernas, convertidas en dos enormes sacos de algodón, dieran con él en tierra. El templo estaba en penumbras. Cerca del presbiterio un grupo de ancianas acababan de rezar el rosario y ahora declamaban las letanías con ritmo lento e invariable: *Mater inviolata, Ora pro nobis, Mater intemerata, Ora pro nobis, Mater Inmaculata, Ora pro nobis…*

Llegó hasta un altar lateral donde se veneraba a la titular del templo, la Señora del Carmen, patrona de los marinos y de las ánimas que claman por salir del purgatorio. Antes de perder las fuerzas, echó una moneda de cobre en la alcancía y encendió una pequeña vela. *Virgo veneranda, Ora pro nobis…*

Apenas se dejó caer en el banco dejó de ver el interior del templo, las tinieblas lo ganaron todo por un momento. Entonces, al comenzar a despejarse, vio La Habana de noche y la extensa serpentina del malecón desenvuelta, pero en ella no había parejas de enamorados, ni pescadores solitarios, porque todo el tramo estaba ocupado por extrañas máquinas de guerra que apuntaban alternativamente sus fauces metálicas al horizonte sombrío o al cielo. En vez de las victrolas de los bares se escuchaban las sirenas de los vehículos militares que pasaban veloces. A intervalos, se podía escuchar la voz del Primer Ministro, en cada aparato de radio y de televisión, anunciando la guerra inminente. Esa en que la Isla podía ser borrada del mapa para siempre.

Después vio a Ofelia, que lloraba en la sala de su casa, ante el impávido retrato de Pío XII, porque había dejado en el asilo Santovenia a las dos «muchachas» tan decrépitas que ya no las podía mantener y rogaba a aquel complicado pontífice que la gente comenzaba a olvidar que alejara de Cuba la guerra, le permitiera seguir sirviendo y no ser una carga para nadie.

Entonces se halló en el umbral de la parroquia de Monserrate en la calle Galiano. El padre Lobato quería cerrar temprano el templo porque las turbas andaban exaltadas. Cuando se aproximó al altar de Nuestra Señora de los Desamparados divisó un bulto debajo. Allí yacía el cuerpo inerte de Juan Dalmau, sucio, sin afeitar, con la camisa y los zapatos rotos. Hacía un año que su esposa e hijos se habían ido a Estados Unidos, había perdido el trabajo y comía raras veces. A pesar de todo, en su rostro había una sonrisa.

También vio a Sofía en el momento que entraba en su casa del Vedado, decidida a no salir nunca más a ese mundo abandonado definitivamente a las malas artes del Príncipe de las Tinieblas. Ni siquiera volvería desde entonces a la iglesia y solo recibiría la comunión de presbíteros «de antes», para evitar ser engañada por los comunistas.

Más lejos, en la calle Condesa, Antonia se tomaba con el mejor ánimo posible un jugo de naranjas que mal disimulaba el sabor ferroso del picadillo de perejil y berros que yacía en el fondo del vaso y le repetía a su hermana que ella solo moriría cuando Dios quisiera y que se durmiera tranquila, que la guerra no llegaría porque el Cielo amaba y cuidaba mucho a ese país.

A continuación se encontró en el corredor de la casa de María en Matanzas. Elvira yacía en cama. Los cabellos le habían crecido tanto que debieron trenzárselos y sujetarlos a sus tobillos, para que no se salieran del lecho. Ella explica a la achacosa Adelina el funcionamiento del tocadiscos y le indica que cuando comience su agonía no llame a cura alguno, sino que ponga el disco de «La muerte de amor» de *Tristán e Isolda*, que es la música más hermosa que existe, que esta la acompañará en su tránsito hasta encontrarse con su hermana. El retrato de María, en la pared, tiene el cristal rajado, una cantidad incalculable de polvo en el marco y una apreciable expresión de disgusto de la retratada.

Entonces las tinieblas vuelven a medias, a través de ellas contempla la Plaza Cívica, iluminada por altas farolas. El Primer Ministro habla a la multitud allí reunida, vocifera contra el enemigo y apunta el índice continuamente al cielo. La gente responde con alaridos. Como si acercaran un lente invisible, Manuel descubre en la tribuna, tras el orador, al Estudiante, que ríe y guiña el ojo derecho, como si todo aquello hubiera sido organizado por él.

De repente, el cielo se torna rojo y hay una poderosa explosión en él, pero la masa no huye sino que sigue gritando. Lentamente comienza a caer una lluvia de copos blancos. El orador detiene su discurso y les advierte que ha llegado la guerra atómica, pero la gente va siendo cubierta por los copos y empieza a reír. *Es la nieve, tenemos nieve, tenemos invierno.* Comienzan a juntarlos en las manos para llevárselos a la boca. Junto a Martínez está María. Ella le dice:

—No es nieve, son las lágrimas de los ángeles. Ellos lloran por Cuba.

Un momento después la Plaza está vacía. El orador se ha ido. La muchedumbre también. El Estudiante contempla la vasta explanada desierta, donde la nieve se ha convertido en amplios charcos de barro. Después se vuelve hacia la imagen de Martí meditabundo y le dice: *Los pueblos son así. Hasta mañana.*

Y se va silbando, con las manos en los bolsillos.

Antes de que todo se apague, María extiende su mano hacia Manuel. *Vamos, te esperan.*

Cuando el sacristán fue a extinguir las velas, encontró al sacerdote de bruces sobre el espaldar del banco delantero.

Llevaba en el bolsillo una factura del Pensionado y un pasaporte. La policía avisó al Cónsul de España quien se encargó, de mala gana, de la repatriación de los restos. Lo enterraron junto a su padre en Toral de los Vados. Su hermano ofreció por él misas gregorianas y conservó en un cajón de su parroquia el rosario de cuentas negras y muy pulidas por el uso que le entregaron las autoridades, junto con una carpeta llena de papeles relacionados con La Causa que recuperaron de su habitación y que él prefirió guardar sin leer.

Regina Confessorum, Ora pro nobis.

La Habana, enero, 2019/ marzo, 2023.

LA CAUSA: HISTORIA Y NOVELA

Una aclaración final

A inicios de 2013, durante un viaje al extranjero, encontré en Internet un extraño documento: era el expediente preparado por el sacerdote Manuel Martínez Pérez en 1960 con el resumen de los sucesos de La Causa de la Virgen Milagrosa. Yo había escuchado durante años a diversas personas dentro del mundo católico referirse a María Vera y sus profecías sobre el futuro de Cuba, pero como quien habla de una curiosidad, sin más precisiones biográficas. Al momento supe que yo escribiría algo al respecto, pero no podía precisar a qué género pertenecería mi acercamiento al asunto. Aunque el citado expediente es bastante extenso, había lagunas significativas en su relato de los sucesos, que pude completar parcialmente un tiempo después, gracias a otros materiales que llegaron a mí gracias a la generosidad de algunas personas: unas cartas cruzadas entre el padre Martínez y el padre Pastor Bauzá, así como una detallada misiva que este último dirige desde España a una Hija de la Caridad que se encontraba en Matanzas.

Otros escritos de cuya existencia y ubicación tuve noticia por entonces nunca pude revisarlos pues quienes los poseen se hicieron sordos o distraídos a mis reclamos. Eso vino a demostrarme que todavía hoy La Causa suscita en las contadas personas que saben de ella una inquietud o un auténtico temor que les impide sostener siquiera una conversación seria sobre el asunto.

Precisamente la novela surge de esos vacíos misteriosos en mi investigación. Procuré poner en la perspectiva de la historia de la Isla aquellos hechos y predicciones. Resultaron útiles para ello las investigaciones que ya entonces realizaba sobre la Iglesia cubana y sus relaciones con su contexto político y social en el siglo XX. Para articular el relato, que intenté ajustar lo más posible a mis hallazgos, debí suplir muchas veces con la ficción las piezas que faltaban del mosaico.

El lector paciente que haya podido seguirme hasta aquí puede estar seguro de que lo que en este libro he contado es en conjunto verídico, o al menos referido a partir de testimonios existentes, desde la curación milagrosa de María en 1908 hasta las gestiones de sus seguidores, los padres Pastor, Martínez, Amaro y otros a lo largo de varias décadas.

Lógicamente una novela no es una monografía histórica. Me tomé algunas licencias, como la creación del personaje de Elvira —nombre real de una hermana de María— para forjar una contraparte en el carácter y maneras de la visionaria o la ubicación del padre Manuel como capellán en la Quinta de Dependientes y no en la Quinta La Benéfica donde, según los registros, sirvió unos años, como homenaje a un sitio ya ruinoso pero que conserva vestigios de un pasado atrayente, incluida su capilla, lo que no sucede así en la otra institución. Más de una vez debí, a falta de una certeza, apostar por lo probable o hasta por lo posible.

Quiero dejar claro que los sucesos relatados en el libro están vistos desde los ojos del padre Manuel y sus juicios sobre las personas citadas son los que mostramos. Su actitud crítica hacia los enemigos de La Causa o los tibios con ella son muestra del fervor que lo devoraba hasta la locura, sin que por ello neguemos un ápice de valor a muchas de estas figuras que tienen un papel, grande o pequeño, en la Iglesia de Cuba.

La historia de un país no se hace solo a base de grandes hechos sino precisa también para ser comprendida de poner el oído en tierra y escuchar esas corrientes subterráneas que, como pequeñas advertencias, ayudan a dar sentido a la totalidad. En último caso, La Causa, con sus detalles maravillosos y hasta con la conducta más o menos delirante de algunos seguidores fue un llamado a la conversión en la sociedad de su tiempo, escuchado por muy pocos.

Dejo a cada lector la libertad de discernir si las profecías de Sor María de Jesús Vera eran acertadas o no.

SOBRE EL AUTOR:

Roberto Méndez Martínez (Camagüey, Cuba, 1958). Vio la luz en el seno de una familia católica y culta de la legendaria ciudad. Desde pequeño se familiarizó con la apreciación de la literatura, las artes plásticas, la música de conciertos y otras manifestaciones artísticas.

Sus creaciones literarias tempranas fueron publicadas en revistas de aquel territorio.

Aunque obtuvo una licenciatura en Sociología en la Universidad de La Habana (1980), prefirió doctorarse en Ciencias sobre Arte en el Instituto Superior de Arte de La Habana (2000).

Es poeta, ensayista, novelista, crítico e investigador de la cultura cubana. Miembro de Número de la Academia Cubana de la Lengua y Correspondiente de la Real Academia Española.

Vinculado desde hace décadas a la labor cultural de la Iglesia católica cubana, fue coordinador de la Pastoral de Cultura en la diócesis de Camagüey entre 1996 y 2002 y después en la arquidiócesis de La Habana entre 2008 y 2013. Entre 2016 y 2018 dirigió la revista

Palabra Nueva del Arzobispado de La Habana. Su Santidad Benedicto XVI lo designó Consultor del Pontificio Consejo para la Cultura de la Santa Sede en 2008 y al finalizar el quinquenio establecido, SS Francisco lo confirmó en el encargo hasta finalizar la nueva etapa en 2019. Desde su graduación universitaria ha trabajado como investigador de temas sociales, estudioso de la cultura cubana y especialista de artes plásticas. A partir de 2013, al fundarse del Instituto de Estudios Eclesiásticos «Padre Félix Varela» por iniciativa del Cardenal Jaime Ortega – primera universidad católica fundada en Cuba después de 1959 y reconocida por la Congregación para la Educación Católica - se desempeña como titular de la Cátedra de Historia y Cultura de Cuba y jefe del departamento de Historia y Cultura. Desde 2021 la Congregación le ha otorgado el rango de Profesor Estable.

Ha recibido en Cuba, entre otros premios literarios: Premio Nicolás Guillén de Poesía en 2001 y Alejo Carpentier de Ensayo en 2007 y 2017 y de Novela en 2011. También el Premio de Novela Ítalo Calvino, 2014. Ha obtenido en seis ocasiones el Premio Anual de la Crítica. En el plano internacional se destacan: Premio Internacional de Ensayo Bicentenario de José María Heredia (Toluca, México, 2004), Premio Internacional de Ensayo "Mariano Picón Salas" (CELARG, Venezuela, 2011) y Premio del Certamen Internacional de Ensayo Cervantino (Museo Iconográfico del Quijote-Fundación de Estudios Cervantinos e Instituto Tecnológico de Monterrey, Guanajuato, México, 2014).

Tiene publicados más de 40 volúmenes de poesía, novela, ensayo, crítica literaria o investigaciones culturales en editoriales de Cuba, México, Panamá, España y Estados Unidos.

Antes del actual volumen había publicado en Ediciones Universal: *Cánticos para la luz de otro siglo* (poesía, Ediciones Universal, Colección Espejo de Paciencia, Miami, 2011) y *Felipe Rey de Castro y la Agrupación Católica Universitaria* (ensayo biográfico, Ediciones Universal, Miami, 2023).